매체선거

그 빛과 그림자

이효성 지음

국립중앙도서관 출판시도서목록(CIP)

매체선거 : 그 빛과 그림자 / 이효성 지음. -- 서울 : 한울, 2003

p. ; cm. -- (한울아카데미 ; 554)

ISBN 89-460-3121-2 93070

344.5-KDC4

324.73-DDC21 CIP2003000489

머리말

선거를 민주주의의 꽃이라 부르는 데서도 알 수 있듯이, 선거는 민주주의의 초석이며 근간이다. 따라서 사회와 정치의 민주적 발전을 위해서라면 말할 것도 없이 선거가 민의를 제대로 반영하고 좋은 지도자를 뽑을 수 있는 공정하고 올바른 것이 되어야 할 것이다. 선거가 공정하고 바르게 시행되어 민의가 선거결과에 제대로 반영되고 훌륭한 지도자를 선출한다면 그 사회는 그만큼 발전하게 된다.

그런데 선거 과정과 결과에 가장 큰 영향을 미치는 요인이 과거에는 주로 관권과 금권이었다. 이들이 선거에 개입하여 선거를 왜곡시켰다. 하지만 정치의 민주화로 이제 관권과 금권의 선거 개입이 거의 무시할 정도로 되어 가고 있다. 과거에는 관권과 금권을 장악한 여당이 야당보다 훨씬 더 유리한 입장에서 선거를 치를 수 있었다. 그러나 돈과 조직에서 훨씬 열세에 있던 민주당의 노무현 후보가 16대 대통령에 당선된 데서 알 수 있듯이, 이제 조직과 돈도 중요한 변수가 되지 못한다.

그러나 관권과 금권의 선거개입의 약화와 더불어 매체의 선거에

의 개입과 영향력은 점점 더 커지고 있다. 이제 선거의 공정성을 가장 크게 해칠 수 있는 존재는 매체다. 따라서 매체가 선거를 공정하게 다루면 선거도 그 만큼 공정해질 것이다. 오늘날 선거의 공정성은 거의 전적으로 매체에 달려 있다고 할 수 있다. 선거의 공정성뿐만 아니라 더 나은 지도자와 공직자를 선출하는 데에도 매체의 역할이 중요하다. 대부분의 사람들은 매체를 통해서 후보의 자질과 정견 등에 대해서 알기 때문이다.

이처럼 선거에서 매체의 중요성이 커진 데에는 사회적 변화 때문이다. 신문, 텔레비전, 특히 인터넷과 같은 매체의 보급으로 이제 사람들은 사무실이나 안방에서 정치 정보를 비롯해서 대부분의 정보를 접할 수 있게 되었다. 반면에 생활은 점점 더 바빠져 정치 집회나 후보자의 거리 유세 등에 참여하는 것이 점점 더 어렵게 되어 가고 있다. 그래서 자연스럽게 오늘날 선거를 비롯하여 정치는 점점 더 매체에 의존하게 되었다. 앞으로 정치 특히 선거의 매체 의존도는 더욱 더 커질 것이다. 선거관리위원회는 아예 거리 유세를 폐지하고 정치 광고, 방송연설, 텔레비전 대담과 토론 등 선거운동에 주로 매체를 사용하도록 선거법을 비롯한 관련법들의 개정안을 국회에 제출하기도 하였다.

이처럼 오늘날 매체는 정치 일반에서 특히 선거에서 점점 더 중요한 존재가 되어가고 있다. 이제는 매체에 의존하지 않는 선거는 상상하기도 어렵다. 그래서 매체선거라는 말이 유행하게 되었다. 언젠가 선거가 전적으로 매체에 의존하는 날이 올지도 모른다. 이미 오늘날 대부분의 유권자들은 유세장에는 거의 나가지 않고, 후보를 직접 대면하는 일도 거의 없으면서도 후보에 대해서는 유세장에 나가거나 후보를 직접 만나던 시절의 유권자들보다 더 잘 안다. 그것을 가능하게 한 것은 거의 전적으로 매체다. 그런데 선거관련 정보를 얻기 위해 과거에는 종이 신문이나 라디오 방송에 주로 의존했다면 오늘날은 텔레비전 방송과 인터넷에 주로 의존하고 있다. 이처럼 선거수단으로서 매체의 판도에도 커다란 변화가 일고 있다. 16대 대선에서 이런 매체의 판도 변화는 확인되었다.

앞에서 살펴본 바와 같은 이유들로 우리 사회와 정치의 민주적 발전을 위해서라면 선거에서의 매체의 역할에 관심을 갖고, 매체의 판도의 변화에 주목하지 않을 수 없다. 선거에서의 매체의 역할에 대한 관심은 우선 우리 매체들이 선거를 공정하고 올바른 것이 되도록 견인하기 위해서는 어떻게 해야 하는가를 제시하고, 어떻게 하고 있는가를 진단하고, 무엇을 어떻게 해야 할 것인가를 처방하는 일로 이어지게 된다. 선거에서의 매체 판도에 대한 주목은 무엇보다 새롭게 부상하는 인터넷 매체의 선거 매체로서의 실상을 평가하고 미래를 전망하는 일이 될 것이다.

이 책의 글들은 바로 이런 작업의 일환이다. 먼저 제1부는 새로운 매체로 떠오른 인터넷 매체의 선거보도 문제, 언론의 후보 검증의 문제, 언론의 공개적 후보 지지의 문제, 후보자 텔레비전 토론회의 개선 문제 등을 다루었다. 매체선거의 중요 쟁점들에 관한 본격적인 탐구의 글들로 구성했다. 제2부에는 우리 매체선거의 이상과 현실을 다룬 글들을 모았다. 여기에서 독자들은 선거를 공정하고 올바른 것으로 이끌기 위해 언론이 취해야 할 바람직한 보도자세, 그러한 바람직한 자세에서 일탈한 현실적 보도의 문제점과 그 해결책 등에 관해 분석한 비교적 짧은 글들을 만날 수 있다.

이 책이 우리 매체선거의 현실을 이해하고, 매체선거를 개선하는데 조금이라도 기여하기를 바라는 마음 간절하다. 이 책의 출판을 허락하신 도서출판 한울의 김종수 사장님, 편집과 출판을 위해 수고하신 편집 담당자를 비롯하여 여러분께 감사드린다.

2003년 2월

참여정부의 출범에 즈음하여

이효성

<차례>

제2부 매체선거의 이상과 현실

제1부

매체선거의 쟁점

제1장 인터넷 매체의 선거보도는 어떤 문제가 있는가?

최근 우리 사회에서 인터넷이 널리 보급되면서 인터넷 상의 신문, 잡지, 방송과 같은 인터넷 매체가 급속도로 증가하고 발전하고 있다. 그러나 우리의 실정법은 인터넷 매체와 같이 새로운 매체 기술과 수단에 의한 새로운 언론매체와 그 매체에 의한 언론활동을 따라가지 못하는 문제가 발생하고 있다. 특히 선거법, 정간법, 방송법 등이 그렇다. 이 때문에 인터넷 매체들이 어엿한 언론으로 인정되고, 언론으로서 사회적 기능을 수행하고, 상당한 영향력을 행사하고 있음에도 실정법상 언론으로 대접받지 못하고, 따라서 헌법에 보장된 언론의 자유도 누리고 있지 못하고, 반론보도청구권 또는 정정보도 등을 구하는 권리에 관한 분쟁에서 언론중재과정을 거치지 못하고, 선거보도에서는 많은 제한을 받는다.

인터넷 매체를 언론기관으로 인정하고 규율하는 실정법은 존재하지 않는다. 인터넷 매체는 기존의 정기간행물을 규율하는 정간법이나 여러 유형의 방송들을 규율하는 방송법과 같은 매체 관련법에 포괄되지 않는다. 이런 경우 상식적으로는 인터넷 매체가 더 많은 언론자유를 누릴 것으로 보인다. 하지만 현실은 그렇지 않다. 기존의 오프라인 언론에게는 허용된 여러 선거보도 특히 선거 주자를 초청하여 대담·토론을 하고 그 내용을 보도하는 행위가 정간법이나 방송법에 의한 언론이 아니라는 이유로 인터넷 매체에게는 허용되지 않기 때문이다.

이런 맥락에서 이 논문은 인터넷 매체선거보도의 선거법과의 관계를 살펴보고, 인터넷 매체의 언론기관으로서의 실재성을 검토하고, 정간법이나 방송법이 새로운 언론기관인 인터넷 매체를 포괄하지 못하는 현실적 문제점과 그 근본적 해결 방안을 논의하려는 것이다. 이 논문은 정보사회의 총아인 인터넷의 정치적 활용을 증진시키기 위하여 인터넷 또는 인터넷 매체의 언론활동 특히 선거보도와 관련된 저술, 논문, 언론보도, 그리고 관련 법 등을 비판적으로 고찰하고 분석하여 인터넷 매체의 선거보도를 대폭 허용할 것을 주장한 문헌연구다. 이 글에서 인터넷 매체는 독립적인 인터넷 전용 매체를 지칭한다.

1. 선거법과 선거보도의 문제

「공직선거및선거부정방지법」(이하 「선거법」이라 칭함)은 그 이름이 말하듯이 과거 한국 선거를 얼룩지게 했던 선거부정의 방지를 목적으로 하고 있는 법이다. 그러기에 이 법은 선거와 관련된 정치행위를 금지하는 각종 규제로 점철되어 있는 등 많은 문제점을 안고 있다. 예컨대 ① 부정선거 방지를 위한 지나친 규제, ② 이로 인한 후보자 최소정보 제공, ③ 평등한 선거운동을 확보하기 위한 지나친 규격화·표준화, ④ 결과적으로 변화한 사회현실을 반영하지 못하는 법규의 경직성이 지적되고 있다(박동진, 2002. 2. 21).

이 법은 또 선거부정방지에 집착한 나머지 헌법상 보장된 표현의 자유에 대한 지나친 제약을 가하고 있는 문제점도 안고 있다. 선거에 관한 국민의 기본적 자유와 권리의 하나로서 선거운동의 자유가 강조되지만, 선거법상 선거운동의 자유는 주체, 행위, 기간 등에 의해 너무나 많은 제한과 규제를 받고 있어 위헌의 소지마저 있다(성낙인, 2002). 과거 우리 선거가 관권과 금권으로 얼룩졌기 때문에 그것을 방지하고자 한 선거법의 취지는 이해가 되나 그 때문에 선거에서 국민들의 자유로운 정치적 의사표시를 비롯하여 선거관련 정치활동에 많은 제약을 가하고 있는 것이다. 그러나 이제 개인도 언론행위를 할 수 있는 시대가 되었기 때문에 언론의 자유와 언론기관의 자유를 구분해서 언론기관의 자유만이 아니라 개인의 언론자유도 보장해야 한다는 주장도 제기된다(한상희, 2002. 2. 21).

선거에 관한 일반 국민들의 기본적인 자유로서 선거운동의 자유는 많은 제약을 받고 있는 반면에 언론기관의 선거보도는 비교적 허용되는 편이다. 선거법은 1994년 제정된 이래 십여 차례의 개정을 거쳤다. 그 개정의 대체적인 방향은 선거에서 대중매체 특히 언론기관을 적극적으로 활용할 수 있게 허용하는 것이었다. 선거에서 언론기관의 활용을 상당히 허용한 취지는 그렇게 하는 것이 매체정치 시대에 걸맞을 뿐만 아니라 그렇게 함으로써 고비용 저효율 정치 그리고 장막 뒤에서의 암거래적인 밀실정치를 개선하는데 도움이 되기 때문이다. 그것은 바로 "돈은 묶고 입은 푼다"는 구호로 표명된 정치개혁에 기여하는 것이기 때문이다. 이런 취지에 따라 신문광고, 대선에서의 방송광고, 방송연설, 언론기관 초청 대담·토론, 컴퓨터 통신 등을 이용한 선거운동 등이 허용되었다.

그러나 선거법은 언론기관의 선거보도에서도 몇 가지는 금지하고 있다. 무엇보다 선거법은 언론이 특정후보자를 지지하거나 반대하는 것을 허용하지 않고 있다. 선거법 96조는 "방송·신문·통신·잡지 기타의 간행물을 경영·관리하는 자 또는 편집·취재·집필·보도하는 자는 특정후보자를 당선되게 하거나 되지 못하게 할 목적으로 선거에 관하여 허위사실을 보도하거나 사실을 왜곡하여 보도 또는 논평을 할 수 없다"고 규정하고 있다. 언론이 특정 정당이나 후보에게 유리하거나 불리하게 허위사실을 보도하거나 사실을 왜곡하여 보도하거나 논평하는 것을 방지하려는 이 조항의 취지는 타당하다.

하지만 실제로는 우리 언론들이 음성적으로 특정후보를 당선되게 하거나 당선되지 못하게 할 목적으로 사실을 왜곡하여 보도하거나 논평을 해왔지만, 그것이 공개적으로 이루어지지 않았기 때문에 아무런 제재를 받지 않았다. 따라서 이 법조항은 그 선의에도 불구하고 사실상 유명무실하다고 할 수 있다. 이런 점을 고려한다면, 이 조항을 고쳐 사설에서는 특정후보의 지지를 밝힐 수 있도록 허용하되, 보도에서는 공정성과 진실성을 지키도록 규정하는 것이 언론의 솔직한 후보지지를 위해서 그리고 보도에서 의견과 사실의 분리를 위해서 바람직하다는 주장도 제기되었다(이효성, 2002. 2).

선거법은 또 선거기간(대통령 선거는 23일, 국회의원 선거와 지방자치단체장 선거는 17일, 지방의회의원 선거는 14일)에 정당이나 후보자의 지지도에 관한 의견조사 결과를 공표할 수 없게 하고 있다. 선거법 108조 1항은 "누구든지 선거기간 개시일부터 선거일의 투표마감 시각까지 선거에 관하여 정당에 대한 지지도나 당선인을 예상하게 하는 여론조사(모의투표나 인기투표에 의한 경우를 포함한다)의 경위와 그 결과를 공표하거나 인용하여 보도할 수 없다"고 규정하고 있다. 오류와 조작의 가능성이 있는 여론조사가 선거에 부당한 영향을 미칠 수 있다는 가능성 때문이다. 이런 이유로 프랑스, 이탈리아, 스페인, 포르투갈, 브라질, 호주 등도 선거전 일정 기간 동안 여론조사에 법적 제약을 가하고 있다.

이러한 금지는 선거보도가 지나치게 경마 저널리즘으로 경도되는 것을 조금이라도 방지하는 데 도움을 줄 수 있다는 점에서는 긍정적이라 할 수 있다. 그러나 후보의 지지도 조사 결과의 공표가 선거결과에 영향을 미칠 수 있다는 가정에 근거하여 지지도 조사 결과를 공표할 수 없도록 한 것은 언론자유를 제한하는 것이다. 지지도 조사 결과의 공표가 선거결과에 결정적인 영향을 미친다는 증거도 없다. 그런 금지는 유권자의 알 권리만을 제한하는 것이기도 하다. 따라서 이 조항은 전면 폐지되거나 아니면 지지도 조사 결과의 공표금지 기간을 더 줄여야 한다는 의견도 있다. 캐나다는 투표 당일 정오부터 투표가 끝날 때까지 여론조사의 공표를 법으로 금지했으나 이에 대해 신문사들이 헌법소원을 제기하자 대법원은 "여론조사의 보도금지는 캐나다 유권자에 대한 모독이며, 언론에 재갈을 물리는 것에 다름 아니다"는 판결을 한 바 있다(권혁남, 2002, p.400).

선거법은 인터넷 매체의 선거활용에도 걸림돌이 되고 있다. 선거법의 조항들 특히 언론기관의 후보 초정 대담·토론을 규정한 82조는 후보자나 후보자가 되고자 하는 자를 초청하여 대담·토론을 개최하고 그 결과를 보도할 수 있는 언론을 「정기간행물등록등에관한법률」(이하 「정간법」이라 칭함)과 방송법에 의한 언론기관으로 못박고 있다. 따라서 선거관리위원회가 그러하듯이 이 조항을 엄격하게 해석하면, 정간법이나 방송법에 의한 언론기관이라 할 수 없는 인터넷 매체는 후보자 대담·토론을 개최하고 이를 보도하는 일이 어렵게 된다. 「선거관리위원회」(이하 선관위라 칭함)가 "정간법에 등록되지 않은 인터넷 매체가 대선 주자를 인터뷰하는 것은 선거법 위반”(서정은, 2002. 2. 6)이라며 ≪오마이뉴스≫가 2002년 2월 5일 실행하려던 대선 주자와의 열린 인터뷰를 저지한 것도 이 때문이다.

하지만 인터넷 매체를 통한 사이버 정치는 금권정치와 밀실정치를 개선하고 국민들 특히 정치무관심이 큰 젊은층의 정치참여를 이끌어내는 데 크게 기여할 수 있다는 주장도 있다. 김근태 의원의 지적처럼, “인터넷 방송은 관심있는 일반인이 홈페이지에 들어와 참여하는 것으로 유권자를 찾아가는 형태의 불법선거운동이 아니”고, “인터넷에 의한 네티즌과의 만남은 후보자의 사전선거운동이 아니라 유권자의 정치참여행위이기에 선거법상 위반이 아니고, 오히려 한국 선거문화의 수준을 높이고 국민의 정치참여를 제고하기 위하여 권장할 만한 사항”이라는 것이다(이준희, 2002. 2. 5).

그런데도 ≪오마이뉴스≫가 정간법이나 방송법에 의한 언론기관이 아니라는 이유로 민주당 대선 주자들을 초청하여 ‘특별 열린 인터뷰’를 하려던 계획이 저지되었다. 그로 인해 인터넷 매체의 선거보도의 법적인 문제가 많은 논란을 일으키게 되었다. 이런 맥락에서 이 글은 이제 인터넷 매체의 선거보도가 갖는 법적 문제를 논의하기로 한다.

2. 인터넷 매체의 선거보도와 그 쟁점

이미 언급한 대로, 인터넷 매체인 ≪오마이뉴스≫의 2002년 2월 5일의 대선 주자 인터뷰 시도를 선거관리위원회가 선거법 제254조(선거운동기간위반죄)를 위반한 사전선거운동으로 단정하여 실력저지로 무산시켰다. 이 사건이 계기가 되어 인터넷 매체의 선거보도의 법적 문제가 사회적 쟁점으로 떠올랐다. ≪오마이뉴스≫(오연호·정운현, 2002. 2. 4)는 선관위의 인터뷰 중지 요구에 대해 반박한 바 있다. 그 내용을 정리하면 다음과 같다. ① 올드 미디어를 대상으로 한 정간법은 뉴 미디어에 대한 '언론이냐 아니냐'의 기준이 될 수 없다. ② 선관위가 할 일은 인터뷰 자체를 제지하는 것이 아니라 그 공명성을 감시하는 일이다. ③ 한국 정치의 병폐인 돈 정치와 닫힌 정치를 개선할 수 있는 '저비용-쌍방향 인터넷 정치'는 적극 장려되어야 한다. ④ 대선 주자 대담이라는 언론활동을 제지하는 것은 헌법이 보장한 언론자유와 평등권을 침해하는 것이다.

인터넷뉴스 미디어 협의회는 2월 7일 성명을 내어 뉴 미디어를 포괄하고 있지 못하는 "현행 정간법에 기대어 인터넷 신문의 언론활동 자체를 가로막는 것은 헌법이 보장하는 언론자유를 침해하는 것임은 물론 선관위의 월권이자 직무유기"라고 항의했다. 참여연대 또한 같은 날 성명에서 "돈 선거를 대체할 수 있는 주요 수단인 '사이버 정치'의 활성화는 시대적 요청이다……. 정간법을 근거로 한 선관위의 '인터넷 대담' 제지는 '언론의 자유'를 침해한 것으로 위헌의 소지가 있다. 관련법에 대한 전면적인 손질이 불가피하다"고 논평했다(공희정, 2002. 2. 7).

≪중앙일보≫는 2월 7일자 사설 "인터넷 신문도 언론이다"를 통해서 "전문가들의 중지를 모아 인터넷 시대에 인터넷 언론을 키우고 이용할 법 마련을 지금부터 착수해야 한다"고 지적했다. ≪한겨레신문≫ 역시 같은 날짜의 「선거법 개정이 시급하다」는 사설에서 이번 사태를 계기로 "인터넷 시대에 맞게 선거법 등 관계법령을 보완하는 개정작업을 서두를 때다"라고 말했다. 정치권도 관련법의 문제점을 인정했다. 특히 민주당은 "인터넷에 정당한 시민권을 부여하고 인터

넷을 정당한 정치의 통로로 인정하기 위한 관계법의 정비를 국회 정치개혁 특위 등을 통해 추진할 것"이라고 적극적인 관련법 개정 의사를 밝혔다. 그리고 여야 의원 27명은 2월 12일 인터넷 신문을 정간법에 규정할 수 있도록 정간법 개정안을 국회에 제출했다.

그러자 선거관리위원회는 2월 18일 국회, 문화관광부, 정보통신부 등에 인터넷 언론이 오프라인 언론사처럼 입후보 예성자 초청 대담·토론회를 개최할 수 있도록 정간법, 방송법 등을 하루속히 개정해 줄 것을 촉구하기로 결정했다. 하지만 선관위는 "비록 국회 및 관계부처에 관계법에 대한 조기개정을 촉구했다 하더라도 법제화되기까지는 인터넷 매체가 선거운동기간 전에 입후보 예정자 초청 대담·토론회를 개최할 경우 사전선거운동에 해당되어 법에 위반된다"며 기존 원칙을 재확인했다. 한편, 선관위는 인터넷 매체가 오프라인 언론사와 공동으로 개최할 경우에는 "일반 신문사를 통하여 공정성이 담보됨으로" 입후보 예정자 초청 대담·토론회가 가능하다는 유권해석을 내렸다(이병한, 2002. 2. 18).

≪오마이뉴스≫는 선관위의 이런 입장과 법 해석을 존중하는 한편, 민주당 대선 주자와의 특별 열린 인터뷰를 민주당 경선이 시작되는 3월 9일 전에 합법적으로 진행하기 위해 오프라인 매체를 등록하기로 하고, 2월 19일 문광부에 오프라인 시사종합지 ≪주간 오마이뉴스≫ 등록 절차를 마쳤다(이한기, 2002. 2. 19). 따라서 ≪주간 오마이뉴스≫와 인터넷 신문 ≪오마이뉴스≫가 공동 주최하는 민주당 대선 주자 특별 열린 인터뷰는 합법적 형식을 취하게 되었고, 실제로 아무런 제지를 받지 않은 채 ≪오마이뉴스≫는 민주당 대선 주자들을 초청하여 인터뷰를 진행했다. 다른 오프라인 매체와 공동 주최할 수 있음에도 불구하고 ≪오마이뉴스≫가 이런 방식을 선택한 것은, 구태의

연한 현행 정간법과 선거법이 하루바삐 바뀌어야 한다는 것을 상징적으로 보여주기 위해서였다. 지난 2년 동안 활발히 언론 활동을 해온 인터넷 신문 ≪오마이뉴스≫는 언론으로 인정받지 못하고, 막 등록해 창간호도 나오지 않은 상태인 ≪주간 오마이뉴스≫는 언론으로 인정받는 현행 법 체계는 반드시 고쳐져야 한다는 것이었다. 그러나 그 같은 편법적인 행동은 대안언론으로 인정받아 온 오마이뉴스가 제도화됨으로써 자기 모순에 빠질 위험성을 안고 있다는 지적도 제기되었다(신필경, 2002. 2. 22).

이러한 논란은 "시대에 맞는 선거법 개정"에 대한 논란만은 아니라고 할 수 있다. 기존의 언론과 확연히 대비되는 인터넷 언론에 대한 시민사회의 기대와 신뢰가 있기 때문이다(장여경, 2001, p.81). 앞에서 살펴보았듯이, 이 논란의 과정에서 몇 가지 쟁점들이 부각되었다. 현실적으로 언론으로 기능하고 있는 인터넷 매체의 실재성의 문제, 인터넷 매체의 언론자유와 그 언론활동을 제한하는 것의 위헌 소지의 문제, 인터넷 매체를 통한 사이버 정치의 정치 개혁성의 문제, 인터넷 매체가 선거보도를 하는 것이 선거법상 불가한가의 문제, 오프라인 언론과 그 온라인 버전에서 허용되는 것이 온라인 전용 언론에서는 허용되지 않는 법 적용의 형평성 문제, 인터넷 매체를 포괄할 수 있도록 선거법, 정간법, 방송법을 개정할 필요성의 문제 등등. 이제 이런 문제들을 구체적으로 논의하기로 하자.

3. 언론으로서 인터넷 매체

언론은 일반적으로 신념, 사상, 의견, 사실, 정보 등을 말, 몸짓, 글, 그림, 사진 등으로 표현하는 의사소통 행위를 일컫는다. 언론행위로는 대담, 토론, 회의, 강연, 연설, 메모, 편지, 대자보 등을 들 수 있다. 오늘날은 이들 언론행위가 기계적인 복제·전파 수단에 의해 널리 전달되고 오래 저장된다. 흔히 대중매체라 불리는 이들 기술적인 복제수단으로는 서적, 잡지, 신문, 영화, 방송 등이 있다. 이들 대중매체 가운데 시사적인 문제에 관한 정보와 의견을 주로 다루는 매체를 특히 언론기관 또는 그냥 언론으로 부른다.

그런데 오늘날은 언론행위의 중요한 복제·전파 수단으로서 아직도 발전 단계에 있는 인터넷이 각광을 받고 있다. 오늘날 온라인 신문, 웹진, 넷캐스팅 등의 용어에서 보듯이 인터넷 신문, 인터넷 잡지, 인터넷 방송 등 인터넷 매체가 버젓한 언론기관 또는 언론으로서 존재하고 있다. 기존의 신문, 잡지, 방송과 같은 주요 언론들도 인터넷을 통해 온라인 버전을 서비스하고 있다. 앞으로 언젠가는 모든 매체들이 인터넷 매체로 전환할 지도 모른다. 인터넷은 기존의 오프라인 언론들이 갖지 못한 많은 장점을 갖고 있기 때문이다. 예를 들면 인터넷은 문자, 음성, 동화상을 한꺼번에 전달할 수 있게 하고, 뉴스가 발생하는 대로 실시간 속보를 가능하게 하고, 기존의 오프라인 매체가 좀처럼 하기 힘든 상세하고 깊이 있는 보도를 가능하게 하고, 기존의 언론에서 다루지 않는 내용을 다룰 수 있는 대안적 매체로서 기능할 수 있게 하고, 하이퍼텍스트나 하이퍼링크 기능을 활용할 수 있게 하고, 검색기능에 의해 과거기사나 사안을 손쉽게 찾아볼 수 있게 하고, 수용자가 원하는 내용을 원하는 시간에 수용할 수 있는 주문형 뉴스(news-on-demand) 또는 주문형 비디오(video-on-demand)를 가능하게 하고, 쌍방향성에 의해 송신자와 수용자의 상호작용이 즉각적으로 그리고 손쉽게 행해질 수 있게 한다(Lee, May 26, 2001).

인터넷 매체는 저널리즘을 변화시키고 있기도 하다. 인터넷 상에서 뉴스를 읽는 것은 점점 더 상호작용적인 과정이 되고, 그것은 보도나 설명 외에도 정보원과 논평의 혼합으로서 뉴스를 제공할 수 있는 저널리즘에 근거하고 있다. 그러한 전환은 저널리즘의 전통적 역할, 실천 및 윤리에 관한 재평가를 요구한다. 예를 들면 전통적 저널리즘에서 게이트키퍼, 의제설정자, 뉴스 필터로서 언론과 언론인의 존재는 인터넷 매체에서는 거의 불필요하게 되었다. 즉 온라인 저널리즘에서는 뉴스를 취사선택하고 해석하는 언론과 언론인의 매개자 역할이 사라지고 수용자들이 서로 직접 자료와 의견을 주고받는 탈매개화(disintermediation)가 두드러지고 있다(Hall, 2001, pp.53; Bonchek, April 1977, p.56). 이런 탈매개화에 의해서 의제설정력이나 현실규정력에 기초한 언론과 언론인의 과도한 권력이 상당히 약화되고 있다.

물론 인터넷 매체에 단점이나 문제점이 없는 것은 아니다. 예컨대 기사의 중요성이 이용자의 마우스 클릭수로 결정되어버린다. 그래서 "웹 기술은 편집자의 선의의 독재를 마우스의 전제로 대체했다"고 지적된다(Nerone & Barnhurst, December 2001, p.471). 인터넷 매체는 그 자신이 제공하는 정보의 신뢰성과 보도의 엄밀성을 아직까지는 확고하게 수립했다고 말하기 어렵다. 특히 군소 인터넷 매체의 경우에는 더우더 그러하다. 이런 신뢰성과 엄밀성의 문제 때문에 전통적인 매체들이 인터넷 상에서도 역시 가장 흔한 정보원이 될 것이라는 주장도 제기된다(Davis, 1999, p.172). 말하자면 인터넷 이용자들이 독립적인 인터넷 매체보다는 기존 오프라인 매체의 온라인 버전을 더 선호할 것이라는 주장이다.

그러나 인터넷 매체는 그 신뢰성과 엄밀성을 쌓아가고 있으며 전통적인 매체가 언제나 믿을 만한 정보만을 제공하는 것도 아니다. 위에서 살펴본 바와 같이, 인터넷 매체는 단점보다는 더 많은 장점을 가지고 있고 그 때문에 가장 훌륭한 언론이 될 잠재성이 크다. 이런 장점에 힘입어 인터넷 언론이 급속도로 발전하고 있는 것이 현실이기도 하다. 특히 한국에서는 발전된 통신 인프라, 값싼 인터넷 이용료, 그리고 인터넷 이용자의 폭발적인 증가에 힘 입어 인터넷 신문, 잡지, 방송 등이 최근 많이 생겨났고 빠른 속도로 성장하고 있다. ≪오마이뉴스≫, ≪프레시안≫, ≪이데일리≫, ≪아이뉴스24≫, ≪이비뉴스≫ 등과 같은 인터넷 신문은 이미 자리를 잡았다. 특히 ≪오마이뉴스≫의 경우는 하루 평균 50만 명이 찾고 있고, ≪시사저널≫의 2001년 11월의 의견조사에서 국내 신문과 방송을 통털어 영향력 8위의 언론으로 꼽혔다(오연호·정운현, 2002. 2. 4). 김동성 선수의 "도둑맞은 금메달" 사건 보도(2002. 2. 22)는 하루 방문자 85만 명, 총 열람 페이지 약255만 쪽에 달했다고 한다(오연호, 2002. 2. 28). 생긴지 겨우 2년밖에 안되었는데 명실상부한 한국의 중요 언론으로 자리잡은 것이다.

그러나 뒤에서 살펴보겠지만, 이렇게 엄연히 현실적인 언론으로 실재하고 있음에도 ≪오마이뉴스≫를 비롯하여 인터넷 매체는 선거법에 의하여 법적인 언론기관으로 인정받고 있지는 못하다. 그 때문에 법적인 언론기관에 허용되는 선거보도가 온라인 매체에는 허용되지 않는다. 말할 것도 없이 엄연한 인터넷 매체를 언론기관으로 인정하지 않는 선거법이나 언론 관계법은 시대착오적인 실정법이다. 이런 실정법과는 상관없이, 앞에서 살펴본 바와 같이 그 실제적 활동에 의해서, 그리고 사회 구성원들에 의한 그 활동의 수용에 의해서, 인터넷 매체는 하나의 훌륭한 언론으로 기능하고 있다. 그 사실은 언론의 주무부처인 문화관광부도 인정하고 있다. ≪오마이뉴스≫가 낸 질의서에 대한 답변에서 문광부는 인터넷 신문인 ≪오마이뉴스≫가 정간법상의 정기간행물은 아니지만, "그간의 보도내용과 사회적 역할 등을 감안해볼 때, 오늘날 급속한 정보통신수단의 발달에 따라 정보통신을 이용하여 사실상 언론의 기능을 수행하고 있다는 점에서 새로운 형태의 언론"이라는 유권해석을 내렸기 때문이다(손병관, 2002. 2. 9).

이미 살펴보았듯이, 온라인 언론은 오프라인 언론에 비해 오히려 더 많은 장점을 가진 더 훌륭한 언론이면 언론이었지 더 못한 언론은 결코 아니다. 오프라인 언론에 비해 손색이 없지만 세상에 출현한 지가 얼마 안되고 아직 발전과정에 있기 때문에 사람들에게 덜 알려지고 따라서 그 사회적 영향력에서 아직은 오프라인 언론에 미치지 못할 뿐이다. 그러나 이런 상황은 오래 가지 않을 것으로 보인다. 당분간은 오프라인 언론과 온라인 언론이 공존하겠지만 앞으로 언젠가는 온라인 언론이 오프라인 언론을 따돌리고 지배적인 언론의 형태가 될 가능성마저 있다. 언론으로서 사회적으로 실재하고 잠재성이 큰 인터넷 매체를 부정할 수는 없다. 따라서 인터넷 매체의 언론활동은 헌법 21조 언론자유 조항에 의해 보호되어 마땅하다. 특히 선거보도와 같이 민주정치의 구현에 필수적인 정치적 언론활동은 더 보호되어야 한다. 정치적 언론활동이야말로 자유 민주주의을 표방한 우리 헌법의 언론자유 조항이 보장해야 할 가장 중요한 언론활동이기 때문이다(이효성, 2002, p.66-92)

인터넷의 본고장인 미국에서는 인터넷에서의 언론활동은 헌법의 언론자유 조항에 의해 그 자유가 보호되고 있다. 미국의 인터넷 전문 법률가인 랜스 로우즈(Rose, 1995, pp.2-3)는 온라인 시스템은 개인의 언론활동(speech), 언론기관(press), 평화적 집회, 정부 청원의 보호를 밝힌 수정헌법 1조에 의해 법적 간섭으로부터 완전한 보호를 받아야 한다며 그 이유로 적어도 두 가지를 제시할 수 있다고 했다. 그가 제시한 두 가지 이유를 정리하면 다음과 같다.

첫째, 온라인 시스템의 모든 업무는 단순히 그 이용자들의 전자적 언론(electronic speech)을 수집하고, 조직하고, 재분배하는 것이다. 인터넷 상에서 일어나는 이러한 전자적 활동은 수정헌법 1조에 의해 보호되는 것으로 보편적으로 인정되는 구어(the spoken word)나 인쇄된 자료(printed materials) 만큼이나 언론으로서 자격을 갖추고 있다. 따라서 그것들이 국가의 법으로 동등하게 보호되지 말아야 할 이유가 없다. 그리고 온라인 시스템도 전자적 언론의 통로로서 보호받아야 하며, 그렇지 않으면 그것이 나르는 전자적 언론이 부당하게 제한된다.

둘째, 온라인 시스템과 그 이용자의 많은 활동이 전통적인 출판물 발행자와 유사하다. 수정헌법 1조는 일차적으로 정부 통제로부터 출판업자를 보호하기 위해서 제정된 것이다. 수정헌법 제정 이후로 커뮤니케이션 기술이 발전하여 이제 '언론기관(the press)'은 서적, 통신 서비스, 라디오 및 텔레비전 방송, 케이블 텔레비전, 그리고 온라인 뉴스 서비스를 포함한다. 출판업자와 같은 역할을 담당하는 온라인 시스템과 그 사용자는 최신의 '언론기관'으로서 적어도 신문이나 텔레비전과 같은 수준의 보호를 받아 마땅하다.

실제로 미국에서는 인터넷 매체와 기존 언론기관 사이에 아무런 법적 차별이 없다. 오히려 인터넷 상에서의 언론활동에 대하여 기존 매체보다 더 큰 자유가 주어지고 있다고 해야 할 것이다. 정치적 언론 행위에 대해서는 말할 것도 없고 비정치적 활동에 대해서도 기존 매체보다 더 허용적이다. 예컨대 1996년의 통신법(the Telecommunications Act)의 커뮤니케이션 품위 조항(the Communications decency Act)은 인터넷 상의 음란물을 규제하려 하였으나 이마저도 연방대법원에 의해 위헌 판결을 받았다(Pavlik, 2001, p.178).

4. 인터넷 매체의 선거보도의 법적 문제

언론기관의 선거보도를 확대하려는 선거법 개정의 취지, 고비용 저효율 정치구조에 대한 개혁의 필요성, 그 개혁을 바라는 국민들의 열망, 그리고 새로운 기술을 정치와 사회의 민주적 발전을 위해 활용해야 한다는 당위성 등을 고려한다면, 실정법에 의해 언론으로 인정되고 있느냐의 여부와는 상관없이 실제적으로 언론으로 기능하고 있고 사람들에 의해 언론으로 인정받고 있는 인터넷 매체도 다른 언론기관과 마찬가지로 선거에 활용될 수 있도록 허용하는 것이 마땅하다. 그런데도 선거관리위원회는 기존의 신문과 방송에는 허용하고 있는 대선 주자들의 대담·토론을 인터넷 매체에는 허용하지 않았다. 더구나 오프라인 매체들의 대선 주자들의 대담 내용을 온라인 버전에 싣는 것까지도 허용하면서 인터넷 매체에게는 대선 주자 대담·토론을 원천봉쇄한 것이다. 이는 명백히 형평성을 잃은 편파적인 법 적용이라 할 수 있다.

기존의 오프라인 언론과 그 온라인 버전에 허용해온 대선 주자 대담과 그에 관한 보도를 온라인 전용 매체에 허용할 수 없다는 선관위의 판단은 잘못된 것이라 할 수 있다. 기존이 이른바 언론기관과 그 온라인 버전에 허용된 모든 종류의 선거 관련 보도는 인터넷 매체에도 허용되어야 한다. 만일 인터넷 매체의 선거에 관한 보도가 문제가 된다면 인터넷 매체가 선거보도를 할 수 있느냐의 여부가 아니라 그 공정성(제8조)과 허위성(96조)의 여부여야 할 것이다. 말하자면 인터넷 매체의 선거보도는, 그것이 공정한 한, 그리고 “허위사실을 보도하거나 사실을 왜곡하여 보도 또는 논평”을 하지 않는 한, 허용해야 한다는 뜻이다.

더구나 선거법은 인터넷 매체에 의한 선거보도나 논평을 명시적 규정으로 금하고 있지 않다. 따라서 선관위는 인터넷 매체의 선거보도를 규제할 법적 근거를 갖고 있지도 않다고 할 수 있다. 그런데 선관위는 "선거법에서 언론기관은 모두 정간법과 방송법에 의해 규정돼 있어 정당, 공무원과 동일하게 규제할 수 있지만, 인터넷 매체는 규제할 근거가 없어 선거운동에 대한 권리를 인정해주는 것조차 어렵다"(신필경, 2002. 2. 22)고 말했다. 하지만 거꾸로 규제할 근거가 없기 때문에 규제하지 않을 수도 있는 것이다. 법에 의해 명시적 규정으로 금지되지 않는 것은 허용되는 것으로 해석하는 것이 일반적인 법이론이다. 선거법이 인터넷 매체의 선거보도나 논평을 금하지 않았다면, 선거법에 의해 인터넷 매체는 선거보도나 논평을 자유롭게 할 수 있는 것으로 볼 수 있는 것이다.

우리는 여기서 인터넷 상의 언론 자유와 관련하여 미 법률가인 로우즈의 다음과 같은 지적을 음미할 필요가 있다. 즉 "수정헌법 1조의 권리와 함께, 우리는 명시적으로 금지되지 않은 것은 무엇이든지 할 수 있는 법적 자유를 소유하고 있다. 그것을 헌법상의 삶, 자유, 그리고 행복추구의 권리로 부르든, 또는 법적 확인이 필요 없는 모든 사람의 자연권으로 부르든, 이 기본적인 자유는 온라인이나 오프라인이나 모두에게 동등하게 적용된다(Rose, 1995, p.2)."

언론기관의 선거보도와 논평에 관한 규정은 선거법 제8조와 제96조다. 이들 규정을 자세히 살펴보기로 하자.

선거법은 제8조에서 "방송·신문·통신·잡지 기타의 간행물을 경영·관리하거나 편집·취재·집필·보도하는 자가 정당의 정강·정책이나 후보자(후보자가 되고자 하는 자를 포함한다)의 정견 기타 사항에 관하여 보도·논평을 하는 경우와 정당의 대표자나 후보자 또는 그의 대리인을 참여하게 하여 대담을 하거나 토론을 행하고 이를 방송·보도하는 경우에는 공정하게 하여야 한다"고 '언론기관의 공정보도 의무'를 규정하고 있다. 언론기관이 후보자와 그 대리인과 대담이나 토론을 하고 그것을 보도하는 것을 포함하여 선거보도와 논평에서 공정하기만 하면 그것을 할 수 있다는 규정이다. 여기서 언론기관이란 방송, 신문, 통신, 잡지, 기타의 간행물을 일컫는 것이다. 그런데 이 조항의 어디에도 그 언론기관이 정간법상의 정기간행물이거나 방송법상의 방송이어야 한다는 명시적 규정은 없다. 인터넷 매체는 언론기관에 포함되지 않는다는 구절도 없다. 이 조항에 의한다면 인터넷 매체의 선거보도나 논평을 원천적으로 봉쇄할 수 없는 것이다. 다만, 그 보도나 논평이 공정하지 못할 때 제재를 가할 수 있을 뿐이다.

이미 살펴본 바와 같이, 선거법은 또 제96조에서 "방송·신문·통신·잡지 기타의 간행물을 경영·관리하는 자 또는 편집·취재·집필·보도하는 자는 특정후보자를 당선되게 하거나 되지 못하게 할 목적으로 선거에 관하여 허위사실을 보도하거나 사실을 왜곡하여 보도 또는 논평을 할 수 없다"고 '허위논평·보도의 금지'를 규정하고 있다. 언론기관이 허위사실을 보도하거나 사실을 왜곡하여 보도 또는 논평하지 않는 한 선거보도와 논평을 할 수 있다는 뜻이다. 공정보도 의무를 규정한 제8조에서와 같이 이 조항 어디에도 언론기관이 정간법이나 방송법에 의한 것이어야 한다거나 인터넷 매체는 안 된다거나 하는 구절이 없다. 따라서 이 조항에 의해서도 인터넷 매체의 선거보도를 원천적으로 봉쇄할 수 없게 되어 있다. 다만, 그 보도나 논평이 허위이거나 사실을 왜곡한 경우에 제재를 가할 수 있을 뿐이다.

물론 선거법의 다른 조항들(8조2의 선거방송심의위원회, 8조3의 선거기사심의위원회, 8조4의 선거보도에 대한 반론보도청구, 69조의 신문광고,

70조의 방송광고, 82조의 언론기관초청대담·토론회 등등)은 정간법에 의한 정기간행물이나 방송법에 의한 텔레비전 및 라디오 방송시설(방송법에 의한 방송사업자가 관리·운영하는 무선국 및 종합유선방송국과 보도전문편성의 방송채널사용사업자)을 대상으로 한 규정이다. 그러나 이들 규정도 정간법이나 방송법에 의한 언론기관에 무엇을 하라는 규정이거나 그들 기관이 무엇을 할 수 있다는 규정일 뿐이다. 인터넷 매체가 무엇을 할 수 없다는 규정은 선거법 어디에도 없다. 오히려 선거법 82조 3의 2항은 "누구든지 컴퓨터 통신을 이용하여 후보자(후보자가 되고자 하는 자를 포함한다), 그의 배우자 또는 직계존·비속이나 형제자매에 관하여 허위의 사실을 유포하여서는 아니되며, 공연히 사실을 적시하여 이들을 비방하여서는 아니된다. 다만, 진실한 사실로서 공공의 이익에 관한 때에는 그러하지 아니하다"라고 규정하여 인터넷도 후보자나 그의 가족에 관하여 명예훼손에 해당하지 않는 한 자유롭게 보도나 논평을 할 수 있도록 허용하고 있다.

선거관리위원회가 ≪오마이뉴스≫의 대선 주자 '특별 열린 인터뷰'를 중지시킨 선거법의 근거는 '언론기관초청대담·토론회'를 규정한 82조 1항의 "언론기관"에 대한 정의를 포함한 명문규정이다(이준희, 2002. 2. 5). 좀 길지만 이 조항을 원문대로 인용하면 다음과 같다. "텔레비전 및 라디오 방송시설·정기간행물의 등록 등에 관한 법률에 의한 일반 일간신문사 등 언론기관은 선거운동기간 중 후보자 또는 대담·토론자에 대하여 후보자의 승낙을 받아 1인 또는 수인을 초청하여 소속정당의 정강·정책이나 후보자의 정견 기타 사항을 알아보기 위한 대담·토론회를 개최하고 이를 보도할 수 있다. 다만, 제59조(선거운동기간)의 규정에도 불구하고 대통령 선거에 있어서는 선거일전 120일부터, 국회의원선거 또는 시·도지사선거에 있어서는 선거일전 60

일부터 선거기간 개시일 전일까지 후보자가 되고자 하는 자와 대담을 하고 이를 보도할 수 있다." 이 규정에 따르면, 선거운동기간 전에 대담·토론회를 할 수 있는 언론기관은 정간법상의 정기간행물과 방송법상의 텔레비전 및 라디오 방송시설인 것은 사실이다. 그러나 이 조항은 정간법이나 방송법에 규정된 언론기관이 그렇게 할 수 있다는 적극적 조항이지 인터넷 매체가 그렇게 할 수 없다는 소극적 조항이 아니다. 말하자면 이 조항에 의해서도 인터넷 매체의 후보 대담과 그 보도는 금지되는 것으로 볼 수 없다.

더구나 선관위는 이 조항을 기존의 오프라인 언론에는 엄격히 적용하고 있지도 않다. 정간법이나 방송법에 의한 언론기관이라 하더라도 대선 주자와 대담·토론을 하고 이를 보도할 수 있는 기간은 선거일전 120일 전부터로 규정되어 있기 때문에 120일 이전에는 대담·토론이 허용될 수 없는 것이다. 그럼에도 불구하고 선관위는 120일 전에 언론기관의 대선 주자 대담·토론과 그 보도를 허용하였다. 선관위에 따르면, "언론사들이 대선토론회를 개최하는 것은 헌법상 보장된 국민의 알권리와 언론자유를 충족시키기 위한 것일 뿐만 아니라 본연의 직무상 행위이기 때문에 사전 선거운동으로 볼 수 없다"는 것이다(백승권, 1997. 8. 20). 그러나 선관위의 이러한 법해석은 실정법상의 명문규정에 정면으로 반하는 것으로서 중대한 오류를 범하고 있다는 지적도 있다(성낙인, 2002).

만일 선관위가 법조항을 엄격히 그리고 차별 없이 적용하려 한다면 연초부터 행해지고 있는 언론기관의 대담·토론과 그 보도도 선거일전 120일 전까지는 선거법 254조를 위반한 사전선거운동으로 저지해야 한다. 기존 오프라인 언론에는 법대로를 요구하지도 않으면서 온라인 언론에게만은 법대로를 고수하는 것은 법이 강자에게는 무르고 약자에게는 엄하다는 비난을 받을 수 있다. 그런 일관성이 없는 법적용은 명백히 형평성을 강조하는 법치주의에 위배되는 일이다. 이런 비난을 면하기 위해서라도 선관위는 오프라인 언론에 허용하는 것을 온라인 언론에게도 똑같이 허용해야 한다. 오프라인 언론에게 본연의 임무라는 관점에서 허용할 수 있는 것은 온란인 언론에게도 같은 이유로 허용해야 할 것이다.

현행 선거법은 인터넷을 기반으로 하는 새로운 매체 시대와는 무관하게 제정된 법률이다. 따라서 선거법은 사이버공간의 정치화라는 층위에 대하여는 전혀 관심을 기울이지 않은, 일종의 법의 흠결이 존재하는 실정법이다. 사정이 그러함에도 "인터넷 언론이 정간법상의 언론으로서의 요건을 갖추지 못하였다는 이유로, 또는 기성의 제도권 언론기관이 아니라는 이유로 정치의 꽃이라 할 선거의 과정에 능동적으로 참여할 수 없게 하는 것은 실정법상의 법리에는 충실하되, 그 법이 추구하는 궁극의 헌법목적 즉 민주주의의 실천 및 실질적 국민주권의 실천은 실정법의 이름으로 거부하는 행태에 다름이 아니다" (한상희, 2002. 2. 21).

이상의 논의를 종합하면, 현재의 선거법상 인터넷 매체가 선거운동기간 전에 대선 주자를 대담하여 그 결과를 보도하는 것을 포함하여 선거에 관하여 보도하거나 논평하는 것을 허용하는 것이 타당하다고 할 수 있다. 선거보도는 언론으로서 인터넷 매체의 본연의 임무를 수행하는 것으로 헌법적 보호사항이다. 선거법은 그 어디에서도 인터넷 매체의 선거보도를 금하고 있지 않다. 오히려 명시적으로 허용하고 있다고 보아야 한다. 또 인터넷 매체는 실제적으로 언론기관으로 기능하고 있고 사회에 의하여 언론기관으로 인정되고 있기 때문에 선거법 8조와 96조 그리고 82조가 대상으로 하는 언론기관에 포함되는 것이 타당하다. 선거관리위원회가 보다 더 전향적으로 선거법을 적용하면 된다.

그리고 인터넷 매체가 선거보도를 할 수 있느냐의 여부는 정간법이나 방송법에 그다지 구애될 필요가 없다. 이들 법이 시대에 뒤떨어진 낡은 법이어서 새로운 형태의 버젓한 언론을 제대로 포괄하고 있지 못하기 때문이기도 하지만, 그런 법에 포괄됨으로써 불필요한 규제를 초래할 위험성도 있고, 무엇보다 정간법에 의한 정기간행물이나 방송법에 의한 방송이 아니라 하더라도 선거법에 의한 언론기관으로서 선거보도를 할 수 있는 것으로 해석할 수도 있기 때문이다. 결국, 선거법이나 정간법이나 방송법을 들어 인터넷 신문이나 인터넷 방송과 같은 인터넷 매체의 선거보도를 금하는 것은 그 상위법인 헌법이 규정한 언론자유를 침해하는 일로 다분히 위헌소지가 있다고 할 수 있다.

인터넷 매체의 선거보도와 관련하여 선거법이나 정간법을 개정해야 한다는 주장이 제기되었다. 그러나 앞에서 살펴본 바에 의하면, 인터넷 매체를 명시적으로 언론기관에 포함시키지 않은 현행 선거법이나 정간법으로도 인터넷 매체가 선거보도를 하는데 별 문제가 없다는 점을 알 수 있었다. 그러니 정간법이나 방송법을 개정하여 정기간행물에 인터넷 매체를 포괄하고, 선거법의 관련조항 특히 82조 1항이 말하는 언론기관에 인터넷 매체를 명시적으로 포함시키도록 개정하는 일은 굳이 필요하지 않다고 할 수 있다. 그 보다는 인터넷 매체를 포함하여 뉴 미디어를 포괄하는 뉴 미디어 매체법을 제정하는 일이 더 바람직할 지 모른다. 또 모든 매체들이 점점 더 인터넷 서비스를 행하고, 인터넷에 의해 모든 매체들이 통합되어 가는 추세를 고려한다면 궁극적으로는 통합매체법을 제정해야 할지도 모른다. 아래에서는 정간법이나 방송법을 개정하여 인터넷 매체를 포괄하는 문제를 논의하기로 하자.

5. 인터넷 매체와 정간법·방송법의 문제

인터넷 매체가 선거법상 선거보도를 할 수 없다는 선관위의 유권해석에 따라 인터넷 매체를 포괄할 수 있게 정간법과 방송법과 같은 관련법을 개정해야 한다는 주장이 제기되었다. 인터넷의 매체 통합적 특성을 고려한다면 궁극적으로는 정기간행물, 방송, 인터넷 매체 등을 모두 아우르는 통합적인 매체법을 고안해야 한다는 주장도 있으나 아직까지는 통합매체법을 고려할 시기는 아니다. 우선은 인터넷 신문은 정간법으로 그리고 인터넷 방송은 방송법으로 포괄해야 한다는 주장이 지배적이다. 이런 주장이 타당한 지의 여부를 살펴보자.

현재 신문에 관련된 법은 정간법이다. 정간법 제1조는 "정기적으로 발행되는 신문·통신·잡지·기타 간행물에 관한 사항을 규정함으로써 언론의 건전한 발전을 도모함을 목적으로 한다"고 되어 있다. 이 법 제2조 1항은 '정기간행물'을 "동일한 제호로 연2회 이상 계속적으로 발행하는 신문·통신·잡지·기타 간행물"로 정의하고 있다. 그리고 제7조는 정기간행물을 발행하고자 하는 자는 제호 등을 문화관광부 장관에게 등록하도록 규정하고 있다. 따라서 정간법에 의해서 인정받는 언론이란 연2회 이상 계속적으로 발행하는 정기간행물로서 문화관광부 장관에게 등록한 것에 한한다. 선거법 82조 1항에서 말하는 정간법에 의한 정기간행물이란 바로 이러한 정기간행물을 지칭한 것이다.

그런데 이 법은 인터넷이라는 새로운 매체의 출현에 의해 시대에 맞지 않게 되었다. 크게 두 가지 측면에서 그렇다(이효성, 1994. 9. 5, pp.244). 하나는 이 법이 대상으로 하고 있는 매체들이 이 법에 규정되지 않은 언론사업을 하고 있다는 점이다. 다른 하나는 이 법에 규정되지 않은 새로운 매체들이 이 법이 대상으로 하고 있는 매체와 같거나 유사한 언론사업을 수행하고 있다는 점이다.

먼저 정간법이 대상으로 하고 있는 매체들의 새로운 언론사업이 정간법의 규정범위를 벗어난 언론사업이라는 문제에 대해 논의하기로 하자. 정간법은 종이에 잉크로 인쇄된 하드 카피의 정기간행물을 그 대상으로 하고 있다. 그런데 오늘날의 매체의 출판은 과거와 같이 일단 하드 카피로 생산되어 중간 배포업자에 의해 배포되는 과정을 거치지 않고 전자출판에 의해 소프트 카피로 중간 매개자 없이 직접 생산자에서 소비자에게로 전송되는 경우가 많아지고 앞으로 더욱더 그런 방향으로 발전할 것으로 보인다. 특히 신문사의 정보 및 언론 활동이 과거와 같이 신문지나 잡지에 한하지 않고 있다. 오늘날 신문은 시디롬 신문 외에도 전화선이나 인터넷을 활용하여 오디오텍스, 비디오텍스, 팩스신문, 등의 정보 서비스를 수행하고 있다. 이러한 사업활동은 팩스신문의 경우를 제외하고는 하드 카피로 생산되는 것이 아니고 또 정기성이 모호하기 때문에 전통적인 의미의 정기간행물이 될 수 없고 따라서 정간법의 대상은 아니다. 그러나 그럼에도 불구하고 이들은 분명히 신문사에서 수행하는 정보제공사업 또는 언론사업이라는 점에서 신문지 사업과 크게 다르지 않고 따라서 정간법의 기본정신에는 포함될 수 있는 성질의 사업이다.

오늘날 오프라인 신문으로 불리는 종이 신문 또는 하드카피 신문은 거의 모두가 인터넷 상에서 온라인 버전을 발행한다. 이들 온라인 버전은 오프라인 버전과 그 내용에 차이가 없으며 따라서 언론이라는 측면에서 오프라인 신문과 본질적으로 차이가 없다. 오히려 온라인 버전이 속보성과 독자의 피드백이라는 측면에서 훨씬 더 우수한 언론성을 발휘하고 있다. 이처럼 오프라인 신문의 온라인 버전은 정간법 상의 언론으로 부족함이 없지만 정간법에 의해 언론으로 취급되지 않는다.

다음으로 정간법의 대상이 아닌 새로운 매체들이 정간법이 대상으로 하고 있는 정보제공사업이나 언론사업을 하는 경우에 관해 살펴보기로 하자. 오늘날 인터넷 신문을 포함하여 뉴 미디어의 대부분은 정간법상의 정기간행물은 아니다. 그것들은 인쇄매체도 아니고 그것이 취급하는 정보를 하드 카피로 생산하지도 않는다. 그럼에도 불구하고 그들이 제공하는 정보 서비스는 정간법이 대상으로 삼고자 하는 정보 서비스 또는 언론 활동임은 분명하다. 특히 인터넷을 통한 정보 서비스나 언론활동이 그렇다. 인터넷의 경우는 그 전자게시판을 통해서 또는 인터넷 신문을 통해서 뉴스와 의견의 교환이라는 활동을 매개함으로써 오프라인 신문과 본질적으로 동일한 활동을 수행하고 있다. 온라인 전용 신문은 오프라인 신문과 본질적으로 아무런 차이가 없는 언론인 것이다. 그러나 이런 온라인 매체 또는 소프트 카피의 매체를 정간법은 그 적용대상으로는 하지 않는다.

정간법에 의해 인터넷 매체를 정기간행물로 수용할 수 있는 여지가 아주 없는 것은 아니다. 정간법 2조 9호는 정간법상에 규정된 정기간행물 외의 기타 간행물을 대통령령으로 규정한다고 되어 있고, 이에 관한 대통령령 즉 정간법 시행령은 전자적 기록매체를 포함하고 있기 때문이다. 정간법 시행령 제1조의 2(기타 간행물)는 "정기간행물의 등록등에 관한 법률 제2조 제9호에서 '대통령령이 정하는 간행물'"로서 "1. 보도·논평 또는 여론형성의 목적 없이 일상생활 또는 특정사항에 대한 안내·고지 등 정보전달의 목적으로 발행되는 간행물, 2. 컴퓨터 등의 전자장치에 의하여 문자 등의 정보를 보거나 듣거나 읽을 수 있도록 제작된 전자적 기록매체로서 동일한 제호로 계속 제작된 간행물"을 규정하고 있다. 그러나 이런 조항에 의해 인터넷 매체가 정기간행물로 인정받을 수 있다 하더라도 굳이 언론법제의 틀 속으로 들어가 일련의 내용과 행위의 규제를 받는 것이 바람직하지 않다는 지적도 있다(성낙인, 2002. 2. 19).

우리는 여기서 정간법이 봄에 걸친 겨울옷처럼 이미 시대에 뒤떨어진 낡은 법이 되었음을 간파할 수 있다. 정간법은 그것이 본래 대상으로 하고 있던 매체의 새로운 변화에도 대처할 수 없고, 새로 출현한 매체의 정보 서비스 및 언론 활동에도 대처할 수 없는 법임이 분명하기 때문이다. 무엇보다 정간법은 권위주의 정권 하에서 인쇄매체 특히 일간지의 자유로운 발행을 규제함으로써 언론기관을 통제하려던 법이라는 점에서 더 시대착오적인 법이다. 이런 점에서 본다면, 정간법은 언론중재제도와 반론보도청구에 관한 내용이 중심이 된 법률로 전환해야 할 것이다. 이제 정치의 민주화로 언론발행을 규제해서도 안되고 할 수도 없는 시대가 되었다. 인터넷 매체를 포함하여 언론기관이 위법한 행위를 한다면 사법절차에 의해 사후처벌로 다스리는 것이 자유민주주의의 원칙이다.

인터넷 신문이 정간법에 포괄되지 못하는 것과 마찬가지로 인터넷 방송도 방송법에 포괄되지 못하기 때문에 포괄될 수 있도록 방송법을 개정해야 한다는 주장도 제기될 수 있다. 방송법은 지상파 방송, 종합유선방송, 위성방송만을 그 대상으로 하고 있기 때문이다. 다만 방송법 32조 1항은 방송위원회의 심의대상으로 "방송·중계유선방송 및 전광판방송의 내용과 기타 전기통신회선을 통하여 공개를 목적으로 유통되는 정보 중 방송과 유사한 것으로서 대통령령이 정하는 정보"를 규정하고 있고 그 시행령 제21조(방송과 유사한 정보의 심의)는 방송법 32조 1항의 "대통령령이 정하는 정보"라 함은 방송사업자가 "전기통신회선을 통하여 '방송', 'TV' 또는 '라디오' 등의 명칭을 사용하면서 일정한 편성계획에 따라 유통시키는 정보"를 말한다고 규정하고 있어 기존 방송사들이 인터넷 등을 통해 행하는 방송 내용의 심의만은 방송위원회가 관장하도록 하고 있는 것이다.

이처럼 방송법과 그 시행령은 기존 방송사가 인터넷을 통해 행하는 방송을 심의대상으로 삼고 있을 뿐이고 인터넷 전용 방송은 아예 언급도 없다. 따라서 인터넷 방송은 문화·언론 매체로서 대접받지 못하고 단지 하나의 정보통신 산업으로만 간주되고 있다는 지적이 있을 수 있다. 하지만 방송법은 방송에 관한 많은 규제를 담고 있기 때문에 인터넷 방송이 굳이 방송법에 포괄되어 그 규제를 감수하는 것은 바람직한 일이 아닐 것이다. 더구나 이론상 무한수의 방송이 가능한 온라인 방송과 그렇지 못한 오프라인 방송과는 그 규제의 수준과 방법도 달라야 할 것이다. 무엇보다 인터넷 매체는 통합매체적 성격 때문에 신문과 방송의 구별이 쉽지 않다. 일례로, ≪오마이뉴스≫는 민주당 대선 후보 경선을 생중계한 것을 비롯해서 많은 이벤트를 생중계하고 있고, 동영상 뉴스도 계획하고 있다. 이런 여러 측면을 고려한다면, 인터넷 매체는 방송으로 불리든 신문으로 불리든 기존의 방송법이나 정간법의 테두리에 갇히기보다는 그 법의 밖에서 존재하면서 헌법에 보장된 언론자유를 요구하는 것이 더 현명한 존재방식이라고 할 수 있다.

6. 인터넷 매체의 정치적 활용을 위하여

오늘날 인터넷 매체는 법적으로는 정보통신영역의 한 사업으로서만 간주되고 있고 따라서 산업적 정책의 대상이 되고 있을 뿐이다. 산업적 정책은 대체로 그 보급을 활성화하고, 소유구조를 사영으로 하고, 그 운영자를 다수로 하고, 그 규제의 대상을 내용보다는 기술로 한정하는 그런 정책이다(McQuail, 1986, p.13). 인터넷 매체와 같은 뉴미디어에 대해서는 이런 산업적 정책이 기본적으로는 옳다고 할 수 있다. 그런데 인터넷 매체를 산업적 정책 대상으로만 하는 경우 인터넷 매체는 언론으로 인정받지 못하게 된다. 말할 것도 없이, 인터넷 매체는 시사적인 문제에 관한 정보와 의견의 교환이라는 공론장으로 역할하는 훌륭한 언론매체다.

따라서 인터넷 매체는 단순한 산업적 정책 이상의 대상이 되어야 한다. 인터넷 매체는 산업으로서뿐만 아니라 동시에 언론으로서 다루어져야 한다. 그것은 곧 헌법이 규정한 언론자유를 적용하여 그 언론활동을 보호해야 하는 것을 뜻하기도 한다. 특히 인터넷 신문이나 방송은 이미 종이 신문이나 지상파 방송과 마찬가지로 우리 사회의 중요한 언론으로 활동하고 있다. 따라서 이들 온라인 매체들은 오프라인 매체들과 마찬가지로 헌법의 언론자유조항에 의해 보호받아야 할 대상들이며 오프라인 매체에 허용된 모든 권리와 의무도 똑같이 주어져야 한다.

종래의 커뮤니케이션 산업은 몇 가지 유형으로 나눌 수 있었다. 하나는 신문, 잡지, 서적을 포함하는 출판산업, 라디오와 텔레비전을 포함하는 방송산업, 영화와 비디오를 포괄하는 영상산업, 그리고 전화로 대표되는 통신산업이다. 이들에 대한 정부의 규제도 각각 다르다. 출판산업은 그 가운데 가장 큰 자유를 누리고 있다. 여기에는 전통적으로 헌법에 보장된, 국민의 기본권으로서 언론자유가 적용되기 때문이다. 그러나 방송의 경우에는 방송에 사용되는 전파가 공공의 자산이고 희소하다는 이유로 방송사업의 인허가를 비롯하여 여러 가지 규제가 정당화되었다. 영상산업 또한 공연윤리법을 비롯해서 여러 법적 통제를 받고 있다. 통신사업의 경우도 적지 않은 규제가 따른다. 통신설비는 국가의 주요한 기간시설로 간주되어 국가에 의해 설치되고 통신사업은 국가의 독점사업으로 운영되는 경우도 많다.

지금까지 이 네 영역은 그 나름의 독자적인 기술과 별도의 생산과 분배 방식을 가진 사업으로 존재해 왔다. 그런데 오늘날 이 네 영역의 기술과 생산 및 배포 방식이 점점 더 하나로 통합되어 가고 있다. 그리고 그러한 추세와 함께 이들 산업과 매체 자체가 더 이상 개별적이고 독립적으로 존재하지 않고 하나의 사업과 매체로 통합될 가능성도 커지고 있다. 그렇게 되면 이들을 별개로 규제하던 과거의 법과 사고방식은 더 이상 현실적 타당성을 갖을 수 없게 될 것이다. 이 경우 현실적인 규제의 어려움을 고려하고, 사업의 육성을 도모하고, 그리고 매체의 언론성을 존중한다면 출판물에 대한 언론자유 모델을 적용하여 그 내용의 규제를 가능한 한 가하지 않는 것이 바람직한 정책 방향이 될 것이다.

오늘날 인터넷이 그런 통합매체로서 두드러지고 있다. 인터넷은 출판, 방송, 영상, 통신 등 과거의 모든 커뮤니케이션 산업과 매체를 하나로 통합해가고 있다. 말하자면 인터넷 매체가 점점 더 과거 모든 언론기관의 역할을 떠맡고 있다는 뜻이다. 따라서 이러한 통합매체로서 인터넷 매체는 규제가 가장 적은 출판물로 다루어 최대한의 언론자유를 허용해야 할 것이다. 그것은 곧 선거보도를 포함하여 인터넷 매체에 의한 언론활동은 가급적 규제하기보다는 오히려 더욱더 허용해주어야 한다는 것을 뜻하기도 한다.

독립적인 인터넷 매체는 매체의 다양성 나아가서는 사회의 다양성에 기여하기 때문에 특히 더 보호와 육성의 대상이 되어야 한다. 맥퀘일(McQuail, 1992, pp.144-145)에 의하면, ① 다원주의적 매체는 국민 전체의 문화, 의견 및 사회 조건의 현존하는 차이를 대표하거나 반영할 것이 기대된다, ② 매체는 사회를 구성하는 상이한 목소리, 집단 및 이해관계가 보다 더 넓은 사회 성원들에게 말할 수 있는 채널을 가용하게 한다, ③ 매체의 선택 가능성은 소비상품으로 간주되는 커뮤니케이션 서비스의 질을 증대시킨다.

우리 사회의 독립적인 인터넷 매체는 젊은이들이 그 주된 이용자이고 그 논조도 대체로 진보적이라는 특성을 가지고 있다. 말하자면 독립적인 인터넷 매체들은 그 수용자와 논조에서 대체로 장·노년층을 대변하면서 우리 언론계를 지배하는 보수적인 오프라인 언론에 대하여 대안적인 역할을 하는 매체다. 독립적인 인터넷 매체는 젊은이들의 문화와 의견을 반영하고, 그들에게 발언할 기회를 제공하여 그들의 정치참여를 이끌어내는 데 기여하고, 오프라인 매체에도 많은 영향을 주고 있다. 이처럼 인터넷 매체는 사회의 다양성과 민주정치의 발전에 기여한다. 따라서 인터넷 매체의 언론활동 특히 선거보도를 포함한 정치적 활용은 권장되어 마땅하다. 그러기 위해서 인터넷 매체는 보호와 육성의 대상이 되어야 하고 이는 무엇보다 인터넷 매체를 언론기관으로 인정하고 헌법이 규정한 언론자유를 보장하는 것을 뜻한다.

그러나 그렇다고 인터넷 매체의 내용을 무조건 보호해야 한다는 뜻은 결코 아니다. 인터넷 매체가 아무리 언론적 기능을 수행한다 하더라도 그것이 저작권 침해, 외설물의 배포, 사기적 광고, 명예훼손과 사생활침해, 공정한 재판의 방해, 사회 안전의 파괴 등과 같은 언론자유로 보호될 수 없는 범죄적 내용까지 보장해줘야 한다는 뜻은 아니다. 인터넷 매체는 무책임하게 허위나 낭설을 유포하여 비난을 받는 경우도 많다. 그러나 그렇다고 그런 부작용을 겨냥해서 인터넷을 규제하기 위한 별도의 법을 제정할 필요는 없다. 인터넷 매체들의 탈법적인 행위들은 사법절차에 따라 관련법에 의해 사후제재를 가할 수 있기 때문이다.

제2장 언론의 후보 검증—특정후보 편들기?

선거에서 특히 대선에서 후보를 검증하는 일은 중요하다. 대선은 우리 국민을 이끌어나갈 최고 지도자를 선출하는 일일 뿐만 아니라 그에 의해서 임명될 많은 고위직을 선출하는 일이기도 하며 많은 사람들의 이해관계가 걸린 문제에 관한 정책의 방향을 결정하는 일이기도 하기 때문이다. 그같이 많은 권한을 가진 중대한 직책을 맡을 사람이 어떤 인물인지 그리고 그의 정책은 어떤 것인지를 아는 일은 유권자의 중차대한 관심사다. 따라서 후보 상호간에 그리고 유권자를 대신해서 언론이 후보자의 인물됨을 바로 알리고 정책을 평가하는 일은 필요하다. 후보 바로 알기와 공정한 정책 평가를 위한 후보 검증은 권장되어야 한다. 그런 후보 검증이 정정당당하게 이루어진다면 그에 반대할 이유나 명분은 없다.

그러나 후보 검증이 특정후보 편들기나 특정후보 죽이기를 위한 수단으로 악용되는 것은 막아야 한다. 후보 검증이 약점 들추기나 무책임한 정치공세로 악용되는 것은 비판받아야 한다. 후보 검증이라는 명분으로 근거 없는 중상모략 등으로 인신공격을 감행하여 인격살인이나 정치살인을 하는 일은 없어야 한다. 그런데 유감스럽게도 대선 후보 선출을 위한 민주당 국민경선에서 선두 다툼이 치열해지면서 후보 검증이라는 명분으로 증거가 없거나 모호한 각종 의혹들이 무책임하게 제기되었다. 그리고 몇몇 언론들은 증거도 뚜렷하지 않은 이들 의혹에 대해서 아무런 여과도 없이 그리고 그 진위 여부를 검증하려는 아무런 노력도 없이 대서특필함으로써 빈축을 샀다. 그래서 이들 언론이 겉으로는 검증을 주장하면서도 검증에는 관심이 없고 특정후보 죽이기를 하는 것 아니냐는 의구심을 불러 일으켰다.

음모론이나 색깔론을 제기한 측과 그것을 대서특필한 일부 언론들은 후보 검증을 내세웠다. 신문들은 사설, 칼럼, 외부 기고를 통해서 후보 검증의 필요성을 강조하기도 하였다. 예컨대 ≪조선일보≫는 2002년 3월 29일자 사설 「후보 檢證 철저히 해야」와 4월 18일자 사설 「엄밀하고 공정한 후보 검증을」에서, ≪동아일보≫는 3월 29일자 사설 「대선후보 이념검증 필요하다」에서, ≪세계일보≫는 3월30일자 사설 「후보 검증 회피 말라」에서, ≪중앙일보≫는 4월 8일자 칼럼 <미디어 세상> 「대선후보 인물 검증 가혹하게 파헤쳐야」와 4월 12일자 <권영빈 칼럼>의 「'조중동'과 '한경대'」에서 후보 검증을 강력하게 주장했다. 그리고 2월 22일자 사고를 통해 대통령·시·도지사 후보의 심층검증을 예고했던 ≪조선일보≫는 4월 18일자 사고에서 9명으로 구성된 '후보검증위원회'를 구성하여 그 명단과 함께 이 위원회를 통해 대통령 및 시·도지사 후보들의 심층검증을 시행하겠다는 계획을 발표했다. ≪기자협회보≫(2002. 4. 24)에 따르면, ≪동아일보≫도 후보들의 리더십과 자질을 검증할 수 있는 '후보 검증단'을 구성할 계획을 밝히기도 하였다.

이처럼 후보 검증을 강조한 언론들은 주로 보수적인 신문들이었다. 이에 반해 중도적이거나 상대적으로 진보적인 신문들은 후보 검증을 특별히 강조하지 않거나 보수 신문들의 후보 검증 의도를 우려하거나 비판했다. 예컨대 ≪한겨레신문≫은 4월 24일자 미디어면 기사인 「중앙·조선 후보 검증 속셈은 사상검증?」이라는 기사를 통해 후보 검증 시도에 대한 우려를 표했다. ≪오마이뉴스≫에도 이들 보수 언론들의 후보 검증에 비판적인 기사들이 올랐다. 예를 들면 최민희(2002. 4. 8)의 "후보 검증할 만큼 '검증된' 언론 있나: 언론은 먼저 자신의 과거와 자질부터 검증해야"와 고태진(2002. 4)의 "후보자도 '검증'말고 '감상'을 해야: 우려스러운 ≪조선일보≫의 '후보검증위원회'" 등이다. <2002 선거감시연대회의>는 발족 토론회로 4월 18일 "언론의 후보 검증 어떻게 할 것인가?"를 주제로 긴급토론회를 개최하기도 했다.

이와 같이, 시·도 단체장 선거와 대통령 선거를 앞두고 언론의 후보 검증이라는 문제가 사회적 쟁점이 되었다. 이에 본고는 먼저 저널리즘에서의 검증은 무엇인가, 나아가 후보 검증은 과연 무엇이고 어떻게 이루어져야 하는가, 신문이 발표한 후보 검증 계획은 무엇이 문제인가, 그리고 이들 신문의 선거보도에서 검증은 실제로 어떻게 나타나고 있는가 등의 문제들을 살피고자 한다.

1. 후보 검증이란 무엇인가

검증(檢證)은 "검사하여 증명한다"는 뜻이다. 따라서 검증은 검사와 증명이라는 두 차원으로 나눌 수 있다. 검사(scrutiny)는 사실을 조사하여 선악이나 시비를 판단한다는 뜻이다. 검사는 잘못이나 흠을 찾기 위한 것(inspection)과 성격, 조건, 질 등을 결정하기 위한 것(examination)의 두 가지로 크게 나누어볼 수 있다. 따라서 후보에 대한 검사는 후보의 잘못이나 흠을 찾는 것과 후보의 성격, 조건, 질을 결정하기 위한 것의 두 가지 유형으로 나눌 수 있는 셈이다. 후보에 대한 검사를 크게 인물에 대한 검사와 정책에 대한 검사로 나눈다면 후보의 잘못이나 흠을 찾는 검사는 인물 검증에 적합하고, 성격이나 조건이나 질을 결정하기 위한 검사는 정책 검증에 적합하다고 할 수 있다.

그런데 검증이라는 말은 '현장검증'이라는 말에서 보듯이 "법관이 직접 자기의 감각으로 물체의 성질과 모양 또는 사물의 현상을 조사하여 증거의 자료로 삼는 일"(『동아 새국어사전』 제3판)이라는 법률 용어이기도 하다. 그래서 검증이라는 말은 다소 권위적이고 위압적인 뉘앙스를 풍긴다. 우리 언론들이 '후보 알기', '후보 자질·정책 평가' 등과 같이 보다 더 친근하고 부드러운 표현 대신 '후보 검증'이란 엄격하고 딱딱한 단어를 쓰는 것도 뒤에서 보는 바와 같이 우리 언론의 태도와 관련해서 시비의 대상이 될 수 있다. 그러나 검증 그 자체는 부정적인 것이 아니고 언론이 일상적으로 수행해야 하는 핵심적인 작업이다.

검증에서 증명(verification)은 증거로서 확실하게 한다는 뜻으로 진실, 정확성, 실재성을 수립하는 행위다. 증명은 검증 그 차체와 동일시되는 말이기도 하다. 그 만큼 검증에서 증명이 그 핵심이다. 따라서 후보의 잘못이나 흠을 찾는 검사든 후보의 성격이나 조건이나 질을 결정하기 위한 검사든 그것은 증거에 의해서 그 진실성, 정확성, 또는 실재성이 뒷받침되어야 하는 것이다. 검증의 생명은 그 증명에 있다. 증명되지 않은 검사는 검증이라 부를 수 없다. 검사는 반드시 증명으로 뒷받침되는 경우에만 검증으로서 대접을 받을 수 있다. 증명이 동반되지 않은 검사는 완결된 검증이 아닌 것이다. 후보 검증은 경쟁관계에 있는 다른 후보 진영에서 행하는 경우에는 말할 것도 없고 언론에서 행하는 경우에도 반드시 증명이 수반되어야 한다.

선거는 대안적인 후보자들 가운데 어느 한 후보를 선택하는 행위이기 때문에 선거에서는 후보의 모든 것 특히 그의 자질이나 정책은 사람들이 알고 싶어하거나 알아야 할 가장 중요한 사안이 된다. 따라서 언론은 후보들의 자질과 정책에 관하여 정확하고 진실한 정보를 제공할 필요가 있다. 그렇다면 후보 검증이란 후보에 관한 정보 특히 그의 자질과 정책에 관한 정보가 정확하고 진실한지를 검증하는 작업이라 할 수 있을 것이다. 후보 검증은 유권자로 하여금 선거에서 후보를 선택하는 데 도움을 주기 위해 후보의 자질과 정책에 관한 정확하고 진실한 정보를 제공하려는 노력인 것이다. 그러한 의미의 후보 검증은 저널리즘 본연의 임무에 속하는 것이라고 할 수 있다.

2. 후보 검증의 논리와 대상

후보 검증을 가장 적극적으로 표방하고 나선 것은 ≪조선일보≫다. ≪조선일보≫는 후보 검증의 필요성을 두 차례나 사설로서 강조했을 뿐만 아니라 사고로서 후보 검증을 공언했고 드디어 의회발전연구회라는 곳과 공동으로 검증위원회를 구성하고 그 명단까지 발표했다. 따라서 언론의 후보 검증 논리와 대상을 보기 위해서는 ≪조선일보≫의 후보 검증 논리와 대상을 살펴보는 것이 첩경이다.

≪조선일보≫는 「엄밀하고 공정한 후보 검증을」이라는2002년 4월 15일자 사설에서 "선거과정의 핵심 공정(工程)이라고 할 후보 검증 작업이 정교하고 엄밀하지 못하다면 '불량품'이 나올 가능성이 그만큼 높아진다……. 국민들 역시 검증작업이 후보 흠집내기가 아니라 선택에 필수적인 판단정보를 제공하는 서비스라는 인식을 가져야 할

것이다"고 말하고 있다. 그리고 ≪조선일보≫의 후보 검증을 담당할 선거검증위원회 위원장인 오연천 교수는 4월 18일자 ≪조선일보≫와의 대담에서 "후보들이 큰 임무를 수행할 자격과 능력을 갖췄는지 종합적인 정보를 유권자에게 제시하겠다……. 주권자인 국민이 국정 지도자를 제대로 선택할 수 있도록 객관적이고 공정한 정보를 제공한다는 데 그 의미가 있다. 후보 검증이 제대로 되지 않으면 유권자들은 정치권의 '말 잔치'나 지역감정에 쏠려 투표하기 쉽다"고 밝혔다. 적어도 이들 언명에 의하면, 후보 검증은 선거에서 유권자들이 더 나은 후보를 선택하는데 도움을 주기 위해 후보들의 자질이나 정책에 관한 정확하고 진실한 정보를 제공하려는 것으로 읽힌다.

선거라는 것은 대안적인 후보자들 가운데 특정후보를 선택하는 유권자들의 정치적 결정이다. 유권자들의 그런 정치적 결정 즉 후보 선택이 민주주의적 과정으로서 의미가 있으려면, 첫째 대안적인 후보자들이 존재해야 하고, 둘째 유권자들이 후보 선택을 함에 있어서 후보들의 본질에 관한 충분한 정보를 지녀야 한다. 1987년 대선 이래로 우리의 대선에서 대안적인 후보가 존재했기에 대선에서의 선택이 민주주의적 과정으로서 의미있는 결정이냐의 여부는 주로 유권자들이 후보에 관한 충분한 정보를 갖고서 투표하느냐의 여부에 달려 있다고 할 수 있다.

이러한 정보를 전달할 수 있는 존재는 언론이다. 언론에게는 선거보도를 통해서 그러한 정보를 제공해주어야 할 사회적 의무가 있고 또 그것이 언론의 존재 가치를 높이는 일이기도 하기 때문에 언론 스스로 그런 역할을 적극적으로 표방하기도 한다. 그러나 과거 우리 언론의 선거보도는 어느 후보가 앞서고 있는가라는 경마 저널리즘적 보도, 각 후보 진영의 선거 전략, 선거 운동 과정에서의 에피소드 등에 경도되어 유권자들에게 후보들의 자질이나 선거에서의 쟁점에 관한 충분한 정보를 제대로 전달하지 못했다는 비판을 받아왔다. 이런 점에서 유권자의 후보 선택에 도움을 주기 위한 정보 즉 유용한 정보의 제공이라면 환영할 일이다.

그렇다면 이제 중요한 것은 언론이 과연 무엇을 검증하느냐이다. 즉 언론이 검증을 통해 제공하려는 정보가 어떤 것이냐이다. 앞에서는 편의상 간단히 후보의 자질과 정책에 관한 정보라고 말했으나 여기서는 좀 더 구체적으로 논할 필요가 있다. 미국의 정치학자 앨저(Alger, 1989, p.7)는 민주주의가 제대로 작동하기 위해서 공중이 필요로 하는, 선거에서의 대안들과 관련하여 다섯 가지 분야에서 본질적이고 정확한 정보를 제시했다. 그것들은 ① 후보의 자격에 관한 정보, ② 관심있는 쟁점에 대한 후보의 입장에 관한 정보, ③ 후보의 개인적 지도력의 질에 관한 정보, ④ 책임을 포함하여 직책의 성격에 관한 정보, ⑤ 주요 쟁점의 요소와 쟁점의 주장에 관한 정보다. 이들 다섯 분야는 언론이 후보 검증에서 다루어야 할 대상이기도 하다.

후보검증위원회의 구성을 알린 ≪조선일보≫의 4월 18일자는 이 위원회가 무엇을 검증할 것인지를 시·도 지사 후보와 대통령 후보로 나누어 다음과 같이 밝히고 있다.

○ 시·도지사 후보 검증. 후보검증위원회는 우선 6·13 시·도지사 선거에 출마하는 후보들에 대한 검증을 위해 비전과 정책, 역량, 업적, 의무수행 등 4대 평가지표를 선정했다.

— 비전과 정책은 각 후보 진영의 정책 우선 순위 및 구체적인 실천 전략이나 재원(財源) 조달 방안 등을 살핀다. 특히 각 후보의 중점 사업(pet project)에 대해서는 심층적인 분석을 할 예정이다.

— 역량은 지도자로서 갖춰야 할 리더십의 스타일을 살펴보는 항목

으로, 후보 개인의 정치력, 행정능력, 경영능력, 변화 대응능력을 전문가 대상의 설문조사를 통해 평가한다.

— 업적은 후보들이 출마에 앞서 수행했던 주요 공직(公직)에서 거뒀던 성공과 실패를 살피고, 그 원인을 분석하는 작업이다.

— 의무수행은 후보들의 병역, 납세, 근로 등 시민의 주요 의무를 성실히 이행했는지를 살펴본다.

○ 대통령 후보 검증. 주요 정당의 대통령 선거 후보가 선정되면 대선 후보들을 대상으로 한 후보 검증도 실시된다. 대선 후보 검증은 시·도지사 후보 검증 4개 평가지표 외에 인적 자원과 외부관계가 추가돼 총 5개 분야에서 이뤄진다.

— 이는 대통령직을 성공리에 수행하기 위해서는 후보 본인의 리더십과 능력도 중요하지만, 대통령을 보좌하는 사람들의 능력도 그에 못지 않게 중요하다는 검증위원들의 평가에 따른 것이다.

— 특히 시·도지사 후보 검증의 시민의무 이행 지표 대신 '인간적 특성'이라는 보다 포괄적인 지표를 도입, 한 나라를 이끌어갈 최고 지도자에게 필요한 개인적 신실성(信實性)과 사회적 차원의 신뢰성, 그리고 국민들의 호감도 등을 검증한다.

≪조선일보≫의 후보검증위원회가 검증의 대상으로 삼은 항목은 시·도지사 후보의 경우 후보의 ① 비전과 정책, ② 역량, ③ 업적, ④의무수행의 네 가지이고, 대통령 후보의 경우 ① 비전과 정책, ② 역량, ③ 업적, ④ 인간적 특성, ⑤ 인적 자원의 다섯 가지다. 이런 항목들은 앨저가 제시한 항목들과 크게 다르지 않다. 다만 대통령 후보의 경우 의무수행이라는 자격의 항목이 빠진 것은 큰 흠이라고 할 수 있을 것이다. 검증항목에 마땅히 포함되어야 할 항목이다. 그리고 이런 항목들에 관한 검증은 비교적 객관적으로 이루어질 수 있는 것들이다. 또 검증이 공정하게 이루어진다면 후보 검증은 후보들을 차

별화하고 후보들의 자격과 자질을 알려줌으로써 유권자의 후보 선택에 도움을 주는 유용한 정보를 제공하는 것이 될 것이다. 따라서 이런 검증이라면 적극적으로 환영받을 일이다.

3. 언론의 후보 검증에 대한 우려와 비판

그러나 과거 선거에서는 후보 검증을 내세우지 않던 언론들이 갑자기 후보 검증을 들고 나오는 것에 대한 우려와 반대의 목소리도 많다. 여기서는 언론사의 후보 검증 계획에 대한 우려와 반대의 주장을 정리하면 다음과 같다.

첫째, 언론이 후보 검증을 하겠다는 발상 그 자체에 대한 거부감이다. 언론이 후보를 검증하겠다는 발상은 언론이 대통령 후보들을 제멋대로 재단하려는 불순한 의도에서 나온 것으로 본다. 언론이 대통령 후보 검증을 내걸고 자신들 입맛에 따라 후보 검증을 하지 않는다고 누가 보장할 수 있겠느냐는 것이다(최민희, 2002. 4. 8). 언론은 후보들의 자질이나 정책에 대해 정보를 충실하게 전하는 것으로 그 소임을 다하는 것인데 굳이 위압적이고 권위적인 어감을 갖는 "검증"을 들고 나오는 것은 후보를 자신들의 입맛에 따라 요리하려는 권력화한 언론의 오만한 자세를 반영하는 것으로 볼 수 있다는 불신에서 비롯된 비판이다. 여기서 언론의 후보 검증은 후보의 자질이나 정책에 대한 정확한 정보의 제공으로보다는 후보에 대한 부당한 재단이나 평가로 간주된다. 그러한 후보 검증은, ≪기자협회보≫(2002. 4. 24, p.2)의 주장과 같이, "어디까지나 유권자의 몫이며 투표 행위를 통해서만 이루어"져야 한다는 것이다.

둘째, 우리 언론이 후보 검증을 할 만한 자격과 소양을 갖고 있지 못하다는 지적이다. 검증이 객관성과 공정성을 인정받으려면 먼저 검증 주체의 객관성과 도덕성, 검증 방식의 공정성을 널리 인정받는 것이 순서다(≪기자협회보≫, 2002. 4. 24, p.2). 그러나 후보 검증을 하겠다고 나선 우리 언론은 1987년 이래 대선 때마다 노골적인 왜곡·편파 보도의 관행을 보임으로써 그 객관성과 공정성에서 신뢰는커녕 극도의 불신을 받아왔다. 그러한 관행은 2002년의 민주당 경선 보도에서도 그런 경향이 확연히 드러났다. ≪미디어오늘≫이 한길리서치와 공동으로 5월 8일부터 13일까지 전국 기자 400여 명을 대상으로 한 설문조사에 의하면, 국민경선 등 대선과 관련한 보도에 대해 82.8%의 응답자가 일부 언론사가 특정후보에게 유리하게 보도했다고 보았으며, 특정후보에게 불리하게 보도했다고 답변한 기자도 77.1%나 되었다(안경숙, 2002. 5. 16). 그런 편파적인 보도를 한 신문으로 ≪조선일보≫를 제일 많이 꼽았다. 즉 ≪조선일보≫(40.6%)가 이회창 후보(93.3%)에게 유리하게 보도한 반면, ≪조선일보≫(55.1%)가 노무현 후보(92.7%)에게는 불리하게 보도했다고 답했다. 게다가 향후 대선 보도에서 일부 언론사가 특정후보에게 유리하거나 불리한 보도를 할 가능성이 많다고 응답한 비율은 93.1%나 되었다. 과거나 현재나 공정한 검증 대신 편파 보도를 일삼은 언론들이 후보 검증을 제대로 할 것이라고 믿을 수 없다. 우리 언론은 후보를 공정하게 검증할 만한 자격을 입증하지 못했다. 그래서 후보 검증은 믿을 수 없는 언론이 아니라 사회적으로 신망 있는 사회단체와 학계에 맡겨야 한다며 '국민검증위원회' 같은 기구를 구성하자는 안도 제시되었다(고명섭, 2002. 4. 24, p.9).

셋째, 후보 검증의 의도에 대한 불신이다. 우리 언론들은 대선 때마다 특정후보를 대통령으로 만들려는 시도를 해왔고 그런 시도가 성공하기도 하였다. 말하자면 우리 언론은 과거 선거보도에서 후보 검증이라는 염불에는 관심이 없고 대통령 만들기라는 잿밥에만 관심을 보였다. 1997년의 대선에서 ≪한국논단≫의 대선 후보 사상 검증 토론회의 방송 3사에 의한 생중계, ≪조선일보≫와 ≪중앙일보≫의 노골적인 편파보도 등은 특정후보 편들기와 특정후보 죽이기를 의도한 수치스런 예가 될 것이다. 그러나 정치 지형의 변화로 이제 그런 노골적인 왜곡·편파 보도가 불가능하고 또 효과도 없기 때문에 후보 검증이라는 명분을 들고 나왔다는 것이다. 그렇지만 우리 언론의 과거 행태로 볼 때 후보 검증은 그것을 구실로 특정후보 죽이기와 특정후보 대통령 만들기를 하려는 속셈으로밖에는 볼 수 없다는 것이다. 민주당 경선 과정에서 보았듯이, 후보 검증이 "사람에 대한 평가와 이해보다는 흠잡기 또는 약점 들춰내기 수준"(고태진, 2002. 4. 18)에서 더 나아가지 못했던 사실에 의해 입증된다.

넷째, 검증 방법에 대한 비판이다. ≪조선일보≫는 4월 18일자 후보검증위원회의 평가지표에 관한 기사에서 다음과 같은 검증 방법도 제시했다.

— 후보검증위원회는 이를 위해 대선 후보들이 출마를 선언하기 훨씬 이전에 행했던 각종 발언과 행적은 물론, 그들의 사상과 경험을 담은 저서와 기록물 등을 발굴해내고, 이를 일일이 분석해 그들이 보여준 언행(言行)의 일관성과 그 진실성을 추적해 들어갈 것이다.
— 후보검증위원회는 객관적이고 중립적인 검증을 위해 다양한 방식의 기법을 동원할 계획이다.
— 한국정치학회, 한국행정학회 등 전문 학술단체와 여성계 및 사회 각 분야 전문가 200-500명을 대상으로 설문조사를 벌이고, 필요할 경우 해당 후보를 후보검증위원들이 직접 만나 심층 면접도 실시할 계획이다. 1990년 이후 중앙일간지 기사 전체를 데이터베이스로 구

축한 한국언론재단의 KINDS(Korea Integrated News Database System)시스템 및 각 후보의 저서, 기고문, 연설문, 국회 발언 속기록 등도 분석 대상이다.

대선 후보들이 오래 전에 행했던 "각종 발언과 행적을 물론, 그들의 사상과 경험을 담은 저서와 기록물 등을 발굴해내고, 이를 일일이 분석해 그들이 보여준 언행의 일관성과 그 진실성을 추적"하겠다며 한국언론재단의 KINDS, 각 후보의 저서, 기고문, 연설문, 국회 발언 속기록 등도 분석대상으로 삼을 것임을 천명했다. 그러나 이와 같이 정치인인 후보들을 증거에 입각하여 과학적으로 검사하여 증명하는 것은 적절하지 않을 뿐만 아니라 분명 그 한계가 있다. 왜냐하면 과거 정치 행위, 이력, 언행 등은 상황이나 관점에 따라 다양한 분석과 해석을 낳을 수 있는 것이기 때문이다(≪기자협회보≫, 2002. 4. 24, p.2). 따라서 과거의 발언, 행적, 기록 등은 그 당시의 시대적 상황 속에서 해석되어야 한다. 그런 발언이나 행적이 나올 수밖에 없었던 시대적 상황을 무시하거나 전후 맥락을 생략한 채 일부 발언이나 기록만을 끄집어내 현재적 시점에서 문제삼을 때 유권자에게 심각한 오해를 불러일으킬 수 있기 때문이다(정지환, 2002. 5. 2).

4. 이념 검증의 문제

언론의 후보 검증에 대한 가장 많은 우려와 비판을 야기하는 점은 후보 검증이 결국 사상 검증을 위한 구실이 될 것이라는 경험적 예측이다. 언론이 후보 검증을 내세워 진짜로 하려는 것은 실은 사상 검증이며 사상 검증의 궁극적인 목표는 특정후보를 좌경·친북으로 낙인찍으려는 것일 가능성이 농후하다는 것이다. ≪조선일보≫의 후보검증위원회 구성을 알리는 사고가 나자 사회당은 논평을 내, "도대체 세계 어느 언론이 후보자의 정책과 공약이 아닌 과거의 발언과 행적을 통해 개인의 사상을 일일이 추적할 자격을 가질 수 있다는 말이냐"며 "차라리 사상검증위원회라고 하라"(고명섭, 2002. 4. 24, p.9)고 비판했던 것도 다 그런 속셈을 간파한 때문일 것이다.

보수 언론 특히 후보검증위원회를 구성하고 후보 검증에 가장 적극적으로 나서고 있는 ≪조선일보≫는 많은 진보적인 인사들을 좌경·친북 인사로 낙인찍어 공직에서 추방해왔고, 과거 김대중 후보에게도 색깔론 시비를 가장 많이 일으켰다. 그런 언론이 후보 검증을 들고 나오자 양식 있는 사람들은 색깔론으로 특정후보를 낙인찍으려는 의도가 아닌가 의심하고 있다. 유독 보수적 언론들이 후보 검증의 필요성을 강조하기 때문에 그 의구심은 더 커질 수밖에 없다. 이 의구심이 보수 언론들의 후보 검증 강조를 우려한고 비판하는 가장 큰 이유이기도 하기 때문에 이 점에 대해 좀 더 자세히 살펴보기로 한다.

≪동아일보≫(2002. 3. 29)는 사설 제목에서 "대선 후보 이념검증 필요하다"라고 했고, ≪세계일보≫(2002. 3. 30)도 사설에서 "대선 후보는 자질-경력은 물론 사상-이념-노선에 대해 공개검증을 거치는 것은 너무도 당연한 것이다"고 말했다. ≪조선일보≫는 후보검증위원회를 통해 검증하겠다는 항목에는 사상이나 이념을 포함시키지 않았지만 검증 방법을 설명하는 부분에서 ≪조선일보≫는 후보의 "사상과 경험을 담을 저서와 기록물 등을 발굴"해낼 것임을 분명하게 언급했다. ≪조선일보≫의 사설은 보다 더 분명하게 "이념"을 언급했다. ≪조선일보≫는 「후보 검증을 철저히 해야」라는 2002년 3월 29일자 사설에서 "나라의 대통령이 되겠다면서 표를 구하는 정치인으로서 자

신의 정치철학을 비롯해 공·사(公·私)의 모든 것을 숨김없이 사실대로 드러내는 것은 국민심판에 앞선 기본 의무이다. 지금 민주당 대선 후보들간에 벌어지고 있는 이념·정책 검증 논쟁은 그런 의미에서 더욱 그 추이에 관심을 모으게 한다"라고 말했다. 이와 함께 주간조선은 4월 3일자에서는 "떠오르는 이념 논쟁? 노풍(盧風), 역풍(逆風) 받는다"는 커버 스토리로 이인제 후보나 야당이 색깔론의 소재로 삼았던 1988년 12월 26일 현대중공업 파업 집회현장 연설을 비롯한 노무현 후보의 과거 발언들을 일일이 소개하고 하였고, 2002년 4월 16일자에서 「대검찰청 '좌익사건실록' 노무현 장인 기록」이라는 기사로 노무현 후보의 장인 전력 문제에 관한 공방과 기록을 특별취재팀을 구성하여 미주알 고주알 자세하게 늘어놓았다. 조선일보사의 후보 검증보도라는 것이 어떤 것일까를 보여주는 예라 할 수 있다.

그런데 흥미 있는 것은 이들 언론의 보수 논객들이 이념 논쟁이 색깔 논쟁으로 전락하는 것을 비판하면서도 이념 논쟁을 강조했다는 점이다. 유근일 조선일보 주필은 「격 있는 색깔 논쟁」(2002. 4. 5)이라는 칼럼에서 "품위와 엄밀성만 갖춘다면 대통령 되겠다는 사람들의 이념적 정체성을 명징하게 검증하는 것은 나쁜 것이 아니다"며 "빨갱이"로 색칠하던 과거의 방식이나 "수구·냉전적"이라고 색칠하는 지금이 방식이나 모두 품위가 없지만, "그러나 '대통령 지망자인 당신은 과연 누구이며 어떤 사람인가?'를 묻는 정당한 정체성 청문은 오히려 필수적인 절차라 해야 할 것이다"고 말했다. ≪중앙일보≫의 권영빈 주필은 「'조중동'과 '한경대'」라는 칼럼(2002. 4. 5)에서 이념 논쟁은 좌우 논쟁이 되기 쉽다고 하면서도 "대통령 하겠다고 나선 사람들에 대한 이념과 정책검증은 반드시 필요한 절차이고 문제는 그 검증을 얼마나 효율적으로 하느냐에 달려 있다"고 말했다.

유권자들에게 후보의 이념을 알리는 것이 불가하다거나 나쁘다고는 말할 수 없다. 오히려, 안종범(2002. 4. 10)의 지적처럼, "이념은 중요하다. 그리고 최근 부각되고 있는 이념논쟁도 필요하다. 이념은 각종 정책의 목적과 방향을 결정짓는 주춧돌이기 때문이다." 이런 점에서 본다면 유권자의 올바른 후보 선택을 위해서는 이념 검증도 수용되어야 할 것이다. 이념 논쟁도 후보 검증의 한 방법이 될 수 있다. 이념논쟁 그 자체는 나쁜 것이 아니다. 그것을 매카시즘적 마녀사냥으로 악용한 것이 잘못이다. 김재한(2002. 4. 9)의 지적대로, "역대 집권 세력이 경쟁자에 대해 사정(司正)과 언론 통제에다 색깔논쟁을 더해 정치적으로 이용한 것이 문제였지, 사실 색깔이야말로 집권 이후의 정책 방향을 알려주는 가장 효과적이고 적절한 바로미터"이기 때문이다.

이런 지적들이 원론적으로는 그르지 않다. 그러나 아직도 남북이 대치하고 있는 우리 현실에서는 진보-보수 또는 개혁-반개혁이 좌파-우파로 과잉규정되는 경향이 있다. 그리고 한국의 반공주의적 풍토 속에서 "좌파라는 규정은 흔히 좌파라는 말속에 함의되는 부정적 이미지를 상대방에 덧씌우려는 것"(조희연, 2002. 4. 18, p.6)으로 사악한 정치공세로 이용되어왔다. 이러한 우리 현실에서 더구나 중상모략, 매카시즘이 난무하는 한국의 신거판에서 "격 있는 '색깔' 논쟁"이나 "올바른 사실인식에 근거해 소모적이지 않고 생산적으로 진행되는 이념논쟁"(안종범, 2002.4.10)은 거의 불가능하다는 점도 고려되어야 한다.

게다가 사상이나 이념은 확인하기도 어렵고 무엇보다 시간에 따라 가변적이다(Emerson, 1971, p.38). 따라서 이인제 후보나 야당처럼, 그리고 이를 객관적인 듯이 보도하는 일부 보수 언론처럼, 후보의 과거 발언으로 후보의 이념을 특정한 용어로 단정하는 자세는 매카시즘적 마녀사냥이 될 수 있다. 후보의 이념이 중요한 것은 그것이 집권 후의 정책의 내용과 관련이 있기 때문이다. 따라서 대선 후보에 대한 이념 검증은 단편적인 과거의 발언보다는 후보가 제시한 집권 후의 정책으로 이루어져야 한다. 이 경우에도 후보의 이념을 특정 명칭으로 딱지를 붙이는 것은 피해야 한다. 대선 후보들이 공약으로 제시한 정책을 소개함으로써 그 후보의 이념이 자연스럽게 드러나도록 하는 것이 바람직한 이념 검증이 될 것이다.

5. 우리 언론의 선거보도와 후보 검증의 문제점

우리 언론의 선거보도 특히 후보자 검증 보도는 검증 개념 및 객관성의 개념의 오해, 균형과 공정성의 의도적인 오용, 따옴표를 이용한 무책임한 중계식 보도, 사실의 의도적 과장과 축소 또는 묵살 등으로 유권자들에게 후보들에 관하여 유용한 정보를 제공해야 한다는 선거보도 본래의 목적에서 이탈하는 관행을 보여왔다. 2002년의 선거보도에서는 그런 반저널리즘적 관행이 개선되기는커녕 더욱더 심해지고 있다. 우리 언론들 특히 한국 신문 시장을 지배하는 몇몇 신문들은 한 특정후보는 키워주고 다른 한 특정후보는 죽이는 노골적인 정치개입적 보도 행태를 보이고 있다는 비판을 받고 있다(고명섭, 2002. 4. 9). 이제 최근의 한 예를 통해 우리 언론의 후보 검증 보도의 문제를 살펴보기로 하자.

민주당 대선 경선 과정에서 이인제 후보측은 노무현 후보 장인의 좌익활동설, 김심작용설, 연청개입설, 노무현 후보의 메이저 언론 국유화 및 ≪동아일보≫ 폐간 발언설 등을 폭로했다. 이에 대해 정책대결 대신 근거도 없는 음모론, 매카시적인 색깔론으로 경선 분위기를 흐린다는 비판이 제기되었다. 그러자 이인제 후보는 노무현 후보에 대한 검증이라는 주장으로 자신의 그런 폭로전을 정당화하였다. 그러나 김심작용설, 연청개입설, 언론관련 발언설에 관한 이인제 후보측의 폭로를 검증이라고 하기에는 구체적이고 확실한 증거가 아예 없거나 부족하였다. 뚜렷한 증거로 뒷받침되지 않은 설의 폭로는 책임있는 정치가에게는 어울리지 않는 무책임한 정치공세라는 비난을 받기에 족하다. 노무현 후보 장인의 좌익활동설은 사실이지만, 그것은 노무현 후보가 이미 스스로 책에서 밝힌 내용이기 때문에 새삼스러울 것이 없다. 그런데도 이인제 후보측에서 그 사실을 마치 새로 알아낸 사실인 양 떠벌린 것은 폐지된 연좌제를 이용하여 노무현 후보와 그 부인에게 붉은 색칠을 하려는 치졸한 정치공세에 불과하였다. 그런 무책임한 폭로와 정치공세를 일삼는 행위야말로 검증 대상이다. 그런 행위는 대통령을 꿈꾸는 사람에게는 적절하지 않기 때문이다.

우리 언론들 특히 ≪조선일보≫, ≪중앙일보≫, ≪동아일보≫는 이런 폭로에 관한 보도에서 단순한 중계식 보도를 통해 의혹을 부풀리거나 기정사실화하거나 가정법을 사용하여 비난하는 모습을 보였을 뿐 그 설의 진위를 검증하는 보도는 거의 찾아볼 수 없었다. 오히려 ≪조선일보≫는 설을 검증하기는커녕 설을 만들어냈다. 김심작용설은 ≪조선일보≫가 그 진원지이다. ≪조선일보≫는 2002년 3월 17일자의 「'대세론'과 '대안론' 사이」라는 사설에서 민주당 대선후보 경선 초기의 노무현·이인제 후보의 양강 구도를 설명하면서 "이러한 흐름은 이른바 '이인제 대세론', '노무현 대안론(代案論)'이 팽팽히 경합하고 있음을 말해준다. 그리고 이 과정에서 이른바 '김심(金心)'의 향배가 끝까지 주목받을 것이다. 최종적으로는 선거인단이 각기 1만5천 명인 경기도와 서울에서 대세가 결정될 것이다"고 맺고 있다. 여기서 난데없이 "'김심'의 향배가 끝까지 주목받을 것" 운운함으로써 이미 민주당 총재직을 사임하고 정치 불개입을 선언한 김 대통령이 민주당 경선에 개입하고 있는 듯한 의혹의 씨앗을 뿌렸다. 그리고 김대중 편집인은 3월 19일 마포 포럼 강연에서 "저희가 보기엔 (김심이) 노무현에 가 있는 것 같습니다"라고 말함으로써 김심 작용을 기정사실화 하였다.

그러자 이인제 후보는 3월 23일의 충남대회를 전후해서 "대통령의 측근실세들이 어떤 형태로든 경선에 개입하고 있다면 참으로 중대한 문제"라며, "사실이라면 그 인사는 대통령 근처에서 밖으로 나와야 한다"고 요구했다. 그리고 점점 더 강도높게 음모론을 제기했다. 그러나 이런 김심작용 주장에는 뚜렷한 근거도 제시되지 않았다. 그런데도 언론들은 그 사실 관계를 파헤쳐 입증하기보다는 여과 없이 단순 중계식 보도를 함으로써 음모론을 기정사실화하고 확대재생산하는 모습을 보였다. 특히 ≪조선일보≫와 ≪동아일보≫는 2002년 3월 25일자 사설에서 엉뚱하게도 각각 청와대와 노무현 후보측에 음모론의 규명을 요구하고 나서서 책임의 주체를 흐리고 청와대와 노후보간에 교감을 사실화하는 듯한 자세를 보였다.

메이저 언론 국유화와 ≪동아일보≫ 폐간 발언설은 이인제 후보측이 폭로하고 '조중동'은 그 설의 진위를 검증하는 대신에 그 설을 단순 중계식으로 대서특필하고, 그 설을 사실로 가정하여 노무현 후보를 비판하는 사설을 게재하고, 그 설을 사실로 받아들인 외부 인사의 촌평이나 기고를 게재함으로써 그 설을 확대재생산하고 기정사실화 하는 데 앞장섰다. 이인제 후보측은 4월 4일 노무현 후보가 2001년 8월 1일 중앙 언론사 기자 5명과 가진 술자리에서 "메이저 신문의 국유화"와 "≪동아일보≫의 폐간"을 주장했다고 폭로했다. 그러자 ≪조선일보≫ ≪동아일보≫ ≪중앙일보≫는 일제히 4월 5일자에 이 주장을 일면에 대서특필하고 사설로 노 후보를 공격했다. 「"집권 땐 메이저신문 국유화"/노무현 후보 '언론발언' 파문」(≪동아일보≫), 「노무현 '언론관련 발언' 파문/"집권하면 메이저신문 국유화"」(≪조선일보≫)에서 보듯이, 이들 두 신문은 '국유화'와 '파문'을 제목으로 앞세운데 더해 3면 등을 털어 이인제 후보 쪽의 주장을 크게 보도하는 한편 노 후보에 공격적인 사설도 실었다. ≪중앙일보≫도 이날 "대통령 되면 주요 신문 국유화"라는 제목으로 1면 상단에 보도하고, 사설에서 "이인제 후보쪽에서 제기한 노무현 후보의 언론 관련 발언이 너무 충격적이다"라고 썼다.

그러나 이렇게 대서특필된 보도의 근거는 부실하기 짝이 없었다. 전날 이인제 후보 쪽이 기자회견을 자청해 노 후보가 "메이저신문을 국유화하겠다," "≪동아일보≫를 폐간시키겠다"고 말했다고 주장한 것이 전부였다. 노 후보쪽이 즉각 "그런 말을 했을 리 없다"고 부인했는데도, 이들은 아랑곳하지 않았다. 이들 언론들은 "검증되지 않는 한 보도에는 신중을 기해야 한다"는 보도윤리를 저버렸다. 이들 언론들은 "후보가 진실을 말하지 않는다고 언론이 말할 때는 그 비난을 증명해야 한다. 대선 후보들이 말한 것을 받아들일 수 없다는 맹목적인 가정을 정당화하는 공익이라는 개념은 없다"는 미국 언론의 대선 보도를 비판적으로 분석한 정치학자 패터슨(Patterson, 1994, p.240)의 지적을 음미해야 한다.

노무현 후보의 언론관련 발언설의 파장이 커지자 8개월 전 술자리에 동석했던 기자들은 노 후보의 발언 내용이 과장돼 있다고 의견을 모았고, 이 중 ≪한겨레신문≫과 ≪대한매일≫ 기자는 4월 6일치 기사에서 당시 상황을 비교적 소상히 알리면서, 국유화 발언은 없었고 '폐간'이란 말은 나온 것 같으나 농담 수준이었다고 밝혔다. 한쪽 주장에만 기댄 이들 신문들의 일방적 보도를 관련 당사자로서 반박하는 내용이었다. 그러나 신문들은 이런 해명과 반박을 오히려 역이용했다. 4월 6일 ≪조선일보≫는 1면 머리 제목을 「"동아 폐간 발언했었다"/노무현과 저녁자리 동석 기자들 확인」이라고 달아 발언 자체를 기정사실화하고 나섰다. 기자들 사이에 의견이 엇갈리는 데다 '폐간'이란 말이 '폐간시키겠다'인지 '돈 없으면 문 닫는다'는 것인지도 불분명한 상황에서 맥락을 생략한 채 '폐간 발언'만 부각시켰다. 이런 식의 보도는 ≪중앙일보≫도 다르지 않았다. 중앙은 6일치 1면 머리에 ≪조선일보≫와 똑같이 「"노무현 동아 폐간 발언은 사실"」이라는 제목을 달아, "≪동아일보≫를 폐간시키겠다"고 발언한 것으로 오해할 수밖에 없도록 편집했다. 나아가 중앙과 동아는 1면 머리 소제목을 노 고문이 "폐간 발언 안 했다"에서 "했을 수도 있다"로 말을 바꾼 것처럼 달았다. 그러나 이들이 인용한 것은 노 후보가 <경인방송> 토론에서 "내가 술 먹고 어쩌면 말했을지도 모른다고 망설이며 (기억을) 더듬고 있다"고 한 발언이 전부였다(고명섭, 2002. 4. 9).

이들 세 신문은 '국유화', '폐간', '말 바꾸기' 등 그날그날 보도의 초점을 계속 이동시킴으로써, 발언의 진위를 가리고 검증하기보다는 노무현 후보의 이미지를 훼손하여 '노무현 죽이기'를 하고 있다는 비난을 받았다. ≪미디어오늘≫(2002. 4. 11-4. 17, p.1)에 따르면, 노무현 후보의 언론 관련 발언이 이루어졌다는 술자리에 참석한 것으로 알려진 5명의 기자들에게 노 후보의 발언을 확인할 결과, '메이저 신문 국유화' 발언을 들었다는 기자는 한 명도 없고, 동아 폐간 발언에 관해서는 세 명이 그런 발언이 있었던 것으로 확인했으나 한 사람은 들은 것 같으나 정확치 않다고 했고, 다른 한 사람은 나왔으나 뉘앙스는 달랐다고 했고, 마지막 한 사람은 농담으로 받아들였다고 했다.

기자들이 극소수인 ≪미디어오늘≫(2002. 4. 11-4. 17, p.1)은 이인제 후보와 그의 김윤수 특보의 상이한 주장과 노 후보와의 술자리에 참석했던 기자 5명과 해당사의 증언 및 정보 보고 내용을 자세하게 취재하여 일목요연하게 도표로 제시함으로써 노 후보의 언론관련발언을 훌륭하게 검증했다. 그러나 수백 명의 기자를 거느린 대신문사인 '조중동'은 그런 간단한 검증조차 하지 않은 채, 증거 없는 의혹을 확대재생산하고, 그 의혹들을 사실로 가정하고 비난성 사설과 칼럼과 외부기고를 남발하였다.

그런데도 신정록 ≪조선일보≫ 정치부 기자는 주간조선(2002. 4. 18)에 게재한 「〔민주당〕 '후보 검증'보다는 '바람'을 택했다」는 기사를 통해 검증이 먹히지 않았다고 주장했다. 이 기사는 노무현 후보에 대한 국민들의 지지를 "여론조사 결과가 기대심리 키워 노풍(盧風)으로 연결? 지지자들도 '다시 흔들릴라' 불안"이라는 부제로 폄하하면서 "이인제 후보 진영이 끈질기게 제기한 음모론 및 이념공세, '≪동아일보≫ 폐간 발언 공방' 등 나올 만한 것은 다 나왔으나 경선 판도에 별로 영향을 미치지 못했다. 특히 '≪동아일보≫ 폐간 발언 공방' '재벌 주식 노동자 분배' 등 보기에 따라 충격적인 얘기들도 나왔으나 민주당 지지자들은 움직이지 않았다. 검증론이 전혀 통하지 않은 것이다"라고 주장했다.

이 기사는 이인제 후보측이 제기한 증거도 없는 각종 설의 폭로를 노무현 후보에 대한 검증으로 보고 있는 듯하다. 그러나 의혹을 제기하는 것이 검증이 아니고 그 의혹을 증거로 뒷받침하는 것이 검증이다. 의혹들을 제기한 이인제 후보나 그 의혹들을 대서특필한 '조중동'이나 그 의혹들에 대해서 제대로 된 증거를 제시하지 않았다. 아니 하지 못했다는 편이 더 정확한 표현일 것이다. 따라서 그 의혹들은 반증되었다고 할 수 있다. 다시 말하면, 노무현 후보에 관한 의혹이 근거가 없는 것으로 증명된 것이고 따라서 그 의혹과 관련하여 노 후보는 검증을 받은 셈이다. 그런 의혹의 제기에도 불구하고 노 후보의 지지도가 상승하거나 안정된 것은 이 점을 반영하는 것으로 봐야 한다. 증거도 없으면서 의혹을 제기한 이인제 후보와 그 의혹을 검증도 없이 부풀린 '조중동'은 노무현 후보의 명예를 훼손한 것이며 그에 대한 책임을 져야 할 것이다.

6. 맺는말

후보 검증은 후보의 자질이나 정책을 비롯하여 후보와 관련된 정보를 보도할 때 그 정보의 진실성을 검증하는 작업이라 할 수 있다. 언론은 후보 검증을 통해 진실로 입증된 정보만을 보도해야 할 것이다. 진실로 입증되지 않은 내용을 보도할 경우에는 그렇다는 사실을 밝혀야 한다. 그러나 우리 언론들은, 특히 후보 검증을 강조하고 있는 언론들일수록, 특정후보에 대한 증거도 없이 정치 공세 차원에서 제기된 많은 주장들을 검증하지 않은 채 인용 형식으로 기정사실화 하는 반저널리즘적 행태를 보였다. 따라서 이런 언론들의 후보 검증 계획은 환영의 대상이기보다는 경계의 대상이 될 수밖에 없다. 이들 언론이 후보 검증을 악용하지 않도록 언론 모니터 단체들은 이들 언론의 후보 검증 작업을 엄중히 감시해야 할 것이다. 이런 점에서 언론 모니터 단체들이 결성한 선거보도감시연대회의가 언론의 후보 검증 보도를 검증하겠다고 나선 것은 적절한 행동이다.

후보 검증의 궁극적인 주체는 유권자라 할 수 있다. 그러나 유권자는 후보 검증을 제대로 할 수 있는 자원과 정보가 부족하다. 따라서 유권자의 후보 선택에 도움을 주기 위한 후보 검증은 자원과 정보를 갖춘 다른 주체에 의해 행해져야 할 것이다. 후보 검증의 유용한 주체로서 경쟁 후보들을 들 수 있다. 그러나 이들에 의한 후보 검증은 정치 공세 차원에서 증거도 없이 무책임하게 행해지는 폭로의 모습을 띠는 경향이 있다. 언론은 그런 폭로를 보도할 때 그 진실성 여부를 검증해야 한다. 그러나 민주당 국민 경선에 대한 우리 언론들의 보도 자세는 우리 언론에 그런 검증 작업을 기대할 수 없다는 사실만 깨우쳐 주었다. 따라서 후보 검증을 비롯해서 선거보도에서 검증 작업은 보다 더 공정하고 신뢰할 만한 주체가 맡도록 해야 한다. 그런 검증 주체로서 시민단체나 학계 등이 나서는 것이 더 바람직할 것으로 보인다. 필요하다면, 이들이 언론을 포함시켜 공동으로 검증 기구를 만드는 방안도 고려될 수 있을 것이다.

제3장 언론은 특정후보를 지지할 수 있는가?

언론은, 특히 공정한 언론이라면, 정치과정의 개입자이기보다는 매개자여야 한다. 그러나 우리 일부 언론들, 특히 겉으로는 불편부당을 표방하는 언론들이 선거에 적극적으로 개입한다. 선거에서 공정한 언론의 본연의 임무는 후보의 자질과 정책을 제대로 알려주는 일이지 대통령 만들기와 같은 선거에 개입하는 일이 아니다. 그럼에도 우리 언론들은 선거보도에서 후보들의 정책과 자질에 관한 정보를 제공하는 일은 등한시해왔다. 그 대신 언론과 유착관계에 있는 특정 정당의 후보에게 유리하고 그 경쟁자에게는 불리한 편파·왜곡 보도를 통해 그 후보를 대통령으로 만들려는 선거개입적 보도관행을 적지 않게 보여 왔다. 말하자면 우리 언론은 선거과정의 공정한 관찰자로 존재하는 것이 아니라 선거의 한 당파적 이해당사자로 존재해왔다.

이와 같이 편파보도를 통해 음성적으로 특정후보를 지지하는 행위는 관권과 금권의 선거개입이 거의 무시할 정도가 된 최근의 우리 선거에서 공명성을 해치는 주범이 되었다. 우리 선거의 공명성을 위해서 언론의 편파보도와 이에 의한 음성적 후보 지지를 막는 일이 가장 중요한 과제가 되었다. 그러나 그것은 금지로 되는 일은 아니다. 우리 선거법의 공정성 조항에도 불구하고 우리 언론들은 편파보도를 통한 음성적 후보 지지를 계속해왔다. 편파보도에 의한 음성적 후보 지지를 막기 위해서는 신문들이 자신의 이념적 성향이나 당파성을 솔직하게 명시적으로 드러내고 독자들로 하여금 그 성향이나 당파성을 참작하게 해야 할 것이다. 특히 선거기간에 특정후보에 대한 지지를 공개적으로 천명할 수 있도록 해야 한다. 대신 선거관련 보도만큼은 공정성을 기하도록 해야 한다.

이런 점에서 지방자치 선거와 제16대 대통령 선거가 있는 2002년 초 벽두부터 언론의 후보 공개지지 문제가 사회적 쟁점으로 떠오른 것은 바람직한 일이다. 새해 벽두에 ≪오마이뉴스≫가 적당한 때가 되면 대선 후보 지지선언을 할 것이라고 밝혔고, 문화방송이 1월 18일 100분 토론에서 언론의 후보자 공개 지지에 대한 찬반토론을 매개함으로써 언론의 후보 공개 지지 문제를 사회적 쟁점으로 부각시켰다. 이어 이효성은 ≪신문과 방송≫(2002. 2)에 공개 지지를 지지하는 글을 게재하였다. ≪기자협회보≫(2002. 2. 6)는 언론 후보 공개 지지에 관한 오연호 오마이뉴스 사장과 정연주 한겨레신문 주간의 찬반 주장을 기사화 하였다. 김동규(2002년 봄)는 언론의 후보 공개지지 도입의 가능성을 논의하고, 안영섭(2002년 봄)은 사설의 특정 정치후보 지지를 찬성하는 글들을 각각 발표했다. 한국언론정보학회와 새언론포럼은 7월 5일 '언론사의 후보지지 공개표명 문제 토론회'를 개최하였다.

이런 맥락에서 이 논문은 우리 언론의 음성적 후보지지의 폐해를 막고 선거보도를 개선하기 위해서는 언론으로 하여금 후보 지지를 공개적으로 할 수 있도록 허용하는 것이 바람직하다는 논의를 하려는 것이다. 이를 위하여 우리 언론의 대선에서의 음성적 후보 지지 관행을 살펴보고, 후보 지지의 조건을 따지고, 후보 지지에 관한 반대론과 그에 대한 반론을 검토하고, 후보 지지를 막고 있는 선거법과 그 극복 방안에 관하여 논의하려고 한다.

1. 선거보도의 편파성과 음성적 후보 지지

선거 때마다 우리 언론들이 특정후보를 지지하고 있다는 시비가 끊임없이 제기된다. 특히 대통령 선거 때는 더욱더 그렇다. 이러한 사실은 언론사 사장을 역임한 바 있는 한 원로 언론인의 지적이기도 하다. 그에 따르면, 언론의 이러한 편파적인 선거보도는 한국 근대 신문의 탄생과정과 그 정치적 성격 그리고 정치 풍토와 밀접한 관련이 있다고 한다(남시욱, 2000 봄, p.203).

멀리까지 거슬러 올라갈 필요도 없이, 대선 직선제를 쟁취한 이후 우리 일부 언론은 대선 때마다 편파·왜곡 보도 시비를 일으켰다. 특히 ≪조선일보≫는 세 차례의 대선 모두에서 야당(1987년에는 평민당, 1992년에는 국민당, 1997년에는 국민신당)으로부터 편파보도 혐의로 제소를 당하기도 했다. 그래서 "5년마다 도지는 ≪조선일보≫의 고질직 망국병"이라는 비아냥을 들을 정도다(≪한겨레21≫, 1998. 1. 1, p.34). 또 ≪중앙일보≫의 한 정치부 기자는 15대 대선에서 특정후보의 "경선전략의 문제점과 개선방향"이라는 문건을 만들었다가 지탄을 받기도 했다(장현철, 1997. 12. 10). 이들 언론의 편파·왜곡 보도는 대선보도에서 언론이 마땅히 해야 할 후보의 자질이나 정책에 대한 검증이 아니라 해서는 안될 특정후보 대통령 만들기를 위한 것이었다. 그것은 음성적인 후보 지지이기도 했다.

1997년의 대선에서의 대통령 만들기를 노린 편파·왜곡 보도의 예를 들어보기로 하자. 먼저 방송의 경우를 보자. 방송은 과거 대선 때에 비해 비교적 공정한 편이었으나 문제도 없지 않았다. ≪한국논단≫이라는 군소잡지는 10월 8일 자가발전용으로 대단히 편파적이고 편협한, 무엇보다 동이 닿지 않는 이른바 후보 사상 검증 토론회라는 것을 졸속으로 마련했다(백승권, 1997. 10. 22a). 그런데 한국의 방송계를 지배하는 세 개의 거대 방송사들이 모두 갑자기 이를 편성해서 생중계했다가 방송의 공정성을 저버린 처사로 많은 비난을 받았다(백승권, 1997. 10. 22b). 11월 중순 이회창 후보의 지지도가 이인제 후보보다 앞서기 시작하자 방송들은 이회창 편들기에 나섰다(백승권, 1997. 12. 3). 그래도 방송의 경우는 강력한 노조가 보도의 공정성을 감시하였고 또 무엇보다 야권의 후보가 지지도 조사에서 계속 1위를 했기 때문에 그 이전의 대선 보도에 비하면 비교적 공정했다.

신문의 경우를 보자. 신문은 방송보다 훨씬 더 심한 편파성과 음성적인 후보지지를 했다. 몇몇 신문들은 후보 지지도 조사에서 김대중, 이인제 후보에 이어 이회창 후보가 3위일 때는 선거판이 3자대결 구도인 것처럼 보도하다가 이회창 후보가 이인제 후보보다 근소한 차로 2위로 올라서자마자 김대중 후보와 이회창 후보의 양자 대결 구도인 것처럼 보도했다(박미영, 1997. 12. 3). 이들 신문은 김대중과 김종필의 DJT 연합은 "밀실야합", "권력 나눠먹기", "국정혼란 우려", "선거법 위반" 등의 부정적 표현으로 묘사한 반면에, 이회창·조순 통합은 "정책연합", "후보 단일화", "새정치 첫발" 등의 중립적이거나 호의적인 표현으로 기술했다(≪미디어오늘≫, 1997. 11. 26). 이들 신문은 또 확실한 증거도 없이 김영삼 대통령과 청와대가 이인제 후보를 밀고, 국민신당의 창당자금을 댔으며, 국민신당에 김현철 씨의 커넥션이 있다고 보도했다.

이런 편파성은 ≪조선일보≫와 ≪중앙일보≫라는 두 신문에서 특히 더 심했다(김종배, 1997. 12. 24). 그 점은 신한국당 자신의 평가이기도 했다. 신한국당이 1997년 11월에 작성한 「이회창-조순 'CLEAN 연대' 이후 전략」이라는 보고서는 구체적인 언론관리 방안의 하나로 "특히 우호적인 입장을 견지하고 있는 조선, 중앙 양자를 100% 활용하는 방안을 적극 모색"해야 한다는 내용을 담았기 때문이다(박미영, 1997. 12. 3). 선거를 며칠 앞둔 시점에서 김대중 후보와 이회창 후보가 거의 동시에 양심수 석방 문제를 거론했으나 ≪조선일보≫는 이회창 씨의 발언은 전혀 문제삼지 않은 반면에 김대중 씨의 발언에 대해서는 색깔론까지 제기하며 계속 물고 늘어졌다(김종배, 1997. 11. 12). 이 외에도 편파·왜곡 보도의 사례는 부지기수다. 이러한 사례는 이 당시 ≪미디어오늘≫과 ≪기자협회보≫에 잘 지적되어 있다.

1997년의 대선에서 ≪중앙일보≫의 특정후보 편들기는 특히 더 심했다. 그래서 기자협회는 대선을 하루 앞둔 12월 17일 특보 「"국민 여러분, 기자들이 머리 숙여 사과드립니다"」를 제작해 ≪중앙일보≫의 노골적인 '이회창 편들기'를 비판하고 "≪중앙일보≫ 대선 보도는 언론이기를 포기한 것"이라는 전국 신문, 방송, 통신 정치부 기자 103명의 양심선언을 발표하였다. 그리고 「기자협회·한길리서치 긴급 기자여론조사」(≪기자협회보≫, 1998. 1. 1)에 의하면, 전국 기자 310명을 대상으로 조사한 결과 1997년 대선 편파 보도 주도자로 84.7%가 "사주/경영진"을 꼽았으며, 편파 보도를 한 대표적인 언론사로 응답자의 64%가 ≪중앙일보≫를 지목했다. 그래서인지 ≪중앙일보≫의 홍석현 회장은 2002년 2월 28일 ≪시사저널≫과의 인터뷰에서 "우리 신문이 97년 이회창 총재 쪽에 기울었다는 것은 사실이다"고 시인한 데 이어 2002년의 대선에서는 특정후보를 지지하지 않고 불편부당한 보도를 하겠다고 다짐하기도 했다(조현호, 2002. 4. 25).

1997년의 대선에서 언론들의 이런 편파적인 보도 양태는 선거기간 오랫동안 후보 지지도 조사에서 야권의 김대중 후보가 40%를 넘고, 여권의 이회창 후보가 20% 대에 머물렀기 때문에 언론들이 비교적 공정할 수밖에 없었음에도 그러했다. 그러니 13대, 14대 대선에서의 편파·왜곡 보도의 정도는 불문가지다. 우리의 지배적인 언론들이 과거 권언유착에서 벗어나지 못한 채 특정 정치세력의 도구로 역할하면서 유용한 정보 제공이라는 염불에는 관심이 없이 대통령 만들기라는 잿밥을 얻기 위해 혈안이 되었던 것이다. 과거에는 관권과 금권이 공명선거를 해쳤다. 그러나 정치의 민주화와 정경유착의 약화로 관권과 금권의 개입이 약해진 최근에는 언론의 편파보도가 공명선거를 해치는 주범이 되었다.

2001년 언론사 세무조사로 탈세한 사실이 밝혀져 사주가 구속된 ≪조선일보≫와 ≪동아일보≫는 10월 국회의원 보궐선거 기간에 한나라당이 선거전략적 차원에서 확실한 근거도 없이 제기한 여권 관련 비리에 대한 의혹을 아무런 검증도 없이 대서특필하는 수법으로 그 의혹을 부풀리며 한나라당에 유리한 보도를 해주었다. 그래서 한나라당 이회창 총재가 당선자 축하대회에서 한나라당 출입기자들을 스스럼없이 "우리는 한 식구"라고 말하며 결코 "립서비스"가 아니라고 덧붙일 수 있었을 것이다(최경준·이종호, 2001. 10. 26).

이들 신문은 2002년 들어 민주당의 국민 경선제라는 한국 초유의 정당 민주화 실험을 생존 몸부림, 돈선거, 선거과열 등으로 애써 깎아내렸다. 그러면서도 한나라당의 대선 후 당권과 대권 분리안은 호의적으로만 다루는 노골적인 당파성을 드러냈다. ≪조선일보≫의 경우는 지난 3월 노풍으로 이회창 대세론이 흔들리자 유근일 주필(3.

15), 김대중 편집인(3. 22), 홍사중(4. 1) 논설위원이 자신들의 칼럼을 통해 이회창 총재에게 이러저러한 정치적 충고를 하기도 했다. 그리고 조선, 중앙, 동아의 세 신문은 이인제 후보측에서 제기한 각종 설을 검증도 없이 인용부호를 붙여 대서특필하고, 가정법에 기초한 사설을 쓰고, 외부 필진의 기고를 게재함으로써 그 의혹을 부풀리고 기정사실화하려 하였다. 전국언론노동조합 산하 민실위 정책연구실은 5월 14일과 22일 열린 관훈클럽 대통령 후보 초청토론회 관련 언론보도의 문제점에 대한 분석을 통해 일부 신문들 특히 ≪조선일보≫의 "특정후보 죽이기"와 "특정후보 키우기"가 노골적으로 드러났다고 지적했다(이영태, 2002. 5. 29). 선거보도감시연대회의의 신문 모니터 보고서(2002. 5. 27)도 선거관련 보도에서 조선, 중앙, 동아의 이중기준을 지적했다.

병풍 보도에서도 ≪조선일보≫, ≪중앙일보≫, ≪동아일보≫는 특정후보 편들기라는 비판을 받았다. 한나라당 이회창 후보의 아들 정연씨에 대한 병역비리 의혹과 관련해 서울지검 특수1부가 추가혐의점을 포착, 수사하는 동안 이들 신문들은 정연 씨의 병적기록부 상의 여러 의혹을 축소보도하여 언론계 안팎으로부터 비판을 받았다. 이와 관련해 빈수언론운동시민연합은 8월 14일 논평을 내고 "진상을 밝히는 데 앞장서야 할 언론이 중요한 증거가 드러나도 이를 외면하는 것은 도저히 납득하기 어렵다"며 "또 새로운 자료가 나올 때마다 설불리 논란으로 몰고 가는 것도 뭔가 본질을 흐리고 이 후보 감싸기에 연연한 것으로 보인다"고 비판했다. 김대업 씨가 정연 씨 병역비리 의혹에 관한 주장과 그 의혹을 입증하는 김도술 씨의 진술이 담긴 테이프에 대한 이들 신문의 보도도 편파적이라는 비판을 받았다. 한 신문사의 기자는 "올해 5월 최규선 게이트 때 동아, 조선, 중앙 등이 당시 공개됐던 테이프의 내용을 대대적으로 반영했던 전례를 상기해 본다면 현재의 모습은 이와는 상반된 입장"이라며 "이들 언론은 초기 김대업 씨가 갖고 있다는 테이프의 진위 여부를 문제삼다가 공개 이후에는 또 다시 내용의 신뢰성을 문제삼고 있어 형평성은 물론 자칫 편향성 시비에 휘말릴 소지가 높다"고 말했다(이영환, 2002. 8. 15).

이러한 경향은 일선 기자들의 인식이기도 하다. 기자협회가 여론조사기관인 한길리서치와 함께 2001년 12월 12일부터 17일까지 전국의 신문 방송사 기자 503명을 대상으로 실시한 '2002년 정치 및 언론 현안에 대한 여론조사' 결과에 따르면, 대선 보도와 관련해 "언론사의 특정후보 지지가 있다고 생각하느냐"는 질문에 대해 "그런 편"(심한 편+조금 그런 편)이라고 응답한 기자가 87.1%로 나타났다. 이와 관련해 "특정후보 지지가 있다면 어느 언론사가 그렇다고 생각하느냐"며 한 개의 언론사를 선택할 것을 요구하는 질문에 응답자 438명의 70.8%가 ≪조선일보≫를 지목했으며 그 다음은 ≪중앙일보≫(6.4%), ≪한겨레신문≫(3.2%) 순이었다. 이와 관련, "현재 언론에서 가장 호의적으로 보도하는 후보는 누구라고 생각하느냐"는 질문에 응답자의 반수인 51.9%는 이회창 한나라당 총재를 꼽았다. 그 다음은 박근혜 한나라당 부총재(8.5%), 노무현 민주당 고문(5.6%), 이인제 고문(5.2%) 순이었다(김동원, 2002. 1. 1).

≪기자협회보≫(2002. 8. 16)가 기자협회 창립 38주년을 맞아 여론조사기관인 한길리서치와 공동으로 지난 7월 22일부터 25일까지 전국의 신문·방송사 기자 400명을 대상으로 실시한 전화여론 조사에서 이런 인식은 더욱 뚜렷하게 확인되고 있다. 이 조사에 따르면, 국내 신문·방송사 기자들은 대선 보도와 관련, '특정후보 편들기'가 심각하다고 보고 있으며, 이회창 후보에게는 유리하게, 노무현 후보에게

는 불리하게 보도하고 있다고 판단하고 있는 것으로 나타났다. 언론사별로는 ≪조선일보≫가 이 같은 편향이 심하다는 반응을 보였다. 좀 더 구체적으로 살펴보면, 대선보도과 관련, 83.2%의 기자들이 '언론사가 특정후보에게 유리하게 보도하고 있다'고 응답했으며, 76.7%는 '특정후보에게 불리한 보도가 있다'고 답변해 언론사의 특정후보에 대한 편향 보도가 심각하다고 생각하는 것으로 나타났다. '어느 언론사가 어떤 후보에게 유리하게, 또는 불리하게 보도했느냐'는 질문에 대해 기자들은 두 항목 모두 ≪조선일보≫를 첫 순위로 꼽았다.(특정후보 유리한 보도 69.3%, 특정후보 불리한 보도 71.6%). 유리하게 보도한 후보는 이회창, 불리하게 보도한 후보는 노무현으로 나타났다(정구철, 2002. 8. 16).

기자들의 이런 인식을 보건대 "5년마다 도지는 고질적 망국병"이 어김없이 또 도졌다고 할 수 있을 것이다. 편파적인 선거보도를 통한 대통령 만들기는 사실상 특정후보를 지지하는 행위다. 게다가 그것이 공개적으로가 아니고 음성적으로 이루어지기 때문에 기만적이고 따라서 사악한 것이 된다. 우리 몇몇 힘있는 언론들은 1987년 이래로 대선 때마다 편파보도에 의해 음성적 후보지지를 함으로써 공명선거를 해쳐 왔다. 그런 편파보도에 의한 음성적 후보지지로 공명선거를 해치는 행위를 더 이상 용납하지 않기 위해서라도 신문의 후보 공개 지지의 문제는 적극적으로 검토되어야 할 중요 사안이다.

2. 후보 지지의 제한과 조건

우리 언론은 겉으로는 정론, 중립, 객관보도, 불편부당, 공명정대 등을 표방한다. 그러면서 속으로는 특정후보를 지지하는 당파성을 보여왔다. 특히 우리 신문시장을 지배하는 몇몇 대신문들에서 그런 경향이 심하게 나타났다. 우리 언론은 이제 이렇게 겉 다르고 속 다른 보도 행태를 그만두어야 한다. 우리 유권자들은 언론의 이런 이중적 보도 행태에 기만을 당하는 일이 더 이상 허용되어서는 안 된다. 우리 선거가 언제까지고 이런 언론에 의한 부정선거가 되어야 이유가 없다. 공명선거를 위해서, 언론의 발전을 위해서, 무엇보다 우리사회의 정직성과 투명성을 위해서 이제 우리 언론은 그런 표리부동과 기만과 부정을 그만두지 않으면 안 된다.

6월 항쟁 이후 우리 사회는 각 부문에서 개혁과 정상화가 이루어져 왔다. 그러나 우리 언론계에서만은 이렇다할 개혁이나 정상화의 움직임을 보여주지 않았다. 언론감시단체들이 저널리즘의 정도를 벗어난 언론에 대해 개혁을 요구하면, 언론들은 자율개혁을 외쳐대지만 그러나 자율적으로 개혁한 것은 별로 없다. 오히려 정부의 언론사 세무조사로 탈세사실이 드러났음에도 반성하기는커녕 세무조사와 탈세액 추징을 언론탄압으로 호도하기에 급급했다. 언론개혁을 위하여 언론사 세무조사를 지지하고 탈세언론을 비난하는 언론운동단체를 비롯한 시민단체들을 외부 필진을 동원하여 '홍위병'으로 몰아세웠다.

이제 우리 언론도 다른 부분의 개혁과 정상화에 발맞추어 스스로 개혁하고 정상화해야 한다. 말로만 자율개혁을 외칠 것이 아니라 정말 스스로 개혁하는 조처를 행해야 한다. 그런 조치의 하나가 선거에서 특정후보를 지지하고 싶다면 편파보도를 통한 음성적인 방법으로가 아니라 정책과 자질의 평가를 통해 떳떳하고 당당하게 공개적 방법으로 자신의 지지후보를 밝히는 일이다.

그러나 언론이 선거에서 특정후보를 공개적으로 지지한다는 것은 사회적으로 상당한 파급효과를 가져올 수 있는 일이다. 따라서 언론의 후보 공개 지지 선언은 아무런 제약 없이 멋대로 할 수 있는 그런 것은 아니다. 여기에는 어느 정도의 양식이 필요하고 몇몇 제약이 따를 수밖에 없다. 후보 공개 지지를 하려는 언론이 유의하거나 존중해야 할 몇 가지 조건 또는 단서로 다음과 같은 것들을 들 수 있다.

첫째, 우선 언론의 공개적인 후보 지지를 허용하는 것이 후보 지지를 반드시 해야 한다는 강제나 의무 사항은 아니라는 점이다. 언론이 원할 때만 특정후보를 지지할 수 있을 뿐이다. 후보 지지가 허용됨에도 특정후보를 지지할 의사가 없거나 딱히 지지할 만한 후보가 없다고 판단하면 하지 않아도 그만이다. 언론의 후보 지지는 언론 자유의 영역이다. 언론 자유란 말하고 싶으면 말하고, 말하기 싫으면 말하지 않는 것이다. 2000년 미국 대선에서 ≪로스앤젤레스 타임즈≫(2000. 10. 29)는 알 고어와 조지 부시 사이의 선택이 어렵다며 "이번에는 지지 선언을 하지 않겠다"고 선언했다.

둘째, 언론의 후보 지지 선언에서 무엇보다 중요한 것은 후보 지지 선언은 사설이나 사고를 통해서 공개적이고 명시적으로 해야 한다는 점이다. 후보 공개 지지 선언문은 일반 기사와 엄격하게 구별되어야 한다. 영국 신문을 비롯하여 정론지적 성격이 강한 유럽 신문의 경우는 기사로도 정당(또는 후보) 지지를 천명하지만, 정론지적 성격이 약한 미국 신문의 경우는 사설에서만 후보 지지를 천명한다(박미영, 2002. 2. 5). 기사를 통해서보다는 사설이나 사고를 통해서 후보지지를 선언하는 미국의 후보 지지 방식이 오랫동안 불편부당과 중립을 표방하면서 정론지적 성격을 숨겨온 우리 언론에게는 더 적절하다고 할 수 있다.

셋째, 언론의 공개적 후보 지지 선언은 그 지지의 근거를 명확히 밝혀 떳떳하게 행하도록 해야 한다. 특히, 지지 후보의 정책과 자질을 엄정히 평가하여 지지 이유를 조목조목 제시하면서 지지를 선언하도록 해야 한다. 2000년 대선에서 ≪뉴욕 타임즈≫(2000. 10. 29)나 ≪워싱턴 포스트≫(2000. 10. 22)는 아주 자세하게 이유를 밝힌 장문의 후보 지지 선언 사설을 게재했다. 음성적 후보 지지에서와 같이 정당한 근거도 제시하지 않은 채 단순한 정치적 이해관계에 따라 특정후보에게 유리하고 특정후보에게 불리한 편파적인 사설이나 칼럼을 게재하는 것은 후진적인 패거리 문화에 불과하다. 신문들이 "솔직하고 분명하게 입장을 밝히는 것이 독자들에 대한 보다 더 책임 있고 친절한 태도로 봉사하는 것"(안영섭, 2002 봄, p.220)이라 할 수 있다.

넷째, 의견과 사실을 분리하려는 저널리즘의 객관주의적 전통에 따라 사설에서의 특정후보의 지지를 선언하는 일과 그 후보에 관해서 보도하는 일은 별개의 것으로 구분하도록 해야 한다. 2000년 10월 22일자로 알 고어 지지 선언을 한 ≪더 워싱턴 포스트≫의 편집국장 다우니 2세(Downie Jr., 2000. 10. 25)는 후보 지지 선언은 회장과 주간 그리고 논설위원들의 결정일 뿐이며, 편집국장을 포함해 편집국 기자는 누구도 그 결정에 참여하지 않았고, 특정후보 지지 선언으로 기사가 영향을 받는 일은 없다고 천명했다. 언론의 후보 지지는 어디까지나 사설에 한하며, 그 후보에 관한 선거보도 자체는 선거법상의 공정성과 진실성 규정을 지키도록 해야 한다. 언론의 후보 지지는 유권자의 후보자 판별은 돕는 유용한 정보를 전달하는 저널리즘의 일환이지 그 후보를 당선시키려는 선거운동 또는 선거개입 차원의 행위가 아니기 때문이다.

다섯째, 방송 특히 지상파 방송은 국민 모두의 소유로 간주되는 전파라는 공공재를 사용하고 그 수가 제한되어 있기 때문에 정파성을 가져서는 안되고 따라서 특정후보를 지지해서도 안 된다는 점이다. 방송법과 방송위원회 규칙에 의해 방송은 특정후보를 지지할 수도 없게 되어 있다. 그러나 신문, 잡지, 인터넷 매체 등의 경우는 다르다. 이들 매체는 공공재를 사용하지 않고 이론적으로는 무한 수가 가능한 사기업이기 때문이다. 그리고 구미에서 신문과 잡지는 정론지(政論紙)로 출발했고, 오늘날에도 그 영향이 남아 있어 특정후보를 지지하는 것이 하나의 전통으로 받아들여진다. 신문들이 특정후보를 지지하는 것은 일종의 언론자유로 받아들여지는 것이다.

언론의 후보 지지에 관한 이러한 제약 가운데 일부는 언론자유를 제한하는 것일 수도 있다. 그러나 후보 지지가 언론자유의 문제라고 해서 후보 지지를 아무런 제약이 없이 멋대로 할 수 있도록 허용해야 한다는 것은 아니다. 언론은 사회적 존재로서 일정한 사회적 제약을 수용해야 한다. 후보 지지의 문제에서도 마찬가지다.

3. 후보 지지의 반대론과 그에 대한 반론

언론으로 하여금 후보 공개 지지를 허용하는 일은 지금까지 언론에게 허용하지 않던 자유를 언론에 허용하는 일이고, 그 때문에 언론의 관행이 바뀔 수 있고, 그에 따른 정치적 영향력이 달라질 수 있는 것이기 때문에 그 허용을 둘러싸고 논란이 일고 찬반이 엇갈릴 수밖에 없다. 반대의 논리는 우리 언론에 후보 공개 지지를 허용하기 위한 여건이 충분히 성숙되지 않아 언론의 후보 공개 지지가 많은 부작용을 낳을 것이 예상되므로 공개 지지 허용은 아직 시기상조라는 것이다. 찬성의 논리는 후보 공개 지지의 불허가 실제적으로 실효성이 없는데다 정치와 언론계의 변화로 공개 지지를 허용해도 무방할 뿐만 아니라 오히려 여러 측면에서 더 바람직하다는 것이다.

이제 언론의 특정후보 공개 지지 허용에 대한 반대나 우려에 관한 의견들을 정리하면서 그에 대한 반론을 제시하기로 한다.

첫째, 이념적 성향이 다른 언론 사이에 세력 균형이 이루어지지 못했기에 후보지지는 시기상조라는 지적이다. 후보 지지를 허용하려면, 보수 성향의 신문과 진보 성향의 신문 즉 한나라당 지지 신문과 민주당 지지 신문의 숫자와 영향력이 비슷해야 한다는 것이다(정연주, 2002. 2. 6). 그런데 조선, 중앙, 동아와 같이 기득권 세력의 이익을 대변하는 보수적인 신문들은 전체 신문 시장의 70% 이상을 지배하고 있고 그 영향력도 막대하다. 반면에 진보적인 신문들은 시장 지배력과 사회적 영향력에서 절대적인 열세에 있다. 이런 상황에서 신문으로 하여금 후보에 대한 공개 지지를 허용하면, 보수 후보와 진보 후보에 대한 신문들의 지지가 균형을 이루지 못한다는 것이다. 말하자면 언론의 후보 지지 허용은 보수 후보에게는 절대적으로 유리한 반면 진보 후보에게는 절대적으로 불리하다는 주장이다.

둘째, 집권 세력과 친밀한 관계를 맺고 이권을 챙기려는 우리 신문들의 기회주의적 성향에 대한 우려에서 후보 지지의 허용이 아직은 이르다는 의견도 있다. 우리 언론들이 사주의 이익이나 사세확장을 위해 또는 언론인들이 출세를 위해 집권자나 집권 세력과 유착관계를 형성해왔다. 이런 언론들이기에, 언론의 후보 지지에 관한 MBC 100분 토론 과정에서 지적되었듯이, 특정후보 지지를 가능하게 하면, 후보의 자질이나 정책 또는 이념과는 상관없이 지지도 조사에서 일등 후보 즉 당선 가능성이 큰 후보만을 지지할 가능성이 크다는 것이다. 결국 한국적 정치·언론 풍토에서는 후보 지지가 밴드웨건 효과만을 불러일으키고 언론과 유력후보 간의 유착만 강화시킬 것이라는 우려에서 후보 지지를 반대하는 것이다.

셋째, 편집권의 독립과 언론의 윤리가 확립되지 못했기 때문에 후보 지지는 아직 적절하지 않다는 주장이다. 이 주장은 우리 언론에서 편집국의 완전한 독립이 이루어지지 않았고, 의견(사설, 사시)과 사실(보도)의 분리가 제대로 되지 않고, 진실성·공정성 등의 언론윤리가 확립되어 있지 않다는 점을 지적한다. 이런 현실에서 지배적인 힘을 행사할 수 있는 소수의 결정으로 언론이 사설이나 사시로 특정후보를 지지하면, 입장 표명이 사설에 그치지 않고 일반 기사, 해설, 칼럼 등에까지 영향을 줄 가능성이 많다는 우려가 있다(안기석, 2002. 7. 5). 언론의 소유주와 경영진의 강한 통제를 받는 일선 취재기자들이 그 후보를 당선시키기 위해 편파보도를 하게 될 것이라는 짐작이다. 정연주(2002. 2. 6) ≪한겨레신문≫ 주간이 언론의 후보 지지가 아직 이르다며 가장 염려한 점이 바로 편집권의 완전 독립이 이루어지지 못했다는 현실이다. 이런 현실에서 사설에서의 특정후보의 지지는 단순히 사설에만 국한되지 않고 뉴스 제작에 바로 영향을 준다는 것이다.

넷째, 우리의 토론문화가 공개 지지를 허용하기에는 아직 미흡하다는 지적도 있다. 우리 사회는 군부 독재 시절 '민주 대 반민주' 구도에서나 의미가 있을 '여당지', '야당지' 구분이 아직도 통용되고 있다는 것이다. 그래서 정부·여당에 대한 '막가파식 비판'이 손쉽게 '야성'으로 평가받는다는 것이다. 그런 '막가파식 언론'이 '비판언론'이니 '할 말은 하는 신문'이니 하면서 독자들을 현혹하고, 또 실제로 일부에 의해서는 진정한 비판언론으로 통용되기도 한다. 토론 문화의 수준이 이렇게 낮은 상황에서는 좋은 뜻에서 공개적인 후보 지지를 하는 독립적인 신문조차 '기관지'로 규정될 가능성이 크다는 것이다(정연주, 2002. 2. 6). 결국, 특정후보를 공개적으로 지지하고 나서는 언론만 곤란하게 될 것이라는 우려다. 이런 점에서 언론이 후보를 공개적으로 지지하도록 하는 것은 아직은 시기상조라는 것이다.

다섯째, 후보 공개 지지가 행해질 때 나타날 수 있는 부작용이 많다는 지적이다. 한국적인 정치·언론 풍토에서 언론의 특정후보 지지 선언은 권력 창출 작업으로 비쳐지게 되고, 언론이 지지한 후보가 여당이면 어용이란 비난을 받게 되고, 야당이면 정부·여당과의 갈등을 각오해야 하며, 선거가 끝나면 반대 입장에 있던 정치 세력의 보복 가능성도 있다. 선거전이 치열한 접전일 경우 유력지의 지지가 무시하지 못할 파급력을 갖게 돼 후보와 정당의 대 언론 로비가 치열해지게 될 가능성도 크다. 또 후보에 대한 신문의 판단 기준이 인물 중심이 되어 지연, 학연, 신문사와의 이해관계 그리고 경우에 따라서는 담합이나 흥정, 매수 등 뒷거래에 의존할 가능성이 있다는 것이다(남시욱, 2000 봄).

이런 주장들에 일리가 없는 것은 아니다. 하지만 이런 반대논리는 현실을 도외시했거나, 현실을 지나치게 부정적으로 평가했거나, 역설적이게도 언론의 상업성의 논리를 경시한 측면이 있다. 언론의 후보 지지 반대의 논리가 기우에 불과하거나 타당하지 않은 이유들을 구체적으로 살펴보기로 하자.

첫째, 후보 지지 금지는 실효성이 없다. 우리 언론들이 겉으로는 중립이니 불편부당이니 하면서 특정후보의 편들기를 하지 않는 것처럼 말하지만 실제로는 상당수 언론들이 상당히 편향적인 평론과 보도를 통해 음성적으로는 특정후보를 지지해왔다. 앞으로도 그런 행태는 계속될 것으로 보인다. 기자협회가 한길리서치와 공동으로 전국의 언론인 503명을 대상으로 조사한 「2002년 정치 및 언론 현안에 대한 여론조사」 결과에 따르면, "언론사의 특정후보 지지가 있다고 생각하느냐"는 물음에 대해 응답자의 대다수인 87.1%가 "그런 편"이라고 응답했다. 그리고 특정후보를 지지하고 있다면 어느 언론사가 그렇다고 보는가라는 질문에 응답자의 70.8%가 ≪조선일보≫를 지목했다. 그리고 이와 관련, "현재 언론에서 가장 호의적으로 보도하는 후보는 누구라고 생각하느냐"는 질문에 응답자의 반수인 51.9%는 이회창 한나라당 총재를 꼽았다고 한다(≪기자협회보≫, 2002.1.1). 민주당 대선 후보 경선 과정에서도 몇몇 보수 언론들의 보도는 특정후보 죽이기를 겨냥한 편파보도라는 비판을 받았다.

둘째, 언론의 영향력과 언론계의 세력판도에 변화가 일고 있다. 안티조선 사이트와 ≪조선일보≫반대국민연합이라는 운동단체의 존재에서 보듯이 국민들의 언론에 대한 비판적인 안목이 향상되었고, '조중동'(≪조선≫ ≪중앙≫ ≪동아≫)과 '한경대'(≪한겨레≫ ≪경향≫ ≪대한매일≫)라는 대비적인 새로운 용어의 통용에서 보듯이 시장지배력에서는 아직도 현격한 차이가 있지만 적어도 신문의 수에서는 보수와 진보 사이에 균형이 이루어지고 있고, 과거에는 보수적인 신문들과 논조를 같이 하던 방송이 공정해졌을 뿐만 아니라 MBC의 매체비평 프로그램에서 보듯이 방송이 신문을 견제하는 역할을 수행하기도 하고, 무엇보다 ≪오마이뉴스≫나 ≪프레시안≫에서 보듯이 진보적인 인터넷 보도매체들이 등장하여 언론판도를 변화시키고 있다. 노무현 후보에 대한 '조중동'의 공세가 별 영향을 미치지 못한 사실이 증거하듯이, 이런 이유들로 인해서 신문시장을 지배하는 '조중동'의 영향력도 많이 감소한 것으로 보인다. 따라서 언론간의 세력불균형은 그다지 염려할 필요가 없게 되었다.

셋째, 우리 신문들의 이념적 성향이 점점 더 분명해지고 있고, 독자들이 신문의 이념적 성향을 점점 더 의식하고 있다는 사실이다.

과거 우리 신문들이 대부분 실제로는 강한 수구·보수 이념을 견지하면서도 아무런 이념이 없는 듯이 모두를 아우르는 대중지를 표방하였다. 그러나 냉전체제의 붕괴, 1997년의 수평적 정권교체, 포용정책으로 인한 남북간의 화해와 협력의 진전 등으로 이념에서 비교적 자유로워지면서 자연스럽게 '조중동'으로 대표되는 보수 언론과 '한경대'로 대표되는 진보 언론의 분화가 일어나고 있다. 게다가 국민정부의 언론사에 대한 세무조사로 그러한 성향은 특정 정당 지지 성향으로 전환되었다. 즉 세무조사에 강력 반발했던 신문들은 점점 더 노골적인 반민주당·친한나라당의 성향을 갖게 되었다. 이처럼, 신문들이 이념적 성향과 정당 선호가 비교적 뚜렷해서 모든 신문들이 후보의 이념에 상관없이 무조건 이길 것 같은 후보만을 지지하는 일은 없을 것으로 보인다. 독자들은 독자들대로 신문들의 그런 정치적 성향을 의식하고 참작하게 될 것이다.

넷째, 언론의 후보 지지가 선거 결과에 결정적인 영향을 미치는 것은 아니다. 미국에서 1940년 이후의 대선에서 민주당 후보는, 1964년의 존슨과 1992년의 클린턴을 제외하고는, 언제나 공화당 후보보다 신문사의 지지를 적게 받았지만 그러고도 투표에서 승리한 경우는 1940년 이후 모두 6 번(1940년과 1944년의 루스벨트, 48년의 트루먼, 60년의 케네디, 76년의 카터, 96년의 클린턴)이나 있었다(Giobbe, Oct. 26, 1996; Jones, Oct. 26, 1996). 그러니 편집국의 완전 독립이나 토론문화의 수준을 들어 언론의 공개적 후보 지지가 시기상조라는 주장은 언론의 후보 지지의 영향력을 과대평가한 것일 뿐만 아니라 우리의 일선 기자들의 선의와 독자들의 수준을 너무 낮게 본 것이기도 하다. 구조적 한계와 제약이 있기는 하지만 많은 일선 언론인들은 끊임없이 진실·공정 보도를 위해 노력해왔다. 그리고 우리 유권자들은 15대 대선에서 언론의 편파 보도에도 불구하고 정권교체를 이루었다.

자기들의 언론사가 특정후보 지지를 선언했다고 해서 모든 기자들이 거기에 맞추어 편파보도를 할 것이라고 보기는 어렵다. 한 두 신문에서는 그럴지도 모른다. 그러나 그렇게 하는 신문은 엄청난 비판을 받게 되고 많은 독자를 잃게 될 가능성이 크다. 지지 후보를 공개적으로 밝히지 않은 채 음성적으로 특정후보를 지지하는 경우보다는 지지 후보를 공개적으로 천명하는 경우에 더 보도의 진실성과 공정성에 신경을 쓸 수밖에 없다. 또 신문이 후보 지지를 공개적으로 선언하면 그 선언이 후보의 자질과 정책을 평가해서 객관적으로 이루어진 것인가 아니면 신문사의 이익이나 사세확장을 위해 눈가림식으로 이루어진 편파적인 것인가를 가릴 수 있는 충분한 안목이 우리 독자들 특히 젊은 독자에게는 있다. 흔히 우리 독자들의 수준이 높지 않아 오도되기 쉽다고 하지만(안기석, 2002. 7. 5), 안영섭(2002 봄, p.221)의 지적처럼, 사실 우리 독자들은 국제적인 기준과 비교해서 매우 높은 교육수준을 갖추고 있고 정치적으로도 민감하다.

다섯째, 우리 정치의 민주화와 정치권력의 분산이 이루어졌다. 정치권력과 언론간의 유착도 사라지고 있다. 정치권력이 언론을 마음대로 간섭하고 통제할 수 없는 시대가 된 것이다. 우리나라는 프리덤하우스의 평가에 의해서도 선진국 수준의 언론자유국가가 되었다. 언론들이 특정후보를 공개적으로 지지했다고 해서 정치권력이 그 언론에게 어떤 이익이나 불이익을 줄 수 있는 그런 시대는 이미 아니다. 공개적으로 지지를 천명하는 경우에 어떤 보복 조치를 취하기는 더욱더 어려울 것이다. 민주화 진전, 인터넷 등 첨단 정보 기술의 발달, 시민사회의 성장 등으로 사회적 개방성과 감시체계가 강화된 오늘날 집권자가 자신을 지지한 신문에 특혜를 주거나 지지하지 않은 신문에게 불이익을 주거나 하기는 쉽지 않다(안영섭, 2002 봄, p.223). 오히려 언론의 권력이 너무 비대해져서 자신이 지지하지 않는 정권이나 정당에 대해서는 정도를 넘어선 악의적 보도를 하는 것이 더 문제다.

언론의 후보 공개지지 허용은 오히려 여러 긍정적인 효과를 결과할 수 있다. 무엇보다 위선적인 음성적 후보 지지를 떳떳한 공개지지로 전환케 함으로써 우리 언론의 도덕 수준을 높이고 정치적 색깔을 분명히 드러내게 할 수 있다. 지금까지 우리 언론들 특히 보수적인 몇몇 언론들은 선거에 관한 논평과 보도에서 특정후보에 대한 지지를 공공연히 나타내왔다. 그런데도 공개 지지를 허용하지 않음으로써 자신의 본색을 숨긴 채 그런 음성적 지지를 하는 데 대한 구실을 제공한 셈이 되었다. 공개 지지 허용은 떳떳치 못하게 음성적으로 하는 행위를 떳떳하게 공개적으로 하게 하는 것뿐이다. 그렇게 함으로써 우리 언론들의 정치적 성향을 솔직하게 드러내는 데 도움을 줄 것이다. 후보 공개 지지의 허용은 우리 언론의 겉 다르고 속 다른 이중적인 모습을 없애는데도 도움을 줄 것이다. 그리고 궁극적으로는 우리 사회의 이중성을 없애고 정직성을 선양하는 데에도 도움을 줄 것이다.

만일 공개 지지를 허용했음에도 공개적으로 지지하지 않고 과거와 같이 편파보도를 통해 음성적으로 후보 지지를 계속한다면 전보다 더 큰 비난에 직면해야 할 것이다. 따라서 공개 지지가 허용된 경우에는 공개 지지를 하지 않더라고 과거와 같이 편파보도를 통해 음성적으로 지지하는 일이 줄거나 그 편파의 정도가 줄 것이다. 반대로 공개 지지를 하게 되면 음성적으로 할 때와는 달리 뚜렷한 지지의 명분이 있어야 하기 때문에 후보의 정책이나 자질을 보다 더 면밀히 따지는 보도를 하게 될 것이다. 또 사설에서 특정후보를 지지했다면 선거보도 기사에서는 더욱더 공정하도록 약속을 하고 이를 실천할 수밖에 없을 것이다. 그렇지 않으면 독자가 떨어져 나가기 때문이다. 따라서 공개적 후보 지지는 의견과 사실을 분리하려는 노력도 고무시킬 수 있을 것이다.

우리 언론들 특히 편파 보도를 통해 음성적으로 특정후보 지지를 해왔던 언론들은 그 상업성 때문에 공개적인 후보 지지가 법적으로 허용되어도 공개 지지를 하지 않을 것으로 추측된다. 공개 지지를 하고도 편파 보도를 하면 상업적으로 불리하다는 것을 너무나 잘 알고 있기 때문이다. 겉으로는 중립적인 채 하면서 편파 보도를 통해 음성적으로 특정후보를 지지하는 것이 훨씬 더 상업적으로 유리하다는 것을 잘 아는 이들 신문이 공개 지지를 천명할 리가 없다. 특히 출마자나 유권자나 모두 지역감정에 의존하고 있는 한국에서 언론이 각종 평가 항목을 종합해서 지지 후보를 결정했다 하더라도 유권자들은 지역감정이라는 단 하나의 잣대로 예단한 가능성이 크기 때문에 언론사들은 후보 공개 지지라는 모험을 하지 않을 것으로 지적되기도 한다(안기석, 2002. 7. 5).

이처럼 공개 지지를 허용한다 하더라도 실제로는 하지 않을 것이기 때문에 섞어도 당분간은 우리 신문들의 정치적 성향이나 이념에서 진보-보수 균형을 염려할 필요가 없다. 그러나 진보적인 신문과 보수적인 신문들의 수와 영향력에서 균형이 취해지기를 기다리는 것은 어리석다. 대부분의 신문이 자본가에 의해 발행된다는 점을 고려하면 신문은 대부분 보수적인 논조를 취할 것이기 때문이다. 이는 미국이나 영국에서도 마찬가지다(Welch et al., 1999; McNair, 1995, p.55). 그럼에도 불구하고 이들 나라에서 별 문제 없이 신문의 후보 공개 지지가 허용되어 오고 있다.

언론의 특정후보나 정당 지지가 허용되고 많이 행해지는 구미 선진국들에서 오히려 정권교체가 잦다. 일본이나 한국과 같이 그것이 허용되지 않는 나라에서 정권교체가 거의 없이 같은 정치세력이 계속해서 집권함으로써 정치권의 부패가 심하다는 점도 주목할 필요가 있다. 언론의 후보 지지가 당연시되고 그것을 통해 언론의 정치적 색깔이 드러나는 것이 독자들에게는 더 정직한 것이고 또한 독자들이 그러한 신문의 색깔을 참작할 수 있기 때문에 더 유용한 것이기도 하다.

4. 후보 지지와 몇 가지 문제점

일반적으로 구미에서는 선거에서 신문이 특정후보에 대한 지지를 선언하는 행위는 언론자유에 속하는 것으로 간주된다. 미국에서는, 신문의 후보 지지에 관한 논란도 제기되고 또 과거보다는 후보 지지 선언이 줄고 있는 것도 사실이지만(Jones, Dec. 26, 1996; Neuwirth, Jan 17, 1998; Editor & Publisher, Nov. 7, 1998; Editor & Publisher, Jan. 3, 2000), 신문들이 당파지로 출발했던 전통에 따라 신문의 특정후보 지지 선언은 신문의 관행으로 수립되어 있을 뿐만 아니라 헌법이 보장한 권리라는 인식이 확고하다(남시욱, 2000 봄, p.210). 이런 관행은 2000년의 대선에서 ≪뉴욕 타임즈≫와 ≪워싱턴 포스트≫의 민주당 후보 알 고어에 대한 지지 선언, ≪월 스트리트 저널≫과 ≪워싱턴 타임즈≫의 조지 부시에 대한 지지 선언, ≪더 빌리지 보이스≫의 랠프 네이더에 대한 지지 선언 등에서 확인되었다.

서구 유럽에서는 특정후보나 정당에 대한 지지 선언은 일반적이다. 대통령제의 프랑스에서는 대통령 후보에 대한 지지 선언을 하고, 의원 내각제인 영국이나 독일에서는 정당에 대한 지지 선언을 한다.

미국 신문보다 당파성을 분명히 드러내는 유럽의 신문들은 특정후보나 정당에 대한 지지 선언에서도 미국의 신문들보다 더 자유로운 모습을 보인다. 예컨대 2002년 대선에서 프랑스 중도좌파 노선의 ≪르몽드≫는 "시라크를 찍자"라는 콜롱바니 사장의 1면 기명 칼럼을 통해 우파 후보인 시라크 후보 지지를 표명했다(박해현, 2002.5.6). 이는 사회당 조스팽 후보가 예선에서 탈락하고 대신 결선에 올라선 극우파인 르펜 후보의 집권을 막기 위해서였다. 1997년의 총선에서 영국의 ≪더 타임즈≫는 일면 머리기사로 노동당을 지지한다고 밝혔다. 영국 신문들은 선거에 따라 지지 정당을 바꾸는 일도 적지 않다(Wheeler, 1997, p.52). ≪더 타임즈≫는 1992년 총선에서는 보수당을 지지했으나 1997년의 총선에서는 노동당을 지지했다.

한국의 헌법도 21조에서 언론의 자유를 보장하고 있다. 그 자유에는 신문의 후보 공개 지지도 포함된다고 할 수 있다. 게다가 한국의 언론단체들이 1996년 채택한 언론윤리실천요강에도 "실정법을 위반하지 않는 한 특정 정당 또는 특정후보자에 대한 지지 또는 반대를 표명하는 등 언론사의 정치적 입장을 자유로이 표현할 수 있다"고 되어 있다. 그러나 한국의 신문, 잡지, 인터넷 매체가 특정후보를 지지하는 데에는 한 가지 현실적인 문제가 있다. 「선거법」이라는 실정법이 걸림돌이 될 수 있기 때문이다.

실정법인 선거법 제58조는 "당선되거나 되게 하거나 되지 못하게 하기 위한 행위"를 선거운동으로 정의하고 "선거에 관한 단순한 의견개진 및 의사표시" 그리고 "정당의 후보자 추천에 관한 단순한 지지·반대의 의견개진 및 의사표시"는 선거운동으로 보지 않는다고 규정하고 있다. 따라서 신문의 후보 지지는 후보에 관한 단순한 지지 의견의 개진으로서 선거운동 차원의 것으로 볼 수 있고 따라서 신문은 후보 지지를 자유로이 할 수 있을 법하다.

또 선거법 제96조는 "방송, 신문, 통신, 잡지 기타의 간행물을 경영, 관리하는 자 또는 편집, 취재, 집필, 보도하는 자는 특정후보자를 당선되게 하거나 되지 못하게 할 목적으로 선거에 관하여 허위사실을 보도하거나 사실을 왜곡하여 보도 또는 논평을 할 수 없다"고 규정하고 있다. 선거법 58조에 따라 언론의 후보 지지 사설은 지지 후보를 당선되게 하거나 되지 못하게 할 목적의 선거운동 차원의 것이 아닌 것으로 볼 수 있기 때문에, 96조의 규정은 허위사실을 보도하거나 사실을 왜곡하지 않는다면 언론이 특정후보에 대한 지지를 표명할 수도 있는 것으로 해석될 수 있다.

문제는 선거법 제8조다. 8조 1항은 선거에 관한 언론기관의 공정보도 의무를 규정하고 있고, 8조3은 보다 더 구체적으로 언론중재위원회에 설치된 선거기사심의위원회는 정기간행물에 게재된 선거기사(사설을 포함)의 공정 여부를 조사하여 그 내용이 공정하지 않다고 인정되는 경우에는 그 내용에 관한 사과문 또는 정정보도문의 게재를 결정하고, 언론중재위원회는 해당 언론사에 이의 게재를 명하도록 하고 있다. 이 조항은 또 선거방송에 대해 규정된 정치적 중립성, 형평성, 객관성 및 제작기술상의 균형유지 등 공정 보장 조항을 신문의 선거기사에도 준용토록 하고 있다. 이 조항은 방송에 적용되는 내용을 성격이 다른 신문에 적용하는 문제점이 있다. 게다가, 이 조항을 기계적으로 해석하면, 특정후보를 지지하는 신문의 사설은 정치적 중립성을 어긴 것이 될 수 있고 따라서 규제 대상이 될 수도 있다.

따라서 언론의 후보 지지를 가능하게 하려면 이 조항들 특히 8조 3항을 개정하거나 폐지해야 한다. 실정법상의 논란의 여지가 없이, 언론의 후보 공개 지지를 가능하도록 하기 위한 가장 좋은 방안은 언론들이 정치권으로 하여금 신문, 잡지, 인터넷 매체가 사설이나 사고로 특정후보나 정당을 지지할 수 있도록 이 조항을 개정하거나 폐지할 것을 요구하여 관철하는 일이다. 이러한 요구는 언론자유를 위해서 그리고 떳떳한 후보지지를 위해서 언론이 당연히 나서서 요구할 만한 것이다. 아니 요구해야 할 일이다. 그렇지 않으면, 우리 언론은 언론자유를 확보하려는 데에 별 관심이 없다는 뜻이 된다. 또는 편파보도를 통해 음성적으로 특정후보를 지지하는 일을 계속하겠다는 속셈을 가지고 있는 것으로 의심받을 수 있다. 물론 사설이나 칼럼을 제외한 일반 보도기사에는 여전히 선거법 8조(언론기관의 공정보도 의무)와 96조(허위 논평·보도의 금지) 등 공정성과 진실성 보장을 위한 조항들을 적용해야 할 것이다. 그러나 법을 개정하는 일은 번거롭고 시간이 많이 걸리고 게다가 여야의 합의가 쉽지 않을 것이기 때문에 현실적으로 어렵다.

그렇다면 보다 더 현실적인 방법으로 이 선거법 조항들에 관하여 언론사들이 언론단체 등을 통해 집단적으로 후보 지지가 가능한 쪽으로 보다 더 적극적인 해석을 함과 아울러 그에 관한 중앙선거관리위원회의 유권해석을 요청할 필요가 있다. 이 때 중앙선관위가 언론의 후보 지지가 가능하다는 유권해석을 내리면 실정법상의 문제는 해소된다. 그러나 만일 중앙선관위가 언론사의 후보지지 불가의 유권해석을 내린다면, 그 다음 단계로 이들 조항을 언론자유에 대한 침해의 이유로 헌법소원을 내야 할 것이다. 언론의 후보 지지를 불허하는 것은 언론자유를 침해하는 행위로 헌법의 언론자유 조항을 위반한 것으로 볼 수 있기 때문이다.

중앙선거관리위원회는 언론의 후보자 공개지지 가능 여부에 관하여 공식적인 입장을 표명한 바는 없지만 불가 입장인 것으로 보인다. 언론의 후보 공개 지지 문제에 관한 한 토론회에서 조영식 중앙선거관리위원회 홍보관리관은 "특정후보 지지 입장을 지면에 활자화해 배포하는 것은 선거운동으로 현행 선거법에 저촉된다"며 "대부분 유권자들이 언론을 통해 후보자들에 대한 정보를 얻고 지지 후보를 선택하는 현실에서 언론의 영향력은 당락을 좌우할 정도로 막강하다. 중앙선거관리위원회는 언론의 중립적 보도를 강조하고 있다"고 밝혔다기 때문이다(김동원, 2002. 7. 10).

하지만, 이런 선관위측의 입장에도 불구하고 법적으로 신문의 후보 지지가 가능하다는 적극적인 법률적 해석도 제기되었다. 같은 토론회에 참석한 정대화 변호사는 "언론인이나 언론기관을 기본권의 주체로 볼 경우 언론자유의 영역에서 선거기간에 정치적 견해를 표명할 자유가 보장돼 있다고 생각한다. 언론기관은 공적 성격뿐 아니라 사적 성격도 있는 만큼 정치적 중립성을 요구하는 것은 맞지 않다"며 "실정법에 후보 지지를 할 수 없다는 명시적 규정이 없고 이를 금지하는 것은 위헌 소지마저 있다"고 밝혔다(김동원, 2002. 7. 10).

사실 선거법은 '공직선거 및 선거부정 방지법'이라는 본래의 명칭이 보여주듯이, 그 동안 금권과 관권 그리고 편파보도로 얼룩져온 우리 선거에서의 부정을 방지할 목적으로 제정된 법이어서 지나치게 규제가 많은 법률이며 따라서 국민들의 자유로운 정치활동과 표현의 자유를 제한하는 위헌적 요소가 많다(성낙인, 2002. 2. 19; 박동진, 2002. 2. 21). 선거법은 1994년 제정된 이래 10여 차례의 개정을 거쳐 언론기관의 선거보도를 확대해왔다. 고비용 저효율 정치를 개선하기 위해서 "돈은 묶고 입은 푼다"는 취지에 따른 것이다. 그럼에도 아직도 선거법은 언론기관의 선거보도에도 많은 제한을 가하고 있다. 예컨대 선거관리위원회는 지난(2002년) 2월 선거법 82조를 들어 인터넷 매체가 정간법이나 방송법상의 언론기관이 아니라는 이유로 대선주사 대담·토론을 불허하였고 그 입장에는 아직도 변함이 없다(김호열, 2002 봄).

정간법이나 방송법 상의 언론기관이라 하더라도 특정후보를 공개적으로 지지하는 행위는 금지하고 있는 것도 선거법이 언론기관에 가한 많은 제한 가운데 하나다. 그러나 이런 제한은 언론의 자유에 반하는 위헌의 소지가 큰 규정이다. 이 규정에 대한 헌법소원에 대해 헌법재판소는 그것이 공명선거에 기여한다는 명분에서 합헌판결을 내릴 가능성도 있다. 또는 그 판결을 미룰지도 모른다. 이 경우에는 시민불복종운동의 일환으로 그 법 조항에 반해서 특정후보 지지를 선언하는 방법이 있을 수 있다. 국민의 기본권인 언론자유를 확대하고, 언론의 기만적인 행동을 바로 잡고, 한국 사회의 정직성과 투명성을 증진시키는 일이기 때문에 실정법에 위반된다 하더라도 명분이 충분한 일이다. 물론 여기에는 몇 사람의 형사처벌이 따를 수도 있겠지만 많은 언론들이 계속 그렇게 하면 결국에는 허용하지 않을 수 없을 것이다. 우리는 시민운동 단체들이 형사처벌의 위험을 무릅쓰고 낙선자 명단을 발표하는 등 낙선운동을 벌인 결과 시민단체의 선거운동을 허용하는 등 선거법의 일부를 개정시킨 소중한 경험을 갖고 있다. 또 몇 사람이 용감히게 에로딕한 표현의 강도를 높이고 그 때문에 처벌을 감수한 덕택으로 우리 사회의 성적 표현의 한계가 대폭 확대된 사실을 상기할 필요가 있다.

5. 맺는말

우리 언론들 특히 지금까지 편파보도로 음성적인 후보지지를 해왔던 신문들은 법으로 공개적인 후보 지지를 허용해도 적어도 당분간은 그렇게 하지 않을 가능성이 크다. 언론이 지지한 후보를 지지하지 않는 독자들 가운데 많은 수가 떨어져 나갈 가능성이 있기 때문이다. 따라서 후보 공개 지지를 천명하고도 언론으로 독자를 잃지 않으려면 선거보도는 정말 공정해야 한다. 의견과 사실을 완벽하게 분리시키기는 어렵지만 양자를 분리시키기 위해 최대한 노력한 공정한 보도야말로 언론이 권위도 얻고 독자도 얻는 일석이조의 유리한 상업적 전략이다. ≪뉴욕 타임즈≫나 ≪워싱턴포스트≫와 같은 미국 신문의 권위와 상업성도 의견과 사실의 엄격한 분리와 공정한 보도에서 나온다. 우리나라에서도 그렇게 의견과 사실을 엄격히 분리한 공정한 언론이 나오면 정말 사람들의 존경을 받고 상업적으로도 성공하는 명실상부한 권위지가 될 수 있다. 이제 우리 사회에서도 그런 진정한 권위지가 나올 때가 되었다.

우리 언론들 특히 편파성이 심한 몇몇 신문들은 특정후보에 대한 공개적 지지를 통해 자신의 정치적 성향을 노골적으로 드러낼 만큼 솔직하고 자신 있다고 보기도 어렵다. 그러나 우리 사회가 점점 더 맑아지고 투명해지고 독자들의 의식수준도 높아졌다. 아직까지 우리 언론이 이런 과정에서 예외로 남아 있지만, 언제까지나 그럴 수는 없을 것이다. 오히려 그런 식으로는 살아남기 어려워질 것이다. 과거와 같이 자기의 본색을 숨긴 채 모든 유형의 사람들에게 어필할 수 있는 시대는 끝나가고 있다. 대중지를 표방하는 한 극우적 신문에 대한 맹렬한 반대운동이 그 한 증거다. 앞으로는 솔직하게 자신의 정치적 성향과 지지 정당이나 후보를 밝히는 언론이 신뢰를 받고 확실한 독자를 확보할 수 있을 것이다.

우리 언론들이 상업적 계산과 솔직하지 못한 모습 때문에 후보 지지를 허용해도 공개 지지를 하지 않을 가능성이 농후하다는 예상으로 후보 지지를 허용해도 상관없다는 무책임한 입장에서 언론의 후보 공개 지지를 허용하자는 것이 아니다. 또 구미 선진국들이 하기 때문에 우리도 해야 한다는 선진국 추종주의에서 허용하자는 것도 아니다. 후보 지지는 헌법에 보장된 언론자유를 확대하고, 우리 언론과 사회의 이중성을 없애고, 대선 보도에서 언론으로 하여금 대통령 만들기보다는 후보의 자질과 정책 검증에 더 신경을 쓰게 하고, 의견과 사실의 엄격한 분리를 통해 우리 언론의 발전에 기여하는, 원칙과 공익의 문제이기 때문에 허용하자는 것이다. 언론의 공개적 후보 지지를 허용함으로써 얻을 것은 많아도 잃을 것은 별로 없다고 할 수 있다.

이제 언론의 후보 공개 지지에 관한 활발한 논의를 통해 사회적 합의를 도출하는 일이 필요하다.

제4장 대선 후보 텔레비전 토론의 정책 대결 유도방안은 있는가?

대통령 직선제가 실시되면서 매체정치가 각광을 받고 있다. 오늘날 매체가 편재하게 되고 정치가 대부분 매체를 통해서 매개된다는 점에서 매체정치는 자연스런 현상이기도 하지만 고비용 저효율 정치를 개선한다는 점에서 필요한 것이기도 하다. 이 때문에 통합선거법도 "돈은 묶고 입은 푼다"는 취지에서 몇 차례의 개정을 통해서 선거운동에 여러 방식으로 매체 특히 텔레비전을 활용할 수 있도록 하였다.

매체정치의 총아는 뭐니뭐니 해도 역시 후보자 텔레비전 토론이라 해야 할 것이다. 대선 후보의 텔레비전 토론은 1992년의 14대 대선 전부터 본격적으로 논의되었다. 그러나 법의 미비와 일부 후보의 기피로 인하여 14대 대선에서는 후보자 텔레비전 토론회가 개최되지 못했다. 다만 관훈클럽 등이 후보자 1인씩을 초청하여 후보자 대담회를 개최하고 이를 텔레비전이 중계하였다. 그러다가 1997년 대선 정국에서 대선 후보 텔레비전 토론을 요구하는 언론학계와 시민단체 등의 로비와 이에 대한 정계의 부응으로 국회는 선거법을 개정하여 대선에서의 후보자 텔레비전 토론을 의무화하였고, 그 해의 대선에서 선거법에 의한 후보자 텔레비전 토론이 처음으로 개최되었다. 2000년의 선거법 개정을 통해서는 시·도지사 선거에서의 후보자 텔레비전 토론도 의무화되었고, 2002년의 시·도지사 선거에서는 선거법에 의한 후보자 텔레비전 토론회도 개최되었다.

1997년의 대선과 1998년과 2002년의 시·도지사 선거에서의 후보자 텔레비전의 토론을 거치면서 텔레비전 토론의 효용성과 필요성이 입증되었지만 다른 한편으로 몇몇 문제점도 드러났다. 그 가장 큰 문제점은 토론회가 정책과 정견에 관한 진지한 대결의 장이 아니라 사소한 잘못이나 사상에 대한 비방과 인신공격의 장이 되는 경향이 있다는 점이다. 이에 이 글은 대통령 선거 후보자 텔레비전 토론회가 비난과 비방의 장이 아니라 진지한 정책 대결의 장이 될 수 있도록 하기 위한 방안을 논의하려는 것이다. 이를 위해 대선후보의 토론이 정책 대결을 지향해야 할 필요성, 선거법에 규정된 후보자 토론의 주제, 후보자 토론의 정책 대결 가능성, 정책 대결의 정의, 정책 대결을 유도하기 위한 방안 등을 살펴보기로 한다.

1. 대선 후보 토론과 정책 대결의 필요성

대통령은 국가를 대표하는 사람이며 정권과 행정부의 수반으로서 나라의 살림살이를 관리하고 국가의 중요 정책을 결정하고 시행하는 최고의 책임자이며 그러한 국가 경영과 정책 결정 및 시행의 일들을 담당할 사람들의 인사권자이기도 하다. 따라서 대통령의 선출은 정권의 선출이며 그와 함께 그에 의해 임명될 수많은 사람들의 선출이기도 하고, 동시에 국가의 새로운 정책 방향과 노선 그리고 그에 따른 새로운 정책들을 선택하고 시행하는 일이기도 하다. 대통령의 선거는 그처럼 중요한 것이다.

대통령직이 중요하면 중요할수록 유권자는 대통령 후보들에 대해서 잘 알고서 선출해야 한다. 그렇다면 유권자는 대선 투표를 위해서 후보의 어떤 사항들을 알아야 하는가. 유권자가 대통령 후보를 선택하는데 알아야 할 사항들은 많다. 그러나 가장 중요한 사항은 크게 ① 후보의 자격과 자질, ② 후보의 직무 수행 능력, ③ 후보의 정치적 신념과 비전, ④ 후보의 정책과 정견의 네 가지를 들 수 있다. 그런데 일반적으로 유권자들은 자기들만의 힘으로는 이러한 정보들을 얻기가 어렵다. 유권자들이 이들 정보를 구하기 위해 의존할 수 있는 현실적인 수단은 언론이다. 따라서 언론은 이런 사항들에 관한 정보를 유권자들에게 제공해야 할 것이다. 그것이 유권자의 후보 선택을 돕는 유용한 정보 제공으로서 선거와 관련된 언론의 주된 사회적 임무이고 기여라고 할 수 있다.

그런데 이 네 항목 가운데 후보의 자격과 자질, 직무 수행 능력, 신념과 비전은 언론이 보도나 대담 등을 통해서 유권자에게 알려주는 것이 가장 효율적이다. 그런 문제에 관한 언론보도에는 유권자들의 관심도 비교적 크다고 할 수 있다. 그러나 후보의 정책과 정견 특히 정책에 관해서는 유권자의 관심도 별로 크지 않고 따라서 언론의 선거보도에서 심층적으로 다루어지지도 않는 것이 일반적이다. 정책이 중요하지 않아서가 아니라 정책 그 자체는 많은 사람들의 흥미를 유발하기 어렵기 때문이다. 그러니 흥미를 중시하는 언론의 성격상 정책에 초점을 맞추기는 어렵다. 그래서 언론의 선거보도가 정책보도가 되어야 한다는 언론 내외의 많은 당위적 지적에도 불구하고 선거보도는 흔히 흥미위주의 경마식 보도로 흐르는 경향이 있다.

그러나 언론의 선거보도에서 잘 다루어지지 않는다는 사실과는 상관없이 후보의 정책이 대단히 중요하다는 점은 췌언을 요하지 않는다. 어쩌면, 유권자가 후보들에 관해서 알아야 할 위의 네 가지 사항 가운데 가장 중요한 항목이라고 할 수도 있을 것이다. 후보의 자질은 좋은 정책을 개발하고 수립하는 데 필요하고, 능력은 정책을 실행하는데 필요하고, 이념이나 비전은 정책의 방향이나 큰 틀을 전망하는 데 필요한 사항이다. 이들은 좋은 정책을 제대로 수립하고 시행하기 위한 필요조건이라고 할 수도 있다. 어쩌면 훌륭한 정책을 수립하고 잘 시행하는 데서 자질, 능력, 이념 등도 제대로 평가될 수 있다고 할 수 있다.

정책은 정부가 특정한 목표를 추구하는 것이고 그것을 실행하기 위해 많은 자원을 투입하는 것이다. 정책의 여하에 따라 그 수혜자도 달라진다. 정책은 유권자들의 삶에 장기적인 영향을 미치는 경우가 많다. 이처럼 정책은 국민들의 이해관계와 밀접한 관련이 있다. 따라서 유권자는 후보자의 정책을 잘 알고서 누구에게 투표할 것인가를 결정해야 한다. 유권자가 후보들의 정책을 잘 모르고서 투표를 한다면 그 투표는 민의가 제대로 반영된 투표라 할 수 없다. 이런 점에서 언론은 어떻게든 후보의 정책에 관하여 유권자들에게 알려줄 필요가 있다. 그러나 불행히도 언론의 상업성 때문에 선거보도는 정책을 소홀히 하고 지지도 조사나 판세분석 또는 선거전략이나 선거운동과정과 같이 경기적 내용에 초점을 맞추는 보도에 치중하는 경향이 강하다.

그렇다면 유권자에게 후보의 정책에 관하여 알릴 수 있는 효과적인 매체와 수단이 존재하는가. 다행히 그런 수단이 존재한다. 그것은 바로 후보자 텔레비전 토론이라 할 수 있다. 토론은 어떤 주제에 관하여 공방을 벌이는 것이기 때문에 정책 대결을 벌이기에도 적절하다. 게다가 대통령 후보들이 텔레비전을 통해 토론을 벌이면 사람들의 관심이 커서 시청률도 높다. 이런 점을 감안한다면, 대선 후보들의 토론은 정책 대결로 할 필요가 있다. 그렇게 함으로써 보도로는 사람들의 관심을 끌기 어려운 대선 후보들의 정책에 관하여 사람들의 관심을 끌고 후보들의 정책에 관한 유권자들의 식견을 높일 수 있다.

2. 선거법의 후보자 토론과 그 주제

후보자 토론은 선거운동의 일환으로 행해지는 후보자간의 정치적 토론이다. 그것은 유권자들을 선거라는 정치 과정에 참여시키고 그들에게 후보와 선거 쟁점에 대해 가장 잘 알려주는 효율적인 수단이다. 그것은 돈 안 드는 선거운동 수단으로도 중요하지만 선거와 관련하여 다른 어떤 수단보다도 더 잘 유권자를 계몽시키는 수단으로도 중요하다. 이 때문에 우리 선거법은 후보자 토론을 적극적으로 허용하고 있다.

우리 선거법 81조는 단체가 후보자를 초청하여 대담·토론회를 개최할 수 있고, 82조는 언론기관이 후보자를 초청하여 대담·톤론회를 개최할 수 있다고 규정하고 있다. 한 걸음 더 나아가 선거법 82조 2는 공영방송사(KBS와 MBC)가 대통령 선거와 시·도지사 선거에서 후보자의 대담·토론을 주관하도록 의무화하였다. 이는 고비용 저효율 정치를 개선하기 위한 하나의 수단으로 돈 안 드는 선거를 위해 텔레비전을 선거운동에 적극적으로 활용토록 하기 위한 것이다.

그렇다면 우리 선거법은 후보자 토론을 어떻게 규정하고 있는가. 우리 선거법 81조 2항에 의하면, "'토론'이라 함은 2인 이상의 후보자 또는 토론자가 사회자의 주관 하에 소속정당의 정강·정책이나 후보자의 정견 기타 사항에 관한 주제에 대하여 사회자를 통하여 질문·답변하는 것"을 말한다. 이 규정에는 토론의 참여자는 2인 이상의 후보라는 점, 후보자는 사회자를 통하여 질문·답변한다는 점, 토론의 주제는 소속정당의 정강·정책이나 후보자의 정견 기타 사항이라는 점이 명시되어 있다. 여기서 특히 주목되는 것은 토론의 주제가 "소속정당의 정강·정책이나 후보자의 정견 기타 사항"으로 규정되어 있다는 점이다.

이와 같이, 선거법에 따른 후보자 토론의 주제는 ① 소속정당의 정강·정책, ② 후보자의 정견, ③ 기타 사항으로 나뉜다. ①의 "정강·정책"에서 정강은 "정부 또는 정당이 국민에게 실천을 공약한 정책의 대강"이라는 뜻이기 때문에 정강·정책은 정책이라는 말로 압축할 수 있다. ②의 "후보자의 정견"은 후보의 정치상의 의견이라는 뜻으로 정치적 문제 특히 정치적 쟁점에 대한 후보의 견해라고 할 수 있다. 문제는 ③의 "기타 사항"이다. 여기에서 정책과 정견을 제외한 사항들이 포함될 수 있다. 그렇다고 여기에 무엇이나 다 포함될 수 있는 것은 아닐 것이다. 그것은, 말할 것도 없이, 공직 후보들의 토론 주제에 적절한 것으로 유권자들이 후보를 선택할 때 알아야 할 필요가 있는 내용이어야 한다. 이런 점에서 보면 "기타 사항"에는 후보의 자격과 자질, 후보의 직무 수행능력, 후보의 정치적 신념과 비전 정도의 것들이 포함될 수 있을 것이다.

그러나 후보자 토론의 주제로서 선거법이 강조하고 있는 것은 역시 ① 소속 정당의 정강·정책과 ② 후보자의 정견이라 할 수 있다. 선거법의 명문상 이 두 가지는 구체적으로 지적되어 있다는 점에서 그렇다. 따라서 텔레비전 토론을 비롯해서 후보 토론은 정책과 정견을 중심으로 이루어지는 것이 마땅하다 하겠다. 그러나 선거법이 굳이 기타 사항을 포함하고 있다는 점을 고려하면, 후보자의 자격과 자질, 후보자의 직무 수행능력, 후보자의 정치적 신념과 비전 등 유권자들이 후보자들에 대해 궁금해하고 후보를 선택할 때 알아야 할 이들 사항을 포함한 기타의 사항도 토론의 주제로 포괄될 수는 있는 것이다. 다만 이들 사안이 토론의 주제로서 반드시 적절한 것은 아니라는 점 그리고 이들 사안에 대해서는 보도나 면담과 같은 다른 방식으로 더 잘 다룰 수 있다는 점은 별개의 문제다.

3. 후보자 텔레비전 토론과 정책 대결의 현실성

유세장 연설, 방송 연설, 정치 광고, 기자 회견 등에서 보듯이, 선거 커뮤니케이션은 대개 일방적인 주장이다. 그나마 상대후보에 대한 비난, 중상모략, 인신공격, 흑색선전, 유언비어 등 부정적 커뮤니케이션이 대부분이다. 그런 선거 커뮤니케이션을 통해서는 후보의 정책이나 쟁점에 대한 입장에 대해서는 알기 어렵다. 그러나 선거운동 가운데 후보자 토론은 유일하게 상호적인 논쟁일 뿐만 아니라 정책문제에 초점을 맞추는 경향이 강하다. 게다가 텔레비전 토론의 경우는 시청률도 높아서 유권자를 계몽하는 데에도 효과가 있다.

앞에서도 이미 언급했듯이, 선거보도는 흔히 유력한 후보의 선거 전략, 선거운동 중의 에피소드, 판세분석, 지지도 조사 등과 같이 선거운동 중심의 보도나 경마 저널리즘으로 흐르는 경향이 있다. 따라서 선거보도에 대한 비판도 선거보도가 지나치게 선거운동 보도와 경마 저널리즘에 경도된 나머지 유권자가 후보를 평가하는 데 있어서 반드시 알아야 할 유용한 정보의 제공에 소홀하다는 점에 모아지게 된다. 그런데 유권자가 후보를 선택하기 위해 알아야 할 정보 가운데 가장 중요한 것 가운데 하나가 정책이나 정견이라 할 수 있다. 따라서 논리적으로는 선거보도가 정책과 정견에 초점을 맞추어야 한다. 하지만, 정책이나 정견은 그 중요성에도 불구하고 상업적인 언론에게 보다 더 중요 요소인 흥미가 결여되어 있고 따라서 사람들이 별로 관심을 갖지 않는 부분이기도 하다. 당연히 언론도 선거보도에서 정책이나 정견을 소홀히 취급하는 경향이 있다.

이처럼 선거보도는 어쩔 수 없이 후보의 정책보다는 선거 판세에 초점을 맞춘다. 그러나 후보 선택에서 가장 중요한 요소라고 할 수 있는 정책과 정견이 무시되어서는 안 된다. 정책이나 정견은 그것들을 제대로 다룰 수 있는 수단을 통해서 반드시 유권자들에게 전달될 수 있는 기회가 있어야 한다. 다행히 그런 기회를 제공할 수 있는 수단이 있다. 바로 후보자 텔레비전 토론이다. 후보자 텔레비전 토론은 그 성격상 정책이나 정견 중심으로 될 수밖에 없다. 후보자 텔레비전 토론에서는 후보들이 직접 서로 공방을 벌이는 것이기 때문에 기본적으로는 정책이나 정견을 가지고 대결을 벌여야 어울리기 때문이다. 물론 상대 후보의 이념, 자질, 능력 등을 논의할 수 없는 것은 아니지만 그런 문제는 토론에서보다는 보도나 대담에서 훨씬 더 잘 다룰 수 있다.

우리는 여기서 정책토론의 현실성과 유용성에 대한 근본적인 회의가 있을 수 있다는 점을 지적할 필요가 있다. 정책은 불변의 것이 아니고 매우 유동적인 것이다. 정책은 상황변화에 따라 달라질 수 있고 또 달라져야만 한다. 따라서 후보시절에 제시한 정책이 집권 후에도 반드시 유지되어야 하는 것은 아니다. 이런 점을 역이용하여 후보들은 선거에서 이기기 위해 여러 허황한 정책들을 내세웠다가 당선된 후에는 상황변화를 핑계로 그 정책들을 철회할 수도 있다. 또 실제로 그런 경우가 많다. 따라서 텔레비전 토론에서 정책 대결은 별 의미가 없다는 극단적인 주장도 가능하다. 토론에서는 그럴싸한 정책을 말하고서 나중에 상황변화를 구실로 그 정책을 지키지 않아도 어쩔 수 없기 때문이다.

논리적으로는 상당히 타당한 주장이다. 그러나 정책토론의 현실성에 대한 이런 회의는 기우일 수 있다. 후보들이 수백만의 유권자가 지켜보는 텔레비전 토론에서 단지 표만을 의식해서 기만적인 정책을 말하기는 쉽지 않을 것이다. 오히려 수백만의 시청자가 지켜보는 텔레비전 토론에서의 발언은 그만큼 책임과 구속력이 커지기 때문에 기만적인 정책을 말하기 더 어려운 측면이 있다. 따라서 후보자 텔레비전 토론을 정책 대결로 유도하는 것이 현실성이 없다는 주장은 논리적으로는 그럴싸하지만 실제적으로는 타당하지 않다.

후보자 토론 특히 텔레비전 토론이 정책 중심으로 수행되지 않는다는 비판도 없지 않다. 한 예로, 후보자 텔레비전 토론이 정책에 많은 주의를 기울이지 않은 채 후보자들의 선거전략의 일부로 행해지는 것에 불과하며 점점 더 선거운동 뉴스를 닮아간다는 지적이 있다 (Owen, 1991, pp.111-139). 질문과 응답이 주로 개인적이고 극적인 것에 쏠리고, 사회적 문제가 제기되면 곧바로 정상화되어버리고, 구체적인 주제에 대해 초점을 모으지 않는 형식 때문에 토론이 파편화되는 데다가 후보자가 질문에 제대로 응답하지 않기 때문에 토론이 더욱더 악화되어 버린다는 것이다. 후보들은 텔레비전이라는 매체의 요구를 충족시키고 토론 후에 언론의 보도에서 잘 다루어질 수 있는 답변들을 하도록 길들여진다는 것이다.

게다가 후보들은 텔레비전 토론에서 자신들이 본래 지향하는 정책을 솔직히 밝히기보다는 많은 유권자들에게 두루두루 어필할 수 있는 무난한 모범답안을 외워와서 앵무새처럼 말하는 경향도 있다. 따라서 텔레비전 토론을 통해서 후보들간의 정책의 차이가 잘 드러나지 않는다. 그러나 이런 경향은 텔레비전 토론에서만 그런 것은 아니다. 오늘날의 선거운동 풍토가 그러하다. 정당들의 이념성이 약화되고 대개 중도정당을 표방하는 경향이 큰 데다 후보들이 선거일이 가까워올수록 표를 의식해서 점점 더 중도적인 입장을 표명하게 된다.

그러나 다른 한편 상대적으로는 말할 것도 없고 절대적으로도 후보자 토론은 정책문제에 초점을 맞춘다는 점이 지적된다. 유권자들은 토론에서 후보자의 정책이나 쟁점에 대한 입장을 가장 많이 알게 된다는 것이다(Joslyn, 1990, p.109; Benoit, 2002,7.12, p.65). 이런 점을 감안한다면, 대선에서 후보자 텔레비전 토론을 많이 마련하고 그 토픽을 가급적 정책이나 쟁점으로 한정할 필요가 있다. 토론은 성격상 후보자의 자질, 능력, 이념보다는 정책이나 쟁점을 논의하기에 적절하다. 후보의 자질, 능력, 이념 등은 보도나 대담에 더 어울린다. 따라서 토론은 정책이나 쟁점을 주로 다루는 것이 더 적절할 뿐만 아니라 더 효율적이다.

4. 정책 대결이란 무엇인가

정책은 크게 포괄적인 의미와 좁은 의미의 두 가지로 나뉜다. 포괄적인 의미로는 어떤 행위 계획과 그것을 이루기 위한 수단을 뜻한다. 다음과 같은 정의가 대표적이다. "행위의 어떤 지배적인 원칙, 계획, 또는 과정"(*Webster's New Twentieth Century Dictionary*). "현재 및 미래의 결정을 유도하고 확정하기 위하여 대안들 가운데에서 그리고 주어진 조건 속에서 선택된 명확한 행위 과정 또는 방법"(*Webster's Collegiate Dictionary*).

정책의 좁은 의미는 행위의 주체가 정부나 정당 등 정치 단체인 경우다. 좁은 의미는 포괄적 의미가 정치의 영역에 적용된 경우라 할 수 있다. 즉 좁은 의미의 정책이란 정부 조직에 의한 어떤 행위의 계획과 그것을 이루기 위한 수단이라고 할 수 있다. 다음과 같은 정의들이 이런 좁은 의미의 정책을 뜻한다. "(정부나 정치단체의) 정치에 관한 방침과 그것을 이루기 위한 수단"(『동아 새국어사전』). "특히 정부 조직의 일반적 목표와 수용가능한 절차를 포괄하는 고차원의 전반적 계획"(*Webster's Collegiate Dictionary*).

이 두 가지 의미를 합하여, 정책이란 "정부, 정당, 기업, 개인 등에 의해 채택되거나 제안된 행위의 과정 또는 원칙"(*DK Illustrated Oxford Dictionary*)이라고 정의되기도 한다. 그러나 이 글에서 정책은 정치 조직 특히 정부에 의한 어떤 행위의 계획과 그것을 이루기 위한 수단이라는 좁은 의미의 뜻으로 쓰기로 한다. 그러나 정책의 의미를 너무 축소적으로 쓸 필요는 없다. 정책은 정치 쟁점에 대한 입장 즉 정견과 밀접히 관련되어 있기 때문에 정책이라는 말에 정견을 포괄시킬 필요가 있을 것이다.

후보자의 정책은 당선된 경우에 무엇을 어떻게 하겠다는 공약으로 제시된다. 후보는 당선된 경우에 공약을 정책으로 시행할 수 있다. 그러나 공약은 지켜질 수도 있고 지켜지지 않을 수도 있고, 또 변경되거나 변질될 수도 있다. 따라서 후보자에게는 '정책'이라는 표현보다는 '공약'이라는 표현이 더 정확하다고 할 수 있다. 그러나 공약은 잠재적인 정책이라는 점에서 그리고 후보자 토론이 다루어야 하는 의제가 정책이나 정책과 관련된 것이어야 한다는 점을 강조하기 위해 '공약' 대신 '정책'이란 용어를 사용하기로 한다.

정책에서 중요한 것은 그것의 현실적합성과 실현가능성이다. 정책의 현실적합성은 정책이 현실적으로 정말 필요하고 유용한지의 여부다. 정책은 무엇보다 정말 필요하고 유용한 것 즉 현실적으로 적합한 것이어야 한다. 정책은 흔히 많은 예산과 자원이 소요되는 것이고, 환경을 변화시키는 것이고, 많은 사회구성원의 이해관계에 다대한 영향을 미치는 것이기도 하다. 따라서 정책의 현실적합성을 따지는 일은 매우 중요하다. 정책이란 정부에 의한 어떤 행위의 계획과 그것을 이루기 위한 수단이라고 했는데, '행위의 계획'으로서 정책은 특히 더 현실적합성이 중요하다. 현실적으로 필요하고 유용하지 않은 계획은 낭비일 뿐이다.

실현가능성은 정책을 실현시킬 수 있는 수단(인적, 물적, 기술적 자원)이 가용한지의 여부다. 정책이란 어떤 행위의 계획과 그것을 이루기 위한 수단으로 정의되는데 여기서 계획을 이루기 위한 '수단'이 강조되고 있는 점을 주목할 필요가 있다. 정책은 그 정의에서 이미 그 실현가능성을 중요한 요소를 내포하고 있는 것이다. 정책은 인적, 물적, 기술적 자원이 뒷받침되어 실현가능한 경우에만 정책으로서 의미가 있다. 현실적합성이 크다 하더라도 실현가능성이 없는 정책은 탁상공론에 불과하다. 실현가능성이 없는 정책을 내세우는 것은 사람들을 장밋빛 환상으로 속이는 것에 불과하다.

정책은 이 두 조건을 모두 갖추어야 한다. 두 가지 조건이 다 결여되어 있는 경우는 말할 것도 없고 어느 한 조건만 결여되어도 제대로 된 정책이라 할 수 없다. 어떤 정책이 현실적합성이 있다 해도 실현가능성이 없으면 사람들을 현혹하는 속임수에 불과하고, 실현가능성은 있지만 현실적합성이 없으면 귀중한 자원만 낭비하게 된다. 선거에서는 표심을 잡기 위해 현실적으로 적합하지 않은 정책이나 실현 가능성이 없는 정책을 내세우는 경우가 많다. 따라서 후보의 정책을 논란하는 경우에는 반드시 그 현실적합성과 실현가능성을 따져야 한다. 유권자가 후보의 어떤 정책을 제시하고 있는 가를 아는 것도 중요하지만 그 정책의 현실적합성과 실현가능성을 아는 것은 더 중요하다.

그렇다면 정책 대결은 무엇인가. 그것은 정책(또는 정치적 쟁점에 대한 입장)을 주제로 벌이는 공방이다. 따라서 후보자 텔레비전 토론이 정책 대결이 되도록 해야 한다는 것은 후보자 텔레비전 토론의 주제가 후보들의 정책이어야 하며 후보들이 그것들에 관하여 공방을 벌여야 한다는 뜻이다. 정책 대결에서 부각시켜야 하는 것은, 말할 것도 없이, 정책의 차별성이다. 토론에 참여한 후보들의 정책이 어떻게 다른가 또는 얼마나 같은가를 부각시키는 것이 유권자의 후보 선택에 도움을 줄 수 있기 때문이다. 이와 함께, 정책 대결에서 중요하게 다루어야 할 내용은 정책의 현실적합성과 실현가능성이어야 할 것이다. 후보자 텔레비전 토론에서 정책 대결은 우선 토론에 참여한 후보들의 정책간에 차별성을 드러내고 그 다음에는 각 정책들의 현실적합성과 실현가능성을 따지는 방식으로 공방을 벌이는 것이 되어야 할 것이다.

정책 대결에서는 정책과 쟁점에 대한 입장 이외의 사안은 가급적 제외하는 것이 바람직하다고 할 수 있다. 하지만 완전히 배제할 수는 없을 것이나. 왜냐하면 후보의 자질, 능력, 이념과 같은 사안도 궁극적으로는 정책과 관련이 전혀 없다고는 할 수 없기 때문이다. 따라서 후보자 텔레비전 토론이 후보의 자질, 능력, 이념과 같은 문제를 절대 다루어서는 안 된다고 말할 수는 없다. 특히 정책의 방향은 후보의 이념에 따라 결정되고, 정책의 시행은 후보의 능력에 좌우되는 것이기 때문에 정책 토론은 자연스럽게 이념과 능력 논쟁으로 이어질 수 있을 것이다. 따라서 경우에 따라서는 이들 항목도 토론의 주제로 다룰 수 있어야 할 것이다. 특히 중요한 사안임에도 보도나 대담을 통해 충분히 검증되지 못한 문제가 있다거나 새로운 문제가 갑자기 불거져 긴급의제가 되었다면 그 문제가 정책 문제가 아니고 자질, 능력, 이념에 관한 것이라 하더라도 마땅히 토론에서 다루지 않으면 안 된다.

그러나 정책 이외의 문제들은, 긴급의제로 대두된 것이 아니거나 이미 보도나 대담을 통해 충분히 다루어진 것이라면, 굳이 토론에서 또 다룰 필요는 없다. 보도나 대담에서 충분히 다루어진 사안을 토론에서 또 다루는 것은 시간낭비일 뿐이다. 정책과 직접적으로 연관되지 않고 다른 방식으로 충분히 다루어진 사안은 토론의 의제에서 제외하는 것이 마땅하다. 이런 사항들은 텔레비전 토론에서 다루기에도 적합하지 않다. 이들에 대해서는 토론에서 공방을 벌이기보다는 보도나 대담을 통해 검증을 하는 것이 더 적절하다.

5. 후보자 토론을 정책 대결로 유도하기 위한 방안

후보자 텔레비전 토론이 정책 대결로 수행되어야 할 필요성과 타당성에도 불구하고 그것을 정책 대결로 유도하는 일에는 다음과 같은 몇 가지 어려움이 따른다.

첫째, 방송사가 토론에 대한 유권자의 흥미를 유발하기 위해 무미건조하고 딱딱한 정책 대결보다는 자질, 능력, 이념, 스캔들, 돌출행위나 발언, 후보간의 인신공격 등과 같은 재미있고 부드러운 사안을 화제로 삼으려는 성향이 있다. 후보자 텔레비전 토론의 주관 방송사들인 KBS나 MBC는 공영방송임에도 불구하고 시청률을 지나치게 의식한다. 시청률을 의식하면 의식할수록 방송사는 후보자 토론의 의제로 정책 이외의 흥미적 요소가 강한 토픽을 다루려 할 것이다.

둘째, 후보 자신도 많은 공부가 필요하고 어려운 정책문제보다 많은 준비가 필요 없고 쉬운 사안을 다루려고 할 가능성이 있다. 특히 투표에 이기기 위한 네가티브 캠페인의 일환으로 상대 후보의 이념이나 약점이나 자질 문제 등을 들고나올 가능성이 있다. 1997년의 대선 후보자 토론에서도 그런 경향이 나타났다. 2002년의 대선 후보자 토론에서도 그런 경향이 완화되긴 했지만 불식되지는 않았다. 이념이나 자질 문제는 그 자체로서 정당한 관심사이긴 하지만 그런 문제는 언론의 보도나 대담을 통해서 밝히는 것이 더 효율적이다. 굳이 토론에서까지 그런 문제를 거론하는 것은 토론을 잘못 활용하는 것이다. 후보는 텔레비전 토론을 정책과 정견을 개발하고 발전시키는 계기로 삼아야 한다.

셋째, 유권자들도 이해하기 어렵고 재미도 없는 정책보다는 이해하기 쉽고 재미도 있는 스캔들이나 약점 등으로 공방을 벌이는 것을 선호하는 경향이 있다. 정치의 수준은 유권자의 수준이기도 하다. 유권자들이 선거에서 후보를 선택하는 기준으로 무엇보다 그들의 정책을 중시해야 한다. 그래야 후보들은 정책개발을 중시하게 되고 언론들은 선거보도에서 정책보도에 신경을 쓰게 되고, 방송사는 후보자 텔레비전 토론을 정책 대결로 유도하게 된다. 유권자들은 정책토론을 후보들의 정책과 정견에 대한 학습의 장으로 활용해야 한다.

이 때문에 후보자 텔레비전 토론이 정책 대결이 되기 위해서는 방송사측, 후보자측, 유권자측의 자세 전환이 요구된다. 특히 토론회를 주관하는 방송사와 토론회에 참석자로 나설 후보들의 자세 전환과 토론에 대한 정확한 이해가 필요하다. 방송사는 토론을 흥미 있게 유도해서 시청률을 올리려는 유혹에 빠지지 말아야 하고, 후보들은 토론을 네거티브 캠페인의 수단으로가 아니라 순전히 자기 정책과 정견을 홍보하는 기회로 활용하도록 해야 한다. 유권자들은 유권자들대로 지엽말단적인 사항보다는 후보의 정책이나 정견이라는 본질적인 사항을 면밀히 따져보고 후보를 선택하는 자세를 가져야 할 것이다.

후보자 텔레비전 토론을 정책 대결로 유도하기 위해서는 다음과 같은 몇 가지 방안을 생각해볼 수 있다.

1) 후보들에게 정책 대결의 필요성을 주지시킴

토론회를 주최하는 토론위원회나 토론회를 주관하는 방송사는 토론에 참석한 후보들과 그 캠프에 토론이 정책 대결의 장이 되어야 할 필요성을 설득하고 이해를 구해야 한다. 정책과 쟁점에 대한 입장 이외의 문제에 대해서는 텔레비전 대담이나 언론의 보도를 통해서 충분히 다룰 수 있고, 그렇게 하는 것이 더 적절하다는 점, 토론은 성격상 정책 대결을 벌이는 것이 더 적절하다는 점 등에 관하여 토론에 참석할 후보들에게 주지시켜야 한다. 그리고 토론은 처음부터 끝까지 정책문제만을 다루며, 정책 논의에서 벗어나 엉뚱한 문제를 끄집어내거나 하는 일을 용납하지 않을 것이라는 단호한 주최측의 입장을 후보들에게 사전에 충분히 주지시켜야 할 것이다.

2) 후보간 합의를 통한 정책 대결 유도

토론에 참여할 후보들로 하여금 토론회를 정책 대결로 한다는 합의를 하도록 유도하는 방안을 강구해야 할 것이다. 토론은 결국 토론 참석자들이 하는 것이기 때문에 그들이 토론에서 정책 이외의 것으로 공방을 벌이려 한다면 토론은 정책 대결의 장이 되기 어렵다. 따라서 토론에 참석하는 후보들이 정책으로 공방을 벌이겠다고 서로 합의하는 것이 가장 바람직한 정책 대결 유도 방안이 될 것이다. 이 경우 정책이 무엇을 의미하는지 분명히 정의해야 할 것이다. 그리고 후보들이 어떤 영역의 정책들을 대결의 대상으로 삼을지도 합의해야 할 것이다. 예컨대 남북문제, 국방문제, 외교문제, 교육문제, 복지문제, 노동문제 등.

3) 사회자의 카리스마를 이용한 정책 대결 유도

선거법에 따르면 후보자 텔레비전 토론은 사회자를 통해서 후보자가 공방을 벌이는 것으로 규정되어 있다. 이는 사회자 없이 토론자들의 직접적인 공방을 벌일 경우 토론이 지나치게 과열되거나 정상적인 토론에서 일탈하는 것을 막기 위한 예방책으로 볼 수 있다. 사회자가 그런 역할을 제대로 할 수 있으려면 카리스마가 필요하다. 사회자의 카리스마는 후보들이 정책 이외의 문제로 일탈하는 것을 막는 데에도 유용할 것으로 사료된다. 카리스마가 있는 사회자여야 후보들이 주제에서 이탈하거나 토론이 엉뚱한 인신공격의 장이 되는 것을 막을 수 있기 때문이다. 따라서 대선 후보 토론의 사회자는 공정성과 품위를 갖추고 사회적으로 존경을 받는 방송인으로 하는 것이 바람직하다.

4) 제3자의 의제 선정을 통한 정책 대결 유도

토론의 의제를 정책이나 정견을 문제로 한정하는 것이 토론회를 정책 대결로 유도하는 지름길일 것이다. 사회자는 주어진 의제만을 물어야 하기 때문이다. 따라서 토론위원회는 후보자 토론회에서 다루게 될 의제를 정책 문제로 국한하여 선정하도록 해야 할 것이다. 이 경우 전문가 등으로 의제선정위원회를 별도로 구성하는 것이 바람직할 것으로 보인다. 의제 선정을 위해서 인터넷을 통해 국민들의 의견을 널리

수렴하는 것도 좋은 방법이 될 것이다. 어떤 경우에나 선정된 의제에 대한 비밀유지에 각별히 신경을 써야 할 것이다. 의제가 알려지면 토론에 참여하는 후보들은 모범답안을 만들어올 것이 뻔하기 때문이다.

5) 토론 포맷 조정을 통한 정책 대결 유도

토론이 정책 대결로 수행되기 위해서는 토론의 포맷 자체가 정책 대결을 벌이기에 적합하도록 고안되어야 할 것이다. 정책 대결은 후보들이 각자 자신의 정책을 천명하고, 자신의 정책과 상대 후보의 정책과의 차별성을 드러내고, 자기 정책 및 타 후보 정책의 현실적합성과 실현가능성을 따지는 공방이 되도록 해야 할 것이다. 이런 점을 고려한다면 토론의 형식은 여러 번의 반론과 재반론이 가능한 것이어야 할 것이다. 그리고 토론의 민주성을 증진시키고 정책 대결이 더욱더 진지하게 이루어지도록 하기 위해서는 시민들이 질문자로 참여해서 정책에 관한 질문을 하도록 하는 이른바 타운홀 포맷의 도입도 검토되어야 한다.

6) 질문의 구체화를 통한 정책 대결 유도

토론에서의 질문이 너무 피상적이고 구체적이지 못하다는 지적이 많다. 그렇기 때문에 그에 대한 답변 또한 구체적이지 못하고 매우 피상적이 될 수밖에 없다는 것이다(백선기, 2002. 8). 질문이 구체적이지 못하고 포괄적이면 두루뭉실한 모범답안만을 말하게 된다. 그러나 질문이 구체적이고 심층적이면 그에 대한 답변도 자연히 구체적이고 심층적일 가능성이 커진다. 이런 점을 감안한다면, 토론이 제대로 된 정책 대결이 되도록 하기 위해서는 질문을 구체적인 정책에 관한 것으로 해야 한다. 현실적합성이나 실현가능성 등을 따지는 구체적인 정책에 대해서 묻지 않는다면 후보들은 근사하고 두루뭉실한 그러나 차별성이 부각되지 않는 답변으로 적당히 넘어갈 수 있다.

7) 일탈 행위의 통제를 통한 정책 대결 유도

토론이 성공을 거두기 위해서는 토론자들이 사전에 합의된 사항을 포함하여 토론의 기본 규칙을 준수해야 한다. 만일 토론을 철저하게 정책 대결로 하기로 했다면, 토론 참석 후보들에게 의제와 관련이 없는 발언을 하거나 합의된 규칙에서 일탈하거나 하는 경우에는 제재를 가하도록 해야 한다. 예컨대 의제에서 일탈하는 경우 사회자가 의제에서 벗어나지 않도록 주의를 주고 그래도 일탈이 계속되면 마이크를 꺼버리거나 아예 발언권을 상대 후보에게 넘기거나 하는 방안도 고려될 수 있다. 물론 이런 일탈행위 통제방안을 마련하는 경우에는 사전에 후보측에게 충분히 주지를 시켜 이해를 구해야 할 것이다.

6. 맺는말

선거는 민주주의의 꽃으로 불린다. 그렇다고 모든 선거가 민주주의에 기여하는 것은 아니다. 선거가 민주주의에 기여하는 것이 되려면 신서에서 대안적인 선택이 가능해야 하고, 유권자의 선택이 합리적이어야 한다. 말하자면 정강정책에서 서로 상이한 후보들이 경쟁해야 하고, 유권자는 그들 후보들의 정강정책을 잘 알고 후보를 선택해야 한다는 것이다. 결국 민주주의에 기여하는 선거가 되기 위해서는 후보들은 자신들의 정강정책을 유권자들에게 잘 알리고 유권자는 후보들의 정강정책을 잘 알기 위해 노력해야 한다.

따라서 민주주의에 기여하는 선거가 되기 위해서는 후보들이 자신들의 정강정책을 유권자들에게 알리고 타 후보들의 정강정책과 자신의 정강정책과의 차별성을 부각시킬 수 있는 수단이 필요하게 된다. 그 수단은 동시에 유권자가 후보들의 정강정책과 그 차별성을 잘 파악할 수 있는 것이기도 해야 한다. 다행히 텔레비전을 이용한 후보자 토론이 그런 수단이 될 수 있다. 게다가 오늘날 텔레비전은 가가호호 보급되어 있고, 남녀노소나 교육 정도에 관계없이 어떤 유권자나 쉽게 접할 수 있기 때문에 후보자 텔레비전 토론은 잘만 운영되면 진정으로 민주적인 선거운동 수단이 될 수 있다.

후보자 텔레비전 토론은 고비용 저효율 정치를 타파하는 중요한 수단일 뿐만 아니라 지역감정과 지역차별을 타파하는 수단이 될 수도 있기 때문에 정치개혁과 국민통합을 위해서라도 적극적으로 활용되어야 한다. 후보자 텔레비전 토론의 이런 긍정성을 고려할 때 선거관리위원회와 방송위원회는 후보자 텔레비전 토론을 권장하고 제도화해야 할 필요가 있다. 방송사들은 후보자 텔레비전 토론이 공공성을 제고시키고 따라서 방송사의 위상을 높일 뿐만 아니라 시청률도 높기 때문에 후보자 토론을 적극적으로 개최해야 한다. 법적 토론회 외에도 가급적 많은 토론회나 대담회를 개최해서 유권자들이 후보들의 정강정책을 충분히 파악할 수 있도록 해야 할 것이다.

후보자들에게 후보자 텔레비전 토론은 돈 안들이고 다수의 유권자들에게 자신의 능력과 정책을 알릴 수 있는 최상의 수단이다. 또 후보들은 유권자들에게 자신의 능력과 정책을 검증받아야 한다. 따라서 후보들은 방송사에 텔레비전 토론을 적극적으로 요구하고 개최되는 토론회에 능동적으로 참여해야 한다. 이 때 후보자 토론을 주관하는 방송사와 참여 후보들은 그 토론회가 후보들의 정견과 정책을 제대로 검증할 수 있는 것이 되도록 잘 운영해서 유권자들로 하여금 후보의 정강정책을 잘 알고 투표할 수 있게 해야 한다.

그러나 유권자가 후보선택을 위해 알아야 하는 것은 후보들의 정책만은 아니다. 유권자는 후보들의 자질, 능력, 이념 등도 잘 알아야 한다. 토론의 성격상 토론에서는 이런 문제보다는 정책을 다루는 것이 더 적절하다는 점에서 토론은 정책 중심으로 가야한다는 것이지 자질, 능력, 이념 등은 중요하지 않다는 뜻은 결코 아니다. 어쩌면 이런 요소들이 정책보다 더 중요할 수도 있다. 이런 요소들이 후보가 정책을 결정하고 시행하는데 결정적으로 작용하기 때문이다. 게다가 정책은 상황에 따라 가변적일 수밖에 없지만 자질, 능력, 이념은 보다 더 불변적인 것이다. 따라서 후보선택을 위해서라면, 유권자는 정책 못지 않게, 어쩌면 그 이상으로, 이런 요소들에 대해서 반드시 알아야 한다. 이런 요소들은 보도나 대담을 통해서 더 잘 다룰 수 있기 때문에 방송은 보도와 대담을 통해서 이런 요소들에 관한 충분하고 소상한 정보를 유권자들에게 제공해야 한다. 그러할 때만이 토론이 정책 중심으로 가는 것이 정당화될 수 있는 것이다.

제5장 대선 후보 텔레비전 토론회의 개선 방안

'제16대 대통령 선거방송 토론위원회'(이하 '16대 대선 토론위')가 「선거법」에 의하여 대선 선거일 60일 전인 2002년 10월 18일 발족되었다. 대선 전까지 아홉 차례 그리고 대선 후 평가회의 한 차례 등 총 열 차례의 전체 회의를 개최하였다. 토론위는 2월 20일 16대 대선방송 토론위와 그 주최의 대선 토론회에 관한 공개 평가토론회를 개최했다. 토론위는 평가 토론회의 내용을 포함하게 될 『16대 대통령 선거방송 토론위원회 백서』를 발간하는 것으로 그 공식활동을 마감하게 된다.

16대 대선 토론위는 선관위가 2002년 9월 국회에 제출안 선거법 등 정치관계법의 개정안이 국회에서 여야합의로 처리될지도 모르는 상황에서 출범했다. 이 개정안에는 '선거방송 토론위원회'(이하 '토론위원회' 또는 '토론위')에 관한 개정안도 있었다. 이 때문에 일부 언론관련 단체에서는 16대 대선 토론위의 구성을 미루어야 한다는 주장을 펴기도 하였다. 게다가 노무현, 정몽준 두 후보간의 단일화 논의가 계속되는 등으로 선거판세가 어떻게 바뀔지, 어떤 인물들이 대선 후보로 나설지 모르는 상황이었다. 또 16대 대선 토론위가 발족하여 첫 회의를 갖는 날 민주노동당의 간부들이 회의장 밖에까지 나타나 자기 당의 후보를 대선 토론회에 참여시켜달라고 시위를 벌이기도 하였다.

이런 이유들로 16대 대선 토론위원회가 가장 먼저 결정해야 할 핵심적 사항인 16대 대선 후보자 텔레비전 토론회에 참여할 후보자의 조건을 한 달 가까이 지나도록 정하지 못했다. 그 기간 동안 위원회가 아무 일도 안 한 것은 아니지만 아무래도 그 때문에 다른 세부 사항들을 정하는데 더 많은 시간과 충분한 논의를 하지 못한 것도 사실이다. 이런 사실은 토론위원회의 제도에 개선해야 할 사항이 많다는 점을 뜻하는 것이기도 하다.

필자는 이 토론위원회 위원의 한 사람으로서 그리고 후보자 텔레비전 토론에 관심을 가진 방송학도로서 16대 대선 토론위에 참여한 경험을 바탕으로 이 글에서 토론위원회의 법적, 제도적 문제점을 포함하여 토론위원회의 운영과 관련된 제반 문제점을 검토하고 개선방안을 논의하고자 한다. 그러나 토론위원회의 문제는 토론회의 문제와 완전히 분리되는 것은 아니어서 자연스럽게 몇몇 토론회의 문제점도 다루게 될 것이다.

1. 16대 대선방송 토론회에 관한 평가

16대 대선 토론위는 여러 가지로 불투명한 상황 속에서도 나름대로 최선을 다했고 대과 없이 직무를 수행했다고 할 수 있다. 특히 15대 대선방송 토론의 경험과 이를 주최했던 토론위원회가 마련했던 운영 규정과 세칙은 16대 대선 토론위의 작업에 많은 도움을 주었다. 15대 및 16대 대선방송 토론들과 그 토론들을 주최했던 두 토론위원회의 존재는 미래의 대선 토론과 그 토론위원회에게 많은 도움이 될 것으로 사료된다. 이 두 차례의 경험을 딛고 앞으로는 더 나은 대선 토론위원회와 대선 토론이 될 수 있을 것이다.

16대 대선 토론위는 몇 가지 뚜렷한 이정표를 세웠다고 할 수 있을 것이다. 그 가운데 하나는 부분적이었지만 1:1 토론형식의 도입이다. 16대 토론에 참여한 후보들이 3명이었지만 한 후보가 다른 한 후보와만 공방을 주고받는 1:1의 토론형식을 부분적으로 사용했다. 이 방식은 토론 참여자가 3명 이상인 경우에도 1:1 토론이 가능함을 보여주었다.

그러나 16대 대선 토론의 가장 큰 이정표는 무엇보다 후보자 토론회에 참여 후보의 범위를 확대시켰다는 점일 것이다. 16대 대선 토론위는 대선 토론회의 참여후보의 범위를 ① 원내 교섭단체 보유 정당의 대통령 후보자, ② 토론위원회가 선정한 5개 이상의 중앙 종합 일간지와 3개 지상파방송사가 조사하여 보도한 후보 등록 이전 15일간(2002년의 경우 11월 12일~11월 26일)의 여론조사 결과, 평균 지지율이 5% 이상의 지지를 받은 후보자, ③ 제15대 대통령선거로부터 전국 선거에서 5% 이상의 지지를 받은 정당의 대통령 후보자로 정했다. 이로써 민주노동당과 같이 원내교섭단체가 아니거나 국회에 의석이 없지만 전국선거에서 상당한 유권자의 지지를 획득한 전국 정당의 후보는 대선 후보자 토론에 참여할 수 있게 하였다. 또 참여기준 제4항에 "이 기준에 해당되지 않는 후보자에 대해서는 별도의 대담 또는 토론의 기회를 부여할 수 있다"고 함으로서 군소후보에게도 토론의 기회를 주도록 하였다.

대선이 끝난 지난 1월 8일 토론위원회의 활동을 평가하기 위해 개최된 전체회의에서 위원들은 토론위원회의 활동과 관련하여 다음과 같은 평가의견들을 개진하였다.

1) 토론위원회 구성 및 운영

· 설치기간: 토론위원회가 선거운동 60일 전에야 설치되었고, 출범 이후에도 대부분의 시간을 후보자 참여기준이나 토론일정을 잡는 데 할애함으로써 운영 전반에 대한 심층적인 논의 시간이 부족했음. 따라서 선거방송토론위원회는 1년 전 설치 또는 상설화할 필요성이 있음.

· 주최기관: 방송사보다는 중앙선거관리위원회나 지난 해 선거법 개정안에 담겨있었던 것처럼 방송위원회에서 토론위원회 설치운영을 맡아야 한다는 의견이 제기됐음.

· 토론위원: 정당위주 인사들보다 사회 각계 분야별 전문성을 지닌 인사로 구성되어야 함.

· 운영 규정: 이번 대선 과정에서 후보자 발언순서, 리액션 샷(한 후보 발언시 타후보 장면)에 대한 논란이 있었던 만큼 명확하고 세부적인 운영규정을 마련할 필요성이 있음.

· 각종 법적 소송 건: 가처분신청, 민사재판, 행정심판, 헌법심판 등 이번 선거에서 행해진 군소후보들의 법적 소송들에 대해서는 차기 대선에서도 발생할 우려가 있으므로 사전 대처방안이 필요함.

2) 합동토론회 운영 평가

· 전반적으로 후보자초청범위, 토론회포맷, 의제선정 등에 대한 연구가 더 필요함.

· 토론참여 기준

① 이번 토론회에서 참여기준을 확대한 것은 커다란 성과로 평

가해야 함.

② 그러나 3자 토론으로 인해 양자토론에 비해 토론의 흐름과 맥이 끊겼다는 지적이 있었음.

③ 토론위원회가 토론참여기준을 정하는 시점이 대통령후보 등록 이전이므로 참여기준을 미리 정하기가 힘들다는 지적이 있었음. 미리 정해놓은 토론참여기준에 포함되는 후보자들이 3~4인 이상일 경우 시간상 한 토론회에서 후보자들간 정책 비교를 하기가 어렵기 때문임.

· 토론횟수

① 4회의 토론회에서 여러 가지 의제를 다루다 보니 깊이 있는 토론을 하지 못했다는 평가를 받았으므로 차기 대선에서는 토론횟수를 늘리는 방향으로 개선되었으면 함.

② 토론횟수를 늘리는 대신 토론참여 후보들의 수도 점차적으로 압축해나가는 것이 필요함(예, 1차 토론회 때 전체 후보 참가, 2차·3차·4차 토론회를 거치면서 양자토론으로 감).

③ 오히려 선거운동 이전에 양당구도로 가고 선거운동기간에 공정성을 고려해 다자토론으로 확대하는 것이 낫다는 의견도 나왔음.

④ 현행 23일 선거운동기간에 토론횟수를 늘리기 위해서는 방송사나 후보자에게 모두 물리적으로 힘든 점이 있으므로 선거운동기간 확대가 선행되어야 함.

· 토론 시간

① 공정성 때문에 불가피한 측면도 있으나 1분 30초, 1분 등 답변시간이 기계적이어서 심층토론을 제대로 살리지 못했다는 지적을 받았는데 총량시간제 도입 등 대안 모색이 필요함.

② 그러나 총량시간제 경우 만약 후보자가 자신의 정치활동에 유리한 질문에만 토론시간을 쓰고 정작 중요한 정책에 대해 답변을 하지 않는 경우, 토론 앞부분에서 토론시간을 모두 썼을 경우 등을 고려해볼 때 악용될 소지도 있으므로 완벽한 대안은 아닌 것으로 보임.

이러한 자체 평가를 참고하면서 필자 나름대로 16대 대선방송토론위원회의 운영과 관련된 평가를 해보기로 한다.

2. 선거방송 토론위원회의 운영에 관한 법적 문제

선거법은 공영방송인 KBS와 MBC로 하여금 공동으로 '토론위원회'를 설치하고 대통령 선거와 시·도지사 선거에서의 후보자 대담·토론을 주최하도록 규정하고 있다. 이는 유권자들에게 후보들의 자질과 정책을 비교·평가할 수 있게 할 뿐만 아니라 선거운동에 돈을 덜 들게 한다는 점에서 대단히 긍정적이다. 선거법에 따라 대통령 선거(3회 이상)와 시·도지사 선거(1회 이상)에서 후보자 텔레비전 대담·토론을 반드시 개최해야 하기 때문이다.

그러나 이 토론위원회에 관해서는 여러 법적, 구조적 문제점들이 지적되고 있다(이효성, 2002; 송종길, 2002. 7. 12; 김우룡, 1998. 4). 여기서는 필자가 16대 대선방송토론위원회의 위원으로 참여하면서 느꼈거나 그동안 지적되었던 문제들 가운데 대표적인 몇 가지 중요한 것들을 살펴보기로 한다.

1) 토론위원회의 존속 기간의 문제

선거법에 따르면, 토론위원회는 각 선거 때마다 임시로 설치되었다가 해체되는 일시적 기구라고 할 수 있다. 그나마 해체에 대해서는 명확한 언급도 없다. 대통령 선거를 위한 토론위원회와 시·도지사 선거를 위한 토론위원회가 별도로 구성되어야 한다. 그리고 대선 때마다 또는 시·도지사 선거 때마다 새로운 토론위원회가 구성되어야 한다. 그래서 토론위원회는 연속성이 없다. 연속성이 없기 때문에 후보자 토론을 계속적으로 연구하고 발전시키기도 어렵다.

현행 토론위원회의 존속기간으로는 토론을 연구·발전시키기는 커녕 해당 선거에서의 후보자 토론회를 제대로 준비하는 데도 부족하다. 토론위원회는 선거일 60일 전까지 구성하도록 했기 때문에 실제로 후보자 토론회가 개최되는 기간 등을 제외하면 겨우 40일 정도의 여유를 가지고 구성되는 셈이다. 이 정도의 시간으로는 토론회와 관련된 여러 사항들 특히 토론회에서 다룰 의제를 선정하고 다듬는 일에도 턱없이 부족하다. 더구나 후보자 토론회를 구체적인 정책을 토론하는 장이 되도록 하기 위해서는 주제 선정과 그 질문의 어구 선정에 많은 연구를 할 필요가 있다는 점을 감안하면 토론위원회는 더 일찍 구성되어야 한다.

중앙선거관리위원회는 2002년 9월에 국회에 제출한 「정치관계법 개정의견」에서 토론위원회의 존속기간을 명시하지 않았으나 "대통령 선거에 있어서 선거방송연설·토론위원회는 선거일전 120일부터 선거기간개시일 전일까지 국회교섭단체구성정당의 대표자 또는 그가 소속당원 중에서 지정하는 자를 초청하여 정당의 주요 정책에 대한 텔레비전방송 정책토론회를 월 1회 이상 의무적으로 개최하고"라고 하여 그 토론위원회의 존속기간을 적어도 선거일 120일 전으로 하였다.

이는 진일보한 규정이기는 하나 토론위원회를 아예 상설화하는 것이 더 바람직하다. 토론위원회를 상설화하면 후보자 토론에 관한 연구와 교육도 담당할 수 있다. 토론위원회는 선거가 있을 때는 해당 선거에서의 후보자 토론에 적절한 토론 참가 후보자 범위 선정, 사회자 및 질문자 선정, 연출책임자 지정, 토론의 세부절차, 토론의 주제·회수·일정·시간, 화면구성방식 등 토론과 관련된 세부사항를 정해 토론회를 주관하거나 방송사에 지침으로 제시하도록 한다. 그리고 선거가 없는 경우에는 토론의 연구, 교육, 보급의 역할을 수행하도록 하면 좋을 것이다.

2) 토론위원회 설치 주체의 문제

선거법은 토론위원회를 공영방송사가 설치하도록 하였다. 이 규정에 따라 KBS와 MBC(실제로는 양 방송사를 대신하여 방송협회)가 토론위 설치를 주관하게 된다. 이러한 설치 규정은 적어도 두 가지 문제점을 갖고 있다. 첫째, 이 규정은 SBS나 YTN과 같은 주요 방송사를 토론위원회에서 배제한다는 점이다. 말하자면 토론회 설치를 공영방송사에 위임함으로써 형식적으로는 민간방송을 후보자 토론회와 무관하게 만들어버린 것이다. 한국방송협회의 회원사인 SBS의 경우는 옵서버의 자격으로 토론위원회에 실질적으로는 참여해왔다. 그러나 방송협회 회원사가 아닌 케이블 텔레비전의 YTN은 참여하지 못했다.

둘째, 토론위를 방송사가 설치하도록 함으로써 토론위의 운영이 방송사의 편의에 좌우될 가능성이 크다는 문제점이 있다. 토론위를 방송사가 설치한다는 것은 방송사가 그 운영비용과 사무인력을 담당하는 등 토론위의 운영을 도맡는다는 것을 뜻하기 때문이다. 토론위의 운영에 대한 영향력은 더 나아가 후보자 토론회의 형식과 의제와 같이 후보자 토론회 자체의 세부 사항을 결정하는 데에도 방송사의 영향력이 커진다는 것을 뜻한다.

이런 점을 고려한다면 토론위를 방송사가 설치하기보다는 방송이나 선거와 관련된 공적 기구가 설치해야 한다는 의견이 대두되었다. 구체적으로는 방송위원회나 선거관리위원회 산하에 설치해야 한다는 주장들이 많다. 선거관리위원회의 「정치관계법 개정의견」에서는 방송위원회에 설치하도록 하였고, YMCA의 토론위원회 개선안은 선거관리위원회에 설치하도록 하고 있다. 이렇게 되면, 후보자 토론이라는 기본적으로는 후보자의 언론자유에 속하는 문제를 국가 기관이 강제하는 것이 되어 위헌 시비에 휘말릴 수도 있다는 염려를 낳을 수 있다. 그러나 KBS와 같은 공영방송사는 국회의 감사를 받는 준국가기관이기 때문에 공영방송사에 맡기는 것이나 방송위나 선관위에 맡기는 것이나 별 차이가 없다. 부분적일망정 선거공영제가 실시되고 있고 앞으로 선거공영제거 더 확대될 것이기 때문에 후보자로 하여금 방송토론에의 참여를 의무화하는 것은 타당하다.

이런 공적 기구가 토론위를 구성하게 되면 공영방송사뿐만 아니라 SBS나 YTN과 같은 주요 민영 방송사도 토론위에 참여시키고 토론위에서 주관히는 대신 토론회를 이들로 하여금 중계하도록 하는데 아무런 문제가 없게 된다. 선관위의 「정치관계법 개정의견」에도 토론위원회를 방송위원회 산하에 설치하도록 하면서 참여할 방송사로서 KBS와 MBC 외에도 SBS와 YTN을 명기하고 있다. 이렇게 토론위원회를 공적 기구에 설치해야 위원회를 도울 사무요원의 확보와 위원회의 운영경비의 조달에 안정을 기할 수 있다.

그렇다면 토론위를 방송위와 선관위 가운데 어느 기관의 산하에 두는 것이 더 적절할까? 여기에는 두 의견이 맞선다. 토론위원회는 방송을 이용하는 것인 만큼 방송을 잘 알고 방송사와 협조가 잘 될 수 있는 기관의 산하에 두는 것이 더 적절하다는 점에서, 선관위의 의견처럼, 방송위원회 산하에 설치하는 것이 더 바람직하다는 의견이 많은 것 같다. 그러나 이에 대해서 방송위는 방송 프로그램의 심의도 맡고 있는 기관이기 때문에 자신이 주최한 토론회를 스스로 심의해야 하는 모순이 발생한다는 점에서 선관위에 설치하는 것이 더 적절하다는 반론도 있다.

3) 토론위원회의 대상 선거 한정의 문제

현행 선거법상의 선거방송 토론위원회 관련 규정의 또 하나의 문제점은 그것이 대통령 후보자 토론과 시·도지사 토론만을 관장하도록 했을 뿐 국회의원 선거나 자치구·시·군의 장 선거에 관해서는 언급이 없다는 점이다. 하지만, 말할 것도 없이, 지방방송사나 케이블 텔레비전으로 하여금 국회의원 선거나 자치구·시·군의 장 선거를 위한 후보자 토론회를 개최하도록 할 필요가 있다. 따라서 선거법은 '토론위원회'로 하여금 대통령 선거와 시·도지사 선거에서의 후보자 토론뿐만 아니라 국회의원과 자치구·시·군의 장 선거에서의 후보자 토론도 관장하도록 명시적으로 규정할 필요가 있다.

그러나 토론위원회가 소지역 지자체장 선거나 국회의원 선거에서의 후보자 토론까지 일일이 다 직접 주관할 수는 없을 것이다. 따라서 이들 토론은 지방 방송사나 유선방송사에 일임하되 토론의 공정성과 객관성을 확보하기 위해 토론위원회는 각 선거에 맞는 일정한 토론지침이나 토론 표준안을 만들어 주고 토론을 주관하는 지역 방송사들로 하여금 이를 따르게 하면 될 것이다.

이런 점에서도 토론위원회는 방송위원회나 선거관리위원회 산하에 상설화 하는 것이 바람직하다. 그래야 토론위원회의 독립성과 연속성 그리고 재정적 안정성을 기할 수 있고 국회의원 선거나 소지역 지자체장 선거에서 지역 방송사의 후보자 토론을 제대로 감독할 수 있기 때문이다. 그런 독립적이고 안정되고 상설적인 토론위원회는 각종 공직 선거에서의 후보자 토론회의 진행방식, 참여후보 범위, 의제선정, 사회자 및 질문자 선정 등의 모든 후보자 토론 관련 사항을 연구·결정하고 토론을 주관하는 방송사가 그 결정사항을 제대로 이행하도록 지도하고 감독할 수 있을 것이다.

4) 토론위원회 위원 구성의 문제

선거법 82의2조 3항은 "토론위원회는 방송법인·언론학계·대한변호사협회·언론인단체 및 시민단체 등이 추천하는 자와 국회에 의석을 가진 정당이 추천하는 각 1인을 포함하여 대통령선거를 위한 토론위원회는 11인 이내, 시·도지사선거를 위한 토론위원회는 9인 이내의 위원으로 구성한다"고 되어 있다. 이 경우 토론위원회의 위원을 추천하는 방송법인·언론학계·언론인단체 및 시민단체 등의 범위와 추천절차 등은 공영방송사가 협의하여 결정한다고 되어 있다.

그러나 이런 구성방식에는 중대한 문제점이 있다. 이 규정의 가장 큰 문제점은 대표를 추천할 수 있는 정당의 자격에 있다고 할 수 있다. 선거법 규정에 따라 16대 대선방송토론위원회에는 KBS, MBC, 방송학회, 대한변호사협회, 기자협회, 여성민우회의 대표와 함께 한나라당, 민주당. 자민련, 민국당의 정당 대표가 위원으로 참여했다. 그러나 자민련, 민국당은 16대 대선에서 후보조차 내지 않았지만 토론위위원을 추천할 수 있었던 데 반하여, 자신의 후보를 냈고 그 후보가 토론위가 주최한 후보자 토론에까지 참여한 민주노동당은 위원을 추천하지 못하는 모순이 발생했다.

이런 문제점은 토론위 위원을 추천할 수 있는 정당의 자격을 "국회에 의석을 가진 정당"으로 했기 때문이다. 16대 대선에서처럼 국회에 소수의 의석을 가졌다 할 지라도 후보를 내지 못하는 군소정당이 굳이 토론위원을 추천할 필요는 없다. 오히려 민주노동당처럼 국회의석은 없다 하더라도 전국선거에서 상당한 정도의 국민의 지지를 얻고 또 후보까지 낸 정당이 토론위원을 추천할 수 있도록 해야 할 것이다.

이런 문제점을 의식하여 선관위는 「정치관계법 개정의견」에서 토론위에 위원을 추천할 수 있는 정당을 "국회에 의석을 가지 정당" 대신 "원내교섭단체를 구성한 정당"으로 바꾸었다. 이는 진일보한 개정안이기는 하나 국회의석은 없지만 전국적 지지가 상당한 정당으로서 후보를 내는 정당이 여전히 배제되는 문제점을 그대로 안고 있다. 따라서 "원내교섭단체를 구성한 정당"과 함께 "직전의 전국적 선거에서 5% 이상의 지지를 받은 정당"을 포함시키는 것이 합리적이라 할 수 있다.

3. 대담과 토론의 분업 문제

선거법 82조의 2는 공영방송사는 "후보자 중에서 1인 또는 수인을 초청하여 소속정당의 정강·정책이나 후보자의 정견 기타 사항을 선거인에게 알리기 위하여 텔레비전 방송을 이용한 대담·토론회를 개최·보도하여야 한다"고 규정하고 있다. 여기서 '토론회'로 한정하지 않고 '대담·토론회'로 규정되어 있지만 이 조항에 의해 실시되는 것은 대담회가 아니라 토론회다. 1997년과 2002년 대통령 선거 그 사이의 시·도지사 선거에서 선거법에 의해 실시된 것은 토론회였다. 대담회는 방송사들에 의해 임의적으로 시행되었다.

우리는 여기서 대담회와 토론회의 차이에 주목할 필요가 있다. 후보자 토론이 정책 대결이 되도록 하기 위해서는 후보자 대담과 토론 사이에 분업이 필요하기 때문이다. 선거법에 의한 '대담·토론회'가 실질적으로는 '토론회'로 이해되고 실행되고 있다는 점을 감안하면 '대담회'는 선거법과 관계없이 방송사에서 임의적으로 시행해야 할 것이다. 이 경우 방송사는 먼저 대담을 통해서 후보의 자질, 능력, 이념 등의 사항들을 검증해줄 필요가 있다. 그래야 후에 선거법에 의한 토론회에서는 정책과 정견만을 가지고 대결을 벌일 수 있게 된다.

우리 선거법 81조 2항에 의하면, "'대담'이라 함은 1인의 후보자 또는 대담자가 소속정당의 정강·정책이나 후보자의 정견 기타사항에 관하여 사회자 또는 질문자의 질문에 대하여 답변하는 것을 말하고, '토론'이라 함은 2인 이상의 후보자 또는 토론자가 사회자의 주관 하에 소속정당의 정강·정책이나 후보자의 정견 기타사항에 관한 주제에 대하여 사회자를 통하여 질문·답변하는 것"을 말한다. 대담은 후보자 1인을 초청하여 사회자나 질문자가 묻는 형식이고, 토론은 후보자 2인 이상을 초청하여 사회자를 통해 공방을 벌이게 하는 형식인 것이다.

선거법에 따르면 대담이나 토론이나 그 주요 주제는 후보자 소속정당의 정강·정책이나 후보자의 정견이다. 그러나 대담은 사회자의 조정에 따라 여러 명의 질문자들이 후보에게 이것저것 따져 묻고 추궁함으로써 후보의 성실성이나 도덕성과 같은 자질, 업무수행 능력, 정치적 신념과 비전 등을 검증하기에 적절한 형식이다. 이에 반하여 토론은 복수의 후보가 사회자의 조정으로 자신들의 정견이나 정책의 타당성이나 현실성으로 대결을 벌임으로써 후보들의 정견과 정책을 검증하고 비교하는 데 적절한 형식이다. 이는 대담과 토론이 그 형식에 따라 그 내용과 목적도 달라져야 함을 뜻한다. 따라서 선거기간 전에는 먼저 대담으로 군소후보를 포함하여 모든 후보자의 자질이나 능력이나 이념 등을 집중적으로 검증하고, 선거기간에는 토론으로 유력후보의 정견과 정책을 집중적으로 비교하는 분업체제로 대담과 토론을 활용하는 매체정치의 운용이 바람직하다(이효성, 2002, p.211).

그런데 1997년과 2002년의 대선에서는 이 양자 사이에 분업이 제대로 이루어지지 못해 대담과 토론이 효율적으로 운영되지 못했을 뿐만 아니라 불필요한 비난과 잡음을 초래하였다. 특히 1998년과 2002년의 시·도지사 선거에서는 대담이 거의 없이 토론만을 한 나머지 토론에서 후보자 자질이나 도덕성을 검증하고 아울러 정견과 정책 검증까지 하려 하였기 때문에 이것도 저것도 제대로 검증하지 못한 채 토론이 비효율적으로 운영되었을 뿐만 아니라 많은 비난과 잡음을 초래하였다.

여기에는 토론 전에 대담을 제대로 갖지 않은 탓도 있으나 무엇보다 토론을 정견이나 정책의 대결의 장이 아니라 후보의 자질이나 도덕성을 검증하는 자리로 잘못 인식한 탓도 있다. 더구나 상대 후보의 자질과 도덕성을 검증한다는 명분으로 상대 후보의 헐뜯기나 흠집내기로 시도하는 몇몇 후보들의 잘못된 태도가 토론회를 평가절하하게 만들었다. 그러나 선거법에 의한 2002년 시·도지사 후보자 토론 특히 KBS의 토론은 철저하게 정책 중심으로 이루어졌다. 그러나 아직도 대담과 토론 사이에 분업이 잘 이루어지고 있다고 보기는 어렵다.

후보들을 비교·검증할 수 있는 토론은 성질상 여러 사람이 출연할 수 없다. 너무 많으면 토론 자체가 불가능하고 또 유력한 후보들은 군소후보와는 토론하려 하지 않을 것이기 때문이다. 유력후보와 군소후보를 똑같이 처우하는 것이 반드시 공정한 것도 아니다. 따라서 후보자 토론에는 유력한 후보들만을 참여시킬 수밖에 없다. 그렇다고 군소후보들에게 방송을 통해 자신들의 정견과 정책을 알릴 기회를 주지 않는 것은 불평등한 처사다. 따라서 군소후보에게도 어떤 형태로든 텔레비전을 통해 자신들의 자질과 정책을 국민들에게 알릴 수 있는 기회가 주어져야 한다.

그런 방법으로 가장 적절한 것은 대담회라 할 수 있다. 군소후보에게는 텔레비전 대담을 통해 자질과 정책을 알릴 기회를 주는 것이 바람직하다. 대담은 대개 방송사가 하루에 한 후보씩을 초청하여 행하기 때문에 후보들의 수에 구애받지 않을 수 있다. 방송사가 마음만 먹으면 대담에는 군소후보도 초청할 수 있기 때문에 군소후보도 반드시 초청하도록 해야 한다. 이 경우 군소후보에게 할애하는 시간은 유력후보에게 할애하는 시간과 상당한 차이가 있어도 무방할 것이다. 만일 군소후보와의 대담을 가진다면 굳이 군소후보끼리의 토론회를 따로 개최할 필요도 없을 것이다.

1997년과 2002년의 대선에서 군소후보들을 상대로 한 대담은 거의 없이 그들을 참여시킨 별도의 토론회가 각각 한 차례씩 있었으나 유권자들의 관심을 끌지 못했다. 1998년 6·4 지방자치 선거에서는 특히 수도권 광역자치 단체장 선거에서는 유력한 후보들의 대담조차 거의 없었기 때문에 군소후보들의 대담은 더욱더 가질 수 없는 처지였다. 다행히 2002년의 지방자치 선거에서는 군소후보에게도 대담의 형식으로 정책과 정견을 발표할 수 있는 기회를 주었다.

4. 토론 형식의 문제

후보자의 텔레비전 토론에는 몇 가지 방식이 있다. 가장 흔히 사용되는 방식이 사회자의 지시에 따라 질문자들이 질문을 하고 이에 후보들이 답하는 공동기자회견식이다. 케네디와 닉슨 간의 후보자 토론에서 이 형식이 사용된 이후로 미국의 후보자 텔레비전 토론에서 주로 이 형식이 사용되어 왔다. 이 기자회견식 토론은 후보간의 공방이 되기보다는 후보와 질문자간의 공방이 될 가능성이 커서 진정한 의미의 토론이라기보다는 대담에 더 가까운 것이 되어버리고, 후보간의 정책 대결의 장이 되기보다는 후보들의 자질, 능력, 이념 등에 대한 검증의 장이 되기 쉽다.

후보자 토론회가 후보간의 정책 대결이 되도록 하기 위해서는 질문자와 후보간의 공방의 형식보다는 후보간에 직접 공방의 형식이 더 바람직하다. 그래서 최근에는 질문자 없이 사회자만으로 토론회를 진행하는 직접충돌형이 유행하고 있다. 질문자가 별도로 존재하면 그만큼 토론자의 발언 기회가 줄어들게 되고, 질문자가 부적절한 발언으로 시청자의 주의를 분산시킬 수 있다. 직접충돌형은 본래 프랑스에서 채택되었다. 그러나 미국의 대통령 토론위원회는 1992년 이 방식을 제안하였고, 당시 공화당의 부시 후보와 민주당의 클린턴 후보는 협의 끝에 세 번의 토론 가운데 첫번째는 전통적인 공동기자회견 형식으로, 두번째는 시민대회 형식으로, 그리고 세번째의 전반부 45분은 직접충돌형으로 후반부 45분은 공동기자회견 형식으로 행했다. 1996년 이후부터는 공동기자 회견형식은 사용하지 않고 있다(McKinney, 2002.7.12, p.9).

여기서 미국에서 1992년 대선에서부터 도입된 이른바 시민대회 형식(townhall format)의 토론을 주목할 필요가 있다. 시민대회 형식의 토론은 텔레비전 토론에서 언론인 질문자를 없앴지만 대신 시민을 질문자로 내세운 새로운 형식의 토론으로 미국의 대통령 토론 위원회가 창안한 것이다. 이 토론 형식은 직접충돌형이 아니고 일반 시민의 질문에 답변하고 그에 대해 반론하는 형식이라는 점에서 사실 질문자 없이 사회자만으로 진행하는 최근의 토론 경향에는 반하는 예외적인 것이라고 할 수 있다. 이 형식에서는 토론회가 열리는 도시의 유권자들을 상대로 의견조사를 통해 지지정당이 없는 유권자들을 토론장에 질문자 겸 청중으로 초청하여 이들에게 질문을 하게 한다(이효성, 1997, p.66). 이 방식은 유권자를 토론회에 질문자로 내세웠다는 점에서 참여민주주의적 방식의 토론이라는 의의를 갖는다고 할 수 있다. 따라서 앞으로 우리도 이런 방식을 도입할 필요가 있다.

질문자 없이 토론자들이 직접 또는 사회자를 통해서 주고받는 토론 방식에 따르면, 먼저 사회자가 질문하거나 또는 사회자의 지시에 따라 한 후보가 다른 후보에게 직접 또는 사회자를 통해서 묻고 이에 후보들이 차례로 답한 다음 서로 상대방의 주장을 반박하는 식으로 진행된다. 말하자면 후보자들끼리 직접 대결하도록 하는 방식인 것이다. 이러한 직접충돌형 토론은 프랑스식과 미국식에 약간의 차이가 있다. 프랑스에서는 후보간에 직접 질문하고 답변하는 것이 허용된다. 그러나 미국에서는 후보간에 서로 직접 질문하는 것은 허용하지 않고 반드시 사회자를 통해서 질문하고 답변하도록 하고 있다.

지난 15대 대선 이래로 선거법에 의해 실시된 우리의 후보자 텔레비전 토론도 질문자를 따로 두지 않고 사회자만으로 진행하여 미국이나 프랑스에서 행해지고 있는 대통령 후보자 토론과 유사한 직접충돌형 방식을 채택하였다. 이들 토론회에서 후보들은 질문에 답변하고 서로 공방을 벌였다. 그런데 여기에는 사회자가 후보에게 질문을 하는 형식과 한 후보가 사회자를 통하여 다른 후보에게 질문하는 형식 등 두 가지 형식이 복합적으로 사용되었다. 한 후보가 사회자나 다른 후보의 질문에 답변하고 나면 그 답변에 대한 다른 후보의 반론이 이어지고 그에 대해 먼저 질문을 받았던 후보가 반론하고 그 반론에 대해 다시 다른 후보가 재반론하는 그런 순서로 진행되었다.

결국 우리는 1997년 이래 적어도 법적 토론에서는 질문자 없이 사회자만으로 직접충돌형 토론을 하고 있으나 후보간에 서로 직접 질문하는 것은 허용하지 않고 있는 셈이다. 그러나 앞으로는 사회자를 거치지 않고 후보간에 직접 질문하고 답변하는 것을 허용하는 방안도 연구해야 할 것이다. 후보들이 사회자를 거치지 않고 서로 직접 질문하고 응답하는 방식은 토론자들이 사회자의 통제를 벗어나 토론의 의제에서 일탈할 가능성이 있어 신중을 기해야 한다는 주장도 있다. 그러나 그간의 토론회를 통해 그럴 염려가 별로 없다는 것이 입증되었고 무엇보다 토론의 활성화를 위해 좀더 자유스런 토론회에 대한 요구가 커졌기 때문에 사회자를 통해서 질문하고 답변하는 번거롭고 부자유스런 방식에서 탈피할 필요가 있다.

이 토론의 형식은 1998년과 2002년의 지방선거의 수도권 광역자치단체장 후보들의 토론에서도 사용되었다. 그런데 1998년의 지방선거 토론회에서는 특이하게도 찬스 타임제가 도입되어 발언시간을 더 원하는 후보는 30초의 찬스 타임을 세 번까지 활용할 수 있도록 하였다. 그러나 이런 찬스 타임제는 후보들이 똑 같이 다 사용하는 것은 아니기 때문에 불공정의 소지도 있고 후보자 토론회를 지나치게 퀴즈쇼화할 위험성도 있다. 2002년의 지방자치 선거에서는 찬스 타임제와 같은 것은 도입되지 않고 15대 대선에서 사용되었던 형식이 차용되었다.

이 책의 부록 「16대 대선 토론위원회 운영규칙」에 나와 있는 대로, 16대 대선 토론에서는 크게 두 가지 토론 형식이 채택되었다. 하나는 사회자가 한 후보에게 질문하면 그 후보가 답변하고 이에 다른 후보들이 반론하는 형식이고, 다른 하나는 한 후보가 다른 후보에게 질문하면 다른 후보가 답변하고 공방을 벌이는 형식이다. 이 후자의 형식은 다시 두 가지 형으로 나뉘었다. 하나는 한 후보가 다른 후보들에게 공통의 질문을 하고 다른 후보들 모두와 공방을 벌이는 1 대 다자 형 토론이고, 다른 하나는 한 후보가 다른 한 후보에게만 묻고 이들간에만 공방을 벌이는 1:1 형의 토론이다. 토론에 참여한 후보가 모두 2명인 경우에는 1대 다자 형도 결국 1:1 형이 되어 이 양자간에 차이가 없으나 참여 후보가 3명 이상인 경우는 이 양자간에 차이가 난다. 그런데 16대 대선 토론에서 입증되었듯이 1 대 다자 형의 경우 질문자가 나머지 후보들 모두에게 공통의 질문을 하지 않고 특정후보에게만 해당되는 질문을 하게 되어 해당사항이 없는 후보는 질문과 관련이 없는 얘기를 하게 되는 경우가 많아 이 형식을 바람직하지 않은 것으로 판명되었다. 따라서 토론에 참여 후보가 3명 이상인 경우에 한 후보가 다른 후보에게 직접 묻고 공방을 벌이는 형식에서 일대 다자 형은 버리고 1:1 형으로만 국한하는 것이 바람직한 것으로 보인다.

5. 반응 화면의 문제

후보자 텔레비전 토론에서 후보 진영들에게 민감한 문제 가운데 하나가 이른바 반응 화면(reaction shot)의 허용 여부다. 반응 화면은 한 후보가 발언할 때 그에 대한 다른 후보의 반응이 어떠한지를 보여주는 화면이다. 반응화면은 후보에 대한 하나의 중요한 정보가 될 수 있고,

텔레비전으로 중계되는 토론회를 좀 더 활기 있게 할 수 있다. 이 때문에 방송사들은 반응 화면을 보여주고자 한다. 그런데 공방을 벌이는 두 후보를 화면을 나누어 계속 보여주지 않는 한 반응 화면은 공정하기 어렵다는 기술상의 문제가 있다. 이 때문에 후보들 특히 토론에 자신이 없는 후보측은 반응화면을 허용하지 않으려 하기 마련이다.

15대 대선 토론에서는 반응 화면을 허용하지 않았다. 15대 대선 토론위는 그 운영세칙에 "후보자의 답변시 타후보의 장면은 보여주지 않는다"는 내용을 명기하였다. 그러나 16대 대선 토론위는 운영세칙에서 이 조항을 삭제하기로 합의함으로써 방송사들이 반응 화면을 내보낼 수 있도록 하였다. 방송사들이 기술적인 어려움에도 불구하고 토론의 활기를 위해 그것을 원했고, 또 위원들도 그것이 후보를 판단할 수 있는 중요한 정보가 될 수 있다고 보았기 때문이었다.

그러나 반응 화면에 대해서는 후보들이 민감하게 반응한다는 점에서 특히 그것에 거부감이 있는 후보가 있을 수 있다는 점에서 그에 관해서 보다 더 상세하고 명확한 규정을 운영세칙에 마련했어야 했다. 그러나 그렇게 하지 못한 관계로 16대 대선 토론에서 반응 화면은 원칙적으로는 허용했으나 실제로는 제공하지는 못했다. 특히 1:1 토론에서는 토론을 벌이는 두 후보를 화면을 나누어 계속 보여줄 수 있기 때문에 공정성 시비에 휘말리지 않고 반응 화면을 제공할 수 있었으나 수화 화면이 걸림돌이 되었다. 선거법은 수화 화면을 의무화하고 있는데 화면을 나누는 경우 화면의 공정성을 위해서는 수화 화면을 화면의 한 중앙에 위치시켜야 하나 이것이 기술적으로 쉽지 않다는 것이다. 따라서 앞으로 반응 화면을 가능하게 하기 위해서는 운영세칙에 이에 관하여 보다 더 자세하게 규정하고, 수화 화면을 제공하지 않을 수도 있도록 선거법도 개정해야 할 것이다.

제2부

매체선거의 이상과 현실

제6장 언론과 바람직한 선거보도

1. 선거와 언론의 민주적 역할

민주주의가 제대로 실현되려면, 이상적으로는 우선 무엇보다 정치지도자들이 구체적인 목표를 달성하고, 일반 국민들의 꿈과 이상을 실현시킬 수 있도록 정책적 쟁점들을 분명히 제시하고, 그에 따라 국민들의 심판을 받아야 한다. 민주주의의 바른 실현을 위해서라면, 이와 함께 정치적으로 '유식한' 즉 적절한 정치정보를 가진 국민과 그런 국민의 정치적 참여를 위한 효율적 수단이 있어야 한다. 효율적 정치참여 수단을 가진 유식한 국민은 소수에 의한 오도적인 현실제시를 거부함으로써, 공공정책결정에 영향을 미침으로써, 그리고 주요 공직자들의 행태를 규제함으로써 민주주의를 달성할 수 있기 때문이다.

그렇다면 정치가들이 정책적 쟁점들을 분명히 제시하여 국민의 심판을 받게 하고, 국민을 정치적으로 유식하게 만들어 국민의 정치적 참여를 위한 효율적 수단이 될 수 있게 하는 것은 무엇일까. 그것은 바로 선거다. 공직을 위한 후보자간의 열띤 경합, 정기적인 선거운동, 성인 거의 모두에게 주어진 투표권 등이 어울려 선거과정은 정치적으로 유식한 국민을 만드는 동시에 효율적인 정치참여의 한 형태로 작용할 수 있기 때문이다. 그래서 선거는 민주주의의 꽃으로 불리기도 한다.

그런데 선거과정이 후보자의 정책적 쟁점을 분명히 제시하고 유식한 국민을 생산하고 정치참여수단으로 작용하도록 하기 위해서는 선거를 다루는 언론의 활동이 제대로 이루어져야 한다. 특히 오늘날 방송의 영향력과 침투성을 생각할 때 선거와 관련된 방송의 활동이 중요하다 할 것이다. 언론의 선거보도가 올바로 이루어지면, 선거에서 후보자들은 자신들의 정책적 쟁점을 분명히 제시하고, 선거과정을 통하여 국민들은 정치적으로 유식해질 수 있고, 또 선거가 효율적인 정치참여의 수단이 될 수도 있는 것이다. 말하자면 민주주의의 실현은 선거보도의 질에 크게 좌우된다고 할 수 있다. 선거보도는 우리 사회의 가장 큰 과제의 하나인 민주화에 기여할 수도 있고 민주화를 후퇴시킬 수도 있는 것이다.

선거에서 정책적 쟁점이 분명하게 부각되도록 하고, 국민을 유식하고 참여하는 존재로 만들기 위해서 선거보도의 역할이 중요하다. 그 역할이란 바로 무엇보다 유권자에게 후보자나 정당에 대해 잘 알 수 있고 투표에서 후보를 선택하는 데 필요한 유용한 정보를 제공하는 일이다. 그러나 현실에서 우리 언론의 선거보도는 이러한 일을 제대로 수행하지 못하고 있다. 현대의 정치는 텔레비전을 비롯한 대중언론에 점점 더 의존하는 데 반하여 언론은 민주주의의 참된 실현을 위해 요구되는 적절한 정치정보의 제공이라는 민주적 역할을 제대로 수행하지 못하고 있다는 비판을 받고 있다. 언론에 특히 더 의존하는 선거에서 언론이 더욱더 그렇다는 지적이 많다.

오늘날 선거는 말할 것도 없고 정치 일반이 언론을 통해 행해진다. 그래서 미국과 같은 나라에서는 일찍부터 매체에 의한 정치 즉 매체정치(media politics)라는 말이 나왔다. 매체정치는 바람직하게는 후보자의 자질, 정견, 정책 등에 관한 진실된 정보를 제공하여 유권자가 후보를 선택하는 것을 돕는 것이어야 할 것이다. 그러나 매체정치의 현실을 그렇지 않다. 오히려 그 반대다. 선거에서 언론은 후보의 자질, 식견, 이념, 정책, 입장 등과 같은 선거의 본질적 요소에 초점을 맞추기보다는 후보의 선거전략, 자금관계, 지지도, 선거유세 등과 같은 경기적 요소에 더 큰 관심을 보인다. 말하자면 오늘날 언론은 선거에서 유권자가 후보자를 선택하는 데 필요한 후보자의 자질이나 정책적 입장 등의 본질적인 정보를 강조하기보다는 선거전략이나 후보자의 지지도에 대한 여론조사 결과 또는 후보자의 유세장면, 전당대회 등과 같은 이미지와 쇼적인 측면에 초점을 맞추는 경향이 있다.

이러한 경향은 이른바 매체정치 전문가들에 의해 더 조장된다. 오늘날 선거에서 선거전문가, 의견조사자, 언론전문가들의 활약이 커지고 있는데 이들은 매체정치의 전문가들이라 할 수 있다. 그런데 이들에 의한 매체정치는 흔히 선거에서 후보자가 쟁점에 대해 모호한 입장을 취하고 보도나 광고에서 사진, 화면, 구호성 발언 등으로 상징조작에 열중하는 경향을 보인다. 이들의 조언에 따라 후보자는 국가경영에 대한 자신의 비전이나 포부를 밝히기보다는 사람들에게 어필할 수 있는 이미지 조작에 신경을 쓴다. 이들의 활동에 따라 언론은 특히 텔레비전은 유권자들의 판단에 도움이 되는 유용한 정보를 제공하기보다는 화면이 근사한 후보들의 연출된 선거운동 모습을 주로 보여준다.

6월 민주화항쟁 이후로 우리 사회에서도 선거가 권력 획득의 중요한 수단으로 등장했다. 그리고 대통령, 국회의원, 지역단체장, 지방의회의원 등을 선출하는 선거가 계속되고 있다. 그리고 이들 선거에서 대중매체가 후보나 정당의 이미지 창출을 위해 많이 활용되고 있다. 텔레비전은 선거보도 외에도 후보들의 연설과 정치광고 그리고 후보 토론을 매개하는 등 우리의 선거에서도 그 비중이 점점 더 커지고 있다. 따라서 이제 우리도 매체정치의 시대에 접어든 것이다. 그리고 그러면 그럴수록 선거가 후보자의 자질과 정책이라는 본질적인 내용보다는 후보자의 피상적인 이미지로 결정될 위험성도 커진다. 이러한 위험은 우리들 모두가 경계해야 한다. 특히 언론은 이 점을 항시 주의해야 한다. 그러나 우리의 언론은 그렇지 못했다. 언론은 후보자의 자질이나 정책에 관한 유용한 정보를 제대로 전달하지 못했다. 그나마 우리 언론은 선거보도에서 편파적인 경우도 많았다.

선거는 민주주의의 필수적인 절차이며 민주주의의 실현을 위해 긴요한 요소다. 그러나 그것은 이중적인 성격을 갖는다. 선거는 국민들의 정치의식을 함양할 수 있는 계기를 제공하고 민중의 참된 정치참여를 가능케 하는 긍정적인 수단이 될 수도 있지만, 이와는 반대로 부패한 정권이나 전제적인 정권의 집권을 합리화해주는 부정적인 수단으로 즉 우민정치의 수단으로 악용될 수도 있기 때문이다. 선거가 전자의 수단이 되느냐 아니면 후자의 수단이 되느냐의 여부는 선거에서의 언론의 활동 특히 영향력과 침투력이 강한 방송의 활동에 크게 좌우된다고 할 수 있다. 따라서 선거에서의 언론의 역할은 막중하다. 선거가 민주주의를 위한 긍정적인 수단이 되도록 하기 위해서 선거보도가 무엇보다 진실하고 공정하고 유권자에게 더 나은 후보를 선택할 수 있는 유용한 정보를 제공해야 한다.

언론은 수용자들로 하여금 유식한 유권자가 되도록 할 의무가 있다. 그러나 잘못된 보도태도는 오히려 수용자를 무식한 유권자로 만들어버린다. 언론의 선거보도의 질에 따라 선거는 민주정치의 수단이 될 수도 있고, 중우정치의 도구가 될 수도 있다. 언론의 영향력을 고려하면 언론의 선거보도의 질은 더욱더 중요하다. 언론의 선거보도의 이러한 중요성을 감안한다면, 언론인을 포함하여 모든 언론관계자는 언론의 선거보도의 유용성과 공정성을 보장하고 보도의 질을 높이기 위해 장기적으로는 구조적인 문제를 개선하고, 단기적으로는 언론인 개인 차원의 자각과 실천을 위한 노력을 기울여야 한다. 특히 방송위원회는 방송의 최고정책기관으로서 또 방송의 심의기구로서 선거방송에서 언론사들이 지침으로 삼을 수 있는 유용하고 공정하고 질 높은 선거방송을 위한 심의규칙을 제정하여 방송사들로 하여금 준수하도록 해야 할 것이다. 그리고 각 언론사의 노사는 유용하고 공정하고 질 높은 선거보도를 위한 구체적인 준거가 될 수 있는 지침서를 만들어 선거보도에서 기자들이 활용하도록 해야 한다. 언론 특히 방송은 후보의 선거운동 중심의 보도에 너무 치우치지 말고 후보자간의 정책토론회 등을 적극적으로 주선하여 매개해야 한다.

수용자는 선거보도를 조직적·체계적으로 감시하고, 경마 저널리즘이나 이미지 중심의 선거보도에 현혹되지 않아야 한다. 이러한 점에서 1992년 대선부터 민언련을 중심으로 언론운동단체들이 연대한 <선거보도감시 연대회의>, <서울 기독교 청년 연합회>의 시청자 시민운동본부, <공명선거 실천운동 협의회>의 언론대책위원회 등 사회운동단체들을 중심으로 언론의 공정성 특히 선거보도의 공정성을 감시하는 모임이 조직되어 각종 선거보도를 감시하고 공정보도를 촉구하는 활동이 활발히 전개되고 있는 현상은 선거보도의 질적 개선을 위해 매우 고무적인 일이다.

2. 선거보도와 민주주의의 위기

유권자는 흔히 자신의 정치적 성향이나 정당선호도에 따라 투표한다. 따라서 정치적 성향이 뚜렷하거나 지지 정당이 분명한 사람은 투표에 적극적으로 참여할 뿐만 아니라 투표에서 정당이나 후보자의 선전, 언론의 보도, 주위 사람들의 의견 등과 같은 외적 요인의 영향을 별로 받지 않는다. 그러나 정치적 성향이나 정당선호가 뚜렷하지 않은 사람들 즉 부동층의 경우에는 사정이 다르다. 그들은 흔히 선거에 대한 관심이 적어 기권도 많이 하고, 선거일이 가까워 오도록 투표의 향방을 결정하지 못하여 투표를 하는 경우에는 막판의 돌발사태 등에 영향을 많이 받는다. 정당이나 후보의 선거운동, 언론의 선거보도, 주위 사람들의 의견이 큰 영향을 미치는 것도 이들 부동층의 유권자들이다.

그런데 과거에는 그런 부동층의 수가 적어 선거에서 결정적인 변수가 되지 못했다. 그러나 갈수록 이들 부동층의 수가 늘어 점점 선거에서 결정적인 변수가 되고 있다. 이 때문에 오늘날의 각 정당이나 후보자의 선거운동의 초점은 이들 부동층을 어떻게 끌어들이느냐에 맞추어지고 있다. 이들에게 호소하기 위해서는 이들의 인구학적 속성이나 취향을 파악할 필요가 있고 따라서 오늘날 선거운동에서 의견조사가 유행을 하게 된다. 이들을 끌어들이기 위해 어떤 강력한 자극제가 필요하기 때문에 정당이나 후보자는 선거 막바지에 어떤 극적인 의제설정을 하려고 한다. 신문이나 방송과 같은 언론의 선거보도나 선거관련 내용이 큰 영향을 미치는 것도 주로 이들 부동층이다.

오늘날 부동층의 증가는 세계적인 추세이기도 하다. 특히 우리나라에서 이 부동층의 비율이 높다. 16대 대선에서는 거의 막판까지도 부동층이 30%에 이르기도 했다. 부동층이 증가하는 이유는 여러 가지가 있을 수 있겠으나 우리의 경우 근본적인 이유로 다음과 같은 점을 들 수 있다. 즉 ① 어느 정도의 정치적 민주화로 인하여 사람들의 정치에 대한 관심이 줄었고, ② 정치 이외의 다른 사회 부문의 성장으로 정치의 결정력이 상대적으로 줄었고, ③ 사람들의 생활이 바빠져서 정치에 관심을 가질 시간적, 정신적 여유가 줄었다. 그러나 이에 못지 않게, ④ 정치에 대한 유권자 특히 신세대 유권자의 정치에 대한 냉소주의와 불신이 커지고, ⑤ 정당이나 후보자 사이의 차이가 부각되지 않는다는 점도 부동층이 증가한 중요한 이유로 꼽을 수 있을 것이다. 여기에다 ⑥ 15대 대선에서는 막판에 강력한 제3후보가 출마하고, 16대 대선에서는 선거 막판에 유력한 두 후보의 단일화가 이루어지는 등 선거 막판까지 어떤 변수가 발생할 지 모르는 불안정한 선거과정도 부동층의 증대에 기여한다.

부동층의 증가는 피할 수 없는 추세이기는 하지만 바람직한 경향은 아니다. 특히 부동층의 증가로 인해 투표율도 떨어지고, 투표결과도 예측하기 어렵다. 게다가 부동층의 증가는 정당이나 후보자의 정책이나 입장이 점점 더 인기 위주로 흐르도록 한다. 이런 경향은, 말할 것도 없이, 책임 있는 정치와는 거리가 먼 것이다. 이런 추세의 원인은 일차적으로는 정치에 점점 더 무관심해지는 유권자에게 그리고 서로 뚜렷한 차이를 보여주지 못하는 정당이나 후보자들에게 있다고 할 것이다.

그러나 이런 추세에 언론도 일조를 하지 않았나 반성해보아야 한다. 언론은 흔히 정치를 지나치게 부정적으로 보도하고, 엄격한 시시비비 없이 정치인 모두나 정치권 전체를 싸잡아 매도함으로써 정치에 대한 유권자의 불신과 냉소주의와 무관심을 조장한다. 이러한 경향은 선거보도에서 특히 더 두드러지게 나타난다. 예컨대 선거에서의 비리를 보도하는 경우, 특정 정당이나 후보자의 구체적인 불법사례나 타락상을 지적하지 않고 모든 정당, 모든 후보자가 다 불법과 타락을 일삼는 듯이 보도한다. 선거의 혼탁상에 관한 보도가 선거에 대한 냉소주의를 불러일으키지 않고 비리를 고발하는 것이 되려면 불법과 타락을 저지른 구체적인 사례에 대해서 관련자와 그 소속 정당을 구체적으로 밝혀야 할 것이다.

우리 언론은 또 선거보도에서 각 정당이나 후보자들의 차이점을 부각시키는 일에도 성공적이지 못하다. 일부 신문이 선거보도에서 각 정당의 정강정책을 비교하기는 하지만 대부분의 언론들 특히 방송의 경우는 더욱더 정당간의 정강정책의 차이점을 부각시키지 못한다. 그러면서 정확하지도 않은 의견조사나 판세분석으로 어떤 후보가 이길 것인가 하는 경마식 보도에만 열을 올린다. 어떤 정당, 어떤 후보가 이길 것인 가도 중요한 관심사이긴 하다. 그러나 정당의 정책과 후보자들의 자질의 차이를 뚜렷이 부각시켜 유권자가 본질적인 차이에 의해서 투표할 수 있도록 돕는 일이 더 중요한 언론의 사회적 책무일 것이다.

우리 언론은 또 선거철에 선거판세를 유리하게 이끌기 위한 각종 선심성 발표를 비롯하여 속보이는 의제설정에 지나치게 놀아나지 않나 하는 점에 대해서도 반성해야 한다. 국민정부 전까지는 선거 때마다 선거일 막판에 불거지는 북한문제를 호재로 활용하려는 정부여당의 각종 제스처에 대해 우리 언론들 특히 몇몇 대 신문은 지나치게 부화뇌동하였다. 선거가 끝나자마자 북한문제가 정부의 의제에서 따라서 보도에서 사라지곤 했었다. 이들 신문은 국민정부 하에서는 반대로 과거의 여당세력이었던 거대 야당의 의제설정에 맞장구를 친다는 비판을 받는다.

선거와 정치가 정강정책이나 쟁점에 대한 입장이라는 본질적인 것으로 호소하기보다는 점점 더 구호와 이미지 그리고 선거전략이라는 비본질적인 것으로 호소하는 정치로 변하고 있다. 이런 때일수록 언론의 선거보도는 좋은 후보를 뽑기 위해 필요한 정보라는 본질적인 내용을 더 추구해야 그 존재 가치를 더욱더 크게 발휘하는 것이 될 것이다. 또 그것이 공기로서 언론의 사회적 책무이기도 하다.

3. 매체선거의 빛과 그림자

오늘날 정치는 대체로 신문이나 방송과 같은 대중매체를 통해서 이루어진다. 그래서 매체정치(media politics)라는 말이 생겨나게 되었다. 국민들은 매체를 통해서 정부의 하는 일이나 정치가의 언행을 알게 되고, 거꾸로 정부나 정치가도 매체를 통해서 민심을 파악하거나 민심을 움직이려고 한다.

매체정치는 선거에서 특히 더 두드러진다. 오늘날 선거 특히 대통령 선거는 점점 더 대중매체에 의존하는 방향으로 가고 있다. 대부분의 유권자는 매체를 통해서 후보들과 그들의 인물 됨됨이와 정강정책을 알게 되고, 정당과 후보는 매체를 통해서 선거운동을 펼친다. 그래서 매체선거라는 말이 유행하게 되었다. 물론 후보들이 합동유세를 행하거나 거리나 시장 등을 돌며 유권자들을 직접 만나 지지를 호소하는 거리 유세전을 펼치기도 한다. 그러나 이런 전통적인 방식으로는 유권자가 후보를 제대로 알기 어렵고, 후보 또한 유권자의 극소수만을 접할 수 있을 뿐이다.

그래서 자연스럽게 가가호호 보급된 신문이나 방송을 선거에 활용하게 되었다. 이들 매체를 통해 후보는 손쉽게 대량의 유권자를 접할 수 있고, 유권자는 편안하게 후보에 대해 알 수 있게 되었다. 이 때문에 거리유세를 포함하여 오늘날의 거의 모든 선거운동은 매체의 보도를 겨냥하여 계획되는 것이 일반적이다. 우리 선거법은 그 동안 몇 차례의 개정을 통해서 정치광고, 후보 토론과 대담, 후보 방송연설 등을 허용함으로써 선거운동에 신문과 방송을 더 많이 이용할 수 있도록 하였다. 선거보도와 함께 신문이나 방송을 활용하는 이들 선거운동 방식은 선거에서 특히 대통령 선거에서 지배적인 선거운동 방식으로 자리잡았다.

매체선거는 무엇보다 우리 정치의 고질적인 병폐인 고비용 저효율 정치를 개선하는 데 크게 기여할 수 있다. 매체를 활용한 선거운동은 대규모 군중유세와 같은 전통적인 방식의 선거운동보다 훨씬 더 싸게 먹힌다. 그리고 후보와 유권자가 직접 만나는 것을 막기 때문에 선거부정도 훨씬 더 적어진다. 그래서 선거관리위원회는 2002년 9월 돈 많이 드는 선거를 개선하려는 정치개혁의 일환으로 아예 유세와 같은 전통적인 선거운동 방식을 금지하는 대신 거의 전적으로 신문이나 방송을 활용한 선거운동을 하도록 하는 선거법 개정안을 국회에 제출하기도 하였다.

그러나 매체선거의 그림자도 없지 않다. 매체선거 특히 텔레비전 선거는 무엇보다 정치를 내용보다는 스타일과 이미지를 중시하는 정치로 바꾸었다. 매체선거에서 정당이나 후보가 내세우는 내용 즉 정강정책 그 자체보다는 그것을 내세우는 방식이 더 중요하다. 무엇을 내세우는 가보다는 어떻게 내세우는 가가 더 중시되는 것이다. 매체선거에서는, 예컨대 대통령 후보의 경우 그의 식견과 정견, 직무수행능력, 지도력 등과 같이 정치지도자로서의 본질적인 측면보다는 그의 자세, 표정, 어투, 외모, 연기력과 같이 지엽적인 측면이 더 중시된다. 말하자면 매체선거로 인해 정치가 알맹이보다는 포장을 더 중시하게 되었다.

이처럼 알맹이보다는 스타일과 이미지를 중시하는 매체선거는 선거에 포장과 브랜드 파워를 중시하는 상품광고의 기법이 도입되면서 더 심화되었다. 이 기법은 후보를 하나의 상품으로 취급하면서 유권자들에게 어필할 수 있는 후보의 특정한 모습을 창출하는 데 치중한다. 여기서는 후보의 자질이나 능력이나 정강정책은 별로 중시되지 않거나 아예 상관이 없는 것으로 간주된다. 결국 이미지 정치로 전락한 매체선거는 매우 기만적인 것이 될 수도 있다.

따라서 유권자는 매체선거에 의해 기만당하지 않도록 조심해야 한다. 잘 포장된 후보의 그럴싸한 모습이 아니라 포장 뒤에 가려진 그 후보의 진면목을 보고 선택해야 한다. 그 후보가 속한 정당의 정강정책 그리고 그 후보의 자질, 능력, 도덕성, 지도력, 식견, 정견 등을 잘 알아보고 투표해야 한다. 그러기 위해서는 신문이나 방송의 선거보도, 정치광고, 후보연설, 텔레비전 토론에 비친 후보의 겉모습이 아니라 그 후보가 말한 내용을 면밀히 따져봐야 한다. 또 신문이나 방송이 제공하는 각 정당과 그 후보의 정강정책에 관한 비교기사도 꼼꼼히 읽고 후보간의 정강정책의 차이도 알아두는 일이 필요하다.

4. 선거기간의 의견조사와 그 공표의 문제

우리 선거법은 선거의 공정성 보장과 부정 방지에 초점을 맞춘 나머지 선거에서의 언론자유에 많은 제약을 가하고 있다. 그러한 제약 가운데 하나가 공식적인 선거운동 기간에는 어느 후보가 어느 정도의 지지도를 받고 있는가를 공표할 수 없다는 점이다. 여기에는 찬반양론이 있을 수 있다. 이 글은 지지도 조사 결과를 공표할 수 있도록 허용하는 것이 바람직하다는 주장을 펴려는 것이다.

선거에서 제일차적인 관심은 어떤 후보가 당선되고 어떤 정당이 이길 것인가 일 것이다. 이 때문에 언론은 선거보도에서 누가 당선될 것인가, 어느 당이 승리할 것인가를 중심으로 보도하게 된다. 또 이 때문에 언론은 흔히 선거 전에 지지도 조사나 투표 직후에 출구조사를 실시해서 선거결과를 예측하는 보도를 한다. 그런데 그런 의견조사는 한편에서는 독자나 시청자의 궁금증을 풀어주는 서비스가 될 수도 있지만, 다른 한편으로는 틀리기 쉬운 것이어서 언론의 공신력을 떨어뜨리기도 한다.

게다가 의견조사 보도는 대표적인 경마 저널리즘이다. 이상적인 선거보도라면 후보의 자질, 도덕성, 능력, 이념, 정견, 정책 등 유권자로 하여금 후보자를 선택하는 데 도움을 주는 유용한 정보를 제공하는 것이어야 할 것이다. 그러나 지지도 조사 보도를 비롯하여 경마 저널리즘은 어느 후보가 앞서고 있는가에 대해서는 궁금증을 덜어주지만 유용한 정보를 제공하는 것은 아니다. 말하자면 지지도 조사 보도는 상업성은 있지만 민주주의에 기여하는 보도라고 할 수는 없다.

더구나 선거 전의 의견조사 결과는 선거자체에도 영향을 미칠 수도 있고 정당이나 후보자는 그런 의견조사 결과를 선거운동에 이용하기도 한다. 통합선거법이 108조에서 선거기간(후보자등록신청개시일부터 선거일까지를 말한다) 개시일부터 선거일의 투표마감 시각까지 의견조사의 결과를 발표할 수 없도록 규정하고 있는 것은 이런 이유 때문일 것이다. 자신의 공신력을 떨어뜨릴 수 있다는 점에서, 그리고 선거결과에 영향을 미칠 수 있다는 점에서, 언론사는 선거에서 의견조사의 실시에서뿐만 아니라 그 결과의 보도에서도 신중을 기해야 한다.

그러나 선거기간 동안의 지지도에 관한 의견조사 공표의 금지는 국민의 알 권리와 언론자유를 침해하는 것이기도 하다. 선거에서 모든 사람의 최대의 관심사가 누가 앞서는가, 누가 승리할 것인가라는 것이라면 언론은 마땅히 그런 사람들의 관심에 부응해야 한다. 따라서 그것을 막는 것은 명백히 국민을 알 권리와 그 알 권리에 부응하기 위한 언론의 자유를 침해하는 것이기도 하다. 따라서 선거기간 중의 지지도 조사 공표의 금지를 규정한 선거법 108조는 위헌의 가능성이 크다.

과거 캐나다에서는 선거일 전일 하루만 지지도 조사의 공표를 금지했다. 그러나 언론사들은 이것마저도 언론자유에 위배된다고 주장하며 소송을 제기하여 법원의 위헌판결을 받아냈다. 오늘날 대부분의 자유민주주의 국가에서 선거기간에의 의견조사와 그 결과의 공표를 자유롭게 허용한다. 허용하지 않는 경우에도 선거 전 며칠 정도다. 우리와 같이 전체 선거기간(대선은 23일, 국회의원 선거와 지자체 선거는 17일) 동안 의견조사 결과의 공표를 금지하는 나라는 거의 없다.

선거법이 선거기간 동안 지지도에 관한 의견조사 결과를 공표하지 못하게 하는 가장 큰 이유는 그것이 선거결과에 부당한 영향을 미칠 것으로 우려되기 때문일 것이다. 그런 염려가 전혀 없는 것은 아니다. 그러나 의견조사 결과가 선거에 영향을 미친다는 실증적인 증거는 거의 없다. 지지도 조사 결과가 악용될 수도 있다는 염려도 가능하다. 그러나 의견조사 결과가 공표되지 못할 때 그것은 더 크게 악용될 수 있다. 공표되지 않을 때 지지도에 관하여 더 많은 거짓과 기만이 행해질 수 있기 때문이다.

선거기간 동안 지지도 조사 결과를 공표하지 못하게 하는 것은 실효성도 거의 없다. 우리 언론은 발표할 수 없지만 외국 언론은 발표할 수 있기 때문이다. 게다가 인터넷을 통해서 또는 휴대폰이나 입을 통해서 거의 모든 사람들에게 알려진다. 또 언론은 이러저러한 방법으로 의견조사 결과를 암시한다. 이 과정에서 정확한 결과를 알릴 수 없기 때문에 오히려 여러 오해를 낳을 가능성만 키운다.

더구나 우리 유권자들의 수준도 매우 높다. 지지도 조사 결과에 영향을 받거나 그 악용에 놀아날 정도의 유권자들이 아니다. 의견조사 결과의 공표를 금지하는 것은 유권자의 수준을 폄하한 기우에 불과하다. 16대 대선에서 우리 유권자들은 북한 변수에 의해서도 또는 색깔론이나 지역감정에 의해서도 흔들리지 않았다. 이런 수준 높은 유권자들에게는 지지도 조사 결과의 공표를 금지하는 것은 모독이라 할 수 있다.

이제 선거기간 동안 후보 지지도에 관한 의견조사 결과의 공표의 허용을 비롯하여 선거에서 국민의 알 권리와 언론자유를 더욱더 확대하는 것이 마땅하다. 그러나 선거에서 후보 지지도에 관한 의견조사 결과의 공표가 허용된다고 하더라도 언론은 의견조사를 실시하고 그 결과를 발표할 때에는 여전히 신중해야 한다. 의견조사는 틀릴 수도 있고, 표집오차에 따른 해석상의 문제도 있고, 또 조작 등 악용의 소지도 있기 때문이다.

5. 총선과 의견조사 보도의 문제

선거에서의 지지도 조사는 잘만 하면 그 결과를 정확하게 맞출 수 있다. 그러기 위해서는 모집단을 대표할 수 있는 표본을 선정하는 문제를 비롯하여 상당한 조사 기법과 노하우가 요구된다. 그리고 어느 정도 정확한 예측을 위해서라면 표본오차가 가급적 적어야 하고 표본오차가 적으려면 표본수를 늘려야 한다. 그렇다고 표본수를 마구 늘리는 것이 좋은 것만은 아니다. 표본수가 증가하는 만큼 표본오차가 줄어드는 것은 아니어서 표본수를 마구 늘리는 것은 대단히 비경제적이기 때문이다.

표본오차는 두 후보간의 지지도가 반반일 때 가장 크고 그 지지도 차이가 벌어질수록 조금씩 더 줄어든다. 두 후보의 지지도가 백중세라고 가정할 경우 표본수가 100일 때 ±10이고, 500일 때 ±4.5, 1,000일 때 ±3.2, 1,500일 때 ±2.6, 2,000일 때 ±2.2다. 여기서 표본이 1,000을 넘어서면 표본수를 늘려도 표본오차가 크게 줄지 않는다 것을 알 수 있다. 따라서 조사는 일반적으로 표본수를 1,000~1,200으로 한다. 표본이 1,100일 때 표본오차는 ±3이다. 이는 표본수가 1,100일 때 두 후보에 대한 지지도 차이가 6% 이상이어야만 유의미한 차이가 된다는 뜻이다.

이런 점을 고려한다면 국회의원 선거에서 모든 지역구의 지지도를 제대로 조사한다는 것은 거의 불가능하다. 국회의원 선거는 250여 개의 지역구에서 일시에 실시되기 때문이다. 모든 지역구의 지지도 조사를 이느 정도 성밀하게 실시하려면 각 지역구마다 표본수를 1,000여 명 정도는 해야 하고 그렇게 되면 한꺼번에 약 25만 명을 조사해야 한다. 그러나 이 정도의 피조사자를 한꺼번에 조사하려면 경비도 경비려니와 많은 조사기관과 조사원이 필요하다. 그러나 우리나라에서 조사 기법과 노하우, 잘 훈련된 조사원을 가진 조사기관은 그리 많지 않다.

이처럼 경비, 조사기관, 조사원 문제 때문에 총선에서 지지도 조사는 각 지역구마다 충분한 수의 표본수를 선정하지 못한다. 과거의 총선에서 모든 지역구에 대한 지지도 조사들에서 매 지역구마다 그 표본수는 잘해야 약 100~200명 정도였다. 이 정도 표본이라면 오차가 ±10~±7.1이다. 즉 표본수가 100인 경우에는 두 후보간에 지지도 차이가 20% 이상, 그리고 표본수가 200인 경우에는 두 후보간의 지지도 차이가 14.2% 이상이어야 의미 있는 차이라고 할 수 있다. 그러나 실제 선거 결과에서 이 정도의 지지도 차이를 보이기는 힘들다. 따라서 이 정도의 지지도 차이가 넘는 조사 결과가 나왔다면 그 조사 결과를 신뢰하기 어렵고, 그 정도를 넘지 않는 조사결과가 나왔다면 오차범위 안에 들기 때문에 의미있는 차이는 차이라고 할 수 없다. 말하자면 그 정도의 표본수로는 예측력이 거의 없다고 할 수 있다.

따라서 언론은 총선에서 충분한 수의 표본을 조사하지 않은 모든 지역구에 대한 지지도 조사 결과의 발표에는 신중해야 한다. 그렇지 않으면 본의 아니게 오보를 하고 수용자에게 혼란을 주게 된다. 실제로 1996년 4월 11일의 15대 국회의원 총선에서 그런 일이 벌어졌다. 그 총선에서 신문과 방송은 많은 의견조사를 통해 선거결과를 예측하려고 하였다. 그러나 그런 의견조사가 정확하지 못해 사람들의 궁금증을 덜어주기보다는 오히려 혼란만을 초래했다는 비난을 받았다.

예를 들어보자. 15대 총선 전에 ≪조선일보≫와 ≪중앙일보≫가 비슷한 시기에 별도로 전국의 지역구 전체를 대상으로 실시했다. 그런데 이 가운데 ≪조선일보≫의 조사는 선거구당 표본수가 평균 176명에 불과하고 오차한계가 ±6.9%여서 후보자간 지지도가 13.8% 이상의 차이가 나는 경우에만 실질적인 차이라고 할 수 있는 그런 것이었다. ≪중앙일보≫의 조사는 한 달여 동안에 걸쳐 실시된 것으로 발표시점의 의견을 나타낸다고 볼 수 없는 것이었다. 더구나 이 두 조사는 그 결과에서 서로 차이가 너무 커서 어느 한 쪽이나 두

쪽 모두가 엉터리없는 조사라는 의구심을 불러일으키기에 족했다. 이런 조사는 오히려 독자들을 혼란스럽게 할 뿐이다.

사람들을 더욱 혼란스럽게 한 의견조사는 투표가 끝나고 곧바로 실시하여 방송 4사가 그 결과를 발표한 투표자 조사였다. 투표결과를 재빨리 예측하기 위한 방송사들의 노력은 가상했지만 그 결과가 너무나 빗나가 방송의 공신력만 떨어뜨리고 만 셈이다. 방송사들의 의뢰를 받아 5개의 의견조사기관이 합동하여 전화로 행한 이 조사는 신속하기는 했지만 오차한계가 ±4.3%로 너무 커 예측력이 떨어지는 것이었고 실제로 무려 39군데에서 결과가 빗나갔다. 오차한계를 초과한 차이가 보인 곳은 이보다 훨씬 더 많았다. 그런 조사결과에 의거하여 방송사들은 각 정당별 의석수와 각 지역구별 당선 예정자 명단을 단정적으로 발표하고 일부 당선 예정자의 소감까지 전하는 등 지극히 신중하지 못한 모습을 보였다. 결국 이 조사는 일부 후보와 많은 유권자들로부터 엉터리없는 의견조사라는 항의를 받게 되었다.

투표자 조사가 정확하려면 투표를 마치고 나오는 유권자를 투표소 출구에서 투표소와 똑같은 상황을 만들어 주고 투표소에서 투표한 대로 투표하게 하는 출구조사(exit poll)를 해야 한다. 그러나 선거법은 투표소 출구 500m 이내에서는 투표자 조사를 금지했기 때문에 사실상 제대로 된 출구조사는 불가능했다. 이 때문에 투표자 조사는 부득이 투표를 마치고 집으로 돌아간 사람들을 전화로 조사한 것이었다. 따라서 방송사들은 투표자 조사에서 오차가 컸던 것을 변명할 수도 있을 것이다. 그러나 오차가 큰 조사라면 그 결과에 관한 단정적인 보도를 피했어야 했다. 그리고 확실한 결과는 개표를 지켜보아야 한다고 말했어야 했다.

15대 총선에서 방송사들의 투표자 조사는 선거에 관한 언론사의 의견조사와 그 결과의 보도는 매우 신중해야 한다는 점을 일깨워주었다. 이와 함께, 그것은 또 선진국에서 다 허용하고 있는 투표소 바로 밖에서 행하는 출구조사를 우리도 허용하여 사람들이 쓸 데 없이 밤새며 투표결과를 지켜보지 않아도 되도록 해야 할 필요성도 다시 한 번 일깨워주었다.

6. 바람직한 대선 후보자 보도

대통령은 국가를 대표하고 국정을 이끄는 지도자이기 때문에 대통령 선거와 그 출마자는 국민의 커다란 관심사다. 그래서 대통령 선거가 있는 해에는 연초부터 대선과 그 예상 후보들의 동정이 언론의 조명을 받게 된다. 대통령을 꿈꾸는 사람들은 선거가 있는 해의 벽두부터 분주하게 움직인다. 이와 함께 국민들의 관심도 이들에게 쏠리고 있다. 언론은 진작부터 대통령 예비주자들의 움직임을 크게 다룬다. 대통령의 중요성으로 보아 사람들과 언론의 관심이 이들 대통령 지망자들에게 쏠리는 것은 당연하다. 대통령 선거는 12월에 있지만 그 해 벽두부터 선거가 언론과 사람들이 주요 의제가 되곤 한다.

그러나 대통령 선거에 출마하려는 사람들에 대한 관심이 단순히 호기심의 차원의 것으로 끝나서는 곤란하다. 대통령은 국민생활과 국가활동에 막대한 영향력을 미치기 때문에 대통령이 되려는 사람은 단순한 호기심의 대상이 아니라 엄격한 검증의 대상이어야 하기 때문이다. 그런데 일반인들은 대통령 지망자들에 관한 정보를 언론을 통해서 알게 될 뿐이고 스스로는 그들을 검증하기 어렵다. 하지만 언론은 그들을 검증할 수 있는 인적 자원과 기술을 갖고 있다. 게다가 그런 일을 수행하는 것은 언론의 사회적 책무이기도 하다.

언론은 전통적으로 정치권력에 대한 감시와 비판이라는 감시견 구실을 천명하고 떠맡아왔다. 그런데 우리의 정치권력은 대통령을 그 우두머리로 하기 때문에 정치권력에 대한 감시와 비판은 누구보다도 대통령에 대한 감시와 견제여야 하며 그 감시와 견제는 이미 선출된 대통령에 대해서만이 아니라 마땅히 대통령 후보자들에게도 행해져야 한다. 말하자면 대통령에 대한 감시와 비판은 대통령 후보자들에 대한 감시와 비판으로부터 시작해야 한다는 뜻이다. 그리고 후보자에 대한 감시와 비판의 핵심을 바로 그들에 대한 엄격한 자격검증이라고 할 수 있다. 언론은 유력한 대통령 지망자들 하나 하나에 대해 대통령이 될 만한 식견과 인품과 능력과 지도력을 가지고 있는지를 엄밀하게 검증해야 하는 것이다. 이것이 바로 대통령 후보자와 관련하여 언론이 해야 할 일이고 할 수 있는 최선의 일이다.

그렇다면 우리 언론은 대통령 후보자들과 관련하여 이러한 언론 본연의 임무에 충실했고 충실한가. 불행히도 그 대답은 부정적이다. 우리 언론들은 후보자의 자격 검증이라는 언론 본연의 임무에 충실하기는커녕 특정후보를 대통령으로 만들려고 객관성이나 중립성을 헌신짝처럼 내팽개쳐버린 채 그를 감싸고 미화했던 것은 아닌가. 우리 언론들은 언론이 별로 자유롭지 못하던 과거 군사정권 하에서는 말할 것도 없고, 6월 항쟁의 덕택으로 언론이 비교적 자유롭게 된 이후에도 기득권 세력을 대변하는 특정인을 음으로 양으로 대통령으로 만드는 데 커다란 기여를 하였다.

말할 것도 없이, 언론이 대통령 만들기에 나서서는 안 된다. 언론이 대통령 만들기에 나서는 순간 언론은 언론이 아니라 정치꾼으로 떨어지고 만다. 그렇게 되면 언론은 공익이라는 보편적 이익을 추구하는 공기(公器)가 아니라 특정 정치집단의 사적 이익을 추구하는 도구로 전락한다. 언론이 갖은 공을 들여 특정후보를 대통령으로 만들어냈다면 그 대통령을 제대로 감시하고 비판할 수 없게 된다. 언론은 자기가 만들어낸 대통령과 유착되어 한통속이 될 수밖에 없기 때문이다.

실제로 이런 일이 우리 현실에서 벌어졌다. 우리 언론들은 이른바 '문민정부'에 대해서 제대로 감시하고 비판하지 못했다. 그 결과 대통령은 노동법과 국가보안법을 날치기로 통과시키고 야당을 적대시하는 등 독선적으로 되었고, 한보 비리와 김현철 국정농단사건 등과 같이 권력형 비리가 터지게 되었다. 그래서 김영삼 정권뿐만 아니라 국가 자체가 총체적 위기에 빠지고 말았다. 언론들이 대통령 후보자들에 대한 자격검증에 나서기보다 자격이 의심스러운 특정후보를 미화하여 대통령으로 만든 결과 우리는 국가적 위기에까지 맞게 되었다.

우리 언론들 특히 김영삼 씨를 대통령으로 만들고 그와 그 정권을 제대로 감시하고 비판하지 않았던 몇몇 언론과 언론인들은 정말 심심한 반성을 해야 한다. 그리고 이 일을 거울삼아 다시는 그런 정상배 같은 짓을 하지 않도록 경계해야 한다. 그런데도 지금 우리 언론들은 또 다시 특정인을 대통령으로 만들려고 나서고 있다는 지적을 받고 있다. 언론인들은 특정후보를 대통령으로 만드는 것이 아니라 그의 대통령으로서 자격을 갖추고 있는지를 검증하고 시비하는 것이 언론 본연의 임무임을 명심해야 할 것이다. 언론은 특정후보를 지지하도록 유권자를 꾀지 말고 유권자들에게 후보자들을 제대로 판별할 수 있는 정보를 제공하도록 해야 한다. 그렇지 않은 언론은 언젠가 심판을 받게 될 것이다.

7. 언론의 공개적 후보 지지

"5년마다 도지는 고질병"이라는 말이 있을 정도로 대선 직선제를 쟁취한 이후 우리 일부 언론은 대선 때(1987년, 1992년, 1997년)마다 편파·왜곡 보도 시비를 일으켰다. 어떤 신문은 세 차례 모두 다 야당으로부터 편파보도 혐의로 제소를 당하기도 했다. 이들 언론의 편파·왜곡 보도는 대선보도에서 언론이 마땅히 해야 할 후보 검증이 아니라 해서는 안될 특정후보 대통령 만들기를 위한 것이었다.

실상이 그러함에도, 아니 역설적으로 말하자면 실상이 그러하기 때문에, 우리 언론은 겉으로는 정론, 중립, 불편부당, 공명정대 등을 표방한다. 그러면서 속으로는 특정후보를 지지하는 당파성을 보이는 것이다. 우리 언론은 언제까지고 이렇게 겉 다르고 속 다른 보도행태를 계속해야 하는가. 우리 유권자들은 언제까지고 언론의 이런 이중적 보도행태에 기만을 당해야 하는가. 우리 선거는 언제까지고 이런 언론에 의한 부정선거가 되어야 하는가. 아니다. 이제 그런 표리부동과 기만과 부정을 그만두어야 한다. 공명선거를 위해서, 언론의 발전을 위해서, 무엇보다 우리사회의 정직성과 투명성을 위해서.

그런데 우리 언론(특히 신문, 잡지, 인터넷 매체)이 특정후보를 지지하는 데에는 한 가지 문제가 있다. 언론단체들이 채택한 언론윤리실천요강에는 "실정법을 위반하지 않는 한 특정 정당 또는 특정후보자에 대한 지지 또는 반대를 표명하는 등 언론사의 정치적 입장을 자유로이 표현할 수 있다"고 되어 있다. 그러나 실정법인 선거법 제96조는 "방송, 신문, 통신, 잡지 기타의 간행물을 경영, 관리하는 자 또는 편집, 취재, 집필, 보도하는 자는 특정후보자를 당선되게 하거나 되지 못하게 할 목적으로 선거에 관하여 허위사실을 보도하거나 사실을 왜곡하여 보도 또는 논평을 할 수 없다"고 규정하고 있다. 이 조항을 엄밀히 해석하면, 허위사실을 보도하거나 사실을 왜곡하지 않는다면 특정후보에 대한 지지를 표명할 수도 있는 것으로 볼 수도 있다. 그러나 이 조항의 일반적 해석이나 선거관리위원회의 유권해석은 이 조항이 언론으로 하여금 특정후보의 지지를 금지한다는 것이다.

언론이 후보를 공개적으로 지지할 수 있도록 하기 위한 최선의 방책은 언론들이 정치권으로 하여금 선거법을 개정토록 요구해서 신문, 잡지, 인터넷 매체가 사설이나 사고로 특정후보를 지지할 수 있도록 하는 일이다. 이러한 요구는 언론자유를 위해서 그리고 떳떳한 후보지지를 위해서 언론이 당연히 나서서 요구할 만한 것이다. 아니 요구해야 한다. 그렇지 않으면, 여전히 편파보도를 통해 음성적으로 특정후보를 지지하겠다는 속셈을 가지고 있는 것으로 의심받을 수 있다. 그러나 편파보도를 일삼고 있는 대신문들이 이를 위해 나서지 않을 것이고 다수당인 한나라당의 이회창 총재가 이에 반대하기 때문에 현실적으로 법 개정은 어렵다.

그렇다면 대안은 이 선거법 조항을 언론자유의 침해의 이유로 헌법소원을 내는 일이다. 그러나 헌법재판소가 그 판결을 미루거나 합헌판결을 하는 경우에는 시민불복종운동의 일환으로 그 법에 반하는 것을 무릅쓰고 특정후보 지지를 선언하는 방법이 있을 수 있다. 국민의 기본권인 언론자유를 확대하고, 언론의 기만적인 행태를 바로잡고, 한국 사회의 정직성과 투명성을 증진시키는 일이기 때문에 명분이 충분한 일이다. 물론 여기에는 몇 사람의 형사처벌이 따를 수도 있겠지만 결국에는 허용하지 않을 수 없을 것이다. 우리는 시민운동단체들이 형사처벌의 위험을 무릅쓰고 낙선운동을 벌인 결과 시민단체의 선거운동을 허용하는 등 선거법의 몇몇 조항을 개정시킨 소중한 경험을 갖고 있다. 우리는 몇 사람이 용감하게 에로틱한 표현의 강도를 높이고 그 때문에 형사처벌을 감수한 덕택으로 우리 사회의 성적 표현의 한계를 대폭 확대시킨 사실도 알고 있다.

물론 언론의 후보자 공개 지지에는 반대의견도 만만치 않다. ① 보수적인 언론이 지배하고 정치권력에 줄서기를 좋아하는 우리 언론 풍토에서 후보 지지가 허용되면 언론들이 지지도 조사에서 일등 후보 특히 일등 하는 보수적인 후보를 지지할 것이고, ② 우리 언론의 소유주의 강한 언론통제로 볼 때 사설이나 사시로 특정후보를 지지하면, 일선 취재기자들이 그 후보를 당선시키기 위한 편파보도를 할 것이고, ③ 우리 유권자들의 수준이 낮아서 언론의 후보 지지에 좌우될 가능성이 크기 때문에 언론이 후보를 공개적으로 지지하도록 하는 것은 아직은 시기상조라는 주장이다.

이런 주장들에 일리가 없는 것은 아니지만 현실을 도외시했거나, 언론의 상업성의 논리를 경시한 것이다. 그 간에 많은 우리 언론들이 당파적인 보도를 통해 음성적으로는 특정후보를 지지해왔다. 따라서 후보 지지 금지는 실효성이 없다. 공개 지지를 허용하지 않으면 음성적 지지 행위에 대한 구실만을 제공하는 셈이다. 공개 지지 허용은 떳떳하지 못하게 음성적으로 하든 행위를 떳떳하게 공개적으로 하게 하는 것뿐이다. 그렇게 함으로써 우리 언론들의 정치적 성향을 솔직하게 드러내는 데도 도움을 줄 것이다. 또 음성적으로 하던 것을 공개적으로 하려면, 명분이 있어야 하기 때문에 정책이나 자격을 보다 더 면밀히 따지는 보도를 하게 될 것이다. 또 사설에서 특정후보를 지지했다면 기사에서는 더욱더 공정하도록 노력할 것이다. 그렇지 않으면 독자가 떨어져 나가기 때문이다. 따라서 의견과 사실의 분리라는 객관주의의 발전에도 도움을 줄 수 있다.

언론의 공개적 후보 지지가 시기상조라는 주장은 우리의 일선 기자들의 선의와 독자들의 수준을 너무 낮게 본 것이기도 하다. 구조적인 한계와 제약이 있기는 하지만 많은 일선 언론인들은 끊임없이 진실·공정 보도를 위해 노력하고 있고, 우리 유권자들은 15대 대선에서 언론의 편파 보도에도 불구하고 정권교체를 이루었다. 언론의 특정후보 지지가 허용되고 많이 행해지는 나라에서 오히려 정권교체가 잦다. 일본이나 한국과 같이 그것이 허용되지 않는 나라에서 정권교체가 거의 없이 같은 정치세력이 계속해서 집권함으로써 정치권의 부패가 심하다는 점도 주목할 필요가 있다.

언론의 공개적 후보 지지를 허용함으로써 얻을 것은 많아도 잃은 것은 별로 없다. 우리 언론들의 상업적 계산과 솔직하지 못한 모습 때문에 후보 지지를 허용해도 공개 지지를 하지 않을 가능성이 농후하다. 그러나 그런 얄팍한 계산으로 후보 지지를 허용해도 상관없다는 무책임한 주장을 하는 것은 아니다. 또 구미 선진국들이 하기 때문에 우리도 해야 한다는 선진국 추종주의에서 허용하자는 것도 아니다. 공개적 후보 지지는 헌법에 보장된 언론자유를 확대하는 것이고, 우리 언론과 사회의 이중성을 없애는 일이고, 대선보도에서 언론으로 하여금 대통령 만들기보다는 후보 검증에 더 신경을 쓰게 만드는 일이고, 의견과 사실의 엄격한 분리를 통해 우리 언론의 발전에 기여하는, 원칙과 공익의 문제이기 때문이다. 따라서 언론의 후보 지지에 관한 활발한 논의로 사회적 합의를 도출하는 일이 필요하다.

8. 16대 대선과 부정적 캠페인

2002년 대통령 선거운동의 가장 큰 특징의 하나는 상대후보에 대한 비하, 비방, 인신공격, 색깔론, 폭로, 지역감정 부추기기 등과 같은 부정적 선거운동이 별 효과를 발휘하지 못하고 있다는 점이다. 민주당 국민경선에서는 이인제 후보가 노무현 후보를 음모론으로 음해하고, 급진좌경으로 몰고, 노 후보가 술좌석에서 특정 신문사 폐간 발언을 했다고 비난하고, 장인의 좌익전력을 문제삼기도 했다. 이런 헐뜯기를 '조중동'은 대서특필해주었다. 그러나 이인제 후보는 경선을 중도하차했고, 노 후보는 폭발적인 인기와 함께 민주당 후보로 당선되었다.

민주당 경선에서뿐만 아니라 대선의 본선에서도 부정적 선거운동이 효과를 발휘하지 못하기는 마찬가지다. 한나라당은 노무현을 DJ 양자라고 주장하면서 부패정권 심판을 외치고 있으나 별로 효과를 보지 못하고 있다. 심지어 국가정보원의 도청설, 노무현 후보의 땅투기설 등을 제기하였고 이를 '조중동'은 크게 다루어주었으나 역시 기대하던 효과를 거두지 못했다. 그래서 당황한 나머지, 한나라당은 선거전략에서 우왕좌왕하고 있고, 불편부당을 사시로 하는 ≪조선일보≫는 공정성의 가면마저 벗어던졌다. 예컨대 월간조선의 조갑제 편집인은 "이번 선거에 정치적 생명뿐만 아니라 물리적 생명까지 걸어야 할 입장"이라는 섬뜩한 말로 이회창 후보를 추궁하는가 하면, 50대 유권자는 20대의 자녀 유권자를 용돈이나 학자금을 끊겠다는 압박으로 이회창 후보에게 투표하도록 종용하라는 부모·자식간의 윤리에 반하는 충고를 서슴없이 하는 등으로 보수층 유권자의 결집을 선동하는 파르티잔으로 나섰다.

그러나 정책 대결을 외면한 채 폭로·비방전으로 선거분위기를 혼탁하게 하는 데 대해서 비판이 일었다. 그러자 민주당은 새 정치를 주창하는 노무현 후보의 지시로 폭로·비방전을 중지했다. 한나라당도 폭로·비방전을 자제하기는 했지만 그러나 기본적으로는 부정적 선거운동을 계속하고 있다. 한나라당의 홈페이지, 정치광고, 방송연설, 대변인 논평 등은 대체로 민주당과 노무현 후보와 그 정책, 그리고 노무현·정몽준 후보 단일화 등을 비난하는 부정적인 내용들이다. 심지어 후보자 토론에서도 이회창 후보가 부정적 발언을 가장 많이 한 것으로 분석되었다. 최근에는 노무현 후보의 행정 수도 이전 공약에 대해 한나라당과 이회창 후보는 자신들도 유사한 공약을 했음에도 아무런 근거도 없이 수도권 공동화니 서울 집값·땅값 폭락이니 하면서 대대적인 위협소구를 하고 있고, '조중동'은 한 목소리로 한나라당의 위협소구를 확대재생산하는 데 총력을 기울이고 있다.

그러나 한나라당의 이런 부정적 캠페인과 그것을 확대재생산하는 '조중동'의 지원사격에도 불구하고 각종 지지도 조사에서 노무현 후보가 이회창 후보를 앞서고 있는 것으로 나타나고 있는 모양이다. 부정적 선거운동이 약발이 없다는 증거다. 이는 우리 정치발전을 위해 대단히 의미 있는 현상으로 연구의 대상이라 하겠다. 본래 정치커뮤니케이션 학에서는 부정적 메시지가 긍정적 메시지보다 더 효과가 있는 것으로 알려져 있다. 긍정적인 메시지보다는 부정적인 메시지가 더 주목받고, 더 기억하기 쉽고, 후보 평가에 더 많이 활용되고, 더 강한 감정적 흥분을 유발시켜 합리적 인식을 저하시키기 때문이다.

게다가 부정적 선거운동은 선거판세를 지배하고, 상대방 선거운동의 선택 폭을 제한하고, 선거 막바지에는 반박하기 어렵다는 전략적 이점이 있는 것으로 말해진다. 이 때문에 선거전에서 상대후보나 상대당에 대한 헐뜯기가 횡행하게 된다. 선거전이 치열할수록 그리고 종반에 이를수록 상대후보와 상대당을 더 많이 헐뜯게 된다. 특히 경쟁에서 지고 있는 후보는 이기고 있는 후보를 헐뜯게 되고, 공격을 당한 후보는 반격에 나서게 되어 선거전이 점점 더 부정적 캠페인으로 치닫게 될 가능성이 있다.

그럼에도 16대 대선에서는 왜 이런 부정적 선거운동이 먹혀들지 않을까? 여기에는 몇 가지 이유가 있는 것으로 분석된다. 첫째, 폭로·비방의 내용이 근거 없고 상식적으로 판단할 때 그 진실성을 믿기 어려운 경우가 대부분이었다. 민주당 경선에서 이인제 후보측이 제기한 음모설, 급진좌경설, 폐간발언설, 그리고 본선에서 한나라당측이 제기한 양자설, 도청설, 땅투기설, 행정수도 이전에 따른 서울 부동산 폭락설 등은 뚜렷한 물증이 제시되지 않았고 진실이라고 믿기도 어려운 내용들이다. 많은 유권자들에게 이런 폭로·비방·공격은 선거전에서 이기기 위해 행하는 악의적이고 무책임한 중상모략으로 비쳐진 것으로 보인다.

둘째, 유권자들 특히 유권자의 다수를 차지하는 젊은 유권자들이 구태의연한 낡은 정치에 대단히 비판적이라는 사실이다. 그들은 파괴적이고 부정적인 낡은 정치가 아니라 건설적이고 긍정적인 새로운 정치를 바란다. 그들은 색깔론, 지역감정에 호소하는 부정적인 선거운동은 타기해야 할 낡은 정치로 보고 있다. 그들은 정치인들이 경쟁자에 대한 비방이 아니라 자신의 정치적 비전이나 정책을 제시하기를 바란다. 더러운 정치에 때묻지 않은 참신한 이미지와 함께 정치개혁을 주창하면서 등장한 국민경선 중의 노무현 후보와 후보 선언 전후의 정몽준 후보의 높은 인기가 이 점을 증거한다.

셋째, 노무현 후보의 구정치인과는 다른 면모다. 노무현 후보는 지역감정 해소를 위해 세 번이나 낙선의 고배를 마셨고, 정치활동에서 조직과 돈에 의존하지 않고, 미국에 대해서 자주적 자세를 견지하고, 언행이 매우 솔직하고, 대선 후보로서 결정적인 흠이 별로 없고, 열렬한 지지자들로 구성된 자발적 후원모임이 있고, 희망 돼지를 비롯하여 일반인들이 조금씩 기부한 돈으로 선거운동을 치른다는 점에서 구정치인과 구별되는 면모를 지니고 있다. 우리 정치사에서 일찍이 이런 대통령 후보를 보기 어려웠다. 따라서 그는 젊은 유권자들에게 구태의연한 정치에 물들지 않은 참신한 후보로 비쳐지게 되었다. 이런 노 후보의 모습은 유권자들 특히 젊은 유권자들에게는 낡은 정치의 틀을 깨고 새로운 정치를 구현시킬 새로운 희망으로 비쳐지고 있는 듯하다. 따라서 그를 헐뜯는 부정적 선거운동은 힘을 발휘하지 못하는 것으로 보인다.

넷째, 노무현 후보의 메시지는 대체로 새로운 정치에 대한 갈망을 대변하는 변화와 희망의 메시지라는 점이다. 노 후보의 '새 정치'라는 구호는 돈과 음모로 대변되는 구태의연한 낡은 정치를 타파하고 정책과 비전을 제시하는 새로운 정치를 바라는 우리 유권자들 특히 젊은 유권자들의 마음에 와 닿는 시의적절한 것이다. 노 후보의 구호는 정치개혁을 갈망하는 젊은 유권자의 심금을 울리는 변화와 희망의 메시지인 것이다. 실제로 노 후보의 연설이나 홈페이지 등에는 '변화'와 '희망'이라는 단어가 많이 사용되고 있다. 그런 새로운 정치, 변화와 희망을 원하는 사람들에게 헐뜯기와 같은 구태의연한 부정적 메시지는 잘 먹히지 않는 것으로 보인다. 새로운 정치를 갈망하는 사람들에게는 낡은 정치의 유산인 부정적인 메시지보다는 새로운 정치의 한 모습인 긍정적 메시지가 더 큰 효과를 발휘할 가능성이 크다.

다섯째, 대안적인 인터넷 매체의 부상이다. 한나라당의 부정적 메시지를 편파적으로 널리 확대재생산 해주는 '조중동'의 눈물겨운 노력에도 불구하고 젊은 유권자들에게는 그것들이 잘 먹히지 않았다. 젊은 유권자들은 종이신문을 잘 보지 않을 뿐 아니라 ≪오마이뉴스≫ ≪프레시안≫ ≪대자보≫ ≪서프라이즈≫와 같은 대안적인 인터넷 매체를 통해 시사 문제에 접하는 경향이 커지고 있기 때문이다. 게다가 이들 대안적인 인터넷 매체에는 한나라당의 폭로·비방의 부정적 캠페인과 그를 무비판적으로 확대재생산하는 '조중동'의 보도행태를 비판하는 내용이 많다. 한마디로 '조중동'의 의제설정력과 여론지배력이 급격히 추락한 것이다. 오프라인 매체에서 온라인 매체에로 권력이동이 일어나고 있다. 따라서 '조중동'이 의제와 여론을 좌지우지하던 과거와는 달리 부정적 선거운동이 별다른 효과를 발휘하지 못하고 있는 것이다.

그런데도 안타깝게 한나라당은 여전히 부정적 선거운동을 계속하고 있고, '조중동'은 그런 한나라당의 주장을 충실하게 확대 재생산한다. 하지만 선거전에서는 여전히 뒤지고 있는 것으로 보인다. 그래서 더욱더 부정적 선거운동에 매달리지만 효과는 기대 밖이다. 한나라당과 '조중동'은 아직도 정치 패러다임의 변화를 눈치채지 못하고 낡은 패러다임에 얽매어 있는 것이다. 그러나 지금 정치의 패러다임이 급속도로 바뀌고 있다. 더러운 정치에서 깨끗한 정치로 변화하고 있다. 낡은 정치에서 새 정치로 전환하고 있다. 부정적 선거운동은 더러운 정치, 낡은 정치의 일부다. 이제 더러운 정치, 낡은 정치는 먹히지 않는다. 따라서 낡은 정치의 일부인 부정적 선거운동 또한 먹히지 않는다. 한나라당과 '조중동'은 이 점을 깨닫고 하루 빨리 새로운 패러다임을 수용해서 정도를 걷도록 해야 한다. 그것이 한국 정치를 살리는 길이고 스스로도 사는 길이다.

제7장 텔레비전과 선거

1. 선거와 방송의 독립성·공정성의 문제

방송의 독립성과 공정성이 사회적 쟁점이 되었다. 한나라당이 2002년 8월 27일 지상파 방송3사와 케이블 TV 뉴스 전문 채널인 YTN에 「불공정 시정촉구」라는 공문을 보냈다. 이 공문은 ① "지난 8월 14일 방송사에 공정방송 협조를 요청했음에도 불구하고 방송들이 여전히 검찰의 흘리기 보도와 김대업의 일방적 주장에 의존하여 보도"하는 등 "방송이 '병풍'을 주도하고 있는 양상"이라고 주장하면서, ② "이정연 씨 얼굴"을 사용하고 "정연 씨 이름 앞에 '이회창 후보의 아들'이라는 수식어"를 사용하는 것은 이회창 후보 흠집내기라며 이의 자제를 요청했고, ③ "검찰의 공식 발표도 아닌 어떤 목적을 가지고 의도적으로 흘린 내용을 확인도 하지 않고 방송하는 것은 불공정 방송"이라고 단정했다.

이에 대해 해당 방송사 특히 그 종사자들과 노조, 언론단체, 언론운동시민단체들이 "방송장악 기도", "방송 길들이기"라며 강하게 반발하고 나섰다. 해당 방송 4사의 노동조합은 "한나라당은 군사정권적

신보도지침을 철회하라"고 촉구하는 공동성명을 발표하기도 했다. '보도지침'이란 5공 정권이 언론의 보도를 정권에 유리하게 조정하기 위해 매일 언론사에 내려보낸, 구체적인 보도관련 지시사항들이었다. 예컨대 1986년 1월 23일자 보도지침 가운데 몇 가지를 뽑아보면 다음과 같다.

– 김근태 공판. 사진이나 스케치 기사 쓰지 말 것.
– 조순형, 박찬종 공판. 사진, 스케치 기사 쓰지 말 것.
– 신문 제목에서 야당이 주장하는 '개헌' 또는 '1,000만 명 서명운동'이라는 표현이 나오지 않도록 할 것.

방송사에 대한 한나라당의 요청은 특정한 표현이나 특정인의 사진을 쓰지 말아달라는 것으로 공교롭게도 위에서 보듯이 5공 정권의 보도지침에서 그리고 다른 날의 보도지침에서 무수히 나오는 지시내용과 유사하다. 물론 5공 정권의 보도지침은 언론에 요청한 것이 아니라 지시한 것이고, 한나라당의 공문 내용은 방송에 지시한 것은 아니고 요청한 것이라는 차이가 있다. 하지만 의석의 과반수를 가진 제1당이 한 번도 아니고 거듭 그런 요구를 한다면 방송사는 위축될 수밖에 없고 그것은 결국 언론자유를 침해하는 행위가 된다. 따라서 그런 행위는 방송의 독립성과 공정성을 해치는 행위로 비판을 받을 수밖에 없다.

한나라당은 또 주식회사인 문화방송을 국정감사 대상에 포함시키기 위해 감사원법 개정을 추진하겠다고 했다. "국가의 출연금을 받은 기관이 재출연하거나 국가의 출자를 받은 기관이 재출자한 기관"은 감사원 감사대상으로 하면서도 국가의 출연금을 받은 기관이 재출자한 경우는 그 대상에서 제외된 점은 형평에 맞지 않다는 것이다. 또 같은 공영방송인 한국방송공사와의 형평성을 위해서라도 문화방송을 국감 대상에 포함시켜야 한다는 것이다. 그러나 문화방송측은 문화방송이 형식적으로는 정부출연금을 받은 방송문화진흥회의 재출자기관이기는 하지만, 국감의 대상이 될 수 없는 상법상의 주식회사이고, 한국방송공사와는 달리 그 재정을 수신료와 같은 국민의 부담이 아니라 광고에 전적으로 의존하고 있는 데다, 방송 행위는 국정의 작용이라고 볼 수도 없기 때문에 국감의 대상으로 삼는 것은 적절하지 않다는 반론을 제기한다.

문화방송을 포함하여 모든 방송은 방송법에 의하여 국가기관인 방송위원회의 규제와 감독을 받고 있고 국회는 이러한 방송위원회를 국정감사 대상으로 하고 있다. 게다가 문화방송의 지배주주인 방송문화진흥회 또한 정부의 출연금을 받은 기관으로 국감의 대상이다. 이처럼 국회는 문화방송의 감독기관인 방송위원회와 지배주주인 방송문화진흥회를 피감기관으로 하고 있다. 그런데도 굳이 언론기관인 문화방송 자체를 국감 대상으로까지 삼아 정치권의 영향력 하에 두려는 것은 방송의 정치권으로부터 독립이라는 점에서 바람직하지 않다. 그런 움직임은 오히려 "대선을 의식한 방송 길들이기 의도"라는 의심만을 받게 될 뿐이다.

한나라당은 당론으로 문화방송과 한국방송공사 제2채널을 민영화하겠다고 발표한 바 있다. 이 두 채널이 공영방송으로서 문제가 없지는 않지만 방송의 상업화가 가속화하는 상황에서 이들마저 민영화하여 상업성의 폐해를 가중시키기보다는 그 공영성을 강화하여 일부 방송에서나마 공공성이 담보되도록 하는 것이 더 바람직하다고 필자는 판단한다. 하지만 이들을 민영화하겠다는 한나라당의 당론은 그것대로 존중되어야 한다고 생각한다. 그 당론은 한나라당의 성향과도 부합한다.

그런데 문화방송을 국감 대상으로 삼겠다는 정책은 이런 당론과 배치된다. 문화방송을 국감 대상으로 삼겠다는 것은 문화방송을 민영화하는 것이 아니라 더욱더 공영화하는 것이기 때문이다. 만일 한나라당이 문화방송의 국감 대상화를 관철시키려 한다면 문화방송의 민영화 대신 공영성 강화를 당론으로 내세워야 한다. 그래야 당론과 정책의 일관성이라도 있게 된다. 그러나 이 경우에도 한나라당의 문화방송 국감 대상화 추진은 그 추진의 전후맥락에서 볼 때 문화방송 길들이기라는 비판에서 자유로울 수 없다.

과거 우리 방송은 '정권의 나팔수'라는 오명으로 불리기도 하였다. 그러나 정권의 민주화와 함께 우리 방송도 정권이나 정치권의 예속으로부터 자유로워졌다. 그 결과로 1997년의 대선에서는 방송이 신문보다 더 공정하다는 평가를 받기도 하였다. 오늘날 학계에서도 신문의 공정성에 대한 비판은 많아도 방송의 공정성에 대한 비판은 별로 없다. 오늘날 우리 방송 뉴스는 신문 뉴스보다 수용자들의 신뢰를 더 받고 있다. 이처럼 방송의 독립성과 공정성이 정착되어 가는 마당에 그것들을 침해하는 것으로 비쳐질 수 있는 움직임은 자제되어야 할 것이다.

일반적으로 언론의 보도가 자신에게 유리하면 공정하게 보이고 불리하면 불공정하게 보이기 마련이다. 게다가 방송은 그 영향력도 크다. 그래서 힘이 있는 세력은 방송에 불만을 갖기 쉽고 어떻게든 방송을 통제하려는 시도를 하게 된다. 이 때문에 방송의 독립성과 공정성이 곧잘 도마 위에 오르곤 한다. 방송의 독립성과 공정성을 위하여 정치권 특히 힘이 있는 정치세력은 좀 더 큰 아량으로 방송을 대해야 하고, 방송사와 그 종사자들은 정치권을 비롯한 외부의 어떤 간섭이나 유혹에도 적극적으로 맞서야 한다.

2. 선거관련 다큐멘터리의 편파성 시비

문화방송이 2002년 5월 5일 밤에 방영한 <MBC 스페셜>「국민 참여 경선 1부: 정치, 시민이 바꾼다」에 대해 한나라당이 편파방송이라며 6일에는 대변인 논평을 내고, 편파방송특별대책위원회를 구성해서 7일에는 MBC 본사에 항의방문까지 했다. 이와 함께 이회창 후보는 이 프로그램의 2부「개혁의 조건」에 출연하기 위한 인터뷰를 거부했다.

이 프로그램은 민주당과 한나라당의 경선 모습을 보여주는 도입부에 이어 민주당 경선 과정과 한나라당 경선 과정, 노무현 후보의 지지모임인 '노사모'와 이회창 후보 지지모임인 '창사랑'을 소개하는 내용으로 본론을 채우고 있다. 결론부는 6월 항쟁에서부터 비롯된 시민의 정치참여 역사에 이어 민주당 국민 경선에 적극적으로 참여한 '노사모' 회원들의 활동에 힘입어 민주당 경선에서 노무현 후보가 이인제 대세론을 뒤엎고 승리할 수 있었음을 소개하면서 시민들의 적극적인 참여로 우리 정치가 바뀌고 있다는 내용으로 구성되어 있다.

이 프로그램은 시민들에 의해 정치가 바뀌고 있다는 것을 보여주려는 기획의도에서 제작된 시사 다큐멘터리였다. 이 프로그램이 편파적이라는 한나라당의 비난은 이 프로그램의 의도나 장르를 오해한 때문이다. ≪조선일보≫(2002. 4. 8)에 의하면, MBC를 항의 방문한 자리에서 한나라당측은 "국민 참여 경선제를 다룬다는 취지라면 취재의 중심이 국민 경선에 참여한 대의원들이 중심이 돼야 하는데, 이 날 방송에서는 노무현이라는 특정후보 지지도 및 '노사모'를 집중 취재했다" 며 "이는 특정후보를 띄우기 위한 의도"라고 말했다. 그러나 이 프로그램은 "정치, 시민이 바꾼다"라는 부제에서 명백히 드러나듯이, 국민 경선 그 자체를 소개하기 위한 것이 아니라 시민이 국민 경선이라는 정치에 참여함으로써 우리 정치가 어떻게 바뀌고 있는가를 소개하기 위한 것이다. 따라서 국민 경선에 적극적으로 참여하여 경선 판도를 바꾸어버린 '노사모'의 소개는 프로그램의 제작 의도에 잘 맞는 것이다.

더구나 이 프로그램은, 그 책임 프로듀서도 밝혔듯이, 공정성이 요구되는 선거보도나 시사 토론 프로그램이 아니다. 선거보도나 선거 관련 토론 프로그램이라면 엄격한 공정성을 준수해야 할 것이다. 하지만 이 프로그램과 같이 어떤 결론을 이끌어내기 위한 다큐멘터리에서는 공정성은 요구되지 않는다. 선거에서 후보간에 같은 시간을 할애해야 한다는 동시간 규칙을 규정한 미국의 통신법 315조도 순수한 다큐멘터리 프로그램은 동시간 규칙의 예외로 인정하고 있다.

다큐멘터리 장르의 프로그램에서 중요한 평가 요소는 그 결론을 이끌어내기 위한 증거가 적절하고 치밀하게 제시되었는지 여부여야 한다. 이런 기준으로 볼 때 이 프로그램은 시민들의 정치 참여로 우리 정치가 바뀌고 있다는 본래의 기획의도를 실증적인 예들을 들어가며 비교적 잘 부각시킨 수작이었다고 할 수 있다. 이 작품의 흠결이 있다면, 공정성에 얽매일 필요가 없는 프로그램에서 오히려 지나치게 공정성에 신경을 쓴 나머지 프로그램이 다소 매끄럽지 못했던 점이라고 할 수 있다.

이 프로그램은 처음부터 그리고 특히 본론 부분에서 민주당과 한나라당, '노사모'와 '창사랑'을 너무 기계적으로 나열함으로써 프로그램의 맥이 끊기고 지루해졌다. 국민 경선제를 먼저 도입한 것은 민주당이고, 그 경선은 후보간의 열띤 공방으로 인기를 끌었고, 예상을 뒤엎는 결과가 나왔다. 이에 반하여 한나라당은 뒤늦게 마지못해 국민 경선제를 도입했고, 그 경선은 ≪주간조선≫(2002. 4. 30)조차 "국민들 호응 냉담"한 "김빠진 사이다"라는 표현을 쓸 정도로 인기를 끌지 못했고, 결과도 예상대로였다. 그런데도 이 프로그램은 애써 두 당의 경선을 동급으로 취급했다. 게다가 모임의 회원수, 회원의 자발성, 모임의 역사 등에서 상당히 차이가 나는 '노사모'와 '창사랑'도 거의 같은 비중으로 다루었다. 공정성을 의식할 필요가 없는 다큐멘터리 프로그램에서 지나치게 공정성을 의식하여 억지로 공정성을 맞추고자 한 때문에 매끄럽지 못하게 된 그런 프로그램에 대해 편파적이라고 비난하는 것은 합당하지 않다.

게다가 더욱 놀라운 것은 이 프로그램을 편파방송으로 규정한 한나라당이 긴급대책회의를 갖고 난 후 그 회의 참석자인 박원웅 홍보위원장이 문화방송을 편파방송이라고 비난한 데 대해 그 이유를 묻자 "(문화방송이) 정권의 시녀니까 그렇다. 사장을 정권이 임명하지 않는가"라고 답했다는 사실이다. 이보다 한 술 더 떠, 문화방송을 항의 방문하고 난 후 인적구성이 문제라고 한 데 대해 질문을 받자 박 위원장은 "뻔하지 않나. 누가 임명하고, 어느 지역 사람인가. 현재도 그렇고 과거에 (MBC) 거쳐간 사람들도 다 호남사람들이다. 언론사의 오점이다"라고 답한 것도 양식을 의심케 하는 놀라운 발언이다(≪오마이뉴스≫, 2002, 4. 8).

문화방송 사장은 방송문화진흥회 이사회에서 선임한다. 한나라당의 전신인 과거 민정당, 민자당, 신한국당 시절에는 이런 절차를 무시하고 정권이 낙점한 인물을 이사회에서 추인하는 식이었다. 그러나 현 김중배 사장의 경우 정권의 의중과 상관없이 방문진 이사회에서 자율적으로 선출했다는 것은 잘 알려진 사실이다. 사장을 정권이 임명했다는 주장은 김 사장에 대한 중상모략이다.

게다가 "현재도 그렇고 과거에 (MBC) 거쳐간 사람들은 다 호남사람들이다"라는 주장은 지역감정에 호소하기 위해 사실을 완전히 무시한 악의적 발언이다. 한나라당이 문제삼는 프로그램의 제작에 참여한 프로듀서들 가운데 호남 출신은 한 사람도 없는 것으로 밝혀졌고, 과거 문화방송의 요직을 거쳐간 사람들이 다 호남 사람들이라는 주장도 사실에 반하는 터무니없는 것이다. 지역감정을 부추기기 위해 이처럼 사실관계를 무시하는 발언을 하는 사람이 제1당의 홍보위원장이라니 참 한심할 따름이다. 문화방송을 편파방송으로 몬 박 씨의 반사실적, 지역차별적 발언으로 명예를 심각하게 훼손당한 문화방송사와 그 종사자들이야말로 박 씨와 한나라당에 사과를 요구해야 할 것이다.

다큐멘터리 프로그램에 대해 적절하지도 않은 공정성 시비를 일으켜 지역감정을 선동하는 행위는 극복해야 할 구시대의 더러운 정치다. 지금 우리 정치가 극복해야 할 최대의 과제가 지역감정인데도 일부 정치인과 정당은 걸핏하면 지역감정을 선동한다. 새롭고 깨끗한 정치를 열망하는 유권자들은 이런 더러운 정치에 철퇴를 가해야 한다.

3. 순수한 뉴스 다큐멘터리의 공정성

지금 문화방송과 한나라당이 문화방송의 한 다큐멘터리 프로그램을 두고 공정성 시비로 공방을 벌이고 있고, 이에 대해 판정을 해야 할 방송위원회는 중간에서 머뭇거리고 있다. 문제가 된 프로그램은 시민이 정치를 바꾼다는 주제를 다룬 <MBC 스페셜－국민참여 경선>이었다. 이 프로그램은 이른바 '순수한 뉴스(bona fide news)' 다큐멘터리 프로그램이다. 여기서 '순수한 뉴스'라는 말은 프로그램이 특정후보의 당락을 목적으로 한 것이 아니고 순수한 뉴스 보도를 목적으로 한 것임을 뜻한다.

일반적으로 선거보도는 한 후보가 출연하면 다른 후보에게도 똑같은 출연 기회를 주어야 한다. 이것이 이른바 '동등 기회의 규칙'이다. 이 동등 기회의 규칙은 후보가 아니라 후보의 지지자가 출연하는 경우에도 적용되는데 이 경우에는 '준동등 기회의 규칙'이라 부른다. 그런데 순수한 뉴스 다큐멘터리는 순수한 뉴스 방송, 순수한 뉴스 대담, 순수한 뉴스 사건의 현장 보도와 함께 이러한 동등 기회 또는 준동등 기회의 규칙을 준수해야 하는 의무에서 면제된다. 이런 프로그램에 그런 규칙을 강요하면 선거철에는 이런 프로그램의 제작 자체가 불가능하거나 프로그램의 완성도가 현저히 떨어져버리기 때문이다.

따라서 방송제작자는 순수한 뉴스 방송, 뉴스 대담, 뉴스 다큐멘터리, 뉴스 사건의 현장 보도의 네 가지 유형의 프로그램 제작에서는 동등 기회 또는 준동등 기회의 규칙 즉 공정성을 의식할 필요가 없다. 다시 말하면, 방송제작자는 이 네 가지 유형의 시사 프로그램에 특정후보나 그 지지자가 나온다 하더라도 그 프로그램이 순수한 뉴스로서 가치가 있다고 진실하게 믿고, 그 후보자를 다른 후보들에 대해 유리하게 하려고 의도하지 않는다면 그 프로그램에서 다른 후보들에게 동등 기회를 부여할 필요가 없다는 뜻이다.

문제가 된 <MBC 스페셜－국민참여 경선>은 기본적으로 '노사모(노무현 후보 지지 모임)'라는 한 정치인 팬클럽의 활동의 조명을 통해 시민들이 우리 정치를 바꾸고 있다는 주제를 다룬 다큐멘터리 프로그램이다. 특정후보 지지를 위해 자발적으로 결성된 '노사모'는 민주당 경선과정에서 이인제 대세론을 뒤엎고 우리의 정치 모습을 바꾸는데 기여했다. 이런 정도의 중요한 사회적 존재라면 방송은 마땅히 중요 소재로 다루어야 한다. 그리고 그런 존재를 다루는 다큐멘터리 프로그램은 특정후보의 당락을 목적으로 한 것이 아니기 때문에 그 프로그램에 비록 특정후보나 그 지지자들이 출연한다 하더라도 '동등 기회의 규칙'이나 '준동등 기회의 규칙'을 적용해서 다른 후보나 그 지지자를 똑같은 정도로 출연시킬 필요가 없는 것이다.

그런데도 문제가 된 <MBC 스페셜>은 민주당 경선과 '노사모'만을 다루지 않고 한나라당 경선과 '창사랑(이회창 후보 지지 모임)'도 함께 병렬적으로 소개함으로써 불필요한 균형을 취하려고 하였다. 시민이 정치를 바꾼다는 주제에 맞지도 않는 존재가 등장함으로써 그 프로그램의 흐름이 끊기고 어색한 부분이 많았다. 순수한 뉴스 다큐멘터리 프로그램에서 불필요한 공정성을 배려한 나머지 프로그램의 완성도를 현저히 떨어뜨리고 만 것이다. 공정성을 고려할 필요가 없는 프로그램에서조차 공정성을 고려할 정도로 MBC가 공정성에 예민했지만 MBC는 오히려 공정하지 않다는 이유로 한나라당으로부터 공격을 당하고 있다.

그러나 그 공격은 부당하다. 그 프로그램은 공정성의 의무를 준수해야 하는 유형의 프로그램이 아니기 때문이다. 오히려 공정성을 지키지 않아도 되는 프로그램에서 프로그램의 완성도를 떨어뜨리면서까지 공정성을 위해 노력했다는 점은 그만큼 우리 방송이 아직도 정치권에 취약하다는 점에서 동정을 받아야 한다. 그런 프로그램에 대해서 공격을 하는 것은 정치권이 방송을 더욱더 정치권력에 예속시키고자 하는 기도일 뿐이다. 그런 기도는 우리 헌법 21조가 보장한 언론자유 그리고 방송법 4조가 규정한 방송 편성의 자유와 독립을 해치는 범법 행위가 될 수 있다.

이 프로그램의 공정성 시비는 하루빨리 해소되어야 한다. 순수한 뉴스 다큐멘터리 프로그램을 둘러싼 오해를 없애고 방송과 정치권이 소모적인 공방에서 속히 벗어나야 한다. 무엇보다 방송의 독립성을 해치는 정치권의 기도에서 방송이 보호되어야 한다. MBC는 정치권을 지나치게 의식한 나머지 프로그램의 완성도까지 떨어뜨리는 불필요한 공정성에 신경을 쓰는 것이 과연 정치로부터 독립적인 자세였는지 깊이 반성해야 할 것이다. 방송의 독립성은 실천하고 쟁취하는 것이지 주어지는 것이 아니다.

4. 텔레비전 토론과 군소후보

광역자치단체장 선거운동이 개시되었다. 시·도지사나 대통령 선거와 같이 선거구가 광역인 선거의 가장 효율적인 선거운동은 매체를 이용하는 것이다. 그 가운데에서도 후보자에게 전혀 돈이 들지 않고 경쟁 후보와 차이를 드러내기에 가장 좋은 수단은 후보자 텔레비전 토론일 것이다. 후보자 텔레비전 토론은 고비용 저효율 정치 또는 금권선거를 방지하기 위한 매우 효율적인 수단이기도 하다. 그래서 우리 선거법은 이를 법적 의무사항으로 규정하였다. 1997년에는 대통령 선거에서의 토론만을 의무화했으나 2000년의 선거법 개정에서는 광역자치단체장 선거에서의 토론도 의무화했다.

선거법 82조 2항은 대통령 선거와 시·도지사 선거에서 후보자 텔레비전 토론회(대선 3회 이상, 시·도지사 선거 1회 이상)를 공영방송사(KBS와 MBC)가 개최하도록 하였고, 토론회에 관한 자세한 사항은 토론위원회에서 정하도록 규정하고 있다. 토론위원회는 원내교섭단체를 구성한 정당, 방송사, 방송학회, 변호사협회, 시민단체 등에서 추천하는 인사들로 구성하도록 하고 있다. 이에 따라 2002년 6월 13일 시·도지사 선거를 앞두고 같은 해 5월 22일 전국 동시지방선거 방송토론위원회가 구성되었다.

이 토론위원회는 KBS와 MBC의 서울 본사로 하여금 서울, 경기, 인천의 광역자치단체장 후보 토론회를 두 방송사 모두 각 지역 후보들을 대상으로 각각 1회씩 개최하도록 하였다. 토론위원회는 토론에 초청할 후보의 선정기준으로 다음의 두 조건을 하나 이상 충족시키는 경우로 하였다. 즉 ① 원내교섭단체를 구성한 정당의 후보, ② 3개 이상의 종합일간지와 두 공영방송사가 조사하여 보도한 후보 등록 이전 20일간의 여론조사 결과 평균 5% 이상의 지지를 받은 후보. 그리고 이 기준에 해당되지 않는 후보자에 대해서는 별도의 대담(후보 한 사람이 사회자나 질문자의 질문에 답하는 것)이나 토론(두 명 이상의 후보가 사회자를 통해서 공방을 벌이는 것)의 기회를 부여하도록 의무화하였다.

토론회와 관련된 가장 중요한 사항은 역시 토론회에 초청할 후보의 선정기준과 그 초청범위일 것이다. 이상적으로만 말한다면, 동등 기회의 원칙에 따라 동일한 공직에 출마한 모든 후보를 다 초청해야 할 것이다. 그러나 후보가 3명 이하라면 모르지만 4명 이상이면 토론회가 물리적으로 어렵거나 지리멸렬하게 된다. 토론은 본래 2명의 토론자가 1:1로 대결하는 것이 기본이다. 토론참여 후보가 3명인 경우에는 그런 대로 토론을 어찌 해볼 수 있겠으나 참여 후보가 4명 이상이면 토론다운 토론은 되기 힘들다. 토론회에 모든 정당한 후보를 참여시키는 것이 이상적이라고 해서 토론회를 지리멸렬하게 하면서까지 꼭 모든 후보를 다 참여시켜야 하는 것은 아니다. 토론다운 토론을 할 수 없는 토론회라면 개최하지 않는 것만 못하다. 게다가 유력후보는 군소후보와 토론을 하려 하지 않는다. 또 당선가능성이 높은 유력후보와 당선가능성이 극히 낮은 군소후보를 똑같이 다루는 것이 공정한 것도 아니다. 따라서 소수의 유력후보들만을 참여시킨 토론회가 부당하다거나 불공정하다고 할 수 없다.

영국 BBC 방송의 시사 프로그램 가이드라인은 공정한 것은 기계적인 균형을 맞추는 것이 아니라 의견의 범위와 함께 의견의 무게도 고려하여 그 무게에 따라 차별적으로 시간을 할애하는 것이라 지적하고 있다. 즉 더 많은 사람들이 지지하는 의견에 더 많은 시간을 할애하라는 뜻이다. 이 기준을 토론에서의 참여 후보의 초청기준에 적용하면 유력후보와 군소후보를 차별하는 것이 불공정한 처사가 아니라 공정한 처사가 된다. 공정성이라는 측면에서도 후보자 토론은 불가피하게 당선 가능성이 높은 유력후보 중심이 될 수밖에 없다. 미국에서도 후보자 텔레비전 토론에 유력후보만을 초청하는 것이 동등기회 규칙에 어긋나지 않는 것으로 인정되고 있다.

그렇다고 군소후보를 토론에서 완전하게 배제하는 것이 마땅하다거나 바람직하다는 것은 아니다. 어떤 형태로든 그들에게도 텔레비전을 통해 유권자들에게 자신들의 정강정책을 알릴 기회를 주어야 할 것이다. 그것이 사회정의에 부합하고 국민의 알 권리에 봉사하는 일이기도 하다. 따라서 군소후보에게도 그들만의 토론이나 대담의 기회를 부여해야 한다. 이 경우 토론을 고집하기보다는 대담을 통해 그들에게 자신들의 자질이나 정책을 알릴 수 있도록 하는 것이 더 좋을 듯하다. 군소후보가 1명이면 토론 자체가 불가하고 여럿이면 토론이 효율적이지 못하기 때문이다. 이런 이유로 지방선거방송 토론위원회에서는 군소후보들에게도 별도의 토론이나 대담의 기회를 반드시 부여하도록 하되 토론으로 할 것인지 대담으로 할 것인지에 대해서는 방송사가 알아서 하도록 일임하였다.

민노당, 사회당 등 군소정당들은 광역자치단체장 선거의 후보 토론회에 자신들의 후보들도 초청해줄 것을 방송사에 요구했다. 그들의 요구는 정당하다. 그러나 군소후보를 유력후보와 똑같이 대해 달라는 요구는 유력후보에게는 부당한 것이기도 하다. 따라서 그들의 요구를 100% 수용할 수 없는 방송사나 토론위원회의 고충도 이해되어야 한다. 방송사에서 임의적으로 행하는 토론이든, 선거법에 의한 의무적 토론이든, 후보자 토론에서 참여 후보의 초청범위를 결정하기 위한 어떤 기준은 불가피하다. 가능하면 모든 후보를 다 참여시켜야 하겠지만, 군소후보를 무조건 다 포함시키는 것은 물리적으로 불가능하고 불공정한 측면이 있기 때문이다. 애석한 일이지만, 이상과 현실 간에는 괴리가 있기 마련이고, 정치는 현실에 더 크게 좌우된다.

5. 후보자 텔레비전 대담과 토론의 분업적 활용

고비용 저효율 정치를 개혁하려는 정치개혁의 일환으로 매체선거가 각광을 받고 있다. 선거관리위원회는 2002년 9월 매체선거를 강화하는 선거정치 개혁안을 마련하여 국회에 제출하기도 하였다. 매체선거는 선거운동으로 돈이 많이 들고 부정이 발생하기 쉬운 유세나 개별접촉과 같이 유권자를 직접 만나는 방식보다는 돈도 적게 들고 부정의 소지도 없는 매체 특히 텔레비전을 통해 유권자를 간접적으로 만나는 방식을 이용하는 것이다.

매체선거에는 선거보도, 정치광고, 후보연설, 후보자 대담·토론 등이 있다. 이 가운데 선거보도는 언론이 주도권을 쥐고 있어서 정치권이나 후보는 그 대상일 뿐이다. 게다가 선거보도는 경마저널리즘으로 흘러 유권자의 후보 선택에 별 도움을 주지 못할 뿐만 아니라 편파적이어서 유권자를 오도하기도 한다. 정치광고나 후보연설은 후보가 주도권을 쥐고 있기는 하지만 후보들의 일방적인 주장일 뿐이라서 유권자를 기만하거나 오도하기 쉽고, 비용도 기본적으로는 후보측에서 부담해야 하기 때문에 돈 안 드는 선거방식은 아니다.

이에 비해 후보자 대담·토론은 주도권이 후보자에게 있고, 후보자와 질문자간에 또는 후보자 상호간에 공방을 벌이는 것이기 때문에 일방적인 자기 주장이 아니고, 그 비용을 매체측에서 부담하기 때문에 돈 안 드는 선거방식이 된다. 후보자 대담·토론은 유권자의 후보판단과 선택에 가장 큰 도움을 줄 수 있으면서도 비용은 들지 않는 가장 이상적인 매체선거의 방식이라고 할 수 있다. 이 때문에 후보자 대담·토론에 대한 유권자의 요구와 관심이 크다. 우리 선거법에도 대선과 시·도 지사 선거의 경우 공영방송사는 선거기간에 3회 이상 후보자 대담·토론을 하도록 규정하고 있다.

고비용 저효율 정치를 개선하기 위해서 그리고 선거에서의 부정을 방지하기 위해서, 무엇보다 후보들의 일방적인 주장이 아니라 그들의 주장의 시시비비를 가리고 그들의 자질과 비전과 정책을 비교·검토할 수 있게 하기 위해서, 후보자 텔레비전 대담·토론은 많이 개최될 필요가 있다. 따라서 방송사는 법정 대담·토론 이외에도 가급적 많은 후보자 대담·토론회를 마련하여 유권자들로 하여금 후보들의 자질과 정견과 정책에 관해서 제대로 비교·검토할 수 있도록 해야 한다.

여기서 한 가지 분명히 구별할 것이 있다. 우리는 흔히 후보자를 초청하여 질문하는 것을 모두 토론으로 부른다. 하지만 선거법은 2인 이상의 후보자를 초청하여 사회자를 통해 질문·답변하는 후보자 합동토론만을 토론으로 규정하고, 1인의 후보자를 초청하여 사회자 또는 질문자의 질문에 답변하는 후보자 개별토론은 대담으로 규정하여 구별하고 있다. 이런 선거법상의 토론 즉 합동토론은 그 성격상 참여자가 2인일 때 가장 적절하고, 3명까지는 어찌 해볼 수 있지만, 4명 이상이면 지리멸렬해져버린다. 그런데 흔히 대선에서 법적으로 정당한 후보는 4명을 넘는 경우가 일반적이다. 따라서 대선에서 모든 후보를 토론에 참여시킬 수 없고 누군가를 배제해야 하며, 누군가를 배제해야 한다면 지지도가 낮은 군소후보를 배제할 수밖에 없다.

하지만 군소후보일지라도 법적으로 정당한 후보—즉 하자 없이 선거 등록을 마친 후보—라면 텔레비전을 통해 유권자들에게 자신들의 정견과 정책을 알리고 자질과 능력과 도덕성을 검증받을 적절한 기회를 갖는 것이 평등의 원칙에 충실한 일이다. 또 그런 기회를 갖게 되면 조직이나 자금이 절대 열세인 군소후보도 유력후보가 될 지도 모른다. 따라서 법적으로 정당한 모든 후보들에게는 텔레비전 대담을 통해 자신의 자질과 정견과 정책을 검증받을 수 있는 기회가 주어져야 한다.

그런데 다행히도 후보자 1인을 초청하여 사회자나 질문자의 질문에 답변하게 하는 대담 즉 개별토론은 바로 그런 기회를 제공할 수 있는 수단이다. 후보의 수와 별 상관없이 대담의 기회는 모든 후보에게 똑같이 부여될 수 있기 때문이다. 대담의 기회도 없이 군소후보라고 무조건 토론의 기회마저 박탈하는 것은 부당한 측면이 있다. 하지만 대담을 통해 유권자들에게 자질과 정견과 정책을 알릴 수 있는 기회를 주었음에도 군소후보에 머문다면 그런 군소후보를 토론회에서 배재하는 것은 정당하다고 할 수 있다.

우리는 여기서 대담과 토론을 분업적으로 활용하여 토론을 더 합리적으로 운영할 수 있는 방안을 생각해볼 수 있다. 법적 토론회에는 유력후보만을 참여시키되 그 전에 방송사는 군소후보를 포함하여 법적으로 정당한 모든 후보들에게 자신들의 정견과 정책을 유권자들에게 알릴 수 있는 대담의 기회를 반드시 제공하는 방안이다. 이런 방안이 가능하기 위해서는 법적 선거기간을 현행 23일에서 60～100일 정도로 늘려야 할 것이다. 대통령 선거기간이 23일에 불과한 것은 너무 짧아 오히려 부작용이 많기 때문에 굳이 대담과 토론의 분업적 활용이 아니더라도 대폭 늘려야 할 필요가 있다.

이렇게 선거기간이 확대되면, 선거기간 초기에는 방송사별로 자유롭게 법적으로 정당한 모든 후보와 차례대로 대담을 갖도록 한다. 그런 연후에 일정 정도 이상의 지지도를 확보한 후보들만을 참여시켜 선거기간 마지막 30일 사이에 토론회를 갖게 하는 것이다. 이렇게 한다면 모든 후보에게 자신을 알릴 수 있는 기회를 균등하게 주는 것이 되며, 일정 정도 이상의 지지도를 확보한 유력후보만을 토론에 참여시키는 일도 훨씬 더 설득력을 얻게 된다.

그렇다면 현행의 선거법을 따라야 하고 따라서 선거기간이 23일에 불과한 2002년의 대선에서는 대담과 토론의 분업을 어떻게 적용할 수 있을까. 현행 선거법으로는 후보등록이 선거일 22일 전부터 이틀 동안 하게 되어 있으므로 법적으로 정당한 후보는 선거일 전 21일에 확정된다. 그런데 그때부터 모든 후보와 대담을 가진 다음 유력후보만을 가려 토론회를 개최한다는 것은 시간적으로 거의 불가능한 일이다. 때문에 2002년에는 현재의 시점부터라도 방송사들이 후보선언을 한 모든 후보들에게 대담의 기회를 준 다음 선거기간 직전에 지지도 조사 등으로 일정한 지지도를 확보한 후보들만을 법적 토론회에 참여시키는 방안을 생각해볼 수 있었다. 이 경우 자가발전을 위해 후보선언은 했지만 후보등록을 할 의사도 없는 어중이떠중이를 텔레비전에 출연시켜 귀중한 방송시간을 낭비하는 일을 방지하기 위해 대통령 후보 법적 공탁금 액수인 5억 원을 선거일까지 은행에 공탁한 후보에게만 대담의 기회를 주는 방안도 생각해볼 수 있었을 것이다.

6. 후보 단일화를 위한 텔레비전 토론의 적법성

민주당의 노무현 후보와 국민통합21의 정몽준 후보가 2002년 11월 16일 꼭두새벽 단독회담을 통해 "TV토론 후 국민 대상 여론조사" 방식으로 후보를 단일화하기로 전격 합의했다. 두 후보가 회담후 공개한 8개항의 합의문 가운데 첫째 항은 "가능한 한 여러 차례의 TV토론을 거친 뒤 여론조사를 통해 단일후보를 결정한다"는 것이었다.

그런데 이에 대해 한나라당은 "특정후보간 TV토론은 선거법 위반"이라며 중앙선관위에 유권해석을 의뢰했고, 선관위는 "구체적 토론 일정과 방식이 확정될 경우에나 선거법 저촉여부를 판단할 수 있다"며 명확한 입장표명을 유보하고 있다. 이에 따라 노·정 두 후보의 후보 단일화를 위한 TV토론의 위법성 여부가 초미의 관심사가 되었다.

그러나 실은 노·정 두 후보가 TV 토론을 갖는 것은 법적으로 아무런 문제가 없다고 할 수 있다. 그런 토론회는 뉴스 가치가 크고 국민의 알 권리에 기여하는 것이기 때문에 오히려 권장되어 마땅하다. 선거법 82조 1항과 2항은 언론기관으로 하여금 대통령 선거에 있어서는 선거일전 120일부터 선거기간 개시일 전일까지 자율적으로 토론회를 개최하도록 규정하고 있다.

그런데 한나라당은 82조 3항의 "토론의 진행은 공정해야 한다"는 조항을 들어 공정성 문제를 제기하고 있다. 두 후보간 토론회는 후보 단일화라는 목적을 위해 진행되는 것으로서 이는 둘 가운데 한

명을 당선되게 하거나 한나라당 이회창 후보를 당선되지 못하게 하기 위한 것인 만큼 선거법상 허용되지 않는 선거운동(선거법 58조)에 해당된다는 논리인 것이다.

그러나 이런 논리는 선거법 관련조항의 지나친 확대해석에 의한 것이다. 만일 그런 논리라면 그 동안 군소후보를 제외한 채 행해진 모든 대담과 토론은 모두 유력후보를 당선되게 하거나 군소후보를 당선되지 못하게 하기 위한 것이 되어 불공정한 것이고 따라서 선거법 위반이 된다. 민주당이나 한나라당의 경선 과정에서 민주당 또는 한나라당 후보들만을 참여시킨 토론도 마찬가지다. 이회창 후보가 참여를 거부한 모든 대담이나 토론도 마찬가지다.

선거법이 언론기관으로 하여금 후보자 토론회를 자율적으로 개최토록 한 것은 토론회에 군소후보를 포함시키지 않고 또 토론회에 참여하지 않으려는 유력후보를 제외하고 참여를 원하는 유력후보만으로 토론회를 개최할 수 있도록 하기 위한 것으로 볼 수 있다. 그렇지 않고 공정성을 이유로 토론회에 모든 후보를 반드시 참여시켜야 한다면 후보자 토론회의 개최는 거의 불가능하기 때문에 그것은 토론회의 개최를 허용한 취지에 반하게 된다.

이 점을 고려해서 토론의 공정성을 규정한 선거법 82조 3항의 명문을 "토론은 공정해야 한다"가 아니고 "토론의 진행은 공정해야 한다"로 했다고 할 수 있다. 이 규정의 공정성은 모든 후보자를 참여시켜야 한다는 의미의 공정성이 아니라, '진행'이라는 표현이 굳이 삽입된 데서 알 수 있듯이, 개최된 토론의 진행을 공정하게 하라는 의미의 공정성이라고 해석해야 한다. 이 규정이 문구 그대로 개최된 토론의 진행의 공정성으로 해석되지 않고 토론 참여 범위의 공정성을 의미하는 것으로 확대해석된다면 그것은 토론회를 불가하게 하는 모순된 해석일 뿐이다.

게다가 노무현과 정몽준 두 후보의 토론이 그들에게 유리하고 이회창 후보에게 불리하다는 증거도 없다. TV토론에 참여하여 검증을 받는 것이 참여 후보에게 오히려 더 불리할 수도 있다. TV토론은 참여 후보자에게 출마를 유리하게 할 무제한의 힘을 주는 것은 아니며 오히려 토론형식의 적대적 성격 때문에 방송 특혜의 기회를 크게 감소시킨다. 이 때문에 과거에는 후보자 TV토론에서 방송사에 동등기회규칙이라는 공정성 조항의 엄격한 적용을 요구하던 미국의 통신위원회도 1984년의 이른바 겔러 결정을 통해 후보자 토론이 뉴스 가치가 있다고 방송사가 양심적인 언론적 결정을 한다면 동등기회규칙에 구애되지 않고 그것을 자유롭게 방송할 수 있게 하였다.

미 통신위원회는 토론회가 동등기회규칙에서 면제되느냐의 여부를 결정하는 요인은 주최자가 누구냐 또는 어떤 후보들이 참여하느냐가 아니라 그 토론회가 뉴스 가치가 있느냐라며 방송사가 주최하는 토론회뿐만 아니라 심지어는 정당이나 후보자 자신이 주최하는 토론회를 방송하는 경우에도 동등기회규칙에서 면제해주었다. 말하자면 후보들이 TV토론에 출연하여 공방을 벌이고 검증을 받는 것이 그들에게 결코 유리한 것만은 아니기 때문에 특정후보만 참여하는 토론일지라도 유권자의 알 권리를 위한 것이라면 즉 뉴스 가치가 있다고 판단되면 공정성 또는 동등기회규칙에 얽매이지 않고 그것을 자유롭게 방송할 수 있다는 것이다.

한나라당 이회창 후보는 TV토론에 참여할 것을 바라는 국민들의 바람에도 불구하고 방송사들이 자율적으로 행하는 TV토론에 참여해달라는 요청에 일체 응하지 않았다. TV토론에 참여하는 것이 자신에게 불리하다고 판단했기 때문일 것이다. 그런 한나라당과 이 후보로서는, 노·정 두 후보가 자기들에게 불리할 수도 있지만 국민의 알 권리에 기여할 수 있는 따라서 뉴스 가치가 있는 TV토론을 가지는 것을 시비하는 것은 자기모순이다. 스스로는 TV토론을 기피하면 노·정 두 후보의 단일화를 위한 토론회를 시비하는 것은 유권자와 국민의 알 권리를 무시하고 남의 잔치에 재를 뿌리려는 대범하지 못한 태도로 비쳐질 뿐이다.

민주당이나 한나라당의 경선과정에서 민주당이나 한나라당의 후보들만 참여하는 토론회는 아무런 문제없이 개최되었다. 그들 토론회는 각 당에서 한 후보를 선출하기 위한 것이었지만 뉴스 가치가 큰 토론회였기 때문이었다. 노·정 두 후보의 토론회는 두 당에서 후보를 뽑는 것일 뿐 기본적으로는 특정 정당에서 한 후보를 뽑기 위한 토론회와 같다. 두 당에서 한 후보를 뽑는 것이기 때문에 뉴스 가치는 그만큼 더 크다. 따라서 방송사는 각 당의 후보 결정을 위한 토론회를 개최했듯이, 노·정 두 후보의 단일화를 위한 두 후보만의 토론회를 개최할 수 있고 개최해야 한다.

앞에서 언급한 여러 이유로 후보 단일화를 위한 노·정 두 후보의 TV토론회를 방송사가 개최하는 것이 법직으로 전허 문제가 될 것이 없다. 방송사는 언론자유와 국민의 알 권리 차원에서 두 후보 토론회의 개최에 대한 한나라당의 압력과 시비는 단호히 물리쳐야 한다. 그래도 한나라당의 시비가 성가시다면 언론단체나 시민단체 등이 토론회를 주최하고 방송사가 이를 중계하는 형식으로 하면 된다. 그것은 순수한 뉴스 사건의 현장중계이기 때문에 공정성 또는 동등기회규칙이 적용되지 않기 때문이다.

방송사들은 국민들의 알 권리를 위해서라도 그 어떤 토론회보다도 뉴스 가치가 큰, 노 정 두 후보의 단일화를 위한 토론회를 반드시 국민들에게 보여주어야 할 의무가 있다. 선관위도 국민의 대다수가 원하고 있는 토론회를 개최하여 국민의 알 권리에 봉사하려는 언론기관의 본연의 임무 수행에 제동을 거는 일은 없어야 할 것이다. (선관위는 후에 노·정 두 후보의 단일화 토론회를 1회 개최할 수 있다는 결정을 했고 따라서 후보 단일화 토론회는 1회 개최되었다.)

7. 후보 단일화를 위한 바람직한 텔레비전 토론 형식

민주당의 노무현 후보와 국민통합21의 정몽준 후보가 TV토론을 가진 후에 여론조사를 하여 단일 후보를 결정하기로 합의하였다. 밀실야합이 아니라 공개적이고 떳떳한 협상에 의해 이렇게 두 후보가 단일화하기로 합의한 것은 그 자체가 우리 정치발전에 커다란 획을 그을 역사적 사건으로 기록될 쾌거라고 할 수 있을 것이다. 이들은 또 "후보가 누구로 결정되더라도 우리 두 사람은 단일후보의 선거 승리를 위해 최선을 다한다"고 밝힘으로써 두 후보의 단일화를 바라는 많은 사람들에게 감격을 안겨주었다.

노·정 두 후보는 또 "우리 두 사람은 정치개혁, 남북관계, 경제 특히 농업개방 등이 가장 중요한 국가적 과제라는 데 인식을 같이 하고 그 구체적인 해결 방안에 대해서도 거의 의견이 같다는 것을 확인했다"고 발표했다. 이로써 이 두 후보는 중요한 정책에 있어서도 합의를 보았음을 암시하고 있다. 이러한 정책상의 합치점이 있었기 때문에 이들 두 후보의 단일화 합의는 정당한 명분을 얻을 수 있다. 양당의 실무자들은 이들 주요 국가적 과제의 해결방안에 대한 동일한 의견을 기초로 구체적인 정책에 대해서도 합의를 이루어내야 할 것이다.

그런데 두 후보는 후보 단일화를 위한 두 후보의 "토론은 정책 중심의 토론이 되도록 한다"고 발표했다. 그러나 논리적으로 본다면, 후보 단일화를 위한 토론을 정책 중심의 토론으로 한다는 것은 모순이다. 정책토론을 하겠다는 것은 두 후보가 중요 정책에서 다르다는 점을 전제하는 것이기 때문에 두 후보가 이미 중요한 국가적 과제의 해결방안에 대해서 의견이 같다는 것을 확인했다는 합의문의 내용과 배치되기 때문이다. 게다가 두 후보가 단일화하기로 한 만큼 이제 두 후보진영은 두 후보의 정책을 조율하여야 할 처지에 있다. 그런데 정책토론은 성격상 두 후보간의 정책을 조율하는 장이 되기보다는 정책의 차이를 드러내도록 강요하는 것이어서 단일화를 위한 토론으로는 적절하지 않을 수도 있는 것이다.

후보 단일화 토론에서 정책토론이 꼭 바람직하지만은 않은 이유는 무엇보다 후보들이 흔히 가장 무난한 정책을 모범답안으로 작성해 와 말하는 경향이 있기 때문에 후보간의 큰 차이가 드러나지 않을 수도 있다는 점이다. 또 구체적인 정책은 상황의 변화에 따라 얼마든지 바뀔 수 있고 또 바뀌어야 하는 것이다. 그런 점에서 본다면 후보의 정책보다는 정책의 바탕이 되는 후보의 정치적 비전, 정치 철학이나 이념, 정견 등을 아는 것이 더 중요하다고 할 수 있다.

게다가 후보 단일화를 위해서라면 두 후보간의 정책의 차이는 두 후보진영간의 격의 없는 논의를 통해 조율해야 한다. 차이가 있다면 조용히 조율해야 함에도 굳이 공개적으로 그 차이를 부각시키는 것은 현명하지 못한 처사일 수도 있다. 정책토론은 두 후보의 정책적 차이를 강조하거나 강요하는 것이 될 수밖에 없기 때문에 라이벌 후보간에 필요한 것이지 후보 단일화를 위한 협조적 관계의 후보들에게 필요한 것이 아니다. 후보 단일화를 위해서라면 구체적인 정책보다는 정책의 바탕이 될 수 있는 후보의 정치 철학과 이념을 비롯해서 자질,

자격, 도덕성, 지도력 등 어느 후보가 더 훌륭한 대통령감인가를 드러내는 그런 토론회가 더 바람직할 것으로 보인다.

후보 단일화를 위한 토론회는 또 상대 후보를 폄하하거나 비난하는 공격적, 부정적인 것도 되지 않도록 해야 할 것이다. 대신 자신의 장점을 드러내는 적극적, 긍정적인 것이 되도록 해야 한다. 두 후보는 단일화 후에는 경쟁자가 아니라 서로 협조해야 하는 동지적 관계에 있기 때문이다. 그리고 이러한 토론회라면 그 방식도 자질구레한 여러 질문에 짧게 응답하는 기자회견식으로 할 필요가 없다. 큰 하나의 주제를 가지고 충분히 자기 의견을 피력할 수 있는 고전적 방식으로 토론하는 것이 더 나을 수도 있다.

여기서 1858년의 일리노이 주 상원의원직 선거 때 벌였던 링컨-더글러스의 토론을 참고할 필요가 있다. 이 토론은 노예제 허용의 문제를 가지고 두 후보가 일리노이 주의 7개 선거구를 돌면서 벌인 것이다. 토론회는 먼저 한 후보가 1시간 연설을 하면 상대 후보가 1시간 30분 반론을 펴고 그에 대해 처음 발언했던 후보가 30분 재반론을 하는 식으로 해서 3시간 동안 진행되었다.

이런 고전적인 토론 형식을 라디오에 적용시킨 것이 이른바 오리건형 토론이다. 1948년 공화당의 오리건 주 대통령 예비선거에서 토마스 듀이와 해롤드 스테슨 간에 개최된 토론회에서 나온 이름이다. 이 토론회는 "공산주의는 불법화되어야 하는가?"라는 단일한 주제로 양 후보가 각각 20분씩 발언하고 상대 후보의 연설에 대해 각각 8분 30초씩 반론하는 형식으로 한 시간 동안 진행되었다.

단일한 주제로 심도 있는 주장을 펼 수 있는 이런 고전적인 형식의 토론회를 노·정 두 후보의 단일화를 위한 토론회에 도입해보는 것도 좋을 듯하다. 이런 형식의 토론은 정치토론의 새로운 장을 열

수 있을 뿐만 아니라 사람들의 관심도 더 고조시킬 수 있을 것이다. 하지만 텔레비전 토론이라는 점을 감안하여 한 후보의 발언시간은 너무 길지 않도록 해야 할 것이다. 후보들은 5분씩 세 번 교대로 발언을 하는 방식으로 1시간 동안 진행하면 될 것이다. 그리고 화면을 둘로 나누어 한 후보가 발언하는 경우 상대 후보의 모습도 똑같이 비추도록 하여 토론회의 지루함을 덜고 상대 후보에 대한 더 많은 정보를 전달할 수 있도록 하면 좋을 것이다.

그렇다면 토론의 주제는 무엇이 되어야 할까. 주제는 구체적인 정책보다는 자질과 식견과 정견을 드러낼 수 있는 것이어야 한다. 예컨대 "왜 내가 단일 후보가 되어야 하는가?", "한국 최대의 국정현안은 무엇이라고 생각하는가?", "우리의 정치(또는 경제)는 무엇이 문제라고 생각하는가?", "어떤 남북관계를 지향할 것인가?" 등과 같은 것이 되어야 할 것이다. 이런 단일 주제를 통해 두 후보는 자신의 식견과 정견을 얼마든지 드러낼 수 있다. 그런 토론회라면 유권자들이 누가 더 적절한 대통령 감인지를 판단하는 데 있어서 매우 유익할 것이다.

제8장 선거보도 비평

1. 5년마다 도지는 고질병

한국의 일등신문임을 자처하는 ≪조선일보≫가 공기(公器)로서가 아니라 사기(私器)로서 행동하고 있다는 비판이 점증하였다. 과거에도 그런 모습을 종종 보여왔지만, 부쩍 더 사기(私器)적인 모습을 보여주었던 것은 2002년 대선을 앞두고서였다. 이 때 대선을 앞두고 뜻하지 않게 일기 시작한 노무현 바람으로 이른바 '이회창 대세론'이 위기를 맞자 너무도 안타까워 차마 그냥 두고볼 수 없다는 듯이 ≪조선일보≫가 자랑하는 논객들이 모두 나서서 마치 서로 충성 경쟁이라도 하듯 자신들의 칼럼을 통해 이회창 한나라당 총재에게 이런 저런 조언을 하고 있는 모습이 바로 그것이다.

예컨대 "'이회창 대세론'의 허점"이라는 <류근일 칼럼>(2002. 3. 15)은 이회창 총재에게 부정적인 "시중의 여론에 너무 낙담할 단계는 아니"라고 위로하면서 보다 더 "정치적"이 되라고 조언하고 있고, "대권과 당권 사이"라는 <김대중 칼럼>(2002. 3. 22)은 한나라당과 이회창 총재가 16대 대선에서 이기려면 과거의 경험으로 볼 때 대권과 당권을 분리하면 안 된다는 훈수를 하고 있고, "표밭 관리법"이라는 <홍사중 문화마당>(2002. 4. 1)은 '문화마당'이라는 칼럼 이름에 어울리지도 않게 정치적인 주제를 다루고 있는데, 그 내용은 고어-부시의 대선전에서 고어의 패인을 통해 "늘 교만하고 혼자 잘난 체한다"는 사람에게 "표밭을 잘 가는 사람은 양반걸음을 하지 않는다"고 충고하고 있다.

이들 칼럼은 모두 이회창 총재의 선거참모나 할 수 있는 그런 지극히 속되고 사적인 조언이다. 당파지조차도 이런 식으로는 하지 않는다. 하물며 '불편부당'과 '정론'을 사시로 내세우는 신문에서 외부필진도 아니고 책임있는 자리에 있는 내부 필진에 의해 당파지보다도 더 낮은 수준의 속되고 사적인 담론이 쏟아지고 있으니 그런 신문을 어찌 공기라 할 수 있겠는가? ≪조선일보≫는 자신들의 사시를 짓밟고 있을 뿐만 아니라 신문이라는 공기를 욕보이고 있다. 이러니 ≪조선일보≫가 "대통령 만드는 신문"이라는 비판을 받고, 1987년 이래 대선 때마다 편파보도 시비로 제소를 당하고, 안티조선운동이 맹렬하게 전개되고 있는 것이다.

정말 양식 있고 공정한 언론인이라면 그런 속되고 사적인 충고는 이회창 씨에게 찾아가서 비밀리에 하는 것도 삼갈 일이다. 백보를 양보해서 개인적으로 비밀리에 하는 것은 용납할 수 있다고 하자. 하지만, 공기인 신문에 버젓이 그런 사적 충고를 하는 것은 용납할 수 없는 반언론적 행위다. 그런 행위는 언론윤리에 대한 폭거이며 언론과 언론직에 대한 모독이다. 더구나 '불편부당'을 사시로 표방하는 신문에게, 무엇보다 금년의 선거철을 앞두고 소유주인 사장이 '엄정 중립'을 다짐한 신문에게, 그것은 자가당착의 자해행위이기도 하다. 이러한 지적들은 이들 칼럼에 딸린 독자들의 신랄한 100자평들에 의해 증명된다.

그렇다면 언론이 공기라는 것을 모를 턱이 없는 ≪조선일보≫의 책임자들이 왜 이렇게 언론윤리와 선거법 그리고 자사의 사시와 사장의 방침까지도 무시하면서 누가 봐도 속이 훤히 보이는, 특정 정치인에 대한 속되고 사적인 충고를 무리하게 공개적으로 해대는 것일까. 비밀리에 하면 효과도 더 있고 자신들과 ≪조선일보≫의 평판에도 흠집을 덜 낼 수 있을 텐데. 그것은 편파성과 위기의식으로 눈이 먼 때문일 것이다. 그런 그들의 행동은 "우리 책임자들이 특정후보에 대해 이런 애정을 갖고 있으니 데스크나 일선기자들도 그렇게 알라"는 암시를 하려는 것인지도 모른다. 그래서 1997년 이회창 대선 주자의 '창자론'이나 '멸종론'에 대해서는 일언반구도 없던 신문이 사장의 엄정 중립 방침에도 불구하고 노무현 대선 주자의 분명치도 않은 '폐간설'에 대해서는 일면에 대서특필로, 그나마 독자를 오도하는 방식으로, 법석을 피우는 것이 아닐까?

2. 후보 검증을 벼르는 보수 언론의 오만과 편견

2002년 대선을 앞두고 보수 언론들은 대선 후보 검증을 별렀다. ≪조선일보≫는 2002년 4월 18일 '후보검증위원회'를 발족시켰고, ≪동아일보≫는 같은 해 5월에 '후보검증단'을 구성할 것이라고 하였다. ≪중앙일보≫의 주간도 대선 후보들의 검증을 강조한 바 있었다. 그러나 저널리즘의 근간은 보도 내용의 진실성을 검증하는 작업이기 때문에 언론은 굳이 검증을 들고나올 필요도 없다. 언론이 보도에서 일상적으로 행해야 하는 일이 검증이다. 중상모략, 흑색선전, 유언비어 등이 난무하는 선거에서 검증은 더욱더 당연한 업무다.

그런데 야당이나 이인제 후보측이 제기한 각종 설들에 대해 제대로 검증도 없이 따옴표로 대서특필만 하던 이들 보수 언론들이 새통스레 검증위원회나 검증단까지 만들어 후보 검증을 하겠다고 나섰으니 그 동기에 관심이 쏠리고 있다. 노풍과 인터넷 때문에 과거처럼 대통령 만들기가 여의치 않자 후보 검증을 내세워 특정후보 흠집내기를 시도하려는 속셈이 아니냐는 분석도 있다. 이들 보수 언론들이 전에 없던 후보 검증을 들고 나오는 것에 대한 우려와 비판이 적지 않다.

첫째, 언론이 후보 검증을 하겠다는 발상 그 자체에 대한 거부감이다. 언론이 후보를 검증하겠다는 발상은 언론이 대통령 후보들을 제멋대로 재단하려는 불순한 의도에서 나온 것으로 본다. 평소에 후보들의 자질이나 정책에 대해 확인된 정보를 전하기 위해 노력하는 자연스런 후보 검증에는 전혀 성의를 보이지 않던 언론들이 갑자기 별도의 검증기구까지 만들어 권위적이고 위압적인 후보 검증을 들고 나오는 것은 후보들을 자신들의 입맛에 따라 요리하려는 권력화한 언론의 오만과 편견에 찬 자세를 반영하는 것으로 볼 수 있다는 것이다. 이들 언론들이 후보 검증이란 미명하에 후보들에 대한 월권적인 재단이나 심판을 하려는 것이 아닌가 의심받고 있는 것이다.

둘째, 보수 언론들이 후보 검증을 할 만한 자격과 소양을 갖고 있지 못하다는 지적이다. 검증의 객관성과 공정성을 인정받으려면 먼저 검증 주체의 도덕성, 객관성, 공정성을 널리 인정받는 것이 순서다. 그러나 후보 검증을 하겠다고 나선 보수 언론들 특히 가장 적극적으로 나선 ≪조선일보≫는 1987년 이래 대선 때마다 노골적인 왜곡·편파 보도의 관행을 보임으로써 그 객관성과 공정성에서 극도의 불신을 받았고 결국 안티조선운동까지 생겨나게 했다. ≪조선일보≫의 그러한 관행은 민주당 국민경선에서 이인제 후보가 정치 공세 차원에서 제기한 의혹을 따옴표로 대서특필해댄 반언론적 자세에서도 드러났다. 그래서 후보 검증은 믿을 수 없는 이들 보수 언론에게가 아니라 사회적으로 신망 있는 사회단체와 학계가 구성한 '국민검증위원회'같은 기구에 맡겨야 한다는 주장도 제시되었다.

셋째, 후보 검증의 의도에 대한 불신이다. 우리 언론들 특히 보수 언론들은 대선 때마다 특정후보 편들기를 해왔다. 이들 언론들은 과거 대선 보도에서 후보 검증이라는 염불에는 관심이 없고 대통령 만들기라는 잿밥에만 관심을 보였다. 1997년의 대선에서 ≪한국논단≫의 대선후보 사상검증 토론회와 방송 3사에 의한 이의 생중계, ≪조선일보≫와 ≪중앙일보≫의 노골적인 편파 보도 등은 특정후보 편들기의 전형이었다. 그러나 사회 변화로 이제 그런 노골적인 왜곡·편파 보도가 불가능하고 또 효과도 없기 때문에 후보 검증을 내세워 특정후보 죽이기를 하려는 속셈으로밖에는 볼 수 없다는 것이다. 이 점은 이들 언론이 민주당 경선 보도에서 후보에 대한 평가와 이해보다는 특정후보 흠집내기에만 열을 올렸다는 사실에 의해 입증된다.

넷째, 검증 방법에 대한 비판이다. ≪조선일보≫는 4월 18일자 후보검증위원회의 평가지표에 관한 기사에서 검증 방법도 제시했다. 대선 후보들이 오래 전에 행했던 "각종 발언과 행적은 물론, 그들의 사상과 경험을 담은 저서와 기록물 등을 발굴해내고, 이를 일일이 분석해 그들이 보여준 언행의 일관성과 그 진실성을 추적"하겠다며 한국언론재단의 신문 데이터베이스, 각 후보의 저서, 기고문, 연설문, 국회 발언 속기록 등도 분석대상으로 삼을 것임을 천명했다. 그러나 정치인인 후보들의 과거 정치행위, 이력, 언행을 물리적으로 검사하여 증명하는 것은 적절하지 않을 뿐만 아니라 분명 그 한계가 있다. 왜냐하면 그것들은 시대적 상황 속에서 해석되는 것이 마땅하며 맥락을 무시한 채 일부 발언을 문제삼으면 독자를 오도할 수 있기 때문이다.

다섯째, 이들 언론의 후보 검증에 대한 가장 많은 우려와 비판을 야기하는 점은 후보 검증이 결국 사상 검증을 위한 구실이 될 것이라는 경험적 예측이다. 후보 검증을 구실로 사상 검증을 자행하여 특정 후보를 좌경·친북으로 낙인찍으려는 게 이들 언론의 본심이 아니냐는 것이다. 보수 언론 특히 후보 검증에 가장 적극적으로 나서고 있는 ≪조선일보≫는 많은 진보적인 인사들을 좌경·친북 인사로 낙인찍어 공직에서 추방해왔고, 과거 김대중 후보에게도 색깔론 시비를 가장 많이 일으켰다. 그런 언론이 후보 검증을 들고나오니 양식 있는 사람들은 색깔론으로 특정후보를 낙인찍으려는 것이 아닌가 우려하고 있다. 유독 보수적 언론들이 후보 검증 특히 이념 검증의 필요성을 강조하기 때문에 그 우려는 더 커질 수밖에 없다.

그 동안 권언유착으로 성장했으나 정치권력의 약화로 이제 거대한 권력기구가 되어버린 보수 언론들, 분별력을 갖추지 못하고 제대로 된 견제도 받지 않았던 보수 언론들, 그래서 대통령 만들기에 나서고, 정치권력 위에 군림하고, 사상 검증과 색깔 논쟁을 일삼는 등으로 권력을 남용해온, 오만과 편견으로 가득한 보수 언론들. 이들이 평소에는 말할 것도 없고, 선거보도에서조차 정확성과 진실성을 제대로 검증하지 않으면서 새삼스럽게 '후보 검증'을 들고 나온 것은 불순한 권력 의지를 드러낸 것으로밖에는 보이지 않는다.

보수 언론들이여! 후보 검증을 내세워 주제넘게 또 다시 후보를 심판하고 선거에 개입하는 짓을 하지 말라. 선거 과정에서 제기되는 중상모략, 흑색선전, 유언비어 등이나 제대로 검증하라. 후보 심판은 유권자가 할 일이지 당신들이 할 일이 아니다. 후보 검증이라는 이름으로 행하려 하는 후보 심판은 불순한 권력 의지일 뿐이다. 후보 심판은 유권자들에게 맡기고 당신들은 후보의 자질과 정책에 관한 정확하고 진실한 정보를 제공하는 일에 충실하라.

3. 언론사의 이해관계와 보도태도

박근혜 의원은 (2002년) 5월 13일 김정일 국방위원장과 1시간 여의 면담과 2시간 여의 별도의 만찬을 갖고 남북 전문가들로 구성된 금강산댐 공동실태조사단 구성, 이산가족 상설면회소 설치, 동해안 철도 연결에 동의하는 등 남북 문제에 관한 중요 현안들에 대해 동의나 합의를 하는 성과를 거두었다고 북한을 방문하고 돌아와 가진 기자회견에서 밝혔다. 박 의원이 정치지도자로서 면모를 과시한 것이다.

박 의원은 한나라당의 대선 경선에 출마하기 위하여 한나라당의 민주화를 요구하였으나 여의치 않자 탈당하여 독자노선을 걷고, 한국미래연합 창당준비위원회를 발족시키는 등으로 대권행보를 해왔다. 그런 박 의원에게는 정치지도자로서 위상을 높일 수 있는 정치 이벤트의 연출이 절실히 필요했다. 그런 박 의원에게 북한을 방문하여 김정일 위원장을 만나 남북 현안에 관해 심도 있는 논의를 할 수 있었던 것은 하나의 개가였다. 정부 당국자도 아닌 신분으로 남북간의 중요 현안에 대해 북한의 지도자와 허심탄회하게 논의할 수 있었다는 것은 그의 정치지도자로서의 위상을 강화하고 대권행보를 가속화하는 데 큰 플러스가 되었기 때문이다.

실제로 우리 언론들은 박 의원과 김정일 위원장과의 만남은 큰 정치 뉴스로 다루어 박 의원의 정치적 위상을 높여주었다. 두 사람간의 동의나 합의가 구속력이 있는 것은 아니지만, 남한의 미래의 지도

자를 꿈꾸는 사람과 북한의 지도자가 만나 남북간의 현안에 대해 논의하고 의견의 일치를 보았다는 것은 뉴스 가치가 큰 정치적 사건임에 틀림없다. 우리 언론들은 그 사건을 비중 있게 다룬 것은 당연한 일이었다. 2002년 5월 15일자 조간 신문들은 박 의원이 김 위원장과 포즈를 취하거나 함께 만찬장으로 걸어나오는 모습을 담은 커다란 칼라 사진과 함께 1면에 관련 기사를 게재했다.

그런데 유독 ≪조선일보≫와 ≪동아일보≫만은 일면에 기사나 사진을 게재하지 않았다. 조선은 기사는 2면과 5면에 사진은 5면에 게재했다. 동아는 기사와 사진을 2면에 개재했다. 그나마 두 신문 모두 조그만 흑백사진을 게재했다. ≪조선일보≫의 사진은 특히 더 작아서 가로 4.8cm, 세로 8cm의 명함판 정도의 것이었다. 박 의원의 김정일 위원장 면담이라는 중요한 이벤트의 뉴스 가치에 관한 판단에서 이 두 신문은 다른 신문들과 아주 유별난 차이를 보인 것이다.

게다가 ≪조선일보≫는 박근혜 의원을 폄하하는 일도 주저하지 않았다. ≪조선일보≫는 15일자 5면 기사의 리드에서 "박정희 전 대통령의 딸은 김일성 전 주석의 아들로부터 커다란 환대를 받았다"고 표현했다. 그리고 그 전 5월 5일자 박 의원의 방북 예견 기사에서는 "박정희 딸-김일성 아들 만나나"라는 제목을 달았다. 이들 표현에서 정치 이벤트의 주체는 박근혜라는 독립적인 인격체가 아니라 박정희 전 대통령의 딸이라는 종속적인 인격체이다. 이들 표현은 정치인으로서 박 의원의 주체성을 소멸시키고 박정희 딸이라는 종속성을 부각시킨 것이다. 한 사람의 정치지도자로 부상하고자 하는 박 의원에게는 아주 불리한 표현이다. 이런 표현은 박 의원을 아버지의 후광에 의존하는 미숙한 정치인이라는 이미지를 심어준다.

이런 뉴스 가치 판단이나 보도 태도를 문제삼으려는 것은 아니다. 뉴스 가치에 대한 판단과 그 논조는 오로지 언론사의 몫이기 때문이다. 그러나 왜 그런 차이가 나는가는 아주 궁금한 일이다. 이 두 신문 특히 ≪조선일보≫는 왜 다른 신문들과는 달리 박근혜 의원이 주인공인 이 뉴스와 그 관련 사진을 일면에 게재하지 않았는가, 왜 큰 칼라 사진 대신 왜소한 흑백 사진을 썼는가, 왜 박 의원을 '박정희 딸'로 폄하했는가이다. 이들 두 신문 특히 북한에 적대적인 ≪조선일보≫로서는 차세대 지도자를 꿈꾸는 보수적인 의원이 남북관계 개선에 적극적으로 나서는 것이 못마땅했을 수도 있다. 그러나 이런 이유만으로 그 차이를 설명하기는 부족하다.

이 두 신문은 언론사 세무조사 정국 이후 김대중 대통령과 민주당에 대해 극단적으로 적대적인 태도를 취해왔다. 그런 적대적 태도의 연장선상에서, 이들 신문은 언론사 세무조사를 적극적으로 찬성했고 거대 언론사들에 당당히 맞선 노무현 민주당 대통령 후보에게는 대단히 적대적이다. 이 점은 민주당 경선과정에서 이인제 후보측이 제기한 많은 설들을 검증도 없이 인용부호를 부쳐 대서특필하고, 그에 관해서 가정법 사설을 쓰고, 외부 필진의 기고를 받는 등으로 기정사실화 하려는 태도를 보인 데서 잘 드러났다.

반면에 이들 신문은 한나라당과 매우 우호적인 관계를 형성하고 있다. 한나라당은 이들 언론과 이념도 비슷할 뿐만 아니라 언론사 세무조사를 언론탄압으로 규정하고 이들 언론을 엄호해주었다. ≪조선일보≫는 한나라당의 전신인 민정당, 민자당, 신한국당의 대선 후보에게 유리하게 편파적이었다는 이유로 제소를 당하곤 하였다. 지난(2002년) 3월 노풍으로 이회창 대세론이 흔들리고 한나라당이 분열의 위기를 맞자 ≪조선일보≫의 김대중 편집인, 유근일 주필, 홍사덕 논설위원은 자신들의 칼럼을 통해 이회창 총재에게 이런저런 조언을 하기도 했다.

이들 언론 특히 ≪조선일보≫는 한나라당이 발표하는 것은 거의 무조건 따옴표를 붙여 대서특필해주고, 한나라당이나 이회창 후보에게 불리한 기사는 무시하거나 사소하게 다루는 등으로 한나라당과 그 대통령 후보를 노골적으로 지원하고 있다. 이들 언론과 한나라당과의 친밀한 관계로 볼 때 한나라당이 집권하면 언론사 세무조사 뒷처리도 이들 언론사에게 아주 유리하게 마무리될 공산이 크다. 그 때문에 이들 언론이 점점 더 필사적으로 한나라당과 그 후보에게 우호적이고 그 경쟁자에게 적대적으로 나오는지도 모른다.

그런데 박근혜 의원의 정치적 위상 강화와 대통령 출마는 이회창 후보에게 상당히 불리한 일이다. 박 의원은 보수세력 특히 대구·경북에서 이회창 후보의 지지표를 잠식할 가능성이 크기 때문이다. 그런 박 의원이 김정일 위원장을 만나고 남북의 여러 중요 현안에 대해 동의나 합의를 이끌어냈다는 소식은 박 의원의 정치적 위상을 높여주는 일이다. 따라서 그 소식을 대대적으로 보도하면 보도할수록 그 만큼 박 의원의 정치적 위상이 커지고 이회창 후보는 불리해진다. 이 때문에 이들 두 신문은, 다른 조간 신문들과는 달리, 박 의원의 김정일 면담 소식을 일면에 화려한 사진과 함께 대서특필하지 않은 것이다.

이 경우뿐만 아니라 다른 경우에도 이들 두 신문, 특히 ≪조선일보≫는 박 의원 뉴스를 다른 신문들보다 더 작고 비호의적으로 다루고 있다. 이해관계 때문에 한나라당과 그 후보에게 우호적이고, 민주당과 그 후보에게 적대적인 이들 신문은 같은 이유로 박근혜 의원에게도 비우호적인 태도를 취하고 있는 것이다. 이들 언론의 박근혜 의원 보도 특히 김정일 위원장 면담 소식 보도는 언론사의 이해관계에 의해 뉴스 가치나 논조가 결정된다는 사실을 보여주는 하나의 좋은 보기라 할 수 있다.

4. 대신문의 이중적 보도기준과 당파성

노무현 민주당 대선경선 후보가 2001년 8월 1일 기자 5명과 회식하면서 언론과 관련하여 발언했다는 내용이 경쟁자인 이인제 후보측의 공개로 두 후보간에 그 진실 여부에 관해 공방이 오가고, ≪조선일보≫와 ≪동아일보≫가 그 내용을 대서 특필하면서 노 후보와 이들 신문간의 공방으로까지 번졌다. 그런데 노 후보의 발언의 공개 과정과 방식에는 심각한 언론 윤리상의 문제가 있고, 그에 관한 이들 신문의 보도태도에는 이 신문들의 보도기준 특히 진실성과 공정성에 심각한 문제가 있다.

노 후보의 발언은 기자들이 먼저 요청하여 마련된 회식장소에서 비보도를 전제로 그나마 술까지 마신 상태에서 행해진 취중발언이었다. 비보도를 약속했다면 기자들은 마땅히 그 내용을 보도하지 않아야 한다. 지키지도 않을 약속을 왜 하는가? 지키지 않을 약속을 하는 것은 기만이다. 그러나 백보를 양보해서, 발언의 내용이 공익을 위해 너무나 중요해서 비보도 약속을 저버리고 부득불 꼭 보도해야 했다면 그 당시 즉시 보도했어야 한다. 그러나 그 자리에 참석했던 5명의 기자는 아무도 그 당시에는 물론이고 그 이후에도 보도하지 않았다.

그런데 그 당시 노 후보가 발언했다고 주장되는 내용을 8개월이나 지난 시점에서 엉뚱하게 노무현 후보의 경쟁자인 이인제 후보 진영에 제공해서 이 후보 진영이 이를 정치공세의 일환으로 사용하도록 했다. 이처럼 기자가 수집한 정보를 보도하지 않은 채 정치인에 넘겨 정치공세에 이용하도록 한 것은 명백히 언론윤리에 반하는 반언론적 행동으로 일종의 정치적 공작이거나 음모일 뿐이다. 그런 일은 비난받아 마땅하며 제대로 된 언론이라면 확실하지 않은 발언 내용보다는 확실한 그 유출의 비윤리성을 더 문제삼아야 할 것이다. 그러나 ≪조선일보≫와 ≪동아일보≫는 그러기는커녕 폭로내용만을 대서특필했다.

이와 유사한 사건에서 ≪조선일보≫는 전혀 다른 보도태도를 보여주었다. 1992년의 대선 전 부산의 초원복집이라는 음식점에서 부산의 기관장들이 모여 김영삼 후보를 위한 관권선거를 획책하는 모임을 가졌다는 사실을 정주영 후보측이 몰래 녹음하여 폭로하였다. 그 때 ≪조선일보≫는 녹음 테이프라는 확증이 있는 관권선거 모의에는 별 관심을 보이지 않고 도청만을 문제시하는 보도태도를 보였다. 그렇다면 ≪조선일보≫는 이번 사건에서도, 아니 이번 사건에서야말로, 확실치도 않은 노무현 후보의 발언보다는 그 발언을 경쟁자에게 넘겨준 기자의 명백한 비윤리적 행위를 더 문제삼아야 한다. ≪조선일보≫는 유사한 사안에 대해 명백히 2중 기준을 적용하고 있는 것이다.

이인제 후보는 노 후보 발언을 그 회식에 참석했던 기자가 직접 자기에게 말해준 것이라고 한 반면에 이 후보의 공보특보인 김윤수씨는 자기와 친분이 있는 특정 언론사 데스크가 정보문건을 복사해준 것이라고 말했다. 두 사람의 말이 엇갈리는 점도 규명이 되어야 한다. 이처럼 제보자에 대한 진술이 엇갈리는 사실은 그 제보의 신빙성을 의심하게 하기 때문이다. 노 후보가 언론관련 발언과 관련하여 말 바꾸기를 하고 있다고 강조하는 ≪조선일보≫와 ≪동아일보≫는 편파적이라는 비판을 면키 위해서라도 이인제 후보와 그 특보간의 진술의 상이성도 부각시켜야 할 것이다.

노무현 후보의 술자리 발언은 녹음된 것이 아니라 기억에 의존한 진술로서 그나마 그 출처도 밝히지 않았고 그 진실성 여부가 검증되지도 않은 채로 정치공세 차원에서 폭로된 것이다. 이에 관해서는 양쪽의 주장이 엇갈린다. 그렇다면 진실을 생명으로 하는 언론은 그런 사안에 관해서는 마땅히 신중하게 보도해야 한다. 그럼에도 ≪동아일보≫와 ≪조선일보≫는 미확인의 주장을 일면에 선정적으로 대서특필했다. 그런데 이들 신문은 1997년 대선을 앞둔 시점에서 이회창 씨가 술자리에서 못마땅한 기자들에게 했다는 "창자……" 운운의 발언은 일언반구도 보도하지 않았다.

이 두 사안은 대선 후보가 저녁에 기자들과 술자리에서 했다는 발언이라는 점에서 아주 유사한 것이다. 차이가 있다면 하나는 한나라당의 후보의 것이고, 다른 하나는 민주당 후보의 것이라는 점이다. 그런데 이들 신문은 한나라당 이회창 후보의 술자리 발언은 문제삼지 않고, 민주당 노무현 후보의 술자리 발언만 문제삼았다. 이런 이중적인 보도태도는 명백히 당파적이다. ≪조선일보≫와 ≪동아일보≫는 이런 이중적인 보도태도를 통해 알게 모르게 당파성을 드러낸 것이다.

5. 병역비리 보도의 이중성

이회창 후보의 아들인 정연 씨의 병역비리 의혹을 국회에서 거론해달라는 요청을 받았다는 이해찬 의원의 발언이 나오자 일부 신문들은 그 발언과 관련된 사안에 많은 지면을 할애하였다. 예컨대 ≪조선일보≫의 경우, 이해찬 의원의 발언과 관련된 기사는 그 발언이 있었던 2002년 8월 22일에는 4건, 그 다음날인 23일에는 무려 9건이었다. 23일자의 3면과 4면은 거의 이해찬 의원 발언 관련 기사로만 채워졌다.

그런데 이와는 대조적으로 이회창 후보 장남의 병역비리 의혹과 관련된 기사는 하나도 없었다. 말할 것도 없이, 검찰은 정연 씨의 병역비리 의혹에 관한 새로운 사실을 밝혀내고 새로운 수사 움직임을 보였다. 예컨대 22일에는 정연 씨 병적기록표의 병무청 처분란의 필체 수가 3개로 너무 적고 9개의 처분을 하면서 실무자 확인도장이 7개나 빠진 점, 23일에는 유학에 따른 입대 연기가 통상 4년이나 2년인데 정연 씨의 경우는 1년 내지 3년인 점과 병무청 전산기록상의 면제날짜와 신검일이 똑같은 점 등이다. 다른 신문들에는 이들 새로운 의혹들이 보도되었다.

그런데 유독 ≪조선일보≫만은 이해찬 의원의 발언이 나온 뒤 이틀 동안 그 파장과 관련된 기사만 있을 뿐 병역비리 의혹이나 수사에 관한 기사는 아예 없었다. 그 후에도 병역비리 의혹과 관련해서 김대업 씨의 신뢰성을 문제삼은 기사만 있었을 뿐이다. 그래서 이해찬 의원 발언 이후에 ≪조선일보≫를 보고 있노라면 정연 씨의 병역비리 의혹은 사라지고, '정치공작'의 파문과 김대업 씨의 신뢰성의 문제만 있는 듯이 보인다.

이해찬 의원에게 병역문제의 국회거론을 요청한 당사자가 누구인지도 확실치 않다. 그리고 그 요청대로 이루어진 것도 아니었다. 병역비리 의혹에 대한 수사는 한나라당에 의해 '사기꾼'으로 불리고 명예훼손 배상소송을 당한 김대업 씨가 이회창 씨를 비롯한 한나라당 관계자들을 명예훼손 혐의로 고소했기 때문에 시작된 것이었다. 게다가 수사를 위해 거론을 부탁한 정도를 엄청난 정치공작이라고 하기도 어렵다. 있지도 않은 병역비리 의혹을 만들어낸 경우라면 대단한 정치공작이라고 할 수도 있겠지만. 그런데도 ≪조선일보≫는 이해찬 의원의 발언을 기화로 병역비리 수사가 정치공작이라는 점과 검찰수사의 실리성에만 초점이 맞추어져 있는 것이다.

그러나 병역비리 의혹은 만들어낸 것이 아니라 분명 객관적으로 존재한다. 상식적으로 납득이 되지 않는 179cm의 키에 45kg의 몸무게, 병적기록표 상의 숱한 문제점, 김대업 씨의 주장, 한인옥 여사의 관련을 진술한 녹음 테이프 등등. 유력한 대통령 후보의 아들의 병역면제와 관련하여 이런 의혹이 있다면 그 의혹을 명명백백히 밝히는 것은 후보를 위해서도 바람직하다. 그런 의혹이 있는 채로 대통령이 되기 어렵기 때문이다. KBS가 한국갤럽에 의뢰, 2002년 8월 22일 전국의 성인남녀 1,036명을 대상으로 실시한 전화 여론조사 결과 이정연 병역비리 의혹과 관련, "비리가 있었을 것"이란 대답이 약 70%로 나타났다. 병역비리 여부를 대선후보 결정 시 고려할 것이냐는 물음에 "중요하다"는 답변이 61%로 나타나 병역비리 수사결과가 대선에 큰 변수로 작용할 것임을 보여준 것이었다.

나라를 위해서라면, 유력후보 아들의 병역비리 의혹은 특히 더 철저하게 규명되어야 한다. 남북한은 아직도 형식적으로는 적대적인 관계에 있다. 그래서 우리는 국방의 의무를 가장 중시하고 개병제를 유지하고 있다. 그런 나라에서 자기 아들의 병역의무를 불법으로 면제시킨 사람이라면 아예 대통령이 될 자격이 없다. 그런 의혹을 사는 후보라면 반드시 선거전에 그 의혹을 벗어야 할 것이다. 그 의혹을 벗지 못한 채로 혹 대통령이 된다면 그는 군통수권자로서 권위를 세울 수 없게 될 것이다. 한나라당과 그 후보인 이회창 씨는 다른 당과 후보보다 북한에 더 적대적인 자세를 취하고 있기 때문에 더욱더 아들의 병역비리 의혹이 없어야 할 것이다.

≪조선일보≫는 한국 언론 가운데 가장 반북적이고 가장 안보를 중시하는 신문이다. 지난 서해교전에 관한 보도에서도 보듯이, ≪조선일보≫는 북한에 대해서는 전쟁도 불사해야 한다는 듯한 강경한 자세를 견지한다. 그런데 반북과 안보를 위해서는 무엇보다 국민들의

병역의무가 가장 중요하고 필수적이다. 그렇다면 반북과 안보를 중시하는 ≪조선일보≫로서는 대통령 후보의 병역비리 의혹에 대해서는 그 어떤 언론보다 더 확실하고 강력하게 검증해야 언행이 일치한다. 더구나 ≪조선일보≫는 다른 언론과는 달리 후보검증위원회까지 만들어 후보 검증을 하겠다고 천명했으니 더욱더 그렇다.

그러나 예상과는 달리 ≪조선일보≫에게는 특정후보의 병역문제를 철저하게 검증하려는 의지는 없는 것 같아 보인다. 아니 의지가 없는 정도가 아니라 그 의혹이 진실인지 아닌지를 규명하기보다는 그에 관한 여야간의 또는 한나라당과 김대업 씨 간의 공방에만 관심이 있는 듯이 보인다. 이회창 후보 아들의 병역문제는 진실의 문제가 아니라 정치싸움의 문제라는 듯이. 그나마 김대업 씨를 '사기꾼'으로, 정연 씨 병역비리 의혹에 관한 검찰수사를 '정치공작'으로 모는 한나라당의 주장을 주로 부각시킴으로써 병역문제는 불법면제 의혹이 아니라 실체 없는 '병풍공작'이 되어가고 있다.

≪조선일보≫는 2002년 8월23일자 <'이해찬' '박영관' 파문>이라는 사설에서 "민주당 이해찬 의원의 발언파문으로 검찰의 이회창 후보 아들 병역문제 수사는 공정성과 신뢰도에 심대한 타격을 입게 됐다……. 그렇다고 이 문제가 이 후보 아들 정연 씨 병역시비의 진실을 캐는 본안 자체의 중요성을 감소시키는 소재가 될 수 없음은 두말할 필요가 없다"고 했다. ≪조선일보≫ 말대로 병역시비의 진실을 캐는 것이 중요하고 검찰의 수사는 믿을 수 없다면 병역시비를 제대로 가리기 위해 특검제의 도입을 요청해야 하는 것 아닌가. 그러나 ≪조선일보≫는 검찰의 신뢰성을 크게 문제삼고 병역시비의 진실을 중시하면서도 그 논리적 귀결인 특검제 얘기는 하지 않는다. 이 점도 병역비리 의혹의 규명에는 관심이 없다는 것을 뜻한다고 할 수 있다.

≪조선일보≫는 스스로 강조한 "병역시비의 진실을 캐는 본안 자체의 중요성"에 걸맞는 특검제를 요구하지 않았을 뿐만 아니라 자신의 실제 보도에서도 '본안'을 다루지 않는 언행불일치의 이중성을 보였다. ≪조선일보≫는 반북과 안보에 관한 한 강경론을 주창하고 대선후보 검증을 강조했으면서도 특정후보 아들의 병역비리 의혹을 검증하는 보도는 하지 않았다. 이 얼마나 속 다르고 겉 다른 이중적인 태도인가. ≪조선일보≫는 이런 이중성을 버려야 권력을 추구하는 정치세력이 아니라 제대로 된 정론지로 대접받을 수 있을 것이다.

6. 편파 보도를 통한 특정후보 편들기

2002년 8월 들어 한나라당 이회창 후보의 아들 병역 비리 의혹으로 한나라당과 민주당 간에 공방이 거세졌다. 그러나 당시 대통령 후보 아들의 병역문제는 경쟁 정당간에 정쟁으로 끝날 사안은 아니었다. 그것은 진실의 문제가 되어야 할 사안이었다. 대통령 후보의 아들이 병역면제를 받았고 그에 관해 의혹이 인다면 그 의혹이 사실인지의 여부를 철저하게 밝혀야 마땅한 것이다. 대통령은 국군 통수권자이기 때문에 자신이나 자식이 병역의무를 제대로 수행했는가의 여부는 반드시 검증해야 할 중대한 사안이다. 자신이나 자식이 합당하지 않은 이유로 병역의무를 면제받았다면 국군 통수권자가 될 자격이 없다. 그런 사람은 국민들에게 병역의무를 요구하기도 어렵고, 군을 제대로 지휘하고 통솔할 권위를 갖기도 어렵기 때문이다.

이 후보의 두 아들은 모두 체중미달로 병역면제를 받았다. 두 아들 모두가 병역면제를 받았다는 사실을 많은 사람들이 석연치 않게 생각하지만 특히 장남의 경우는 키가 179cm인데도 몸무게가 45kg에 불과하여 그랬다는 점이 일반의 강한 의혹을 샀다. 상식적으로는 그 키에 그 체중은 있을 수 없다는 것이다. 이 의혹은 1997년의 대선에서도 불거져 이 후보에게 타격을 주었다. 그러나 여태껏 그 의혹이 말끔히 해소되지 않았다. 이에 관한 검찰의 수사나 언론의 탐사보도에 의한 진실규명이 이루어지지 않은 탓이다.

그런데 최근에 그 자신 병역비리 전과자이며 병역비리 전문가이기도 한 김대업이라는 사람이 ≪오마이뉴스≫ 등을 통해 이 후보 아들 병역면제에 비리가 있다고 폭로했다. 그러자 한나라당은 김대업 씨를 '사기꾼' 등으로 매도하면서 명예훼손으로 손해배상을 요구하는 민사소송을 제기했다. 이에 맞서 김씨는 이 후보와 한나라당 관계자들을 명예훼손 혐의로 검찰에 고소함에 따라 이 사안에 대한 검찰의 수사가 이루어지게 되었다.

이에 한나라당은 김대중 대통령과 민주당이 관여한 정치공작이라고 주장하고, 검찰총장을 방문하여 이 사건을 맡게 될 서울지검 특수1부장이 호남출신이라는 이유로 사건을 대검에 배당하라는 지역차별적 발언과 수사개입적 요구를 하고, 김대업 씨를 이런저런 명칭으로 악인화하였다. 여기서 한나라당의 지역차별적 발언은 자가당착이다. 왜냐하면 한나라당에 불리한 주장을 하고 있는 사람은 대구출신이기 때문이다. 한나라당이 호남출신은 믿을 수 없다는 주장은 다른 지역 출신 특히 한나라당의 정치적 기반인 영남출신은 믿을 수 있다는 전제에서 가능하기 때문이다. 그런데도 불구하고 한나라당은 김 씨를 믿을 수 없는 사람으로 만들기 위해 그를 '사기꾼'으로 지칭하면서 자당의 국회의원들까지 동원하여 김 씨의 고향인 대구에서 그의 뒷조사를 벌이는 촌극을 빚기도 하였다.

한나라당의 이러한 일련의 대응은 이 사안을 공작정치의 산물이며 그나마 믿을 수 없는 사람의 주장에 근거한 것이라고 정쟁화 하려는 것이다. 이는 진실의 문제를 의견(또는 주장)의 문제로 만드는 전략이다. 자신에게 불리한 주장이 제기되면 그 주장의 진실 여부를 검증하기보다는 그 주장을 한 사람의 신뢰성이나 그 주장을 한 배경을 문제삼아 그 주장의 진실성 여부에 대한 사람들의 관심을 돌리고, 만일 그 주장이 진실로 밝혀진 경우에는 그 검증을 믿을 수 없는 것으로 만들기 위한 전략인 것이다. 정치세력은 흔히 자기들에게 불리한 진실의 문제가 발생하면 이런 식으로 주장의 문제로 전환시키는 정쟁화 전략을 구사하는 경향이 있다.

그러나 언론이 진실의 문제를 의견의 문제로 전환시킨다면 그것은 언론이 언론이기를 포기하고 정치세력화는 하는 것이다. 그런데 이른바 "조중동"으로 불리는 몇몇 대신문들은 이 후 아들 병역 비리 의혹을 진실의 문제로 보다는 주장의 문제로 다루고 있다. 이들 신문은 이회창 후보 장남의 병역면제와 관련된 진실을 밝히는데는 별 관심이 없어 보인다. 이들 신문은 이 문제를 정쟁화 하려는 한나라당의 전략을 철저하게 지원하고 있을 뿐이다. 이 사건과 관련하여 연일 한나라당의 주장과 민주당의 주장, 한나라당의 주장과 김대업 씨의 주장, 또는 그 밖의 상반된 주장들을 나열함으로써 정쟁의 문제로 만들고 있는 것이다. 그러나 언론은 정쟁의 도구가 아니다. 언론은 진실을 추구함으로써 의견의 문제조차도 진실의 문제로 만들어야 하는 존재다. 그것이 객관주의를 표방하는 현대 저널리즘의 정도다. 그런데 이들 신문들은 진실의 문제조차 의견의 문제로 변질시키고 있는 것이다. 퇴행적인 행태라고 하지 않을 수 없다.

더욱더 고약한 것은 이들 신문이 단순히 진실의 문제를 주장의 문제로 변질시키는 데에만 머무는 것은 아니라는 점이다. 이들 신문은 한 걸음 더 나아가 이 후보 아들의 병역면제 의혹을 밝히기보다는 가리려는 듯한 일관된 방향성을 보이고 있다. 예컨대 김대업 씨가 믿을 수 없는 사람이라는 명예훼손적 인신공격을 부각시키고, 김대업 씨가 이 후보 아들 병역면제 의혹과 관련된 진술이 담긴 테이프를 검찰에 제출하자마자 그 진위 여부를 둘러싼 공방을 부각시키고, 이 후보 아들 병적기록표에 나타난 기록상의 여러 의문점을 무시하거나 사소화하거나 해명해주는 보도를 하고 있다.

그러다 보니 이들 신문은 몇 가지 일관성 없는 무리한 행태들을 노정하고 있다. 우선 이들 신문은 이 후보에게 유리한 주장을 하느냐 불리한 주장을 하느냐에 따라서 그 주장의 신뢰성을 차별하는 이중적인 태도를 보이고 있다. 이들 신문은 김대업 씨가 전과와 비리가 있기 때문에 그의 주장을 믿을 수 없다는 듯한 논조를 보였다. 그러면서도 병역비리로 도피중인 김도술 씨의 주장(김대업 씨가 검찰에 넘긴 테이프 목소리의 주인공이 자기일 수 없다는 주장)은 전적으로 신뢰하는 듯한 태도를 취했다. 너무나 속보이는 이중적인 태도라고 할 수 있다. 전과나 비리가 있다고 해서 진실을 말할 수 없다고 말하는 것은 어불성설이지만, 백보를 양보해서 만일 그렇다고 한다면 다른 모든 전과나 비리가 있는 사람의 말을 신용하지 않아야 되는 것 아닌가.

이들 신문은 이 후보에게 불리한 물증이 제시되면 그 조작 가능성을 부각시키고, 의혹이 제기되면 무시하거나 사소화하거나 해명성 보도를 한다. 이 후보 장남의 병적기록부의 기록상의 여러 의혹들에 대해서는 외면하거나(이 후보 장남 병적기록부의 글씨가 자기 글씨가 아니라는 구청직원의 발언 등), 사소하게 다루면서 해명하거나(이 후보 장남의 병적기록부 상의 병역면제 판정 날짜가 신검판정 날짜보다 앞선 사실 등) 하였다. 김대업 씨가 제출한 테이프에 대해서는 그 테이프 속의 목소리를 감정하면 금방 그 진위가 밝혀질 수 있는데도 이들 신문들은 검찰의 목소리 감정을 비롯한 그 테이프에 대한 조사결과를 기다리지도 않고, 병역비리 혐의로 도피중인 사람의 가족의 말을 인용하여 그 테이프가 마치 조작된 것인 것처럼 보이게 하였다. 이런 태도는 김대중 대통령에게 불리했던 최규선 테이프가 공개되자마자 그 내용을 중시하며 마치 진실인 것처럼 받아들였던 것과는 전혀 상반되는 태도다.

이들 신문은 이런 방식으로 그들이 그렇게도 강조해온 후보 검증을 특정후보에 대해서는 회피하면서 또 다시 맹목적인 특정후보 편들기를 하고 있다. 노무현 씨가 민주당 대통령 후보 국민 경선에서 이인제 대세론을 누르고 승기를 잡아갈 즈음인 3월 말부터 4월 초순까지 보수적인 몇몇 신문들은 후보 검증을 외쳤다. 그리고 ≪조선일보≫는 4월 17일 '후보검증위원회'까지 출범시켰다. 그러면서 노무현 후보의 언론사 관련 발언 주장이 제기됐을 때에는 이들 언론들은 그 주장에 뚜렷한 물증이 없음에도 그 주장을 대서특필했을 뿐만 아니라 그 주장이 "사실이라면" 어쩌고저쩌고 하는 가정법 사설을 쓰고, 그 주장을 사실로 받아들이는 외부 필진의 기고를 게재하는 등으로 그 주장을 기정사실화하기 위해 법석을 피웠다.

그러나 이 후보 아들의 병역면제와 관련된 의혹에 대해서는 여러 주장이나 물적 증거가 제시되어도 오히려 그 주장이나 물증을 의문시할 뿐 병역비리 의혹 자체에 대해서는 전혀 개의치 않고 문제삼지 않는 태도로 일관하고 있는 것이다. 만일 노무현 후보 아들이 병역면제와 관련하여 비리 의혹을 받고 있는 경우에도 이들 신문이 이런 태도를 취했을까. 이 얼마나 편파적인 태도인가. 그래서 이들 신문이 후보 검증을 들고 나왔을 때 그것이 특정후보 죽이기와 특정후보 살리기를 위한 것이라는 비난이 쏟아졌던 것이다. 그리고 지금 이들 신문은 스스로 그 비난을 정당한 것으로 만들고 있다.

7. 언론의 후보 공개 지지 논란

미국 언론들은 선거에서 사설을 통해서 특정후보를 지지하는 것을 하나의 전통으로 수립했다. 이런 전통에 따라 미국의 권위지 ≪워싱턴 포스트≫는 2000년 대선에서 장문의 사설을 통해 알 고어 지지를 선언했다. 동시에 이 신문의 편집국장인 레오나드 다우니 2세는 사설에서의 특정후보지지 결정은 논설진의 결정일 뿐이며 그 결정에 편집국장인 자신을 포함하여 편집국의 어느 누구도 관여하지 않는다면서 편집국의 보도는 사설의 특정후보 지지에 전혀 영향을 받지 않는다는 점을 밝인 기명 기사를 게재했다. 그는 자신의 공정성을 유지하기 위해 투표도 하지 않는다며 (사설이 주창하는) 의견과 (보도가 추구하는) 사실의 분리는 정교분리처럼 엄격히 유지되고 있다고 주장했다.

그러나 이처럼 언론이 특정후보 지지를 공개적으로 천명하는 데에는 분명한 단서가 있어야 한다. 그 단서는, ≪워싱턴 포스트≫의 편집국장이 밝혔듯이, 일반 기사에서는 공정해야 한다는 점이다. 이처럼 일반 기사에서 공정하다면 의견란에서 특정후보에 대한 지지를 그 이유와 함께 밝히는 것은 헌법에 의해 보호되어야 할 떳떳한 언론 활동이다. 그런 행위는 독자의 후보선택을 돕는 좋은 대 독자 서비스가 될 수 있다.

그러나 불행히도 우리 사회에서는 선거법에 의해 언론이 의견란을 통해서 일지라도 특정후보를 공개적으로 천명하는 행위는 허용되지 않는다. 대신 편파보도를 통해 음성적으로 특정후보에게 유리하거나 불리하게 보도하는 행위는 아무런 규제도 받지 않는다. 말하자면 언론이 당당한 자세로 사설을 통해 특정후보를 공개적으로 지지하면 문제가 되고, 대단히 편파적인 보도를 통해 음성적으로 지지하면 전혀 문제가 되지 않는다. 이 얼마나 모순된 일인가.

그런데 최근 ≪중앙일보≫의 자매지인 월간 ≪에머지≫가 12월호에서 강위석 편집인 이름으로 이회창 후보의 지지를 나름대로의 이유와 함께 공개적으로 천명했다. 강 편집인은 ≪기자협회보≫와의 인터뷰에서 "특정후보를 비방하는 내용이 아니고 잡지 이념을 밝히는 문제인 만큼 법에 걸리더라도 해야겠다고 생각했다. 후보 지지 문제는 ≪중앙≫ 등 누구에게도 상의하지 않고 단독으로 결정했다"며 "대표이사 발행인으로서 책임을 지겠다. 문제가 생겨 주주가 나가라면 나가면 된다"고 말했다. 적어도 겉으로는 당당한 자세라 하겠다.

아니나 다를까. ≪에머지≫의 이런 공개적인 후보 지지에 대한 관계자의 반응은 부정적이다. ≪에머지≫의 특정후보 공개 지지 논설과 관련하여 이제훈 ≪중앙일보≫ 사장은 ≪기자협회보≫의 확인취재에 대해 "사전이든 사후든 전혀 협의가 없었다. 홍석현 회장이 대선에서 엄정 중립을 지킬 것을 수 차례 강조했는데 이를 어긴 것은 묵과할 수 없다"며 "다른 주주와 협의해 (강 편집인을) 문책하겠다"고 밝혔다.

한편 ≪에머지≫가 정간법에 등록된 언론이라는 점에서 선관위의 한 관계자는 "현재 관련 법조문을 검토중이며, 과거 선례 등을 면밀히 검토해 조만간 입장을 밝힐 계획"이라고 밝혔다. 평소의 선관위의 태도로 볼 때 당연히 제재를 가할 것으로 보인다. 그러나 어쩐 일인지 선관위는 끝내 입장을 밝히지 않고 선거가 끝났다. 선관위가 그에 대해 아무런 입장도 밝히지 않았다는 것은 결국 그것을 묵인한 것으로 볼 수 있다. 이것이 선례가 되어 앞으로 언론의 특정후보 지지 선언에 대해 선관위는 문제삼기 어려울 것이다.

필자는 ≪에머지≫가 밝힌 이회창 후보 지지의 변에 전혀 동의하지 않는다. 그러나 나름대로 구체적인 이유를 밝히면서 공개적으로 특정후보 지지 의사를 밝힌 당당한 자세만큼은 높이 사고 싶다. 신문이나 잡지는 당당하게 자신이 지지하는 후보를 밝힐 수 있어야 한다. 방송의 경우는 정파성이 허용되지 않지만 신문이나 잡지와 같은 인쇄매체의 경우는 정파성이 인정된다. 따라서 특정후보 지지를 밝힐 수 있다. 실제로 외국 신문들은 그렇게 한다. 신문이나 시사잡지가 선거에서 특정후보를 지지하는 것은 우리 헌법이 보장한 언론자유에 속하는 문제이기도 하다.

그러나 이번 ≪에머지≫의 특정후보 공개지지 선언에 아무런 문제도 없다는 뜻은 아니다. 그것이 우리 언론사상 초유의 일이기 때문에 사설에서의 특정후보 지지에도 불구하고 일반 기사는 사실에 충실하게 공정할 것이라는 점을 분명하게 밝혔더라면 더 좋았을 것이다. 논설이나 사설(의견)과 보도(사실)의 분리가 제대로 이루어지지 않을 것이라는 점 때문에 사설이나 논설에서의 특정후보 지지에 대해 반대론이 많다는 점을 고려하면 더욱 그렇다.

≪에머지≫의 특정후보지지 선언이 더 큰 문제가 될 수 있는 것은 그것이 순수한 공익적 차원의 고려라고만 할 수 없다는 점에 있다. 알려진 바에 의하면, ≪에머지≫는 전경련의 후원으로 유지되는 잡지다. 그런데 전경련은 거의 노골적으로 이회창 후보를 지지했다. 그런 전경련의 후원에 의존하는 ≪에머지≫의 이회창 후보지지 선언은 그 지지 명분을 무엇으로 내세웠든 간에 순수한 의도에서 비롯된 것이라고만 볼 수 없을 것이다. 이 때문에 ≪에머지≫의 특정후보 지지 선언은 금기 파괴자로서 마땅한 각광을 받기는 어렵게 되었다.

8. 신문 사설의 음성적 후보 지지

≪조선일보≫는 16대 대통령 선거일 아침에 배달된 2002년 12월 19일자의 사설란에 첫번째 사설로 "鄭夢準, 노무현 버렸다"라는 다음과 같은 글을 게재했다. 이 글은 음성적 후보 지지의 사설로서 또는 편파적 논설로서 금자탑을 차지하기에 충분한 기념비적인 것이라 할 수 있다. 이쯤 되면 당당한 후보 지지 또는 공정한 논설의 반면교사로서일망정 그 자료적 가치가 있을 것 같아 지면이 아깝지만 원문 전체를 그대로 다 소개한다.

> 16대 대통령 선거의 코미디 대상(大賞)은 단연 '노무현·정몽준 후보 단일화'다. 선거 운동 시작 직전, 동서고금을 통해 유례가 없는 여론조사로 후보 단일화에 합의하고, 선거운동 마감 하루 전까지 공동 유세를 펼치다가, 투표를 10시간 앞둔 상황에서 정 씨가 후보 단일화를 철회했다. 이로써 대선 정국은 180도 뒤집어졌다.
>
> 이런 느닷없는 상황 변화 앞에 유권자들은 의아한 심정이지만, 따지고 보면 '노·정 후보 단일화'는 처음부터 성립되기 어려운 일이었다. 북한 문제와 한·미관계를 보는 시각부터, 지금의 경제상황과 사회적 문제를 보는 눈이 기본적으로 다른 두 후보가 단지 여론조사에서 우세한 사람을 단일후보로 뽑는다는 것 자체가 어불성설(語不成說)이었기 때문이다.
>
> 비록 투표 직전이긴 하지만, 정 씨가 노 후보에 대한 지지를 철회한 것은 결국 이런 근본적 차이를 인식했기 때문이라고 해석할 수 있다.
>
> 한편으로는 희극적이기는 하지만, 어쩔 수 없이 벌어진 급격한 상황 변화 앞에서 우리 유권자들의 선택은 자명하다. 지금까지의 판단 기준 전체를 처음부터 다시 뒤집는 것이다. 선거운동이 시작된 지난 20일 동안 모든 유세와 TV토론, 숱한 유권자들의 마음을 졸인

> 판세 및 지지도 변화 등 모든 상황은 노·정 후보 단일화를 전제로 한 것이었는데, 이 같은 기존 구도가 변했기 때문이다.
>
> 오늘 하루 전국의 유권자들은 새로운 출발을 기약하며 투표소를 향할 것이다. 지금 시점에서 분명한 것은 후보 단일화에 합의했고 유세를 함께 다니면서 노무현 후보의 손을 들어줬던 정몽준 씨마저 '노 후보는 곤란하다'고 판단한 급작스러운 변화의 뜻을 슬기롭게 읽어내야 하는 일이다.

이 사설의 어느 부분에서도 이회창 후보를 지지하거나 노무현 후보를 반대하는 명시적 표현은 없다. 그러나 이 사설이 누구에게 표를 던지라고 말하고 있는지는 너무나 명백하게 드러나고 있다. "급격한 상황 변화 앞에서 우리 유권자들의 선택은 분명하다. 지금까지의 판단 기준 전체를 처음부터 다시 뒤집는 것이다"라는 문장과 "정몽준 씨마저 '노 후보는 곤란하다'고 판단한 급작스러운 변화의 뜻을 슬기롭게 읽어내야 하는 일이다"라는 문장이 무엇을 촉구하고 있는지는 불을 보듯 뻔하다. 이 사설은 음성적 후보 지지의 압권이라 할 만하다.

이 사설은 처음부터 끝까지 노무현과 정몽준 두 후보의 단일화에 대해 "코미디 대상"이니 "어불성설"이니 하면서 반감을 드러내고 있다. 그 이유가 두 후보가 정견이 다르기 때문이라는 것이다. 그렇다면 한나라당이 이념과 정치적 성향이 다른 정반대의 사람들을 포괄하고 있는 점에 대해서, 그리고 아무런 정치적 신념이 없이 그저 이길 것 같은 후보에게 붙기 위해 오는 철새 정치인들을 마구잡이로 받아들이는 한나라당의 행태에 대해서도 ≪조선일보≫는 반감을 드러내거나 비판했어야 한다. 그러나 ≪조선일보≫는 그렇게 하지 않았다. ≪조선일보≫는 그만큼 편파적이다.

그런데 역설적이게도 ≪조선일보≫는 불편부당(不偏不黨)을 사시(社是)로 내세우고 있다. 그러나 유감스럽게도 ≪조선일보≫야말로 가장 편파적인 언론으로 지목되고 있다. 직선제가 쟁취된 이후의 대선 때마다 편파보도의 시비에 휘말렸고, 신문들 가운데 유일하게 1987년, 1992년, 1997년의 세 차례의 대선에서 빠짐없이 편파보도 혐의로 야당에 의해 제소되기도 하였다. 또 국내 언론 가운데 거의 유일하게 반대운동단체들이 활발한 운동을 벌이고 있는 언론도 ≪조선일보≫고, 안티조선 사이트도 여럿이다. 게다가 선거철에 현직 기자들을 대상으로 한 조사에서 가장 편파적인 언론으로 꼽히곤 하는 신문도 ≪조선일보≫다.

그러나 신문에게는 역사적으로 어느 정도의 정파성은 인정된다는 점, 그리고 불편부당한 입장을 엄격하게 실천한다는 게 매우 어렵다는 점에서 불편부당을 사시로 하는 신문도 어느 정도 당파적일 수 있다는 점을 받아들이기로 하자. 그러나 그렇다고 해서 왜곡된 사실이나 추측에 기초한 당파적 주장까지도 용납할 수 있는 것은 아니다. 저널리즘의 제1의 원칙은 사실의 추구이기 때문이다. 그런데 이 사설은 추측과 허위에 기초한 주장을 근간으로 하고 있다.

예컨대 사설의 중간 부분에서 "성 씨가 노 후보에 대한 지지를 철회한 것은 결국 이런 근본적 차이를 인식했기 때문이라고 해석할 수 있다"고 말한 부분은 사실이 아니라 추측이다. "해석할 수 있다"는 어구가 사실이 아니라 사설자가 그렇게 짐작하고 있음을 말하고 있다. 또 사설의 마지막 문장에서 "정몽준 씨마저 '노 후보는 곤란하다'고 판단한 급작스러운 변화의 뜻" 운운한 부분도 추측이다. 정 씨의 지지철회 성명서에는 그런 표현은 말할 것도 없고 그런 내용으로 읽힐 만한 어구나 문장도 없다. 그런데도 작은따옴표까지 붙여가면서 "노 후보는 곤란하다"고 정몽준 씨가 말한 것처럼 보이게 했다. 그리고는 뒤에 "……고 판단한"이라는 어구를 붙여 객관적 사실이 아니고 사설자의 짐작임을 말하고 있다. 책임을 피하기 위해 객관적 진술이 아니라 사설자의 생각이라는 것을 보여주는 어구를 사용하고 있지만 그러나 그것이 마치 객관적인 사실처럼 보이도록 하는 아주 교활하고 기만적인 기교를 발휘하고 있다.

이 사설에서 ≪조선일보≫는 너무나 명백하게 이회창 후보에게 표를 던질 것을 독자들에게 촉구하였다. 그러나 그것을 당당하게 명시적 언어로 밝히지는 않고 매우 교활한 어법으로 암시고 있다. ≪조선일보≫는 왜 ≪에머지≫처럼 당당하게 이회창 후보 지지를 말하지 못하는가. 결국 ≪조선일보≫가 내세우는 '불편부당'은 실천하기 위한 목표가 아니라 상업성을 위한 양두구육에 불과한 것인가.

9. 독재·부패 세력의 재집권을 위한 책략

1987년 6월 항쟁 이후로 우리의 정권은 민주화되었다. 그러나 노태우 정권은 직선제로 집권을 하기는 했지만 선거가 금권, 관권, 언론의 개입으로 대단히 불공정했던 데다가 권력의 요직에 군출신들을 대거 기용하는 등으로 군사정권이었던 5공 정권의 연장이었기 때문에 진정한 민주정권이라고 부르기는 어렵다. 1988년 총선에서 여소야대 정국이 형성되어 상당히 민주적인 모습을 보였으나 1989년 3당합당으로 다시 여대야소 정국으로 전환하면서 노태우 정권은 권위주의적으로 돌변하였다. 따라서 노태우 정권은 전체적으로 권위주의적 정권이었으며 민주정권으로 가는 과도기 정권이라고 할 수 있을 것이다.

김영삼 정권부터 민주정권이라고 불리기도 한다. 김영삼 정권에서는 민주화 운동에 몸담았던 인사들을 비롯하여 군인이 아닌 민간인들이 정권의 요직을 두루 장악했고, 무엇보다 하나회 제거, 청와대 앞 개방, 전두환·노태우 구속 등과 같은 과거 군사독재시절의 유산을 청산하는 작업과 금융실명제 등의 각종 개혁조치를 단행했기 때문이다. 그러나 김영삼 정권을 민주정권으로 부르는 데는 반론도 만만치 않다. 김영삼 정권은 과거 군부 독재세력과 야합하여 그들의 지지를 받았고, 금권, 관권, 언론의 개입이 상당했던 선거를 통해서 대통령에 당선되었기 때문이다.

논란이 없이 민주정권이라고 부를 수 있는 정권은 김대중 정권부터라고 할 수 있을 것이다. 김대중 씨는 김영삼 씨와는 달리 과거 집권세력과 야합하여 집권당의 후보가 되어 유리한 입장에서가 아니라 야당의 후보로서 대단히 불리한 입장에서 대통령에 당선되었기 때문이다. 그는 자신에게 불리한 금권, 관권, 언론의 선거개입을 극복하고 선거에 당선되어, 수평적 정권교체를 이루었다. 김대중 정권은 경제개혁을 통해 위환위기를 극복했고, 남북관계를 대결과 긴장의 관계에서 화해와 협력의 관계로 전환시켰다.

말할 것도 없이, 민주정권이라고 해서 만사형통은 아니다. 민주정권은 정통성은 있지만 오히려 독재정권보다 효율싱을 떨이진다. 민주정권은 성질상 힘으로 밀어부칠 수 없고 설득과 타협을 통해서 문제를 해결해야 하기 때문이다. 소수 정권인데다 야당이 협조적이지 않으면 정권의 효율성은 더욱더 떨어지기 마련이다. 김대중 정권은 소수 정권이었고 거대 야당은 정권의 주요 정책에 거의 사사건건 발목잡기를 했기 때문에 효율성이 더욱더 떨어졌다. 이런 사정을 무시하고 민주정권이 효율성이 없다며 무능하다고 비판하는 것은 위협과 강제에 의한 효율성에 익숙한 자들의 반민주적 주장이다.

민주정권의 효율성만 문제되는 것은 아니다. 민주정권에도 비리와 부패가 존재한다. 김영삼 정권이나 김대중 정권도 때로, 대통령 자신의 비리는 아니지만, 그 측근들은 비리로 얼룩지기도 했다. 특히 두 대통령의 아들들의 비리는 국민들을 분노케 했다. 국민들이 두 대통령의 아들들의 비리에 분노하는 것은 마땅하다. 그러나 그렇다고 해서 아들들의 비리를 포함해서 이 두 민주정권 하에서의 부정부패나 비리가 그 이전 독재정권 또는 권위주의 정권의 그것과 같다거나 심지어는 그보다도 더 하다는 식의 논리는 독재의 과오를 덮거나 사소화 하려는 자들의 책략이다.

과거 군사독재정권은 정당한 선거를 통해서가 아니라 쿠데타라는 반란을 통해서 정권을 잡았기 때문에 정통성을 갖지 못했다. 그래서 그들은 모든 정책을 강제력과 위협과 조작으로 처리했다. 따라서 겉으로는 매우 효율적인 것으로 보였다. 게다가 독재정권 하에서는 언론이 정권과 유착되어 감시견의 역할을 하는 것이 아니라 호위견의 역할을 하였다. 게다가 독재정권은 반대세력과 비판언론에 대한 물리적 탄압이나 위협을 가했다. 그 때문에 정권의 부정부패가 권력자 자신에 의해서 저질러지고 그 규모가 크고 조직적이었지만 잘 알려지지도 않았다. 유신정권, 5공 정권, 6공 정권의 비리나 부정부패의 규모가 천문학적임이 후에야 밝혀졌다.

이에 반하여 민주적인 정권에서는 정책을 설득과 타협으로 처리하기 때문에 시간이 걸리고 효율성이 없어 보인다. 민주정권에서 언론은 자유롭게 정권을 감시하고 비판할 수 있기 때문에 정권의 비리나 부패가 조직적이고 대규모로 이루어지기 어렵다. 김영삼 정권부터는 정권의 비리나 부패가 권력자 자신이 아니라 그 주변인물들에 의한 소규모의 산발적인 것이었다는 점이 이를 입증한다. 민주정권은 반대세력과 적대적 언론에 대해서도 사법적 대응을 하는 정도다. 말할 것도 없이, 권력자의 주변인물에 의한 소규모의 산발적인 부정부패이기 때문에 면책될 수 있다는 것은 결코 아니다. 그것은 그것대로 비판받아 마땅하다.

그러나 그런 민주정권의 부정부패를 독재정권이나 권위주의 정권의 대규모의 조직적인 부정부패와 동일시하거나 더 나쁜 듯이 말하는 것은 커다란 오류다. 그런 자세는 민주화의 성과와 민주정권의 우월성을 폄하하고, 민주정치에 대한 냉소주의를 조장함으로써 과거 독재정권이나 권위주의 정권의 부정부패와 반민주성을 용인하거나 합리화하는 결과를 낳기 때문이다. 불행히도 우리는 김영삼 정권말기부터 민주화와 그 성과 그리고 민주정권의 우월성을 폄하하는 집요한 노력이 행해지고 있음을 본다.

민주정권이 무능하다거나 부패하다고 평가할 수 있다. 그러나 독재정권보다 더 무능하다거나 더 부패하다는 식으로 말하는 것은 독재정권이나 권위주의 정권의 담당자들과 그 지지자들이 자신들의 과거 잘못을 합리화하기 위한 정치적 책략이다. 이런 책략에 의식적으로 또는 무의식적으로 동원되고 있는 것이 이들 세력과 유착되었던 일부 언론들이다. 이들 언론들은 김영삼 정권이 레임덕에 빠지자마자 하이에나처럼 물고 늘어졌다. 그리고 김대중 정권에 대해서는 언론사 세무조사 때부터 역대 어느 정권보다 더 독선적이고 억압적이고 무능하고 부패하다는 식의 주장을 전개하면서 무차별적인 공격과 비난을 퍼붓고 있다. 외환위기를 초래한 김영삼 정권에 대해서는 무능하다는 비판을 할 수도 있겠지만, 외환위기를 세계에서 유례가 없는 단기간에 해결하고 경제를 회생시키고 기업풍토를 바로 잡아 국가신용도를 외환위기 이전보다 더 높은 수준으로 올려놓은 김대중 정권에 대해서는 결코 무능하다는 비판은 할 수 없음에도 무능하다는 비판도 거침

없이 해댄다.

잘못을 저지른 자가 용서받거나 죄책감을 벗어나기 위한 길은 속죄와 같은 건설적인 방법이 있다. 그러나 속죄는 양심의 가책을 느껴야 하고 자기 희생을 감수해야 한다. 따라서 잘못을 저지른 자들은 죄책감을 벗기 위해 속죄의 방법을 잘 택하지 않는다. 대신 그들은 손쉬운 파괴적 전략을 택한다. 그것은 남들도 모두 나쁘거나 더 나쁜 사람들로 만드는 것이다. 너나 나나 서로 피장파장으로 만들면, 아니 나보다 너 나쁜 존재로 만들면, 양심의 가책이나 속죄 없이 손쉽게 죄책감을 벗어날 수 있기 때문이다. 이것이 잘못을 저지른 개인들이 속죄 없이 죄책감을 벗어나려는 사악한 심리학적 전략이다.

이런 심리학적 전략이 오늘날 우리 정치권에서 하나의 정치적 책략으로 행해지고 있다. 독재세력이나 부패세력이 자신들의 과오와 비리를 합리화하기 위해 민주세력을 극도로 무능하고 부패한 세력으로 모는 행위가 바로 그것이다. 독재정권이나 권위주의 정권에서 대규모의 조직적 부정부패를 저지르고 반대자에 대해 고문과 같은 폭력적 탄압을 일삼았던 자들이나 그들과 한 패거리였던 자들은 민주정권의 사소한 부정부패나 세무조사와 같은 정당한 법적 절차를 과장하여 대단히 부패하고 억압적인 정권인 양 몰아 부치고 있다. 이는 자신들의 과거 잘못에 대한 사람들의 비판의식을 마비시켜 자신들의 재집권을 위한 발판을 마련하려는 전략이다.

민주정권의 사소한 잘못들을 구실로 최대의 부패정권이니 무능정권이니 심지어는 독재정권이니 하는 무차별적인 공격과 비난이 의도하고 결과하는 것은 독재정권이나 민주정권이나 피장파장이라는, 아니 민주정권이 독재정권보다 더 못하다는, 정치적 냉소주의다. 그런 냉소주의는 은연중에 과거 독재정권이나 권위주의 정권의 잘못이나 부정부패에 대한 면죄부를 주고 그 세력들의 재집권을 위한 분위기를 조장한다. 실제로 2002년의 지방자치 선거와 국회의원 보궐선거에서 그 효과가 위력적으로 발휘되었다.

이것이 몇몇 보수신문들이 보도와 칼럼을 통해서 특히 ≪조선일보≫의 김대중 씨(2002년 7월 12일자의 「막가는 끝내기 정치」)나 류근일 씨(같은 해 7월 11일자의 「'게도 구럭도 잃은' 정치」)와 같은 논객들이 김대중 대통령과 정권에 온갖 험담을 해대고 최악의 정권으로 매도하면서 노리는 바일 것이다. "고장난 리더십", "편집증 대통령", "막가는 끝내기 정치"(김대중 씨), "얼치기 시대", "얼치기 작태", "게도 구럭도 다 잃은 꼴", "이것도 저것도 아닌 엉거주춤한 꼴", "사기(邪氣), 적의(敵意), 증오, 저주…… 같은 '부정(否定)적인 에너지'"와 "그것이 씐 어둠의 마음"(유근일 씨) 등과 같은, 점잖은 언론인이라면 도저히 사용할 수 없는, 섬뜩한 용어들을 동원하여 매도하고 있다. 이들 표현이야말로 "편집증"적인 "적의, 증오, 저주"의 험담이라 할 수 있다. 의식하든 않든 이런 막말의 사용과 그에 의한 대통령과 그 정권의 폄하는 독재세력의 편에 섰던 자들이 속죄 없이 죄책감을 벗으려는 저열하고 사악한 심리학적 전략일 뿐만 아니라 그 세력의 재집권을 도우려는 뻔뻔한 정치적 책략이기도 하다.

10. 도마에 오른 15대 총선 보도의 편파성

국민회의의 김대중 총재와 자민련의 김종필 총재가 1996년 5월 4일 회담하고 7개항의 합의문을 발표했다. 이 합의문의 골자는 신한국당이 4·11 총선에서 이루어진 여소야대를 부정하고 야당에 대한 표적수사와 야당 및 무소속 당선자에 대한 영입작업을 계속할 경우

15대 국회의 원 구성 거부를 포함한 중대결단을 내리겠다는 것이다. 그런데 이 합의문에서 두 야당 지도자는 4·11 총선을 "총체적 부정선거"로 규정하고, 그런 부정선거의 요소로서 관권과 금권, 흑색선전, 안보악용과 함께 "언론의 편파보도"를 지적하면서, 공명선거를 위한 전제로서 경찰과 검찰의 엄정중립, 선거의 완전한 공영제, 안보악용의 방지와 더불어 "언론보도의 공정성"을 요구했다.

여기서 두 야당 지도자가 부정선거의 한 원인으로 그리고 공명선거의 한 조건으로 언론의 공정성을 들고 있다는 사실이 눈에 뜨인다. 그 동안 우리 언론 특히 방송과 대신문은 여당에게 유리하고 야당에게 불리하게 편파보도를 했다는 비난을 받아왔다. 이러한 편파성에 대한 비판이 선거보도에 대해서는 더욱더 심하게 제기되어왔다. 그리고 이러한 편파보도가 언론을 철저히 통제한 군사정권 시절에서만 그랬던 것이 아니라 문민정부 하에서도 여전하다는 것이 선거보도를 모니터한 각종 모니터 단체들의 보고서에서 지적되고 있다.

4·11 총선 관련 보도에서도 우리 언론은 공정하지 못하다는 비판을 면하기 어려운 몇 가지 문제 있는 보도양태를 보여주었다. 가장 대표적인 것이 북한·안보 관련보도에서의 호들갑이었다. 선거 때마다 으레 그렇듯이 이번 선거에서도 정부·여당은 북한과 안보 관련 문제로 의제를 설정해오다가 북한의 비무장 지대 불인정 발표를 기화로 노골적으로 안보위기를 조장하였다. 그리고 늘 그랬던 것처럼 이번에도 우리 언론들 특히 방송들이 정부·여당의 이러한 의제설정에 충실하게 맞장구를 쳤다. 그런 보도를 보고 있노라면 곧 전쟁이라도 일어날 것만 같은 두려움이 앞선다. 그러더니 투표가 끝나자마자 언제 그랬느냐는 듯이 북한·안보 관련 문제가 정부와 언론의 의제에서 깨끗이 사라져버렸다. 그것들이 속보이는 선거용의 호들갑에 지나지 않았다는 것

을 정부와 언론의 의제설정에서의 표변이 입증한 셈이다. 선거 후에는 북한의 경비정이 우리 구역에 출몰한 사건도 대수롭지 않은 뉴스로 취급되었다. 이번 선거에서 적은 표차로 당락이 갈린 곳이 많다는 점을 감안하면, 그런 안보상의 위기의식을 조장한 보도가 선거결과에 상당한 영향을 미쳤으리라고 짐작할 수 있고, 야당이 부정선거의 원인으로 언론보도의 편파성을 거론한 점을 수긍할 수 있다.

보도에서 언론의 기본적인 덕목의 하나는 공정성이다. 공정성은 상호대립하거나 경쟁하는 집단 특히 여야당을 동등하고 공평하게 다루는 일이다. 구미 선진국의 언론은 적어도 국내의 합법적인 중요한 정치세력에게는 공정하다. 물론 체제문제에 관해서는 공정하지 않다는 비난을 받기도 하지만 적어도 국내의 정당들을 다루는데는 그런 비난을 받지 않는다. 그런데 우리 언론들은 체제문제에서는 말할 것도 없고 국내의 정치세력이나 정당을 다룰 경우 항시 집권세력이나 여당에게는 유리하게 그리고 그 반대세력이나 야당에게는 불리하게 편파적이라는 비난을 받아왔다. 그리고 그런 비판이 15대 총선에서도 제기되었고 급기야 야당 총재들이 언론의 편파보도를 공명선거의 걸림돌로까지 지목하게 된 것이다.

이런 지목을 받게 된 것은 언론으로서는 대단히 수치스런 불명예다. 언론이 그런 지적이 부당하다고 생각한다면, 언론은 당장에 그에 대한 반론을 제기해야 한다. 그러나 이런 부끄러운 지적을 받고도 정면으로 반론을 제기하는 언론이 없다는 것은 언론 스스로 편파성을 인정하는 셈이다. 언론은 이에 대해서 이런저런 이유로 어쩔 수 없지 않느냐고 변명할 수 도 있을 것이다. 경우에 따라서는 야당 총재들의 언론의 편파보도 운운을 자신의 탓을 남의 탓으로 돌리는 정치공세쯤으로 비난할 수도 있을 것이다. 심지어는 언론을 통제하고 간섭하는 행위라고 역공을 취할 수도 있을 것이다. 그러나 언론이 그런 비난으로 자신의 편파보도 시비를 넘기려 한다면, 그것이야말로 자신의 잘못을 남에 대한 비난으로 호도하는 것이 될 것이다.

비판을 받을 때 그것을 방어하기에 급급하면 성숙하기 어렵다. 그러나 자신을 반성하는 기회로 삼는다면 성숙하는 계기가 될 것이다. 두 김 총재의 언론의 편파보도 비판에 접하여 우리 언론도 이제 한 번쯤은 자신의 보도태도를 철저하게 반성해야 한다. 그래서 우리 언론이 언제나 강자의 편이고 정권교체와 민주화의 걸림돌이라는 비난을 더 이상 받지 않는 계기가 되기를 바란다. 그렇지 않고 어떠한 비판을 받아도 제대로 된 반성도 없이 적당히 넘겨버린 지금까지처럼 이번에도 적당히 넘긴다면, 우리 언론은 성숙할 수 있는 좋은 기회를 또 한번 잃어버리는 일이 될 것이다.

11. 15대 총선보도의 몇 가지 문제

오늘날 국민이 정치에 참여할 수 있는 가장 확실하고 직접적인 방법은 선거이기 때문에 선거야말로 문자 그대로 국민이 주인이라는 의미에서의 민주주의의 요체라 할 수 있다. 따라서 선거가 제대로 민의를 반영하도록 이루어지지 않으면 민주주의는 허울에 불과하다. 선거가 제대로 민의를 반영하도록 하기 위해서는 선거가 공정해야 하고, 선거가 공정하기 위해서는 언론의 선거보도가 공정해야 한다. 만일 선거보도가 공정하지 못하면, 유권자들은 공정하지 못한 투표를 하게 될 것이고, 그 결과로서 선거 자체가 공정하지 못하게 된다. 언론의 보도는 어떤 사안에 대해서건 공정해야 하지만 선거보도는 특히 더 공정해야 한다.

그러나 선거보도가 공정한 것만으로 책임을 다하는 것은 아니다. 선거보도는 정확하고 유용하기도 해야 한다. 왜냐하면 오늘날 대부분의 유권자는 언론의 선거보도를 통해서 선거의 시행과 일정에 관해 알게 되고, 선거에서의 쟁점이나 정당이나 후보자의 정강정책을 알게 되기 때문이다. 선거보도가 부정확하거나 유용하지 않다면, 유권자가 선거에서 제대로 된 정보에 의한 유식한 투표보다는 잘못된 정보에 의한 무식한 투표를 하게 될 가능성이 크다.

불행히도, 우리 언론은 선거 때마다 공정하고 정확하고 유용한 정보를 제공하지 않는다는 비판을 받아왔다. 특히 여당에게는 유리하고 야당에게는 불리하게 편파적이라는 비난을 받아왔다. 1996년 4월 11일 투표가 있었던 제15대 국회의원 선거보도에서도 이러한 문제점이 드러났다. 그 문제점을 몇 가지 구체적으로 살펴보기로 하자.

1) 경마 저널리즘의 문제

우리 선거보도의 고질적인 문제는 보도의 초점이 어느 당이나 어느 후보자가 이길 것인가에 맞추어진다는 점이다. 이번 선거보도에서도 이 문제가 또 한번 드러났다. 우리 언론들은 정확하지도 않은 의견조사결과 보도나 각종 판세분석 보도로 누가 이길 것인가 하는 점에 최대의 관심을 보이면서 많은 지면과 시간을 할애하였다. 누가 이길 것인가 하는 문제가 중요하지 않거나 정당하지 않은 관심이라는 뜻은 결코 아니다. 독자나 시청자들도 그 점에 많은 관심을 갖고 있고, 따라서 언론은 그 관심을 충족시켜주어야 할 것이다.

그러나 언론의 공공성을 생각한다면, 선거보도는 누가 이길 것인가에 초점을 맞추는 경마 저널리즘으로 끝나서는 안 된다. 선거는 국정을 잘 이끌어갈 정당이나 후보자를 뽑는 것이기 때문에 선거보도는 무엇보다 유권자들이 선택하는 정당이나 후보자가 어떤 존재인지를 제대로 알 수 있는 유용한 정보들을 제공하는 것이어야 한다. 따라서 선거보도는 각 정당의 정강정책이나 후보자의 자질 등에 관해 비교하는 등 평가 저널리즘이 주축이 되어야 한다. 그런데도 우리 언론들은 누가 이길 것인가에 초점을 맞춤으로서 평가 저널리즘을 소홀히 했다.

그래서 후보자 가운데 군사정권 하에서 언론통폐합을 주도한 인물도 있었고, 군 정보 책임자로 있으면서 정치인 테러를 자행한 자도 있었으나, 우리 언론들은 그들에 대해 아무런 비판적인 평가도 하지 않았다. 아마 그들이 여당의 후보자였기 때문에 그랬다면 우리 신문들은 여당을 위한 당파지인 셈이다. 신문의 경우는 각 당의 정강정책을 비교하는 선거보도가 조금은 있었지만 너무 부정적인 평가로만 일관하고 정당간에 차별성을 별로 부각시키지 못하여 정당 선택에도 별 도움을 주지 못했다. 방송의 경우는 KBS가 수박 겉핥기식의 각당 정책을 비교하는 보도를 한 차례 한 것이 전부다. 다른 방송사는 그런 정도의 보도조차 거의 하지 않았다. 앞으로 우리 언론의 선거보도는 유권자가 투표에서 정당이나 후보자를 선택할 때 판단의 기준으로 삼을 수 있는 유용한 정보들을 가급적 더 많이 제공하도록 노력해야 할 것이다.

2) 북한·안보 보도의 문제

한국에서는 선거철만 되면 북한과 안보에 관련된 문제들이 갑자기 중심적인 사회적 의제로 등장하게 된다. 정부여당이 북한의 "수상한" 움직임을 계속해서 발표하면서 안보상의 위기의식을 조장한다. 그것은 유권자들 특히 보수적인 유권자들의 안정심리를 이용하려는 다분히 선거용의 의제설정이다. 그런 의제설정은 냉정하게 평가하여 보도해야 한다. 그런데도 우리 언론들은 냉정해지기는커녕 완전히 침착성을 잃어버리고 호들갑을 떨면서 과장되게 보도한다. 그래서 정부여당의 발표나 언론보도를 보면, 남한은 선거철에는 으레 갑자기 안보상 취약지대가 되고 남북한간에 곧 전쟁이라도 일어날 것 같은 으스스한 분위기에 휩싸이게 된다.

그러다가 선거가 끝나자마자 북한과 안보 문제는 정부여당의 의제에서 그리고 언론의 보도에서 깨끗이 사라져버린다. 그런데도 우리 언론들은 왜 선거 때만 되면 북한의 "수상한" 움직임이 갑자기 증가하고 안보상의 위기가 조성되는지에 대해서 한번도 의구심을 품지 않는다. 선거가 끝나자마자 갑자기 북한과 안보 문제로 인한 호들갑이 사라지는 문제에 대해서도 아무런 문제의식이 없다. 선거 전에는 커다란 문제로 취급하던 사안도 선거가 끝나면 사소하게 다루는 이중적 태도에 대해서 반성하지도 않는다. 그러면서 선거 때마다 같은 잘못을 되풀이한다.

15대 총선에서도 북한문제와 안보문제가 갑자기 요란한 사회적 의제가 되었다가 선거가 끝나자마자 종적도 없이 사라졌다. 선거철이 되자 북한과 안보 문제를 슬슬 의제로 설정해오던 정부와 언론은 북한의 비무장지대 불인정 발표 이후부터는 노골적으로 안보위기를 조장하였고 우리 언론은 법석을 피웠다. 가령, 1996년 4월 4일부터 10일까지 방송의 뉴스에는 북한·안보 관련 뉴스가 30%에 달했다. 특히 SBS의 경우는 이들 뉴스가 32.1%를 차지했고 선거일이 임박할수록 그 양이 더 많아지면서 보도의 첫머리에 연속해서 배치되었는데 7일의 경우는 처음부터 11번째까지의 뉴스가 모두 북한·안보 관련 뉴스였다. 신문들도 4월 5일부터 이들 뉴스를 많이 그리고 중요하게 다루었다. 특히 ≪동아일보≫는 4월 5일부터 10일까지 북한·안보 관련 뉴스, 해설, 사설을 모두 합쳐 29건으로 신문 가운데 가장 많았는데 9일에는 9건이나 되었다. 그러나 선거가 끝나자마자 갑자기 그 많던 북한·안보 관련 뉴스가 거의 화면이나 지면에서 사라져버렸다. 이런 의제설정의 갑작스런 전환은 속보이는 짓이다. 이번 선거철의 북한과 안보 문제는 대중조작용에 불과하다는 것을 증거하는 것이기도 하다. 우리 언론은 그런 대중조작을 위해 동원되었다. 그리고 그러한 부끄러운 사실을 반성할 줄도 모른다. 앞으로는 이런 부끄러운 일을 반복하지 않길 바랄 뿐이다.

3) 정부의 선심성 정책 보도의 문제

우리 정부는 선거철에는 으레 선심성 정책들을 각 부처별로 줄줄이 발표한다. 말할 것도 없이, 선거철에 발표되는 이런 선심성 정책들은 선거에서 여당을 돕기 위한 것이다. 그것들은 실현을 위한 것이라기보다는 보도를 위한 의사사건의 일종이다. 이런 선심성 정책들은 대개는 급조된 것으로 예산상의 뒷받침이나 정책적인 의지가 없는 따라서 실현가능성도 없는 것들이다. 선거가 끝나면 발표당국이나 그것을 보도한 언론이나 그것을 들은 국민이나 모두 까맣게 잊어버리고 마는 그런 것들이다. 그러므로 선거를 의식한 이런 허황한 선심성 정책에 대한 보도는 신중하고 비판적이어야 한다. 그러나 우리 언론들 특히 방송들은 정부의 속보이는 선심성 정책들을 발표하는 대로 대대적으로 보도한다.

15대 총선을 앞두고도 정부 각 부처는 중소기업 부도방지 지원을 비롯한 각종 중소기업 지원 대책, 첨단 의료 종합단지 건설, 증시안정기금 지원, 두만강 개발협의회 발족, 한국판 식품의약국 발족, 천만 평 크기의 천안 전원도시 건설, 지방도시에 방송사 허가, 다수의 다목적 댐 건설 등을 비롯하여 각종 선심성 정책을 경쟁적으로 발표하였다. 이들 발표에 관해 신문들은 그래도 어느 정도 가려서 보도를 했으나 방송들은 아무런 비판적 안목도 없이 대대적으로 보도했다. 그런 보도태도는 저널리즘이 아니라 정부여당의 홍보대행에 불과하다. 그런 일은 정부여당의 기관지에나 어울리는 일이다. 독립과 자유를 주창하는 언론에게는 그런 일은 다만 수치일 뿐이다.

4) 불법·타락 선거운동 보도의 문제

선거철에는 선거법 위반행위가 나오기 마련이다. 특히 선거법이 엄격하면 엄격할 수록 많은 선거법 위반행위가 나오게 될 것이다. 또 선거에서의 경쟁이 치열하면 치열할수록 선거운동이 혼탁해질 것이다. 말할 것도 없이, 언론은 선거운동에서 불법이나 타락을 폭로해서 선거에서의 불법이나 타락을 막는데 기여해야 한다. 그것은 선거와 민주주의의 발전을 위해서 필요한 일이기도 하다. 그러나 그러한 불법성이나 타락상은 엄격한 육하원칙에 의거해서 정확하게 보도해야 할 것이다. 그렇지 않고 선거에서의 불법성이나 타락상을 마연하게 비난하는 보도는 바람직하지 못하다. 왜냐하면 그런 보도는 불법이나 타락을 저지른 사람에게는 면죄부를 주는 것이고, 불법이나 타락을 저지르지 않은 사람을 의심하게 만들기 때문이다. 뿐만 아니라 그런 막연한 보도는 가깝게는 유권자들에게 선거에 대한 불신감을 심어주어 투표율을 저하시킬 것이고, 멀리는 정치에 대한 불신과 혐오감을 낳을 것이기 때문이다.

15대 총선은 유례 없는 불법·타락 선거였다는 평가가 많았음에도 언론은 그러한 사례를 별로 보도하지 않았다. 언론은 야당이 제기한 여당의 불법적인 금권선거의 사례를 거의 묵살하였다. 언론은 불법·타락 선거를 제대로 감시하지 못한 것이다. ≪한겨레신문≫만이 나름대로 금권선거를 쟁점화하려고 하였으나 역부족이었다. 언론들이 불법·타락상을 보도한 경우에는 거의가 막연하고 무차별적인 것이었다. 막연하게 보도하여 잘못한 사람을 숨기고 잘못하지 않은 사람을 도매금으로 싸잡아 비난하였다. 무차별적으로 보도하여 유권자들로 하여금 잘못을 한 후보자가 아니라 후보자 전체를 불신하게 만들었다. 여당에 그런 위반 사례가 많아 구체적으로 밝히지 못한 것이라면, 언론은 명백하게 여당을 도운 편파보도를 한 것이다.

5) 검찰 발표 보도의 문제

한국의 검찰은 집권세력이나 집권자로부터 독립적이지 못하고 그들의 도구라는 사실은 잘 알려져 있다. 그런 사실은 검찰 스스로의 행동으로 계속해서 보여주었다. 가령, 성공한 쿠데타는 처벌할 수 없다고 했던 검찰이 대통령의 지시로 쿠데타 세력을 기소하였다. 그런 검찰이기에 선거에서 집권여당에 불리하게 작용할 수 있는 사안이나 불법선거운동에 관한 수사에서 공정성을 기대하기도 어렵다. 실제로 검찰은 선거 때마다 선거에 영향을 미칠 수 있는 사안이나 선거사범의 수사에서 편파적이었다는 비난을 들어왔다. 검찰은 선거사범 수사에서 여당의 비리나 위법사례는 확실한 것도 이런저런 이유로 제대로 수사하지 않는 반면에 야당의 비리나 위법사례는 철저하게 수사하여 크게 발표한다. 문제는 언론이다. 검찰의 속성을 잘 알고 있는 언론이 그런 검찰의 발표를 곧이곧대로 보도한다.

15대 총선에서도 그런 패턴은 그대로 답습되었다. 검찰은 확실하지도 않은 야당의 공천헌금 문제는 수사단계에서부터 정보를 흘리고 언론은 이를 크게 보도하여 야당에게 타격을 가했다. 반면에 여당에게 불리한 사건의 경우는 혐의가 분명해도 수사도 하지 않거나 수사를 하는 경우에는 가볍게 처리했다. 언론 특히 방송은 그러한 검찰의 수사결과만을 따라 보도하거나 그런 검찰의 발표마저 과장하거나 축소한다. 따라서 15대 총선보도에서도 여당에게 불리한 장학로 씨 사건이나 여당측의 탈법은 축소되었고, 야당에게 불리한 야당의 공천헌금문제나 탈법사례는 부각되었다. 이런 보도태도는 우리 언론이 여당을 편드는 당파적인 언론임을 증거한다.

6) 편파보도의 문제

지금까지의 선거보도에서 언제나 그랬던 것처럼 15대 총선보도에서도 양적, 질적으로 편파성이 많이 드러났다. 특히 방송은 거의 노골적으로 여당인 신한국당에는 유리하고, 야당에게는 불리하게 편파적이었다. 가령, 김 대통령의 동정보도가 많았지만 선거와는 직접적으로 일체 연관시키지 않으면서 국정과 관련된 모습이나 치사하는 모습만을 보여주는 한편 신한국당의 선거운동 보도에서는 이회창 선대위장, 박찬종 수도권 선대위장, 김윤환 대표, 그리고 심지어는 아무런 직책도 없는 이홍구 씨의 유세 모습을 차례로 소개하였다. 이에 반해 야당의 선거운동 보도는 총재나 대표들의 모습만을 소개하였다. 이런 보도방식은 대통령은 선거에 초연한 채 국정에만 전념하는 듯이, 따라서 신한국당은 공당처럼, 그리고 야당 특히 국민회의와 자민련은 두 김 씨의 사당처럼 보이도록 했다.

방송의 경우, 교묘한 질적인 편파뿐만 아니라 노골적인 양적인 편파도 심각하였다. 예컨대 신한국당의 공천자 대회는 방송3사 모두 6분 내지 7분에 걸쳐 머릿기사로 세 꼭지 씩 다룬 반면, 국민회의의 공천자 대회는 방송 3사 모두 1분 내지 2분 미만에 한 개의 기사로만 그나마 뉴스가 시작한 한참 후에 다루었다. 여당에게 불리한 장학로 비리사건, 강삼재 시계사건, "대선자금 쓸 만큼 주었다"는 노태우 전 대통령 아들의 발언 등은 보도하지 않거나 사소하게 다룬 반면, 야당의 공천헌금설은 큰 비중으로 다루었다.

12. 시민단체의 정치개혁 운동과 언론의 자세

2000년 16대 총선을 앞두고 한국에는 정치개혁의 새로운 바람이 세차게 불었다. 시민단체가 정치개혁운동에 나섰기 때문이다. 200여 개의 시민운동단체들이 총선시민연대를 결성하여 16대 총선 출마자 가운데 국회의원이 되기에 부적절한 인물들의 명단을 공개하는 등 낙천·낙선운동에 나섰고 이에 정치개혁을 열망해오던 시민들이 열렬히 호응하였다. 가히 시민혁명이라 할 만한 운동이었다. 이 운동은 본격화하기도 전에 상당한 성과를 거두었다. 여야가 선거법 협상을 다시 벌여 선거구의 수를 줄이고, 시민단체의 선거운동을 합법화하고, 무엇보다 정당들이 공천에서 부적격자 명단을 무시할 수 없게 되었기 때문이다.

우리 사회에서 정치개혁은 시급하고 반드시 실현되어야 할 과제다. 따라서 언론은 시민단체들의 정치개혁을 겨냥한 낙천·낙천 운동이 성공할 수 있도록 지원해야 할 것이다. 이런 뜻에서 이 글은 시민단체들의 낙천·낙선운동과 언론과의 바람직한 관계에 대해서 논의하려는 것이다. 말하자면 이 글은 언론이 정치개혁에 나선 시민단체에 대해서 그리고 그들의 정치개혁 운동에 대해서 어떤 태도를 취하고 어떤 관계를 갖는 것이 바람직한 가를 탐색하게 될 것이다.

1) 시민단체가 대신하는 언론의 할 일

국제통화기금 체제로 상징되는 국가위기는 우리 사회의 모든 부문에서 개혁을 요구하고 있다. 이런 시대적, 현실적 요청에 의해 사회의 여러 부문에서 나름대로 개혁과 변화가 모색되고 있다. 정부의 주도로 금융, 재벌, 노동 등의 경제 부문에서는 많은 개혁적인 조치들이 단행되었다. 그러나 개혁을 솔선하고 주도해야 할 정치권은, 오랫동안 정치개혁을 바라는 국민들의 열망을 철저하게 외면한 채, 오히려 기득권을 지키기에 급급하면서 개혁의 걸림돌이 되었다. 그러다가 급기야는, 선거법 협상에서 보여주었듯이, 인원과 비용의 절감 즉 고통분담이라는 시대적 요청을 무시하고 오히려 선거구의 수를 더 늘리고 정당의 국고지원금을 증액하면서도 감사는 받지 않게 하는 등으로 여야가 담합하여 자기들의 이익을 확대하는 반개혁적인 모습을 드러냈다. 정치권은 자정이나 자기개혁의 능력을 상실해서 제3자에 의해서만 개혁이 가능할 수 있음을 입증한 셈이다.

이런 상황에서 낙천·낙선운동으로 정치개혁의 깃발을 올린 것은 바로 시민운동단체들이었다. 그리고 정치권의 반개혁적이고 퇴행적인 모습에 분노한 시민들은 한편으로는 시민운동단체들의 정치개혁을 겨냥한 낙천·낙선운동에 대한 폭발적인 지지와 지원으로 다른 한편으로는 총선에 반드시 투표하겠다는 선거에의 참여의지로 자신들의 의사를 나타내고 있다. 사실 시민운동단체의 낙천·낙선운동 자체가 국민들의 정치개혁에 대한 열망을 대변한 것이고 그 때문에 국민들 특히 정치에 냉소적이던 젊은 유권자들의 뜨거운 호응을 얻게 된 것이다. 이에 놀란 정치권이 마지못해 다시 선거법 협상을 벌여 선거구의 수를 줄이고 시민단체의 선거운동을 허용하는 등의 내용으로 선거법을 개정했다.

그런데 이런 시민단체의 정치개혁 운동은 민의를 대변하고 정치권을 감시하고 견제한 언론적 역할을 수행한 것이라 할 수 있다. 그렇다면 이는 명백히 본래 그런 역할은 담당해왔던 언론이 그 역할을 제대로 수행하지 않았다는 것을 의미한다. 국민들이 저토록 정치개혁을 열망했으나 우리 언론은 그 열망을 제대로 대변하지 못했고, 시민운동단체가 낙천·낙선운동에 나서도록 우리 언론은 정치권으로 하여금 정치개혁에 실행하도록 만들지 못했던 것이다. 만일 우리 언론이 정치개혁을 바라는 국민들의 열망을 충실히 반영하고, 기득권 보호에 급급하며 개혁의 발목을 잡아온 정치권을 제대로 감시하고 비판하면서 정치개혁을 요구했다면, 시민운동단체가 정치개혁을 위한 낙천·낙선운동에 나설 필요도 없고 나서봤자 국민들의 열화 같은 지지를 받기도 힘들었을 것이다.

시민운동단체의 정치개혁을 겨냥한 낙천·낙선운동, 이에 대한 시민들의 열렬한 지지, 그리고 그 운동의 정치개혁에 대한 상당한 성과를 보면서 언론은 시민단체에 대해 시기하는 마음을 갖게 될 지도 모른다. 그러나 우리 언론은 시민단체에 대해 시기하는 마음이 아니라 부끄러워하는 마음을 가져야 한다. 아니 감사하는 마음을 가져야 한다. 자신들이 해야 했으나 하지 못한 일을 시민단체가 대신 해주었기 때문이다. 그리고 이 일련의 사태는 우리 언론이 제구실을 제대로 하지 못한데 대하여 반성하는 계기로 삼아야 할 것이다. 실제로 우리 언론은 민의의 대변자로서 그리고 정치권의 감시자로서 역할을 제대로 수행하지 못했다는 비판을 받아왔다. 따라서 언론은 시민단체의 낙천·낙선운동과 그에 대한 국민들의 열렬한 지지를 보면서 자신의 역할을 제대로 수행하지 못했다는 사실을 깨닫고 반성해야 한다.

우리 언론은 언제부턴가 민의를 대변하거나 정치권을 감시하고 비판하기는커녕 정치권이나 기득권세력과 한 패가 되어 그들의 당파적 이익을 대변하고 지키기에 급급했던 것은 아닌가. 우리 언론은 정치에 대한 시민들의 참여의식이 아니라 막연한 불신과 냉소주의만 조장했던 것은 아닌가. 그래서 결국 시민단체들이 언론을 대신하여 정치권을 감시하고 견제하는 일에 나서고 그런 시민단체 운동을 시민들은 전폭적으로 지지하고 선거참여 의지를 천명하고 있는 것은 아닌가. 이런 점에서 보면, 시민단체의 낙천·낙선운동과 그에 대한 시민들의 지지는 우리 언론이 제구실을 다하지 못했다는 점을 반증하는 것이고, 따라서 언론을 부끄럽게 하는 일이며, 언론의 맹성을 촉구하는 바이기도 하다.

2) 불신받는 언론, 신뢰받는 시민단체

중세 유럽에서 왕, 귀족, 그리고 교회의 3자가 권력을 독점했듯이, 1960년대부터 우리 사회는 정치권력, 재벌, 언론의 3자가 권력을 독점해왔다. 이들은 서로 유착하여 군사독재정권을 유지해왔다. 그러나 1987년 6월 항쟁 이후로 정치의 민주화와 함께 노동 운동과 학생 운동이 퇴조하면서 이를 대체한 시민운동이 꾸준히 성장해왔다. 특히 국민정부가 시민운동 단체를 국정의 동반자로 대우하면서 시민운동이 활기를 띠고 있다. 아직도 시민단체가 정치권력, 재벌, 언론에 필적할 만한 힘으로 성장한 것은 아니지만 괄목할 만한 성장을 한 것도 사실이다.

언론은 시민단체의 활동을 보도함으로써 의미 있는 정보로 지면이나 시간을 메울 수 있고, 시민단체는 언론의 보도를 통해 자신의 존재와 활동을 홍보할 수 있다. 말하자면 시민단체와 언론은 정보원과 보도자로서 상부상조의 관계에 있다. 언론이나 시민단체나 우리의 사회환경을 감시하고 개선하는 일에 관심을 갖고 있다는 점에서는 같다. 다만, 일반적으로 시민단체는 자신들의 세분화된 전문영역에서 실천활동을 통해 현실의 개선을 꾀한다. 이에 반하여 언론은 거의 모든 부분에서 그런 실천활동에 대한 보도와 논평을 통해서 현실의 개선에 기여한다. 특히 언론은 정치 영역에서 커다란 영향력을 행사한다.

그런데 총선시민연대의 정치개혁을 겨냥한 낙천·낙선운동이 증거하듯이, 우리의 시민운동은 정치권력이나 재벌의 비리나 부정을 폭로하여 그들을 감시하고 견제하는 한편 기득권에 의해 왜곡된 제도나 잘못된 관행을 바로잡는 데 주력하고 있다. 사실 이런 일들은 전통적으로 언론에 맡겨진 정치적 임무다. 구미 선진국에서 시민운동은 대체로 아주 전문적인 분야에서의 현실개선 운동이라 할 수 있다. 그러나 한국의 시민운동은 보다 일반적인 의미의 정치운동의 성격이 강하다. 여기에는 한국 시민운동이 운동권 출신들에 의해 주도되고 정치권이 무능하고 부정과 비리가 많지만 자정능력은 부족하다는 특수성도 작용하고 있다. 하지만, 무엇보다 언론이 정치에 대한 감시와 민의의 반영이라는 제4부로서 구실을 제대로 수행하지 못한 까닭이 크게 자리하고 있다. 언론이 해야 할 일을 하지 않았기 때문에 시민운동단체들이 대신하게 된 것이다. 우리 사회에서 시민운동의 성장과 그 정치적 구실은 대체로 언론이 본연의 임무를 방기하거나 그 임무에 역행한 데에 기인한다.

수만 명의 종업원을 거느리고 있지만 경쟁력으로가 아니라 빚과 특혜로 유지되던 관료주의적 재벌들은 지금 종업원이 겨우 수십 명이거나 수백 명인 중소기업에 불과하지만 아이디어와 모험정신으로 무장한 벤처기업들의 눈부신 성장을 경악과 질시의 눈으로 바라보고 있다. 마찬가지로 천여 명의 종업원을 거느리고 있지만 기득권 세력과 유착되어 권력기구화한 우리 언론은 몇몇 간사와 자원 봉사자로 유지되는 시민단체들이, 소액주주 운동이나 낙천·낙선운동에서 보듯이, 자신들보다 훨씬 더 큰 힘을 발휘하는 것을 경악과 질시의 눈으로 바라볼 수밖에 없게 되었다.

언론인 출신으로서 시민운동을 이끌고 있는 한 분에 의하면, 과거 같으면 언론사로 가야 할 제보가 이제는 시민운동단체로 쏟아져 들어온다고 한다. 이는 사람들이 언론을 불신하고 시민단체를 더 신뢰한다는 뜻이다. 정치권이나 기득권 세력의 비리나 부정에 관한 제보를 언론에 해도 언론이 이를 제대로 추적하고 폭로하지 않지만, 시민운동단체에게 제보하면 여러 제약에도 불구하고 그 제보를 성의껏 조사하여 공개한다고 믿기 때문이라는 것이다. 시민단체가 이제 어느 면에서는 언론보다 더 신뢰받으며 언론을 대신하고 있는 것이다. 언론이 결코 가벼이 넘길 수 없는 일이다.

언론에 대한 이런 불신은 자업자득이기도 하다. 실제로 우리 언론은 정치권이나 기득권 세력과 유착되었을 뿐만 아니라 그 스스로도 권력기구화하고 기득권 세력의 일원이 되어버려 사회의 목탁으로서 즉 민의의 대변자로서 그리고 정치권이나 기득권 세력의 감시자로서 구실을 제대로 수행하지 못했기 때문이다. 경우에 따라서는, 그 구실을 아예 저버리거나 포기했다고 말하는 것이 더 적절한 표현인지도 모른다. 말할 것도 없이, 우리의 모든 언론·언론인이 그러한 소명을 저버린 것은 아니다. 그러나 우리의 많은 언론·언론인이 일반인들에게는 그런 모습으로 비치고 있는 것이다. 이러한 불신을 모두 언론의 잘못으로만 돌릴 수는 없겠지만 그 책임의 큰 부분은 언론과 언론인 자신에게 있다는 사실도 부인할 수 없다. 언론과 언론인은 겸허한 마음으로 스스로를 되돌아보아야 할 것이다.

3) 낙천·낙선운동에 대한 언론의 바람직한 자세

우리 언론들은 시민단체의 낙천·낙선운동에 대하여 이중적인 태도를 취하고 있는 것으로 보인다. 한편으로는 정치개혁을 목표로 한 시민단체의 낙천·낙선운동이 국민들의 열렬한 지지를 받고 있다는 점에서 결코 무시하지 못하고 있다. 그러나 다른 한편으로는 바로 그렇기 때문에 질시의 마음을 갖게 된 것으로 보인다. 게다가 그 운동은 언론이 제구실을 제대로 하지 못했다는 수치스런 언론의 모습을 드러내는 폭로적 성격 때문에, 그리고 언젠가는 시민운동의 표적이 언론 자신에게 향할 수 있다는 두려움 때문에 시민단체의 낙천·낙선운동을 경계하고 있을 것이다.

이 때문인지 우리 일부 언론들은 낙천·낙선운동에 대해 못 마땅해 하면서 헐뜯는 듯한 태도를 취하고 있다. 이들 신문들은 시민단체의 대표성과 객관성에 의문을 제기하기도 하고, 선거법의 문제점을 인정하면서도 시민단체의 활동은 법 테두리 내에서 이루어져야 한다는 실정법 지상주의를 내세우기도 한다. 어떤 언론은 외부 논객을 동원하여 낙천·낙선운동이 "법을 어기고 절차를 무시"했기 때문에 반민주주의적이라고 주장한다. 사실 낙천·낙선운동은 선거법에 반하는 것은 사실이다. 그러나 이 운동은 민주사회에서는 허용되는 시민불복종 운동이다. 시민불복종은 나쁜 법의 존재를 알리고 그 법을 폐지하거나 개정하기 위해 일부러 그 법을 어기고 사법절차에 따라 순순히 처벌을 감수한다. 법은 어겼으되 합법적인 절차는 존중하는 것이다. 법을 어기고 합법적인 절차를 존중하지 않으면 모르거니와 합법적인 절차에 따르는 한 시민 불복종을 반민주주의나 반법치주의로 비난할 수 없다. 낙천·낙선운동을 주도한 인사들은 선거법 위반 혐의로 사법처리되는 경우 주저 없이 감수할 뜻을 천명하였다.

또 일부 언론은 시민운동을 당파적인 것으로 폄하하여 그 순수성을 훼손하고 있다. 예컨대 보수 기득권 세력의 당파적 이익을 대변하는 한 신문의 주필은 "결과적으로 그렇다"는 토를 달아 낙천·낙선운동에 의해 "상대적으로 이득을 보는 측은 집권여당"이라고 은근히 그 운동을 당파적이라고 폄하함으로써 그 운동에 흠집을 냈다. 그러나 이런 논리는 자신의 당파성을 망각한 누워서 침 뱉기에 불과하다. 왜냐하면 만일 낙천·낙선운동이 "결과적으로" 여당측에 이롭기 때문에 문제라면 그 사실을 지적하는 행위는 결과적으로 야당에 유리한 것이며 따라서 그 또한 문제이기 때문이다. 그 주필과 그가 속한 신문은 "결과적으로" 뿐만 아니라 의도적으로 그나마 지속적으로 특정 정치세력에게 유리한 보도와 논평을 하는 당파적인 언론이라는 점은 세상이 다 아는 사실이다.

어떤 행위가 "결과적으로" 특정 세력에 이롭기 때문에 문제가 있다고 말한다면 언론활동이야말로 문제거리다. 왜냐하면 모든 보도나 논평 특히 정치 보도나 논평은 분명 "결과적으로" 특정 정치세력에게 유리하거나 불리하기 때문이다. 게다가 언론은 "결과적으로" 특정 세력에 이롭거나 불리한 것만이 아니다. 언론은 의도적으로도 그렇게 하는 당파성이 있다. 그렇다면 언론이야말로, 특히 당파성이 강한 언론이야말로, 문제이며 더 부정적인 평가를 받아 마땅하다. 이런 식의 논법대로라면, 언론은 결과적으로 뿐만 아니라 의도적으로도 특정 세력에 유리하거나 불리하기 때문에 결코 바람직한 존재라 할 수 없다. 결국 어떤 행위가 특정 정치세력에게 이롭기 때문에 문제가 있다는 식으로 주장하는 언론은 실은 언론 자신을 폄하하거나 부정하는 자가당착에 빠진다는 점을 알아야 한다.

낙천·낙선운동에 대해 비판적인 주장을 하거나 특정 정치세력을 대변하는 듯한 언론일수록 경실련의 낙천자 명단은 아예 보도하지도 않았고, 총선시민연대의 낙천자 선정에 대해서는 공정성 시비를 일으켜 낙천·낙선운동에 흠집을 가하고 있다. 특히 명확한 근거도 없이 자민련에 의해 제기된 정부여당과의 음모설을 크게 보도하는가 하면 사설이나 논평 등에서 의도적으로 언급하고 부풀림으로써 시민단체의 정치개혁운동의 도덕성과 순수성을 비하하며 흠집을 내고 있다. 그런 언론일수록 음모론의 실체를 파악하여 시시비비를 가리려는 언론으로서 마땅한 노력은 조금도 보이지 않았다.

그러나 공정하고 올바른 언론이라면, 자신들이 수행하지 못한 민의의 반영과 정치권에 대한 감시를 시민단체가 대신 해준 데 대하여 부끄러워하고 감사해야 한다. 그리고 제대로 된 언론이라면 시민단체의 낙천·낙선운동을 전폭적으로 지지하고 고무해야 한다. 음모론은 철저하게 검증하여 옳고 그름을 가려주어야 할 것이다. 말할 것도 없이, 언론은 그 운동에 대해서도 비판할 것은 비판해야 한다. 그러나 그 비판은 그 운동과 그 운동을 주도하는 단체나 개인들의 흠집을 내기 위해서가 아니라 그 운동이 보다 더 공정하고 효과적인 것이 되도록 하기 위해서여야 할 것이다. 따라서 언론은 그 운동에 대해서 그리고 그 운동을 이끄는 단체와 개인들에 대해서 야비한 흠집내기가 아니라 건설적인 격려와 조언을 해야 할 것이다. 특히 언론은 총선시민연대의 낙천자 명단에 대해 언론 스스로 검증하고 검증 결과 그 명단에 오른 사람들 가운데 부적격자로 평가된 사람들에 대해서는 공천반대를 표명해야 할 것이다.

4) 정치개혁을 위한 바람직한 선거보도

그 동안 우리 언론은 유신을 찬양하고 신군부의 정권탈취를 합리화하는 등으로 군사독재정권의 대변자가 되어 그들의 나팔수 노릇을 하였고 그 대가로 언론인은 출세를 하고 언론사는 많은 특혜를 받았다는 비판을 받았다. 일부 언론과 언론인은 정치권 특히 집권세력과 유착되어 그들에게 비리가 있어도 모르는 체했다. 기껏해야 정권이 바뀌거나 정권이 레임덕에 빠져 힘이 없을 경우에만 마지못해 그들의 비리를 다루었다. 그러면서 힘없는 야당, 노조, 학생 등 집권세력이나 기득권 세력의 반대세력에게는 적대감을 보이며 가혹하게 다루었고, 일반인들의 명예나 사생활은 함부로 훼손하거나 침해했다. 그래서 우리 언론은 약자에게 강하고 강자에게 약하다는 비난을 받기도 했고, 죽거나 죽어가는 짐승만을 물어뜯는 하이에나에 비유되기도 했다.

게다가 1987년 대선 이래로 우리 언론은 선거 때마다 기득권세력의 이익을 대변하는 세력과 그 후보를 당선시키기 위해 후보 검증이라는 언론의 사회적 책임과 공정보도라는 언론의 기본 윤리를 망각한 채 노골적인 편들기 보도를 해왔다. 예컨대 대선 때마다 몇몇 신문들은 집권세력의 후보를 대통령으로 만들기 위해 그 후보에게 유리한 편파보도와 논평을 행했다. 그래서 대선 때마다 야당의 항의와 고소를 당한 신문사도 있다. 1997년의 15대 대선에서는 집권세력 후보를 위한 선거대책 문건을 만든 신문사도 있었다. 집권세력의 관권과 금권의 개입에다 언론의 편파보도까지 가세해 민의가 제대로 반영된 공정한 선거가 이루어지지 못했다. 15대 대선에서 야당 후보가 대통령에 당선될 수 있었던 것은 집권세력이 경제위기를 초래하는 등 실정이 많아 야당 후보의 당선 가능성이 높아지자 관권과 금권의 개입이 줄어들고 소수의 신문을 제외하고 방송을 비롯한 대부분의 언론들이 상대적으로 공정한 자세를 취했기 때문이었다.

선거에서 언론의 바람직한 보도자세는 무엇보다 공정성을 지키는 일이다. 선거보도가 공정하지 않으면 선거 자체가 공정할 수 없게 된다. 특히 오늘날과 같이 유권자들이 선거에 관한 정보를 언론의 선거보도에 의존할 수밖에 없는 경우에는 특히 더 그러하다. 언론이 특정 정당하게 유리하게 하기 위해서 또는 특정후보를 당선시키기 위해서 편파적인 보도를 행하는 것은 공정선거를 해치는 반민주적 행위다. 과거에는 관권과 금권의 개입이 선거의 공정성을 해치는 가장 큰 요인이었다면 지금은 언론의 편파적인 개입이야말로 선거의 공정성을 해치는 가장 큰 요인이다.

선거보도에서 공정성 못지 않게 중요한 것은 후보자 검증이다. 언론의 사회적 책임의 중요한 하나는 후보자 검증을 통해 유권자들이 가장 나은 후보를 선택할 수 있도록 돕는 일이다. 총선시민연대가 공천 부적격자로 발표한 사람들을 포함하여 총선에 출마한 후보자들을 검증하는 일이야말로 이번 총선에서 우리 언론이 해야 할 중차대한 임무다. 그러나 일반적으로 우리 언론은 후보자 검증에는 별 관심을 보이지 않는다. 대신 어느 당이 또는 어느 후보가 이길 것인가 하는 경마 저널리즘에 경도되는 경향이 있다. 누가 이길 것인가에 관심을 가지면 안 된다는 뜻은 아니다. 그것은 결코 무시할 수 없는 정당한 관심이다.

그러나 민주주의를 위해서라면 선거보도가 지나치게 경마 저널리즘에 경도되는 것은 바람직하지 않다. 민주주의를 위해서라면 언론은 마땅히 유권자들이 좀 더 나은 후보를 선택할 수 있도록 도와야 한다. 유권자의 선택을 돕는 길은 후보자를 철저히 검증하는 일이다. 지금까지 선거에서 우리 언론들이 후보자 검증 작업을 제대로 하지 않았기 때문에 이번 총선에서는 시민단체들이 총선시민연대를 결성하여 낙천자 명단이라는 형식으로 후보자 검증작업을 시작한 것이다. 그런 작업은 본래 언론이 해야 할 일이다. 이제 우리 언론들도 후보자 검증작업에 동참해야 한다. 우리 언론은 총선시민연대의 후보자 검증작업을 폄하하거나 흠집을 내려 하지 말고 오히려 언론의 취재력과 정보력으로 그 작업을 뒷받침해줄 필요가 있다. 누가 나서든 좋은 일이면 돕고 나쁜 일이면 막아야 하는 것 아닌가.

5) 정치개혁의 성공을 위하여

오랫동안 부당한 기득권과 그를 위해 왜곡된 제도와 잘못된 관행이 지배해온 우리 사회는 각 부문에서 개혁이 요구되고 있다. 특히 국제통화기금 체제 하에서 개혁은 생존의 문제가 되었다. 그런데도 개혁에 솔선하고 개혁을 선도해야 할 정치권과 언론이 개혁에 가장 더딜 뿐만 아니라 심지어는 개혁에 걸림돌이 되고 있다는 비판을 받고 있다. 자율개혁의 능력을 보이지 못한 정치권에 대해서는 결국 시민단체들이 개혁의 깃발을 올리게 되었다.

정치권의 개혁을 촉구하고 견인하는 일은 언론이 해야 할 일이었다. 따라서 언론은 자신의 일을 시민단체가 대신 나서준 데 대하여 부끄러워하고 감사해야 한다. 그리고 마땅히 시민단체의 정치개혁을 겨냥한 낙천·낙선운동을 지원해야 한다. 그러나 그러기는커녕 극소수의 언론을 제외하고 우리 언론들 특히 일부 신문들은 그 운동이 불법적이라느니 또는 편파적이라느니 하면서 또는 근거 없는 음모론을 퍼뜨리면서 낙천·낙선운동과 그 운동에 나선 시민단체의 순수성과 공정성을 훼손하고 있다. 이 때문에 언론개혁 시민연대는 언론이 자신의 기득권을 지키기 위해 음모론의 확산으로 시민단체의 순수성을 훼손하고 있다며 "시민단체의 낙선운동은 (언론) 본연의 사명을 망각하고 권력의 단물에 빠진 언론에 대한 개혁운동이기도 하다"고 경고했다.

낙천·낙선운동은 자율개혁에 나서지 못하는 정치권을 향한 시민들의 개혁요구다. 여기에 선의 이외에 아무런 저의나 음모가 없다고 해야 할 것이다. 그런데도 언론이 그 운동과 그 운동을 주도하는 단체나 개인들을 헐뜯는 것은 악의적인 태도이며 분명 정치개혁을 바라지 않는 태도라고 할 수 있다. 언론이 정치개혁을 바라지 않고 정치개혁에 걸림돌이 되면 될수록 언론 자신이 개혁을 필요로 하는 것이며 따라서 개혁운동의 표적이 될 수 있다. 언론은 시민단체의 정치개혁 운동에 잘못이 있으면 마땅히 비판해야 한다. 그러나 건설적인 비판이 아니라 정치개혁 운동 자체를 훼방하기 위한 것이라면 이는 언론개혁의 당위성을 입증하는 것이다.

언론개혁시민연대가 말했듯이, 정치개혁은 다른 한편으로 언론개혁이기도 하다. 정치개혁은 언론이 방기한 언론 본연의 임무를 일깨우는 것이며 정언유착의 관계를 단절시키는 것이기도 하기 때문이다. 언론이 정치개혁의 걸림돌로 작용하면 할수록 언론이 자신의 본연의 임무를 깨닫지 못하고 정언유착의 관계도 단절시키지 않으려는 것으로 비치게 될 것이다. 그리고 그러면 그럴수록 시민운동단체는 정치개혁의 성공을 위해서라도 언론을 개혁운동의 대상으로 지목하지 않을 수 없다.

만일 언론이 시민단체의 개혁운동의 직접적인 표적이 되면, 원치 않더라도 언론과 시민단체가 서로 물고 물리는 이전투구에 빠지게 될 수밖에 없다. 그렇게 되지 않기 위해서라도 언론은 시민단체의 정치개혁 운동에 동참하여 정치개혁을 성공시켜야 한다. 언론이 절실히 요구되는 정치개혁을 흔쾌히 돕는 것은 대의와 명분에도 좋고 언론

자신의 이익을 위해서도 좋다. 우리 사회의 개혁을 위해서 언론과 시민단체는 적대관계가 아니라 협조관계를 유지할 필요가 있다. 정치개혁 운동의 연착륙을 위해서도 그리고 언론과 시민단체가 서로 적대하는 불상사를 피하기 위해서도.

<부록 1>

선거법(원명: 공직선거및선거부정 방지법)의 언론 관련 조항

〔일부개정 2003.2.4 법률 제06854호〕

제1장 총칙

제1조 (목적) 이 법은 헌법과 지방자치법에 의한 선거가 국민의 자유로운 의사와 민주적인 절차에 의하여 공정히 행하여지도록 하고, 선거와 관련한 부정을 방지함으로써 민주정치의 발전에 기여함을 목적으로 한다.

제2조 (적용범위) 이 법은 대통령선거·국회의원선거·지방의회의원 및 지방자치단체의 장의 선거에 적용한다.

제3조 (선거인의 정의) 이 법에서 "선거인"이라 함은 선거권이 있는 자로서 선거인명부에 올라 있는 자를 말한다.

제4조 (인구의 기준) 이 법에 의한 선거사무관리의 기준이 되는 인구는 주민등록법의 규정에 의한 주민등록표에 의하여 조사한 최근의 인구통계에 의한다. <개정 2000.2.16>

제5조 (선거사무협조) 관공서 기타 공공기관은 선거사무에 관하여 선거관리위원회의 협조요구를 받은 때에는 우선적으로 이에 따라야 한다. <개정 2000.2.16>

제6조 (선거권행사의 보장) ①국가는 선거권자가 선거권을 행사할 수 있도록 필요한 조치를 취하여야 한다.

②공무원·학생 또는 다른 사람에게 고용된 자가 선거인명부를 열람하거나 투표하기 위하여 필요한 시간은 보장되어야 하며, 이를 휴무 또는 휴업으로 보지 아니한다.

③선거권자는 성실하게 선거에 참여하여 선거권을 행사하여야 한다.

제7조 (정당·후보자등의 공정경쟁의무) 선거에 참여하는 정당·후보자 및 후보자를 위하여 선거운동을 하는 자는 선거운동을 함에 있어 이 법을 준수하고 공정하게 경쟁하여야 하며, 정당의 정강·정책이나 후보자의 정견을 지지·선전하거나 이를 비판·반대함에 있어 선량한 풍속 기타 사회질서를 해하는 행위를 하여서는 아니된다.

제8조 (언론기관의 공정보도의무) 방송·신문·통신·잡지 기타의 간행물을 경영·관리하거나 편집·취재·집필·보도하는 자가 정당의 정강·정책이나 후보자(후보자가 되고자 하는 자를 포함한다. 이하 이 조에서 같다)의 정견 기타사항에 관하여 보도·논평을 하는 경우와 정당의 대표자나 후보자 또는 그의 대리인을 참여하게 하여 대담을 하거나 토론을 행하고 이를 방송·보도하는 경우에는 공정하게 하여야 한다. <개정 1997.11.14>

제8조의2 (선거방송심의위원회) ①방송법 제20조(방송위원회의 설치)의 규정에 의한 방송위원회(이하 "방송위원회"라 한다)는 선거방송의 공정성을 유지하기 위하여 임기만료에 의한 선거의 선거일전 120일(대통령의 궐위로 인한 선거 또는 재선거에 있어서는 그 선거의 실시사유가 확정된 때부터 20일)까지 선거방송심의위원회를 설치하여 선거일 후 30일까지 운영하여야 한다. <개정 2000.2.16>

②선거방송심의위원회는 방송사〔제70조(방송광고) 제1항의 규정에 의한 방송시설을 경영 또는 관리하는 자를 말한다. 이하 이 조 및 제8조의4(선거보도에 대한 반론보도청구)

에서 같다.〕·방송학계·대한변호사협회·언론인단체 및 시민단체등이 추천하는 자와 국회에 교섭단체를 가지는 정당이 추천하는 각 1인을 포함하여 9인이내의 위원으로 구성한다. <개정 2000.2.16>

③선거방송심의위원회의 위원은 정당에 가입할 수 없다.

④선거방송심의위원회는 선거방송의 정치적 중립성·형평성·객관성 및 제작기술상의 균형유지와 권리구제 기타 선거방송의 공정을 보장하기 위하여 필요한 사항을 정하여 이를 공표하여야 한다.

⑤선거방송심의위원회는 선거방송의 공정여부를 조사하여야 하고, 조사결과 선거방송의 내용이 공정하지 아니하다고 인정되는 경우에는 방송법 제100조(제재조치등) 제1항 각호의 규정에 의한 제재조치 등을 정하여 이를 방송위원회에 통보하여야 하며, 방송위원회는 불공정한 선거방송을 한 방송사에 대하여 통보받은 제재조치등을 지체없이 명하여야 한다. <개정 2000.2.16>

⑥후보자 및 후보자가 되고자 하는 자는 선거일전 120일부터 선거방송의 내용이 불공정하다고 인정되는 경우에는 선거방송심의위원회에 그 시정을 요구할 수 있고, 선거방송심의위원회는 지체없이 이를 심의·의결하여야 한다.

⑦선거방송심의위원회의 구성과 운영 기타 필요한 사항은 방송위원회규칙으로 정한다.
〔본조신설 1997.11.14〕

제8조의3 (선거기사심의위원회) ①정기간행물의등록등에관한법률 제17조(언론중재위원회)의 규정에 의한 언론중재위원회(이하 "언론중재위원회"라 한다)는 선거기사(사설·논평·광고 기타 선거에 관한 내용을 포함한다. 이하 이 조에서 같다)의 공정성을 유지하기 위하여 임기만료에 의한 선거의 선거일전 120일(대통령의 궐위로 인한 선거 또는 재선거에 있어서는 그 선거의 실시사유가 확정된 때부터 20일)까지 선거기사심의위원회를 설치하여 선거일후 30일까지 운영하여야 한다.

②선거기사심의위원회는 언론학계, 대한변호사협회, 언론인단체 및 시민단체등이 추천하는 자와 국회에 교섭단체를 가지는 정당이 추천하는 각 1인을 포함하여 9인이내의 위원으로 구성한다.

③선거기사심의위원회는 정기간행물의등록등에관한법률 제2조(용어의정의) 제1호의 규정에 의한 정기간행물〔이하 이 조 및 제8조의4(선거보도에 대한 반론보도청구)에서 "정기간행물"이라 한다〕에 게재된 선거기사의 공정여부를 조사하여야 하고, 조사결과 선거기사의 내용이 공정하지 아니하다고 인정되는 경우에는 해당기사의 내용에 관한 사과문 또는 정정보도문의 게재를 결정하여 이를 언론중재위원회에 통보하여야 하며, 언론중재위원회는 불공정한 선거기사를 게재한 정기간행물을 발행한 자(이하 이 조 및 제8조의4에서 "언론사"라 한다)에 대하여 그 사과문 또는 정정보도문의 게재를 지체없이 명하여야 한다.

④정기간행물을 발행하는 자가 제1항에 규정된 선거기사심의위원회의 운영기간중에 정기간행물의등록등에관한법률 제2조 제2호의 규정에 의한 일반일간신문 및 같은 법 같은 조 제5호의 규정에 의한 일반주간신문을 발행하는 때에는 그 정기간행물 1부를, 그 외의 정기간행물을 발행하는 때에는 선거기사심의위원회의 요청이 있는 경우 1부를 지체없이 선거기사심의위원회에 제출하여야 한다. <신설 2002.3.7>

⑤제4항의 규정에 의하여 정기간행물을 제출한 자의 요구가 있는 때에는 선거기사심의

위원회는 정당한 보상을 하여야 한다. <신설 2002.3.7>
⑥제8조의2(선거방송심의위원회) 제3항·제4항 및 제6항의 규정은 선거기사심의위원회에 관하여 이를 준용한다.
⑦선거기사심의위원회의 구성과 운영에 관하여 필요한 사항은 언론중재위원회가 정한다. 〔전문개정 2000.2.16〕
제8조의4 (선거보도에 대한 반론보도청구) ①임기만료에 의한 선거의 선거일전 90일(대통령의 궐위로 인한 선거 또는 재선거에 있어서는 당해 선거방송심의위원회 또는 선거기사심의위원회가 설치된 때)부터 선거일까지 방송 또는 정기간행물에 공표된 인신공격, 정책의 왜곡선전 등으로 피해를 받은 정당(중앙당에 한한다. 이하 이 조에서 같다) 또는 후보자(후보자가 되고자 하는 자를 포함한다. 이하 이 조에서 같다)는 그 방송 또는 기사게재가 있음을 안 날부터 10일이내에 서면으로 당해방송을 한 방송사에 반론보도의 방송을, 당해기사를 게재한 언론사에 반론보도문의 게재를 각각 청구할 수 있다. 다만, 그 방송 또는 기사게재가 있은 날부터 30일이 경과한 때에는 그러하지 아니하다. <개정 2002.3.7>
②방송사 또는 언론사는 제1항의 청구를 받은 때에는 지체없이 당해 정당, 후보자 또는 그 대리인과 반론보도의 내용·크기·횟수등에 관하여 협의한 후, 방송에 있어서는 이를 청구받은 때부터 48시간이내에 무료로 반론보도의 방송을 하여야 하며, 정기간행물에 있어서는 편집이 완료되지 아니한 같은 정기간행물의 다음 발행호에 무료로 반론보도문의 게재를 하여야 한다. 이 경우 정기간행물에 있어서 다음 발행호가 선거일후에 발행·배부되는 경우에는 반론보도의 청구를 받은 때부터 48시간이내에 당해정기간행물이 배부된 지역에 배부되는 정기간행물의등록등에관한법률 제2조(용어의 정의) 제2호의 규정에 의한 일반일간신문에 이를 게재하여야 하며, 그 비용은 당해언론사의 부담으로 한다. 다만, 당해 정당 또는 후보자가 반론보도청구권의 행사에 정당한 이익을 가지지 아니하는 경우나 청구된 반론보도의 내용이 명백히 사실에 반하는 경우 또는 상업적인 광고만을 목적으로 하는 경우에는 그 보도를 거부할 수 있다. <개정 2002.3.7>
③제2항의 규정에 의한 협의가 이루어지지 아니한 때에는 당해 정당, 후보자, 방송사 또는 언론사는 선거방송심의위원회 또는 선거기사심의위원회에 지체없이 이를 회부하고, 선거방송심의위원회 또는 선거기사심의위원회는 회부받은 때부터 48시간이내에 심의하여 각하·기각 또는 인용결정을 한 후 지체없이 이를 당해 정당 또는 후보자와 방송사 또는 언론사에 통지하여야 한다. 이 경우 반론보도의 인용결정을 하는 때에는 반론방송 또는 반론보도문의 내용·크기·횟수 기타 반론보도에 필요한 사항을 함께 결정하여야 한다. <개정 2002.3.7>
④방송법 제91조(반론보도청구권) 제2항·제4항 내지 제6항의 규정은 선거방송에 관한 반론보도청구에, 정기간행물의등록등에관한법률 제16조(반론보도청구권) 제2항·제4항 내지 제6항의 규정은 정기간행물의 선거기사에 관한 반론보도청구에 관하여 이를 각각 준용한다. 〔전문개정 2000.2.16〕
제9조 (공무원의 중립의무등) ①공무원 기타 정치적 중립을 지켜야 하는 자(기관·단체를 포함한다)는 선거에 대한 부당한 영향력의 행사 기타 선거결과에 영향을 미치는 행위를 하여서는 아니된다.
②검사(군검찰관을 포함한다) 또는 경찰공무원(검찰수사관 및 군사법경찰관리를 포함한

다)은 이 법의 규정에 위반한 행위가 있다고 인정되는 때에는 신속·공정하게 단속·수사를 하여야 한다.

제10조 (사회단체등의 공명선거추진활동) ①사회단체등은 선거부정을 감시하는 등 공명선거추진활동을 할 수 있다. 다만, 다음 각호의 1에 해당하는 단체는 그 명의 또는 그 대표의 명의로 공명선거추진활동을 할 수 없다. <개정 2000.2.16, 2002.3.7>

1. 특별법에 의하여 설립된 국민운동단체로서 국가 또는 지방자치단체의 출연 또는 보조를 받는 단체(바르게살기운동협의회·새마을운동협의회·한국자유총연맹을 말한다)와 제2의건국범국민추진위원회
2. 법령에 의하여 정치활동이 금지된 단체
3. 후보자, 후보자의 배우자와 후보자 또는 그 배우자의 직계존·비속과 형제자매나 후보자의 직계비속 및 형제자매의 배우자(이하 "후보자의 가족"이라 한다)가 설립하거나 운영하고 있는 단체
4. 특정 정당(창당준비위원회를 포함한다. 이하 이 조에서 같다) 또는 후보자(후보자가 되고자 하는 자를 포함한다. 이하 이 조에서 같다)를 지원하기 위하여 설립된 단체
5. 국민건강보험법에 의하여 설립된 국민건강보험공단
6. 제87조 단서의 규정에 의하여 선거운동을 할 수 있는 노동조합과 단체중 선거운동을 하거나 할 것을 표방한 노동조합 또는 단체

②사회단체등이 공명선거추진활동을 함에 있어서는 항상 공정한 자세를 견지하여야 하며, 특정 정당이나 후보자의 선거운동에 이르지 아니하도록 유의하여야 한다.

③각급선거관리위원회(투표구선거관리위원회를 제외한다)는 사회단체등이 불공정한 활동을 하는 때에는 경고·중지 또는 시정명령을 하여야 하며, 그 행위가 선거운동에 이르거나 선거관리위원회의 중지 또는 시정명령을 이행하지 아니하는 때에는 고발등 필요한 조치를 하여야 한다.

제10조의2 (선거부정감시단) ①구·시·군선거관리위원회는 선거를 실시하는 때마다 선거부정을 감시하기 위하여 선거기간개시일전 10일부터 선거일까지 당해 구·시·군선거관리위원회에 선거부정감시단을 둔다. <개정 2002.3.7>

②선거부정감시단은 다음 각호의 1에 해당하지 아니하는 자로서 당원이 아닌 중립적이고 공정한 자중에서 당해선거에 후보자를 추천한 정당이 추천하는 각 3인을 포함한 50인이내로 구성한다.

1. 제10조(사회단체등의 공명선거추진활동) 제1항 단서의 규정에 의한 단체에 소속된 자
2. 제60조(선거운동을 할 수 없는 자) 제1항 본문의 규정에 의한 선거운동을 할 수 없는 자

③선거부정감시단은 관할구·시·군선거관리위원회의 지휘를 받아 이법에 위반되는 행위에 대하여 증거자료를 수집하거나 조사활동을 할 수 있다.

④선거부정감시단의 소속원에 대하여는 예산의 범위 안에서 수당 또는 실비를 지급할 수 있다.

⑤선거부정감시단의 구성·활동방법 및 수당·실비의 지급 기타 필요한 사항은 중앙선거관리위원회규칙으로 정한다. 〔본조신설 2000.2.16〕

제11조 (후보자등의 신분보장) ①대통령선거의 후보자는 후보자의 등록이 끝난 때부터 개표종료시까지 사형·무기 또는 장기 7년이상의 징역이나 금고에 해당하는 죄를 범한

경우를 제외하고는 현행범인이 아니면 체포 또는 구속되지 아니하며, 병역소집의 유예를 받는다. <개정 1995.5.10>

②국회의원선거, 지방의회의원 및 지방자치단체의 장의 선거의 후보자는 후보자의 등록이 끝난 때부터 개표종료시까지 사형·무기 또는 장기 5년이상의 징역이나 금고에 해당하는 죄를 범하였거나 제16장 벌칙에 규정된 죄를 범한 경우를 제외하고는 현행범인이 아니면 체포 또는 구속되지 아니하며, 병역소집의 유예를 받는다. <신설 1995.5.10>

③선거사무장, 선거연락소장, 선거사무원, 회계책임자, 연설원, 대담·토론자, 투표참관인, 부재자투표참관인과 개표참관인은 당해 신분을 취득한 때부터 개표종료시까지 사형·무기 또는 장기 3년이상의 징역이나 금고에 해당하는 죄를 범하였거나 이 법 제230조(매수 및 이해유도죄) 내지 제235조(방송·신문등의 불법이용을 위한 매수죄)·제237조(선거의 자유방해죄) 내지 제259조(선거범죄선동죄)의 죄를 범한 경우를 제외하고는 현행범인이 아니면 체포 또는 구속되지 아니하며, 병역소집의 유예를 받는다.

제12조 (선거관리) ①중앙선거관리위원회는 이 법에 특별한 규정이 있는 경우를 제외하고는 선거사무를 통할·관리하며, 하급선거관리위원회의 위법·부당한 처분에 대하여 이를 취소하거나 변경할 수 있다.

②특별시·광역시·도(이하 "시·도"라 한다)선거관리위원회는 지방의회의원 및 지방자치단체의 장의 선거에 관한 하급선거관리위원회의 위법·부당한 처분에 대하여 이를 취소하거나 변경할 수 있다. <개정 1995.4.1>

③구·시·군선거관리위원회는 당해 선거에 관한 하급선거관리위원회의 위법·부당한 처분에 대하여 이를 취소하거나 변경할 수 있다.

제13조 (선거구선거관리) ①선거구선거사무를 행할 선거관리위원회(이하 "선거구선거관리위원회"라 한다)는 다음 각호와 같다. <개정 2000.2.16>

1. 대통령선거 및 비례대표전국선거구국회의원(이하 "비례대표국회의원"이라 한다) 선거의 선거구선거사무는 중앙선거관리위원회

2. 특별시장·광역시장·도지사(이하 "시·도지사"라 한다)선거와 비례대표선거구시·도의회의원(이하 "비례대표시·도의원"이라 한다)선거의 선거구선거사무는 시·도선거관리위원회

3. 지역선거구국회의원(이하 "지역구국회의원"이라 한다)선거, 지역선거구시·도의회의원(이하 "지역구시·도의원"이라 한다)선거와 자치구·시·군의회의원(이하 "자치구·시·군의원"이라 한다)선거 및 자치구의 구청장·시장·군수(이하 "자치구·시·군의 장"이라 한다)선거의 선거구선거사무는 그 선거구역을 관할하는 구·시·군선거관리위원회[제29조(지방의회의원의 증원선거) 제3항 또는 선거관리위원회법제2조(설치) 제6항의 규정에 의하여 선거구선거사무를 행할 구·시·군선거관리위원회가 지정된 경우에는 그 지정을 받은 구·시·군선거관리위원회를 말한다]

②제1항에서 "선거구선거사무"라 함은 선거에 관한 사무중 후보자등록 및 당선인결정등과 같이 당해 선거구를 단위로 행하여야 하는 선거사무를 말한다.

③선거구선거관리위원회 또는 직근 상급선거관리위원회는 선거관리를 위하여 특히 필요하다고 인정하는 때에는 중앙선거관리위원회가 정하는 바에 따라 당해 선거에 관하여 관할선거구안의 선거관리위원회가 행할 선거사무의 범위를 조정하거나 하급선거관리위원회 또는 그 위원으로 하여금 선거구선거관리위원회의 직무를 행하게 할 수 있다.

④제3항의 규정에 의하여 선거구선거사무를 행하는 하급선거관리위원회의 위원은 선거구선거관리위원회위원의 정수에 산입하지 아니하며, 선거구선거관리위원회의 의결에 참가할 수 없다.

⑤구·시·군선거관리위원회 또는 투표구선거관리위원회가 천재·지변 기타 부득이한 사유로 그 기능을 수행할 수 없는 때에는 직근 상급선거관리위원회는 직접 또는 다른 선거관리위원회로 하여금 당해 선거관리위원회의 기능이 회복될 때까지 그 선거사무를 대행하거나 대행하게 할 수 있다. 다른 선거관리위원회로 하여금 대행하게 하는 경우에는 대행할 업무의 범위도 함께 정하여야 한다.

⑥제5항의 규정에 의하여 선거사무를 대행하거나 대행하게 한 때에는 대행할 선거관리위원회와 그 업무의 범위를 지체없이 공고하고, 상급선거관리위원회에 보고하여야 한다.

제14조 (임기개시) ①대통령의 임기는 전임대통령의 임기만료일의 다음날 0시부터 개시된다. 다만, 전임자의 임기가 만료된 후에 실시하는 선거와 궐위로 인한 선거에 의한 대통령의 임기는 당선이 결정된 때부터 개시된다. <개정 2003.2.4>

②국회의원과 지방의회의원(이하 이 항에서 "의원"이라 한다)의 임기는 총선거에 의한 전임의원의 임기만료일의 다음 날부터 개시된다. 다만, 의원의 임기가 개시된 후에 실시하는 선거와 지방의회의원의 증원선거에 의한 의원의 임기는 당선이 결정된 때부터 개시되며 전임자 또는 같은 종류의 의원의 잔임기간으로 한다.

③지방자치단체의 장의 임기는 전임지방자치단체의 장의 임기만료일의 다음 날부터 개시된다. 다만, 전임지방자치단체의 장의 임기가 만료된 후에 실시하는 선거와 제30조(지방자치단체의 폐치·분합시의 선거등) 제1항 제1호 내지 제3호에 의하여 새로 선거를 실시하는 지방자치단체의 장의 임기는 당선이 결정된 때부터 개시되며 전임자 또는 같은 종류의 지방자치단체의 장의 잔임기간으로 한다.

제2장 선거권과 피선거권

제15조 (선거권) ①20세이상의 국민은 대통령 및 국회의원의 선거권이 있다.

②20세이상의 국민으로서제37조(명부작성) 제1항의 선거인명부작성기준일 현재 당해 지방자치단체의 관할구역안에 주민등록이 되어 있는 자는 그 구역에서 선거하는 지방의회의원 및 지방자치단체의 장의 선거권이 있다.

제16조 (피선거권) ①선거일 현재 5년이상 국내에 거주하고 있는 40세이상의 국민은 대통령의 피선거권이 있다. 이 경우 공무로 외국에 파견된 기간과 국내에 주소를 두고 일정기간 외국에 체류한 기간은 국내거주기간으로 본다. <개정 1997.1.13>

②25세이상의 국민은 국회의원의 피선거권이 있다.

③선거일 현재 계속하여 60일이상(공무로 외국에 파견되어 선거일전 60일후에 귀국한 자는 선거인명부작성기준일부터 계속하여 선거일까지) 당해 지방자치단체의 관할구역안에 주민등록이 되어 있는 주민으로서 25세이상의 국민은 그 지방의회의원 및 지방자치단체의 장의 피선거권이 있다. 이 경우 60일의 기간은 그 지방자치단체의 설치·폐지·분할·합병 또는 구역변경[제28조(임기중 지방의회의 의원정수의 조정등)의 규정에 의한 경우를 포함한다]에 의하여 중단되지 아니한다. <개정 1998.4.30>

④제3항의 경우에 지방자치단체의 사무소 소재지가 다른 지방자치단체의 관할구역안에 있어 당해 지방자치단체의 장의 주민등록이 그 다른 지방자치단체의 관할구역안에 있게 된 때에는 당해 지방자치단체의 관할구역안에 주민등록이 되어 있는 것으로 본다.

제17조 (연령산정기준) 선거권자와 피선거권자의 연령은 선거일 현재로 산정한다.

제18조 (선거권이 없는 자) ①선거일 현재 다음 각호의 1에 해당하는 자는 선거권이 없다.

1. 금치산선고를 받은 자
2. 금고이상의 형의 선고를 받고 그 집행이 종료되지 아니하거나 그 집행을 받지 아니하기로 확정되지 아니한 자
3. 선거범으로서, 100만원이상의 벌금형의 선고를 받고 그 형이 확정된 후 5년 또는 형의 집행유예의 선고를 받고 그 형이 확정된 후 10년을 경과하지 아니하거나 징역형의 선고를 받고 그 집행을 받지 아니하기로 확정된 후 또는 그 형의 집행이 종료되거나 면제된 후 10년을 경과하지 아니한 자(형이 실효된 자도 포함한다)
4. 법원의 판결에 의하여 선거권이 정지 또는 상실된 자

②제1항 제3호에서 "선거범"이라 함은 제16장 벌칙에 규정된 죄와 국민투표법 위반의 죄를 범한 자를 말한다.

③제2항의 선거범과 다른 죄의 경합범에 대하여는 형법제38조(경합범과 처벌예)의 규정에 불구하고 이를 분리 심리하여 따로 선고하여야 한다. <개정 1997.11.14>

제19조 (피선거권이 없는 자) 선거일 현재 다음 각호의 1에 해당하는 자는 피선거권이 없다.

1. 제18조(선거권이 없는 자) 제1항 제1호·제3호 또는 제4호에 해당하는 자
2. 금고이상의 형의 선고를 받고 그 형이 실효되지 아니한 자
3. 법원의 판결 또는 다른 법률에 의하여 피선거권이 정지되거나 상실된 자

제3장 선거구역과 의원정수(생략)

제4장 선거기간과 선거일

제33조 (선거기간) ①선거별 선거기간은 다음 각호와 같다. <개정 2002.3.7>

1. 대통령선거는 23일
2. 국회의원선거와 지방자치단체의 의회의원 및 장의 선거는 17일
3. 삭제 <2002.3.7>

②제1항의 규정에 불구하고제197조(선거의 일부무효로 인한 재선거) 제1항의 규정에 의한 재선거의 선거기간 및 제198조(천재·지변등으로 인한 재투표) 제1항의 규정에 의한 재투표의 기간은 다음 각호와 같다. <개정 2002.3.7>

1. 대통령선거는 21일
2. 국회의원선거와 지방자치단체의 의회의원 및 장의 선거는 15일
3. 삭제 <2002.3.7>

③"선거기간"이라 함은 후보자등록신청개시일부터 선거일까지를 말한다.

제34조 (선거일) ①임기만료에 의한 선거의 선거일은 다음 각호와 같다. <개정

1998.2.6>

1. 대통령선거는 그 임기만료일전 70일이후 첫번째 목요일

2. 국회의원선거는 그 임기만료일전 50일이후 첫번째 목요일

3. 지방의회의원 및 지방자치단체의 장의 선거는 그 임기만료일전 30일이후 첫번째 목요일

②제1항의 규정에 의한 선거일이 국민생활과 밀접한 관련이 있는 민속절 또는 공휴일인 때와 선거일전일이나 그 다음날이 공휴일인 때에는 그 다음 주의 목요일로 한다.

제35조 (보궐선거등의 선거일) ①대통령의 궐위로 인한 선거 또는 재선거(제3항의 규정에 의한 재선거를 제외한다. 이하제2항에서 같다)는 그 선거의 실시사유가 확정된 때부터 60일이내에 실시하되, 선거일은 늦어도 선거일전 29일에 대통령 또는 대통령권한대행자가 공고하여야 한다.

②보궐선거·재선거·증원선거와 지방자치단체의 설치·폐지·분할 또는 합병에 의한 지방자치단체의 장선거는 다음 각호에 의한다. <개정 2000.2.16>

1. 지역구국회의원·지방의회의원 및 지방자치단체의 장의 보궐선거·재선거·지방의회의원의 증원선거는 전년도 10월 1일부터 3월 31일까지의 사이에 그 선거의 실시사유가 확정된 때에는 4월중 마지막 목요일에 실시하고, 4월 1일부터 9월 30일까지의 사이에 그 선거의 실시사유가 확정된 때에는 10월중 마지막 목요일에 실시한다. 이 경우 선거일에 관하여는 제34조(선거일) 제2항의 규정을 준용한다.

2. 지방자치단체의 설치·폐지·분할 또는 합병에 의한 지방자치단체의 장선거는 그 선거의 실시사유가 확정된 때부터 60일이내에 실시하되, 선거일은 관할선거구선거관리위원회위원장이 당해지방자치단체의 장(직무대행자를 포함한다)과 협의하여 늦어도 선거일전 23일에 공고하여야 한다.

③제197조(선거의 일부무효로 인한 재선거)의 규정에 의한 재선거는 확정판결 또는 결정의 통지를 받은 날부터 30일이내에 실시하되, 관할선거구선거관리위원회가 그 재선거일을 정하여 공고하여야 한다.

④이 법에서 "보궐선거등"이라 함은 제1항 내지 제3항 및 제36조(연기된 선거등의 선거일)의 규정에 의한 선거를 말한다.

⑤이 법에서 "선거의 실시사유가 확정된 때"라 함은 다음 각호에 해당하는 날을 말한다. <개정 2000.2.16>

1. 대통령의 궐위로 인한 선거는 그 사유가 발생한 날

2. 지역구국회의원의 보궐선거 또는 지방의회의원 및 지방자치단체의 장의 보궐선거는 관할선거구선거관리위원회가 그 사유의 통지를 받은 날(법원의 판결 또는 결정에 의하여 사유가 확정된 때에는 관할선거구선거관리위원회가 그 판결이나 결정의 통지를 받은 날 (이하제3호에서 같다.)

3. 재선거는 그 사유가 확정된 날

4. 지방의회의원의 증원선거는 새로 정한 선거구에 관한 별표 2 또는 시·도조례의 효력이 발생한 날

5. 지방자치단체의 설치·폐지·분할 또는 합병에 의한 지방자치단체의 장선거는 당해지방자치단체의 설치·폐지·분할 또는 합병에 관한 법률의 효력이 발생한 날

6. 연기된 선거는 제196조(선거의 연기) 제3항의 규정에 의하여 그 선거의 연기를

공고한 날

7. 재투표는 제36조의 규정에 의하여 그 재투표일을 공고한 날

제36조 (연기된 선거등의 선거일) 제196조(선거의 연기)의 규정에 의한 연기된 선거를 실시하는 때에는 대통령선거 및 국회의원선거에 있어서는 대통령이, 지방의회의원 및 지방자치단체의 장의 선거에 있어서는 관할선거구선거관리위원회위원장이 각각 그 선거일을 정하여 공고하여야 하며, 제198조(천재·지변등으로 인한 재투표)의 규정에 의한 재투표를 실시하는 때에는 관할선거구선거관리위원회위원장이 재투표일을 정하여 공고하여야 한다. <개정 2000.2.16>

제5장 선거인명부(생략)

제6장 후보자(생략)

제7장 선거운동

제58조 (정의등) ①이 법에서 "선거운동"이라 함은 당선되거나 되게 하거나 되지 못하게 하기 위한 행위를 말한다. 다만, 다음 각호의 1에 해당하는 행위는 선거운동으로 보지 아니한다. <개정 2000.2.16>

1. 선거에 관한 단순한 의견개진 및 의사표시
2. 입후보와 선거운동을 위한 준비행위
3. 정당의 후보자 추천에 관한 단순 지지·반대의 의견개진 및 의사표시
4. 통상적인 정당활동

②누구든지 자유롭게 선거운동을 할 수 있다. 그러나 이 법 또는 다른 법률의 규정에 의하여 금지 또는 제한되는 경우에는 그러하지 아니하다.

제59조 (선거운동기간) 선거운동은 당해 후보자의 등록이 끝난 때부터 선거일전일까지에 한하여 이를 할 수 있다.

제60조 (선거운동을 할 수 없는 자) ①다음 각호의 1에 해당하는 자는 선거운동을 할 수 없다. 다만, 제4호 내지 제9호에 해당하는 자가 후보자의 배우자인 경우에는 그러하지 아니하다. <개정 1995.12.30, 1997.1.13, 2000.2.16, 2002.3.7>

1. 대한민국 국민이 아닌 자
2. 미성년자
3. 제18조(선거권이 없는 자) 제1항의 규정에 의하여 선거권이 없는 자
4. 국가공무원법제2조(공무원의 구분)에 규정된 국가공무원과 지방공무원법제2조(공무원의 구분)에 규정된 지방공무원. 다만, 정당법제6조(발기인 및 당원의 자격) 제1호 단서의 규정에 의하여 정당의 당원이 될 수 있는 공무원(국회의원과 지방의회의원외의 정무직공무원을 제외한다)은 그러하지 아니하다.
5. 제53조(공무원등의 입후보) 제1항 제2호 내지 제8호에 해당하는 자(제4호 내지 제6호의 경우에는 그 상근직원을 포함한다)
6. 향토예비군 소대장급이상의 간부
7. 통·리·반의 장 및 읍·면·동주민자치센터(그 명칭에 관계없이 읍·면·동사무소 기

능전환의 일환으로 조례에 의하여 설치된 각종 문화·복지·편익시설을 총칭한다. 이하 같다)에 설치된 주민자치위원회(주민자치센터의 운영을 위하여 조례에 의하여 읍·면·동 사무소의 관할구역별로 두는 위원회를 말한다. 이하 같다)위원

8. 특별법에 의하여 설립된 국민운동단체로서 국가 또는 지방자치단체의 출연 또는 보조를 받는 단체(바르게살기운동협의회·새마을운동협의회·한국자유총연맹을 말한다)와 제2의건국범국민추진위원회의 상근 임·직원 및 이들 단체등(시·도조직 및 구·시·군조직을 포함한다)의 대표자

9. 국민건강보험법에 의하여 설립된 국민건강보험공단의 상근 임·직원

②향토예비군 소대장급 이상의 간부·주민자치위원회위원 또는 통·이·반의 장이 선거사무장, 선거연락소장, 선거사무원, 회계책임자, 연설원, 대담·토론자 또는 투표참관인이나 부재자투표참관인이 되고자 하는 때에는 선거일전 90일(보궐선거등에 있어서는 그 선거의 실시사유가 확정된 때부터 5일이내)까지 그 직을 그만두어야 하며, 선거일후 6월 이내(주민자치위원회위원은 선거일까지)에는 종전의 직에 복직될 수 없다. 이 경우 그만둔 것으로 보는 시기에 관하여는 제53조(공무원등의 입후보) 제2항의 규정을 준용한다. <개정 2002.3.7>

제61조 (선거운동기구의 설치) ①정당 또는 후보자는 선거운동 기타 선거에 관한 사무를 처리하기 위하여 다음 각호에 따라 선거사무소와 선거연락소를 설치할 수 있다. <개정 1995.4.1, 1995.5.10, 2000.2.16>

1. 대통령선거

정당 또는 후보자가 설치하되, 선거사무소 1개소와 시·도 및 구·시·군(하나의 구·시·군이 2이상의 국회의원지역구로 된 경우에는 국회의원지역구를 말한다. 이하 이 조에서 같다)마다 선거연락소 1개소

2. 지역구국회의원선거

후보자가 설치하되, 당해 국회의원지역구안에 선거사무소 1개소. 다만, 하나의 국회의원지역구가 2이상의 구·시·군으로 된 경우에는 선거사무소를 두지 아니하는 구·시·군마다 선거연락소 1개소

3. 비례대표국회의원선거 및 비례대표시·도의원선거

정당이 설치하되, 선거사무소 1개소(비례대표시·도의원선거의 경우에는 비례대표시·도의원후보자명부를 제출한 시·도마다 선거사무소 1개소)

4. 지역구시·도의원선거 및 자치구·시·군의원선거

후보자가 설치하되, 당해 선거구안에 선거사무소 1개소

5. 시·도지사선거

후보자가 설치하되, 당해 시·도안에 선거사무소 1개소와 당해 시·도안의 구·시·군마다 선거연락소 1개소

6. 자치구·시·군의 장선거

후보자가 설치하되, 당해 자치구·시·군안에 선거사무소 1개소. 다만, 자치구가 아닌 구가 설치된 시에 있어서는 선거사무소를 두지 아니하는 구마다 선거연락소 1개소를 둘 수 있으며, 하나의 구·시·군이 2이상의 국회의원지역구로 된 경우에는 선거사무소를 두지 아니하는 국회의원지역구마다 선거연락소 1개소를 둘 수 있다.

②선거사무소 또는 선거연락소는 시·도 또는 구·시·군의 사무소 소재지가 다른 시·도

또는 구·시·군의 구역안에 있는 때에는 제1항의 규정에 불구하고 그 시·도 또는 구·시·군의 사무소 소재지를 관할하는 시·도 또는 구·시·군의 구역안에 설치할 수 있다.
③정당 또는 정당추천후보자의 선거사무소와 선거연락소는 그에 대응하는 당부의 사무소가 있는 때에는 그 당부의 사무소에 둘 수 있다.
④삭제 <1995.4.1>
⑤선거사무소와 선거연락소는 고정된 장소 또는 시설에 두어야 하며, 식품위생법에 의한 식품접객영업소 또는 공중위생관리법에 의한 공중위생영업소안에 둘 수 없다. <개정 2000.2.16>
⑥선거사무소와 선거연락소에는 중앙선거관리위원회규칙이 정하는 바에 따라 선거운동을 위한 간판·현판 또는 현수막을 합하여 모두 4개이내와 제64조(선전벽보)의 선전벽보·제65조(선거공보)의 선거공보·제66조(소형인쇄물)의 소형인쇄물 또는 후보자의 사진을 첩부할 수 있다.
제62조 (선거사무관계자의 선임) ①제61조(선거운동기구의 설치)의 선거사무소와 선거연락소를 설치한 자는 선거운동을 할 수 있는 자중에서 선거사무소에 선거사무장 1인을, 선거연락소에 선거연락소장 1인을 두어야 한다.
②선거사무장 또는 선거연락소장은 선거에 관한 사무를 처리하기 위하여 선거운동을 할 수 있는 자중에서 다음 각호에 의하여 선거사무원[제135조(선거사무관계자에 대한 수당과 실비보상) 제1항 본문의 규정에 의한 수당과 실비를 지급받는 선거사무원을 말한다. 이하 같다]을 둘 수 있다. <개정 1995.4.1, 1995.12.30, 1997.1.13, 1998.4.30, 2000.2.16>
1. 대통령선거
선거사무소에 시·도수의 6배수이내와 시·도선거연락소에 당해 시·도안의 구·시·군(하나의 구·시·군이 2이상의 국회의원지역구로 된 경우에는 국회의원지역구를 말한다. 이하 이 항에서 같다)수(그 구·시·군수가 10미만인 때에는 10인)이내 및 구·시·군선거연락소에 당해 구·시·군안의 읍·면·동수이내
2. 지역구국회의원선거 및 자치구·시·군의 장선거
선거사무소와 선거연락소를 두는 구·시·군안의 읍·면·동수의 3배수이내
3. 비례대표국회의원선거
선거사무소에 시·도수의 2배수이내
4. 지역구시·도의원선거
선거사무소에 10인이내
5. 비례대표시·도의원선거
선거사무소에 당해 시·도안의 구·시·군의 수(산정한 수가 20미만인 때에는 20인)이내
6. 시·도지사선거
선거사무소에 당해 시·도안의 구·시·군의 수(그 구·시·군삭가 10미만인 때에는 10인)이내와 선거연락소에 당해 구·시·군안의 읍·면·동수이내
7. 자치구·시·군의원선거
선거사무소에 5인이내
③제135조 제1항 단서의 규정에 의하여 수당을 지급받을 수 없는 정당의 유급사무직원, 국회의원과 그 보좌관·비서관·비서 또는 지방의회의원은 선거사무원이 된 경우에도

제2항의 선거사무원삭에는 산입하지 아니한다. <개정 2000.2.16>

④선거사무장을 두지 아니한 경우에는 후보자(제2항 제1호 및 제3호의 경우에는 정당의 회계책임자)가 선거사무장을 겸한 것으로 본다.

⑤같은 선거에 있어서는 2이상의 정당 또는 후보자가 동일인을 함께 선거사무장·선거연락소장 또는 선거사무원으로 선임할 수 없다. <개정 1995.4.1>

⑥누구든지 인쇄물·시설물 기타 광고물을 이용하여 선거운동을 하는 자를 모집할 수 없다. 다만, 제1항 및 제2항의 규정에 의한 선거사무장·선거연락소장·선거사무원을 이 법의 규정에 의한 방법으로 모집하는 경우에는 그러하지 아니하다. <신설 1997.1.13>

제63조 (선거운동기구 및 선거사무관계자의 신고) ①정당 또는 후보자가 선거사무소와 선거연락소를 설치·변경한 때와 정당·후보자·선거사무장 또는 선거연락소장이 선거사무장·선거연락소장이나 선거사무원(이하 이 조에서 "선거사무장등"이라 한다)을 선임하거나 해임한 때에는 지체없이 관할선거관리위원회에 서면으로 신고하여야 한다. 이 경우 교체선임할 수 있는 선거사무원삭는 최초의 선임을 포함하여제62조(선거사무관계자의 선임) 제2항의 규정에 의한 선거사무원삭의 2배삭를 넘을 수 없다.

②선거사무장등은 당해 선거관리위원회가 발행하는 사진이 부착된 신분증명서를 패용하고 선거운동을 하여야 하며, 해임된 때에는 즉시 이를 반환하여야 하되, 반환하지 아니한 때에는 선거사무장등의 교체신고를 할 수 없다. 이 경우 신분증명서의 규격은 중앙선거관리위원회규칙으로 정한다. <개정 1997.1.13>

③선거관리위원회는 제2항의 규정에 의한 신분증명서의 교부신청을 받은 때에는 즉시 이를 교부하여야 한다.

④선거사무소와 선거연락소의 설치신고서·선거사무장등의 선임신고서와 신분증명서의 서식 및 신분증명서 분실시 처리절차 기타 필요한 사항은 중앙선거관리위원회규칙으로 정한다.

제64조 (선전벽보) ①선거운동에 사용하는 선전벽보에는 후보자의 사진(후보자만의 사진을 말한다)·성명·기호[제150조(투표용지의 정당·후보자의 게재순위등) 제2항의 규정에 의하여 투표용지에 인쇄할 정당 또는 후보자의 게재순위를 말한다. 이하 같다]·정당추천후보자의 소속정당명(무소속후보자는 "무소속"이라 표시한다)·경력[학력을 게재하는 경우에는 초·중등교육법 및 고등교육법에서 인정하는 정규학력과 이에 준하는 외국의 교육과정을 이수한 학력외에는 게재할 수 없다. 이 경우 정규학력을 게재하는 경우에는 졸업 또는 수료 당시의 학교명과 수학기간(고등학교 이하의 학력은 수학기간을 기재하지 아니할 수 있다)을 기재하고, 정규학력에 준하는 외국의 교육과정을 이수한 학력을 게재하는 때에는 그 교육과정명과 수학기간 및 학위를 취득한 때의 취득학위명을 기재하여야 한다. 이하 같다]·정견 및 소속정당의 정강·정책 기타 홍보에 필요한 사항(지역구국회의원선거에 있어서는 비례대표국회의원후보자명단을, 지역구시·도의원선거에 있어서는 비례대표시·도의원후보자명단을 포함하며, 후보자외의 자의 인물사진을 제외한다)을 게재하여 동에 있어서는 인구 500인에 1매, 읍에 있어서는 인구 250인에 1매, 면에 있어서는 인구 100인에 1매의 비율을 한도로 작성·첩부한다. 다만, 인구밀집상태 및 첩부장소등을 감안하여 중앙선거관리위원회규칙이 정하는 바에 따라 인구 1천인에 1매의 비율까지 조정할 수 있다. <개정 1995.4.1, 1995.12.30, 1997.1.13, 1997.11.14, 1998.4.30, 2000.2.16, 2002.3.7>

②제1항의 규정에 의한 선전벽보는 후보자(대통령선거의 정당추천후보자와 비례대표국회의원선거 및 비례대표시·도의원선거에 있어서는 그 추천정당을 말한다. 이하 이 조에서 같다)가 4색도(백색은 1색도로 보지 아니한다)이내로 작성하여 후보자등록마감일후 3일(대통령선거에 있어 추가등록의 경우에는 추가등록마감일후 2일이내를 말한다)까지 첩부할 지역을 관할하는 구·시·군선거관리위원회에 제출하고, 당해 구·시·군선거관리위원회가 이를 확인하여 선전벽보 제출마감일후 2일(대통령선거와 섬 및 산간오지지역의 경우는 3일)까지 첩부한다. 이 경우 선전벽보의 일부를 제출하지 아니할 때에는 선전벽보를 첩부하지 아니할 지역(투표구를 단위로 한다)을 지정하여 선전벽보의 제출시에 서면으로 신고하여야 하되, 선전벽보를 첩부하지 아니할 지역을 신고하지 아니한 때에는 당해 구·시·군선거관리위원회가 그 지역을 지정한다. <개정 1995.4.1, 2000.2.16>

③관할선거구선거관리위원회는 제2항의 규정에 의하여 후보자가 작성하여 보관 또는 제출할 선전벽보의 수량을제122조(선거비용제한액등의 공고)의 규정에 의하여 선거비용제한액을 공고하는 때에 함께 공고하여야 한다. 이 경우 중앙선거관리위원회규칙이 정하는 바에 따라 일정한 수량을 가산할 수 있다. <개정 1995.12.30>

④후보자가제2항의 규정에 의한 제출마감일까지 선전벽보를 제출하지 아니한 때와 규격을 넘거나 미달하는 선전벽보를 제출한 때에는 그 선전벽보는 첩부하지 아니한다.

⑤제2항의 규정에 의하여 제출된 선전벽보는 정정 또는 철회할 수 없다. 다만, 그 내용중 학력·학력·학위 또는 상벌(이하 "학력등"이라 한다)에 관한 허위사실의 게재를 이유로 하여 서면에 의한 이의제기가 있는 때에는 당해 선거구선거관리위원회는 정당 또는 후보자에게 그 증명서류의 제출을 요구할 수 있으며, 그 증명서류의 제출이 없거나 허위사실임이 판명된 때에는 그 사실을 공고하여야 한다.

⑥관할선거구선거관리위원회는 제1항의 선전벽보에 다른 후보자, 그의 배우자 또는 직계존·비속이나 형제자매의 사생활에 대한 사실을 적시하여 비방하는 내용이 이 법에 위반된다고 인정하는 때에는 이를 고발하고 공고하여야 한다.

⑦선전벽보를 인쇄하는 인쇄업자는 제3항의 선전벽보의 수량외에는 이를 인쇄하여 누구에게도 제공할 수 없다.

⑧후보자는 관할구·시·군선거관리위원회가 첩부한 선전벽보가 오손되거나 훼손되어 보완첩부하고자 하는 때에는 제3항의 규정에 의하여 공고된 수량의 범위안에서 관할구·시·군선거관리위원회의 검인을 받아 그 선전벽보 위에 덧붙여야 한다. <신설 1995.12.30>

⑨제1항의 규정에 의하여 선전벽보를 첩부하는 경우에 첩부장소가 있는 토지·건물 기타 시설물의 소유자 또는 관리자는 특별한 사유가 없는 한 선전벽보의 첩부에 협조하여야 한다.

⑩삭제 <2000.2.16>

⑪선전벽보의 수량공고·규격·작성·제출·확인·첩부·학력등에 관한 허위사실이나 사생활비방으로 인한 고발사실의 공고 기타 필요한 사항은 중앙선거관리위원회규칙으로 정한다. <개정 2000.2.16>

제65조 (선거공보) ①지역구국회의원선거와 지방의회의원 및 지방자치단체의 장의 선거(비례대표시·도의원선거를 제외한다)에 있어서 선거운동에 사용하는 선거공보에는 후보자의 사진·성명·기호·정당추천후보자의 소속정당명(무소속후보자는 "무소속"이라 표시한다)·학력·정견 및 소속정당의 정강·정책 기타 홍보에 필요한 사항(지역구국회

의원선거에 있어서는 비례대표국회의원후보자명단을, 지역구시·도의원선거에 있어서는 비례대표시·도의원후보자명단을 포함한다)을 게재하며, 4색도(백색은 1색도로 보지 아니한다)이내로 인쇄하여야 한다. <개정 1995.4.1, 1995.12.30, 2000.2.16>

②제1항의 규정에 의한 선거공보는 후보자가 2매(양면에 게재할 수 있다)이내로 작성하여 후보자등록마감일후 3일까지 배부할 지역을 관할하는 구·시·군선거관리위원회에 제출하고, 당해 구·시·군선거관리위원회가 이를 확인하여 부재자신고인명부에 올라 있는 선거인과 관할구역안의 매세대에 선거공보제출마감일후 3일까지 각각 우편으로 1회 발송하여야 한다. 이 경우 부재자신고인명부에 올라 있는 선거인에게는 선거공보를 제154조(부재자신고인에 대한 투표용지의 발송) 제1항의 규정에 의한 부재자투표용지를 발송하는 때에 이를 동봉하여 발송할 수 있으며, 선거인명부 확정결과 선거공보를 발송하지 아니한 세대가 있는 때에는 그 세대에 추가로 발송하여야 한다. <개정 1995.12.30, 2000.2.16>

③후보자는 제1항의 규정에 의한 선거공보외에 시각장애선거인[선거인으로서 장애인복지법제19조(장애인등록)의 규정에 의하여 등록된 자를 말한다. 이하 이 조에서 같다]을 위하여 점자로 작성한 선거공보(이하 "점자형 선거공보"라 한다)를 제출할 수 있다. 이 경우 점자형 선거공보는 제2항의 규정에 의한 선거공보와 같은 종류로 본다. <신설 2000.2.16>

④관할선거구선거관리위원회는 후보자가 제출할 수 있는 점자형 선거공보의 수량을제64조(선전벽보) 제3항의 규정에 준하여 공고하여야 하며, 관할구·시·군의 장은 점자형 선거공보를 발송할 시각장애선거인과 그의 세대주의 성명·주소를 조사하여 점자형 선거공보의 수량공고전까지 관할구·시·군선거관리위원회에 통보하여야 한다. <신설 2000.2.16>

⑤제64조(선전벽보) 제2항 후단 내지 제7항의 규정은 선거공보에 이를 준용한다. 이 경우 "선전벽보"는 "선거공보"로, "첩부하지 아니할 지역"은 "발송하지 아니할 대상 및 지역"으로, "첩부"는 "발송"으로 본다. <개정 1995.12.30, 2000.2.16>

⑥선거공보의 수량공고·규격·작성·제출·확인 및 발송 기타 필요한 사항은 중앙선거관리위원회규칙으로 정한다. <개정 2000.2.16>

제66조 (소형인쇄물) ①선거운동에 사용하는 소형인쇄물은 후보자(대통령선거에 있어서 정당추천후보자와 비례대표시·도의원선거에 있어서는 그 추천정당을 말한다. 이하 이 조에서 같다)가 작성하고 소형인쇄물에는 후보자의 사진·성명·기호·정당추천후보자의 소속정당명(무소속후보자는 "무소속"이라 표시한다)·학력·정견 및 소속정당의 정강·정책 기타 홍보에 필요한 사항(지역구국회의원선거에 있어서는 비례대표국회의원후보자명단을 포함한다)을 게재하되, 그 종류는 다음 각호에 의한다. <개정 1995.4.1, 1995.12.30, 1997.11.14, 1998.4.30, 2000.2.16, 2002.3.7>

1. 대통령선거
   전단형 소형인쇄물 및 책자형 소형인쇄물 각 1종
2. 지역구국회의원선거, 비례대표시·도의원선거 및 지방자치단체의 장선거
   책자형 소형인쇄물 1종
3. 삭제 <1998.4.30>

②제1항의 "전단형 소형인쇄물"이라 함은 길이 38센티미터 너비 27센티미터이내 또는 길이 54센티미터 너비 19센티미터이내에서 1장(양면에 게재할 수 있다)로 작성하는 소형인쇄물을, "책자형 소형인쇄물"이라 함은 길이 27센티미터 너비 19센티미터이내에서 대

통령선거에 있어서는 16면이내로, 지역구국회의원선거와 비례대표시·도의원선거 및 지방자치단체의 장선거에 있어서는 8면이내로 작성하는 소형인쇄물을 말한다. <개정 1998.4.30, 2002.3.7>

③제1항 및 제2항의 규정에 의하여 작성·배부할 수 있는 책자형 소형인쇄물은 당해 선거구안의 세대수와 부재자신고인명부에 올라 있는 선거인수를 합한 수에 상당하는 수이내로, 전단형 소형인쇄물은 당해 선거구안의 세대수에 상당하는 수이내로 한다. <개정 1998.4.30>

④삭제 <2002.3.7>

⑤소형인쇄물은 후보자가 4색도(백색은 1색도로 보지 아니한다)이내로 작성하되, 작성근거, 작성·배부하는 후보자의 성명·정당추천후보자의 소속정당명(무소속후보자는 "무소속"이라 표시한다)과 인쇄소의 명칭·주소·전화번호를 표시하여야 한다. <개정 1995.4.1, 2002.3.7>

⑥소형인쇄물의 배부절차와 방법은 다음 각호에 의한다. <개정 1995.12.30, 1997.11.14, 1998.4.30, 2002.3.7>

1. 대통령선거

책자형 소형인쇄물은 후보자가 작성하여 후보자등록마감일후 6일〔제51조(추가등록)의 규정에 의한 추가등록의 경우에는 추가등록 마감일후 2일〕까지 배부할 지역을 관할하는 구·시·군선거관리위원회에 제출하고 당해 선거관리위원회가 이를 확인하여 부재자신고인명부에 올라 있는 선거인과 관할구역안의 매세대에 제출마감일후 3일까지 각각 우편으로 발송하되, 제154조(부재자신고인에 대한 투표용지의 발송)의 규정에 의한 부재자투표용지와 동봉하여 발송할 수 있으며, 전단형 소형인쇄물은 후보자가 작성하여 후보자등록마감일후 12일까지 배부할 지역을 관할하는 구·시·군선거관리위원회에 제출하고 당해 선거관리위원회가 이를 확인하여제153조(투표안내문의 발송)의 규정에 의한 투표안내문의 발송시 이를 동봉하여 발송한다. 이 경우 선거인명부 확정결과 책자형 소형인쇄물을 발송하지 아니한 세대가 있는 때에는 그 세대에 이를 전단형 소형인쇄물과 함께 추가로 발송하여야 한다.

2. 지역구국회의원선거, 비례대표시·도의원선거 및 지방자치단체의 장선거 부재자신고인명부에 올라 있는 선거인에게 발송하는 책자형 소형인쇄물은 후보자가 후보자등록마감일후 3일까지 관할구·시·군선거관리위원회에 제출하고 해당 선거관리위원회가 이를 확인하여 제출마감일후 3일까지 각각 우편으로 발송하되, 제65조(선거공보) 제2항의 규정에 의한 선거공보(부재자신고인명부에 올라 있는 선거인에 대하여는 부재자투표용지를 포함한다)와 동봉하여 발송하며, 관할구역안의 매세대에 발송하는 책자형 소형인쇄물은 후보자가 후보자등록마감일후 6일까지 관할구·시·군선거관리위원회에 제출하고 해당 선거관리위원회가 이를 확인하여 관할구역안의 매세대에 제출마감일후 3일까지 우편으로 발송한다. 이 경우 당해 선거관리위원회는 제1항·제2항 및 제5항의 규정에 위반하지 아니하는 한 이의 접수를 거부할 수 없다.

⑦삭제 <1998.4.30>

⑧삭제 <2000.2.16>

⑨제64조(선전벽보) 제2항 후단 내지 제7항의 규정은 책자형 소형인쇄물과 전단형 소형인쇄물에, 제65조(선거공보) 제3항 및 제4항의 규정은 대통령선거에 있어서의 전단형

소형인쇄물에 각각 이를 준용한다. 이 경우 "선전벽보"는 "책자형 소형인쇄물 및 전단형 소형인쇄물"로, "선거공보"는 "전단형 소형인쇄물"로, "규격을 넘거나 미달하는"은 "규격을 넘는"으로, "첩부"는 "발송"으로, "첩부하지 아니할 지역"은 "발송하지 아니할 대상 및 지역"으로 본다. <개정 1995.12.30, 1997.11.14, 1998.4.30, 2000.2.16>

⑩소형인쇄물의 수량공고·작성 및 배부 기타 필요한 사항은 중앙선거관리위원회규칙으로 정한다. <개정 2002.3.7>

제67조 (현수막) ①국회의원선거 및 지방의회의원선거(비례대표시·도의원선거를 제외한다)의 보궐선거등에 있어 후보자는 선거운동을 위하여 당해 선거구안의 읍·면·동마다 1매의 현수막을 관할구·시·군선거관리위원회의 검인을 받아 게시할 수 있다.

②제1항의 현수막에는 후보자의 기호·성명 및 정당추천후보자의 소속정당명(당해 정당을 상징하는 마크나 심벌의 표시를 포함하며, 무소속후보자는 "무소속"이라 표시한다)과 선거의 종류, 선거구명외의 사항은 게재할 수 없다.

③제1항의 현수막의 규격 및 게시방법 등에 관하여 필요한 사항은 중앙선거관리위원회규칙으로 정한다. 〔본조신설 2002.3.7〕

제68조 (어깨띠<개정 2002.3.7>) ①삭제 <1997.11.14>

②후보자, 후보자의 배우자와 직계존·비속, 선거사무장, 선거연락소장, 회계책임자, 선거사무원, 연설원 및 대담·토론자는 선거운동기간중(연설원 및 대담·토론자는 당해 연설 또는 대담·토론을 하는 장소에 한한다) 후보자의 사진·성명·기호 및 소속정상명(무소속신보자는 "무소속"이라 표시한다) 기타 홍보에 필요한 사항을 게재한 어깨띠를 두를 수 있다. 이 경우 후보자가 아닌 자는 신분증명서를 패용하여야 하며, 그 신분증명서에 관하여는 제63조 제3항 및 제4항의 규정을 준용한다. <신설 1995.12.30, 1997.11.14, 2000.2.16, 2002.3.7>

③제2항의 규정에 의한 어깨띠의 규격 기타 필요한 사항은 중앙선거관리위원회규칙으로 정한다. <개정 1995.12.30, 1997.11.14, 2002.3.7>

제69조 (신문광고) ①선거운동을 위한 신문광고는 후보자(대통령선거에 있어서 정당추천후보자는 그 추천정당을 말한다. 이하 이 조에서 같다)가 다음 각호에 의하여 후보자등록후 선거일전 2일까지 소속정당의 정강·정책이나 후보자의 정견, 정치자금모금(대통령선거에 한한다) 기타 홍보에 필요한 사항을 정기간행물의등록등에관한법률에 의한 일간신문에 게재할 수 있다. 이 경우 일간신문에의 광고회수의 계산에 있어서는 하나의 일간신문에 1회 광고하는 것을 1회로 본다. <개정 1997.11.14>

1. 대통령선거

총 70회이내

2. 시·도지사선거

총 5회이내. 다만, 인구 300만을 넘는 시·도에 있어서는 300만을 넘는 매 100만까지마다 1회를 더한다.

②제1항의 광고는 흑색으로 하고, 광고근거와 광고주명을 표시하되, 규격은 가로 37센티미터 세로 17센티미터이내로 한다.

③시·도지사선거에 있어서 같은 정당의 추천을 받은 2인이상의 후보자는 제2항의 규격범위내에서 합동으로 광고를 할 수 있다. 이 경우 광고회수는 당해 후보자가 각각 1회의 광고를 한 것으로 보며, 그 비용은 당해 후보자간의 약정에 의하여 분담하되, 그

분담내역을 광고계약서에 명시하여야 한다.

④제1항의 광고는 전면광고면을 이용하는 경우를 제외하고는 기사난 부분밑에 설정된 통상적인 광고난에 하여야 한다.

⑤후보자가 광고를 하고자 하는 때에는 광고전에 이 법에 의한 광고임을 인정하는 관할선거구선거관리위원회의 인증서를 교부받아 광고를 하여야 하며, 일간신문을 경영·관리하는 자 또는 광고업무를 담당하는 자는 인증서가 첨부되지 아니한 후보자의 광고를 게재하여서는 아니된다.

⑥제1항의 광고를 하고자 하는 후보자는 광고원고와 광고계약서 사본을 첨부하여 광고게재일전일까지 당해 선거구선거관리위원회에 서면으로 신고하여야 한다.

⑦삭제 <2000.2.16>

⑧제1항의 규정에 의한 신문광고를 게재하는 일간신문을 경영·관리하는 자는 그 광고비용을 산정함에 있어 선거기간중에 같은 지면에 같은 규격으로 게재하는 상업·문화 기타 각종 광고의 요금중 최저요금을 초과하여 후보자에게 청구하거나 받을 수 없다. <신설 1998.4.30>

⑨인증서 및 광고신고서의 서식 기타 필요한 사항은 중앙선거관리위원회규칙으로 정한다.

제70조 (방송광고) ①선거운동을 위한 방송광고는 후보자(정당추천후보자는 그 추천정당을 말한다)가 다음 각호에 의하여 선거운동기간중 소속정당의 정강·정책이나 후보자의 정견 기타 홍보에 필요한 사항을 텔레비전 및 라디오 방송시설[방송법에 의한 방송사업자가 관리·운영하는 무선국 및 종합유선방송국(보도전문편성의 방송채널사용사업자의 채널을 포함한다)을 말한다. 이하 이 조에서 같다]을 이용하여 실시할 수 있되, 광고시간은 1회 1분을 초과할 수 없다. 이 경우 광고회수의 계산에 있어서는 재방송을 포함하되, 하나의 텔레비전 또는 라디오 선정하여 당해 방송망을 동시에 이용하는 것은 1회로 본다. <개정 1997.1.13, 1997.11.14, 1998.4.30, 2000.2.16>

1. 대통령선거
   텔레비전 및 라디오 방송별로 각 30회이내
2. 삭제 <1998.4.30>

②삭제 <2000.2.16>

③제1항의 규정에 의한 광고를 실시하는 방송시설의 경영자는 방송광고의 일시와 광고내용등을 중앙선거관리위원회규칙이 정하는 바에 따라 관할선거구선거관리위원회에 통보하여야 한다.

④제1항의 방송광고는 방송법제73조(방송광고등) 제2항 및 제5항의 규정을 적용하지 아니한다. <개정 2000.2.16>

⑤방송시설을 경영 또는 관리하는 자는 제1항의 방송광고를 함에 있어서 방송시간대와 방송권역등을 고려하여 모든 후보자에게 공평하게 하여야 하며, 후보자가 신청한 방송시설의 이용일시가 서로 중첩되는 경우에 방송일시의 조정은 중앙선거관리위원회규칙이 정하는 바에 의한다. <개정 1997.11.14>

⑥후보자는 제1항의 규정에 의한 방송광고에 있어서 청각장애선거인을 위한 수화 또는 자막을 방영할 수 있다. <신설 2000.2.16>

⑦삭제 <2000.2.16>

⑧제1항의 규정에 의한 방송광고를 행하는 방송시설을 경영·관리하는 자는 그 광고비용을 산정함에 있어 선거기간중 같은 방송시간대에 광고하는 상업·문화 기타 각종 광고의 요금중 최저요금을 초과하여 후보자에게 청구하거나 받을 수 없다. <신설 1998.4.30>

제71조 (후보자등의 방송연설) ①후보자와 후보자가 지명하는 연설원은 소속정당의 정강·정책이나 후보자의 정견 기타 홍보에 필요한 사항을 발표하기 위하여 다음 각호에 의하여 선거운동기간중 텔레비전 및 라디오 방송시설〔제70조(방송광고) 제1항의 규정에 의한 방송시설을 말한다. 이하 이 조에서 같다〕을 이용한 연설을 할 수 있다. <개정 1995.4.1, 1997.1.13, 1997.11.14, 1998.4.30, 2000.2.16>

1. 대통령선거

후보자와 후보자가 지명한 연설원이 각각 1회 20분이내에서 텔레비전 및 라디오 방송별 각 11회이내

2. 비례대표국회의원선거

정당별로 비례대표국회의원후보자중에서 선임된 대표 2인이 각각 1회 10분이내에서 텔레비전 및 라디오 방송별 각 1회

3. 지역구국회의원선거 및 자치구·시·군의 장선거

후보자가 1회 10분이내에서 지역방송시설을 이용하여 텔레비전 및 라디오 방송별 각 2회이내 다만, 방송법에 의한 지상파텔레비전 지역방송시설을 이용한 방송연설은 1회를 초과할 수 없다.

4. 비례대표시·도의원선거

정당별로 비례대표시·도의원선거구마다 당해선거의 후보자중에서 선임된 대표 1인이 1회 10분이내에서 지역방송시설을 이용하여 텔레비전 및 라디오 방송별 각 1회

5. 시·도지사선거

후보자가 1회 10분이내에서 지역방송시설을 이용하여 텔레비전 및 라디오 방송별 각 5회이내

②이 법에서 "지역방송시설"이라 함은 당해 시·도의 관할구역 안에 있는 방송시설(도의 경우 당해도의 구역을 방송권역으로 하는 인접한 광역시 안에 있는 방송시설을 포함한다)을 말하며, 당해 시·도 안에 지역방송시설이 없는 서울특별시에 인접한 시·도는 대통령령이 정하는 다른 시·도 안에 있는 방송시설을 말한다. <신설 2000.2.16>

③제70조(방송광고) 제1항 후단·제6항 및 제8항의 규정은 후보자등의 방송연설에 이를 준용한다. <개정 1998.4.30, 2000.2.16>

④제1항의 규정에 의하여 텔레비전 방송시설을 이용한 방송연설을 하는 경우에는 후보자 또는 연설원이 방송연설하는 모습이외의 다른 내용이 방영되게 하여서는 아니되며, 후보자 또는 연설원이 방송연설을 녹화하여 방송하고자 하는 때에는 당해 방송시설을 이용하여야 한다. <신설 1998.4.30, 2000.2.16>

⑤방송시설을 경영 또는 관리하는 자는 제1항의 규정에 의한 후보자 또는 연설원의 연설을 위한 방송시설명·이용일시·시간대등을 선거일전 30일(보궐선거등에 있어서는 선거인명부작성기간개시일)까지 관할선거구선거관리위원회에 통보하여야 한다. 이 경우 임기만료에 의한 지역구국회의원선거 및 자치구·시·군의 장선거에 있어서 하나의 선거구에 방송권역이 겹치는 방송시설을 경영 또는 관리하는 자는 협의에 의하여 선거

구별로 후보자가 같은날의 같은 시간대에 방송연설을 할 수 있도록 방송시설명과 이용일시·시간대등을 선거구단위로 정하여 통보하여야 한다. <개정 2000.2.16>

⑥선거구선거관리위원회는 후보자등록신청개시일전 3일까지 제1항의 규정에 의한 연설에 이용할 수 있는 방송시설과 일정을 선거구단위로 미리 지정·공고하고 후보자등록신청시 후보자에게 통지하여야 한다. 이 경우 임기만료에 의한 지역구국회의원선거 및 자치구·시·군의 장선거에 있어서 후보자는 선거구단위로 하나의 지역방송시설을 이용하여 당해선거구에 할당하는 같은 날의 같은 시간대에 연설을 하여야 한다. <개정 2000.2.16>

⑦대통령선거에 있어서 후보자가제1항의 규정에 의하여 방송시설을 이용한 연설을 하고자 하는 때에는 이용할 방송시설명·이용일시·연설을 할 사람의 성명·소요시간·이용방법등을 기재한 신청서를 후보자등록마감일후 3일(추가등록의 경우에는 추가등록마감일)까지 중앙선거관리위원회에 서면으로 제출하여야 한다.

⑧제7항의 규정에 의하여 후보자(정당추천후보자는 그 추천정당을 말한다)가 신청한 방송시설의 이용일시가 서로 중첩되는 경우에는 중앙선거관리위원회가 그 일시를 정하되, 그 일시는 모든 후보자에게 공평하여야 한다. 이 경우 후보자가 그 지정된 일시의 24시간 전까지 방송시설이용계약을 하지 아니한 때에는 당해 방송시설을 경영·관리하는 자는 그 시간대에 다른 방송을 할 수 있다. <개정 1998.4.30, 2000.2.16>

⑨중앙선거관리위원회가제8항의 규정에 의하여 방송일시를 결정한 때에는 이를 공고하고, 정당 또는 후보자에게 통지하여야 한다. <개정 1998.4.30, 2000.2.16>

⑩국회의원선거, 비례대표시·도의원선거, 지방자치단체의 장선거에 있어서 후보자가 제1항 제2호 내지 제5호의 규정에 의하여 방송시설을 이용한 연설을 하고자 하는 때에는 당해 방송시설을 경영 또는 관리하는 자와 체결한 방송시설이용계약서 사본을 첨부하여 이용할 방송시설명·이용일시·소요시간·이용방법등을 방송일전 3일까지 당해 선거구선거관리위원회에 서면으로 신고하여야 한다. <개정 1995.4.1, 1997.1.13, 1998.4.30>

⑪방송시설을 경영 또는 관리하는 자는 제1항의 방송시설을 이용한 연설에 협조하여야 하며, 방송시간대와 방송권역등을 고려하여 모든 후보자에게 공평하게 하여야 한다. <개정 1997.11.14>

⑫방송법에 의한 종합유선방송국(보도전문편성의 방송채널사용사업자의 채널을 포함한다) 및 중계유선방송사업자는 후보자등의 방송연설을 중계방송할 수 있다. 이 경우 방송연설을 행한 모든 후보자에게 공평하게 하여야 한다. <개정 2000.2.16>

⑬방송시설을 이용한 연설신청서의 서식·중첩된 방송일시의 조정방법 기타 필요한 사항은 중앙선거관리위원회규칙으로 정한다. <개정 2000.2.16>

제72조 (방송시설주관 후보자연설의 방송) ①텔레비전 및 라디오 방송시설〔제70조(방송광고) 제1항의 규정에 의한 방송시설을 말한다. 이하 이 조에서 같다〕이 그의 부담으로 제71조(후보자등의 방송연설)의 규정에 의한 후보자등의 방송연설외에 선거운동기간중 정당 또는 후보자(국회의원선거에 있어서는 지역구국회의원후보자를 말한다)를 선거인에게 알리기 위하여 후보자(비례대표시·도의원선거에 있어서는 그 추천정당이 당해 선거의 후보자중에서 선임한 자를 말한다. 이하 제3항에서 같다)의 연설을 방송하고자 하는 때에는 내용을 편집하지 아니한 상태에서 방송하여야 하며, 선거구(지역구국회의원선거와 지역구시·도의원선거에 있어서는 해당 지역구) 단위로 모든 정당 또는 후보자에

게 공평하게 하여야 한다. 다만, 정당 또는 후보자가 그 연설을 포기한 때에는 그러하지 아니하다. <개정 1995.4.1, 1997.11.14, 2000.2.16, 2002.3.7>
②제1항의 규정에 의한 후보자 연설의 방송에 있어서는 청각장애선거인을 위하여 수화 또는 자막을 방영할 수 있다. <신설 2000.2.16>
③방송시설을 경영 또는 관리하는 자가제1항의 규정에 의하여 후보자의 연설을 방송하고자 하는 때에는 그 방송일전 2일까지 방송시설명·방송일시·소요시간등을 중앙선거관리위원회규칙이 정하는 바에 따라 관할선거구선거관리위원회에 통보하여야 한다.
④제71조 제12항의 규정은 방송시설주관 후보자연설의 방송에 이를 준용한다. <개정 1998.4.30>

제73조 (학력방송) ①한국방송공사는 대통령선거·국회의원선거 및 지방자치단체의 장선거에 있어서 선거운동기간중 텔레비전과 라디오 방송시설을 이용하여 후보자마다 매회 2분이내의 범위안에서 관할선거구선거관리위원회가 제공하는 후보자의 사진·성명·기호·연령·소속정당명(무소속후보자는 "무소속"이라 한다) 및 직업 기타 주요한 학력을 선거인에게 알리기 위하여 방송하여야 한다. 이 경우 대통령선거가 아닌 선거에 있어서는 그 지역방송시설을 이용하여 실시할 수 있다. <개정 1997.1.13, 2000.2.16>
②제1항의 학력방송 회수는 텔레비전 및 라디오 방송별로 다음 각호의 1에 의한다. <개정 2000.2.16>

1. 대통령선거
   각 8회이상
2. 국회의원선거 및 자치구·시·군의 장선거
   각 2회이상
3. 시·도지사선거
   각 3회이상

③학력방송을 하는 때에는 그 회수와 내용이 선거구 단위로 모든 후보자에게 공평하게 하여야 하며, 그 비용은 한국방송공사가 부담한다.
④제71조(후보자등의 방송연설) 제12항 및 제72조(방송시설주관 후보자연설의 방송) 제2항의 규정은 학력방송에 이를 준용한다. <개정 2000.2.16>
⑤학력방송 원고의 관할선거구선거관리위원회에의 제출 및 학력방송실시의 통보 기타 필요한 사항은 중앙선거관리위원회규칙으로 정한다.

제74조 (방송시설주관 학력방송) ①한국방송공사외의 텔레비전 및 라디오방송시설[제70조(방송광고) 제1항의 규정에 의한 방송시설을 말한다. 이하 이 조에서 같다]이 그의 부담으로 후보자의 학력을 방송하고자 하는 때에는 관할선거구선거관리위원회가 제공하는 내용에 의하되, 선거구 단위로 모든 후보자에게 공평하게 하여야 한다. <개정 1997.11.14, 2000.2.16>
②제71조(후보자등의 방송연설) 제12항 및 제72조(방송시설주관 후보자연설의 방송) 제2항 및 제3항의 규정은 방송시설주관 학력방송에 이를 준용한다. <개정 1998.4.30, 2000.2.16>

제75조 (합동연설회) ①관할선거구선거관리위원회는 다음 각호에 의하여 후보자의 합동연설회를 개최하여야 한다. <개정 1995.4.1, 2000.2.16>

1. 지역구국회의원선거

국회의원지역구마다 2회. 다만, 하나의 국회의원지역구가 2이상의 구·시·군으로 된 경우에는 그 구·시·군마다 각 1회

2. 지역구시·도의원선거 및 자치구·시·군의 장선거

선거구마다 2회

3. 자치구·시·군의원선거

선거구마다 1회

②합동연설회는 후보자등록마감후 적당한 일시와 장소를 정하여 개최하되, 연설시간은 후보자마다 30분의 범위안에서 균등하게 배정하여야 한다.

③관할선거구선거관리위원회는 합동연설회의 일시·장소등을 개최일전 2일까지 공고하여야 하며, 후보자 또는 선거사무장에게 통지하여야 한다.

④관할선거구선거관리위원회는 합동연설회의 고지를 위하여 중앙선거관리위원회규칙이 정하는 바에 따라 확성장치가 부착된 차량을 이용하여 고지방송을 하여야 하며, 연설회 1회에 지역구국회의원선거 및 자치구·시·군의 장선거에 있어서는 200매이내의, 지역구시·도의원선거에 있어서는 100매이내의, 자치구·시·군의원선거에 있어서는 50매이내의 벽보를 작성·첩부하여야 하되, 그 규격과 기재사항은 중앙선거관리위원회규칙으로 정한다. 이 경우제64조(선전벽보) 제9항의 규정은 합동연설회고지벽보의 첩부에 이를 준용한다. <개정 1995.4.1, 1997.11.14, 2000.2.16>

⑤합동연설회에서의 연설의 순위는 연설회마다 추첨에 의하여 결정하며, 후보자가 자기의 연설순위의 시각까지 참석하지 아니한 때에는 연설을 포기한 것으로 본다.

⑥당해 선거구의 후보자가 아니면 합동연설회에 참가하여 연설할 수 없다.

⑦합동연설회를 개최하는 선거관리위원회는 청각장애선거인을 위하여 후보자의 연설을 수화로 통역하여야 한다. <신설 2002.3.7>

⑧합동연설회의 개최예정시각전 1시간부터 그 종료예정시각후 1시간까지의 사이에는 합동연설회장소로부터 구·시에 있어서는 300미터, 군에 있어서는 500미터 안의 구역에서는 제77조(정당·후보자등에 의한 연설회)의 연설회를 개최할 수 없다.

제76조 (합동연설회장의 질서유지) ①관할선거구선거관리위원회위원장이나 그가 미리 지명한 위원은 합동연설회에서 후보자가 이 법에 위반되는 내용을 발표하는 때에는 이를 제지하여야 하며 그 명령에 불응하는 때에는 연설의 중지 기타 필요한 조치를 취하여야 한다.

②관할선거구선거관리위원회위원장이나 그가 미리 지명한 위원은 합동연설회장에서 연설을 방해하거나 합동연설회장의 질서를 문란하게 하는 자가 있는 때에는 이를 제지하고, 그 명령에 불응하는 때에는 합동연설회장 밖으로 퇴장시킬 수 있다.

③관할선거구선거관리위원회는 합동연설회의 연설내용을 녹음하여야 한다.

제77조 (정당·후보자등에 의한 연설회) ①정당(후보자를 추천한 정당에 한한다. 이하 이 조에서 같다)·후보자·선거사무장 또는 선거연락소장은 선거운동기간중에 후보자 1인마다 다음 각호에 의하여 선거운동을 위한 연설회를 개최할 수 있다. <개정 1995.5.10, 1995.12.30, 1997.11.14, 1998.4.30, 2000.2.16>

1. 대통령선거

1회 5시간이내에서 시·도마다 2회이내와 구·시·군(하나의 구·시·군이 2이상의 국회의원지역구로 된 경우에는 국회의원지역구를 말한다. 이하 이 조에서 같다)마다 1회.

이 경우 공개시설에서의 옥내(천장이 있고 사면이 폐쇄된 장소를 말한다)집회에 한한다.

2. 지역구국회의원선거

1회 3시간이내에서 국회의원지역구마다 2회이내. 다만, 하나의 국회의원지역구가 2이상의 구·시·군으로 된 경우에는 그 추가되는 구·시·군마다 각 1회를 더한 회수이내로 한다.

3. 지역구시·도의원선거 및 자치구·시·군의원선거

1회 2시간이내에서 선거구마다 1회

4. 시·도지사선거

1회 4시간이내에서 당해 시·도안의 구·시·군마다 1회

5. 자치구·시·군의 장선거

1회 4시간이내에서 구·시·군마다 2회이내

②제1항의 규정에 불구하고 정당·후보자 또는 선거사무장은 2이상의 구·시·군에 걸쳐 한 장소에서 1회 5시간이내에서 연설회를 개최할 수 있다. 이 경우 연설회의 개최회수의 계산에 있어서는 개최구역마다 각각 1회의 연설회를 개최한 것으로 본다.

③정당 또는 같은 정당의 추천을 받은 2인이상의 후보자는 2이상의 구·시·군 또는 선거구에 걸쳐 한 장소에서 공동으로제1항의 연설회를 개최할 수 있다.

④제3항의 규정에 의하여 연설회를 공동개최하는 경우 연설회개최시간은 1회 5시간이내로 하되, 그 회수는 각각 1회를 개최한 것으로 보고, 그 비용은 당해 후보자간의 약정에 따라 분담할 수 있되, 그 분담내역을제6항의 규정에 의한 신고서에 명시하여야 한다.

⑤제1항에서 "연설회"라 함은 사전에 일정한 장소와 시간을 정하여 다수인을 모이게 하여 소속정당의 정강·정책이나 후보자의 정견 기타 홍보에 필요한 사항을 발표하는 집회를 말한다.

⑥연설회를 개최하고자 하는 자는 개최일전일까지 중앙선거관리위원회규칙이 정하는 바에 따라 관할구·시·군선거관리위원회(대통령선거에 있어서 시·도마다 개최하는 연설회의 경우에는 시·도선거관리위원회)에 서면으로 신고하여야 한다. 이 경우 2이상의 구·시·군 또는 선거구에 걸쳐 연설회를 개최하고자 하는 때에는 그 개최하는 구역명을 명시하여 개최지를 관할하는 구·시·군선거관리위원회에 서면으로 신고하여야 한다. <개정 1997.11.14>

⑦제6항의 규정에 의한 연설회개최의 신고를 하는 때에는 적정한 수의 질서유지인을 신고하여야 하며, 질서유지인은 질서유지인임을 표시한 완장을 착용하고 연설회장의 질서가 유지되도록 하여야 한다.

⑧제1항의 연설회의 개최예정시각전 1시간부터 그 종료예정시각후 1시간까지의 사이에는 당해 연설회의 장소로부터 구·시에 있어서는 300미터, 군에 있어서는 500미터안의 구역에서 다른 정당·후보자등에 의한 연설회를 개최할 수 없다.

⑨제6항의 신고가 동일한 장소에 2이상이 있을 때에는 관할구·시·군선거관리위원회는 중앙선거관리위원회규칙이 정하는 바에 따라 그 순위를 조정하여야 한다.

⑩연설회장에서 후보자와 연설원은 녹음기 또는 녹화기(비디오 및 오디오기기를 포함한다)를 사용할 수 있다. 이 경우 연설회의 개최중이나 그 전후에 영화·연극·음악(녹음기에 의한 방송을 제외한다) 또는 무용 기타 예술적 또는 오락적 관람물을 공연하거나 하게 할 수 없다.

⑪연설회를 개최하는 자는 중앙선거관리위원회규칙이 정하는 바에 따라 연설회장의 표식와 정당이나 후보자를 지지·선전하는 선전물을 설치·게시할 수 있으며, 대통령선거의 경우에 한하여 애드벌룬 1개(풍선 1개를 애드벌룬 1개로 본다)를 설치할 수 있다. 다만, 연설회를 개최하는 장소밖에는 확성기와 녹음·녹화기를 설치할 수 없다. <개정 1997.11.14>

⑫연설회를 개최하는 자는 제1항 제1호 및 제4호의 연설회에 있어서는 연설회 1회에 200매(대통령선거에 있어서 시·도마다 개최하는 연설회의 경우에는 구·시·군선거연락소마다 100매)이내의, 제1항 제2호 및 제5호의 연설회에 있어서는 연설회 1회에 100매이내의, 제1항 제3호의 연설회에 있어서는 연설회 1회에 50매이내의 고지벽보를 작성하여 관할구·시·군선거관리위원회의 검인을 받아 첩부할 수 있고, 제79조(공개장소에서의 연설·대담)의 규정에 의한 연설·대담을 하는 때에 아울러 연설회의 고지를 함께 할 수 있으며, 고지벽보의 규격과 기재사항은 중앙선거관리위원회규칙으로 정한다. 이 경우제2항 및 제3항의 규정에 의하여 연설회를 개최하는 때에는 개최하는 구·시·군 또는 선거구마다 각각 연설회 1회에 첩부할 수 있는 매삭의 고지벽보를 첩부할 수 있으며, 그 검인은 개최지를 관할하는 구·시·군선거관리위원회 또는 각각의 관할구·시·군선거관리위원회로부터 받을 수 있다. <개정 1997.11.14>

⑬제12항의 고지벽보를 첩부한 자는 연설회종료후 지체없이 이를 철거하여야 한다.

제78조 (공공시설등의 무료이용) ①정당·후보자·선거사무장 또는 선거연락소장은 중앙선거관리위원회규칙이 정하는 바에 따라 다음 각호의 1에 해당하는 시설등을제77조(정당·후보자등에 의한 연설회)의 연설회의 장소로써 무료로 사용할 수 있다.

1. 국가 또는 지방자치단체〔제53조(공무원등의 입후보) 제1항 제4호 또는 제6호에 규정된 기관을 포함한다. 이하 이 항에서 "국가기 관등"이라 한다〕가 소유하거나 관리하는 학교·공회당·공원·운동장·시장·도로변광장 또는 역광장
2. 국가기관등이 소유하거나 관리하는 고수부지·제방·임야 또는 나대지
3. 국가기관등이 소유하거나 관리하는 주민회관·체육관 또는 문화원 기타 다수인이 모일 수 있는 시설이나 장소
4. 제1호 내지 제3호외에 관할구·시·군선거관리위원회가 지정하여 공고하는 공공시설이나 장소

②학교 기타 공공시설등의 관리자는 제1항의 규정에 의한 사용신청이 있는 때에는 정상적인 수업등 정당한 사유가 있는 경우를 제외하고는 다른 목적에 우선하여 그 사용을 허가하되, 모든 후보자에게는 공평하게 하여야 한다.

제79조 (공개장소에서의 연설·대담) ①후보자(비례대표국회의원선거와 비례대표시·도의원선거를 제외한다) 또는 그 배우자나 연설원〔대통령선거 및 시·도지사선거에 한하며, 후보자(대통령선거에 있어서 정당추천후보자는 그 추천정당을 말한다)가 선거운동을 할 수 있는 자중에서 구·시·군선거연락소마다 지명한 2인을 말한다. 이하 이 조에서 "후보자등"이라 한다〕은 선거운동기간중에 소속정당의 정강·정책이나 후보자의 정견 기타 필요한 사항을 홍보하기 위하여 공개장소에서의 연설·대담을 할 수 있다. 이 경우 후보자가 연설·대담을 하는 장소마다 선거사무원중에서 사회자 1인을 두어 후보자의 소개와 지원연설·대담을 하게 할 수 있다. <개정 1995.4.1, 1995.12.30, 1998.4.30, 2000.2.16>

②제1항에서 "공개장소에서의 연설·대담"이라 함은 후보자등이 도로변·광장·공터·주민회관·시장 또는 점포 기타 중앙선거관리위원회규칙이 정하는 다수인이 왕래하는 공개장소를 방문하여 정당이나 후보자에 대한 지지를 호소하는 연설을 하거나 청중의 질문에 대답하는 방식으로 대담하는 것을 말한다.

③후보자등과 사회자는 공개장소에서의 연설·대담을 위하여 다음 각호의 구분에 따라 자동차와 이에 부착된 확성장치 및 휴대용 확성장치를 각각 사용할 수 있다. <개정 1995.4.1, 1995.12.30, 1997.11.14, 1998.4.30, 2000.2.16>

1. 대통령선거

후보자와 시·도 및 구·시·군선거연락소마다 각 1대·각 1조

2. 시·도지사선거

후보자와 구·시·군선거연락소마다 각 1대·각 1조

3. 지역구국회의원선거, 지역구시·도의원선거, 자치구·시·군의원선거 및 자치구·시·군의 장선거

후보자마다 1대·1조

④제3항의 확성장치는 정지된 상태에서 연설·대담 또는 사회를 하는 경우에만 사용할 수 있으며, 휴대용 확성장치는 연설·대담용 차량이 정차한 외의 다른 지역에서 사용할 수 없다. 이 경우 차량 부착용 확성장치와 동시에 사용할 수 없다. <개정 1995.12.30>

⑤자동차에 부착된 확성장치를 사용함에 있어 확성나발의 수는 1개를 넘을 수 없으며, 확성장치는 후보자의 경우 그 배우자가, 시·도지사선거에 있어서 구·시·군선거연락소의 경우 2인의 연설원이 공동 또는 교대로 사용할 수 있다.

⑥자동차와 확성장치에는 중앙선거관리위원회규칙이 정하는 바에 따라 표식을 부착하여야 하고, 제64조(선전벽보)의 선전벽보, 제65조(선거공보)의 선거공보, 제66조(소형인쇄물)의 소형인쇄물 또는 선전벽보 규격의 2배이내 크기의 후보자 사진을 붙일 수 있다. <개정 1995.12.30, 1997.11.14>

⑦제1항의 후보자등은 다른 사람이 개최한 옥내모임에 일시적으로 참석하여 연설·대담을 할 수 있으며, 이 경우 그 장소에 설치된 확성장치를 사용하거나 휴대용 확성장치를 사용할 수 있다.

⑧후보자등이 공개장소에서의 연설·대담을 하고자 하는 때에는 중앙선거관리위원회규칙이 정하는 바에 따라 공개장소에서의 연설·대담장소임을 표시하는 표지를 작성하여 관할선거구선거관리위원회(제1항의 연설원은 연설·대담장소를 관할하는 구·시·군선거관리위원회)의 검인을 받아 연설·대담장소에 게시하고 행하여야 한다.

⑨제1항의 연설원은 당해 구·시·군선거연락소의 관할구역안에서만 공개장소에서의 연설·대담을 할 수 있으며, 연설·대담을 하는 때에는 중앙선거관리위원회규칙이 정하는 바에 따라 신분증명서를 달아야 한다.

⑩후보자등이 공개장소에서의 연설·대담을 하는 때에는 녹음기 또는 녹화기(비디오 및 오디오 기기를 포함한다. 이하 이 조에서 같다)를 사용하여 당가등 정당 또는 후보자를 홍보하는 내용의 음악을 방송하거나 소속정당의 정강·정책이나 후보자의 학력·정견·활동상황을 방송 또는 방영할 수 있다. <개정 1997.11.14>

⑪후보자등이 공개장소에서의 연설·대담을 하는 때에는 제75조(합동연설회)의 합동연설회나 제77조(정당·후보자등에 의한 연설회)의 정당·후보자등에 의한 연설회 또는 다

른 후보자등의 공개장소에서의 연설·대담의 진행에 지장을 주어서는 아니된다.

⑫자동차·확성장치와 공개장소에서의 연설·대담장소의 표식의 규격·기재사항 및 검인, 연화기의 규격 기타 필요한 사항은 중앙선거관리위원회규칙으로 정한다. <개정 1997.11.14>

제80조 (연설금지장소) 다음 각호의 1에 해당하는 시설이나 장소에서는 제77조(정당·후보자등에 의한 연설회)의 연설회 또는 제79조(공개장소에서의 연설·대담)의 연설·대담을 할 수 없다.

1. 제78조(공공시설등의 무료이용) 제1항에 규정된 외의 국가 또는 지방자치단체[제53조(공무원등의 입후보) 제1항 제4호 및 제6호에 규정된 기관을 포함한다]가 소유하거나 관리하는 건물·시설
2. 열차·전동차·항공기의 안과 그 터미널구내 및 선박·여객자동차의 안
3. 병원·진료소·도서관·연구소 또는 시험소 기타 의료·연구시설

제81조 (단체의 후보자등 초청 대담·토론회<개정 2000.2.16>) ①다음 각호의 1에 해당하지 아니하는 단체는 후보자(비례대표국회의원후보자를 제외한다 이하 이 조에서 같다) 와 대담자 또는 토론자(대통령선거 및 시·도지사선거의 경우에 한하며, 정당 또는 후보자가 선거운동을 할 수 있는 자중에서 선거사무소 또는 선거연락소마다 지명한 1인을 말한다. 이하 이 조에서 같다) 1인 또는 수인을 초청하여 소속정당의 정강·정책이나 후보자의 정견 기타사항을 알아보기 위한 대담·토론회를 이 법이 정하는 바에 따라 옥내에서 개최할 수 있다. 다만, 제10조 제1항 제6호의 노동조합과 단체는 그러하지 아니하다. <개정 1995.4.1, 1997.11.14, 2000.2.16, 2002.3.7>

1. 국가·지방자치단체 또는 제53조(공무원등의 입후보) 제1항 제4호 내지 제6호에 규정된 정부투자기관등
2. 향민회·종친회·동창회·산악회등 동호인회, 계모임등 개인간의 사적 모임
3. 제10조(사회단체등의 공명선거추진활동) 제1항 제1호 내지 제5호에 규정된 단체

②제1항에서 "대담"이라 함은 1인의 후보자 또는 대담자가 소속정당의 정강·정책이나 후보자의 정견 기타사항에 관하여 사회자 또는 질문자의 질문에 대하여 답변하는 것을 말하고, "토론"이라 함은 2인이상의 후보자 또는 토론자가 사회자의 주관하에 소속정당의 정강·정책이나 후보자의 정견 기타사항에 관한 주제에 대하여 사회자를 통하여 질문·답변하는 것을 말한다. <개정 1997.11.14>

③제1항의 규정에 의하여 대담·토론회를 개최하고자 하는 단체는 중앙선거관리위원회규칙이 정하는 바에 따라 주최단체명·대표자성명·사무소 소재지·회원수·설립근거등 단체에 관한 사항과 초청할 후보자 또는 대담·토론자의 성명, 대담 또는 토론의 주제, 사회자의 성명, 진행방법, 개최일시와 장소 및 참석예정자수등을 개최일전 2일까지 관할선거구선거관리위원회 또는 그 개최장소의 소재지를 관할하는 구·시·군선거관리위원회에 서면으로 신고하여야 한다. 이 경우 초청할 후보자 또는 대담·토론자의 참석승낙서를 첨부하여야 한다.

④제1항의 규정에 의한 대담·토론회를 개최하는 때에는 중앙선거관리위원회규칙이 정하는 바에 따라 제1항에 의한 대담·토론회임을 표시하는 표지를 게시 또는 첩부하여야 한다.

⑤제1항의 대담·토론은 모든 후보자에게 공평하게 실시하여야 하되, 후보자가 초청을

수락하지 아니한 경우에는 그러하지 아니하며, 대담·토론회를 개최하는 단체는 대담·토론이 공정하게 진행되도록 하여야 한다.

⑥정당, 후보자, 대담·토론자, 선거사무장, 선거연락소장, 선거사무원, 회계책임자 또는 제114조(정당 및 후보자의 가족등의 기부행위제한) 제2항의 후보자 또는 그 가족과 관계있는 회사등은 제1항의 규정에 의한 대담·토론회와 관련하여 대담·토론회를 주최하는 단체 또는 사회자에게 금품·향응 기타의 이익을 제공하거나 제공할 의사의 표시 또는 그 제공의 약속을 할 수 없다.

⑦제1항의 대담·토론회를 개최하는 단체는 그 비용을 후보자에게 부담시킬 수 없다.

⑧제71조(후보자등의 방송연설) 제12항의 규정은 후보자등 초청 대담·토론회에 이를 준용한다. <신설 1998.4.30>

⑨대담·토론회의 개최신고서와 표식의 서식 기타 필요한 사항은 중앙선거관리위원회 규칙으로 정한다. <개정 1997.11.14>

제82조 (언론기관의 후보자등 초청 대담·토론회<개정 2000.2.16>) ①텔레비전 및 라디오 방송시설〔제70조(방송광고) 제1항의 규정에 의한 방송시설을 말한다. 이하 이 조에서 같다〕·정기간행물의등록등에관한법률에 의한 일반일간신문사등 언론기관(이하 이 조에서 "언론기관"이라 한다)은 선거운동기간중 후보자 또는 대담·토론자(후보자가 선거운동을 할 수 있는 자중에서 지정하는 자를 말한다)에 대하여 후보자의 승낙을 받아 1인 또는 수인을 초청하여 소속정당의 정강·정책이나 후보자의 정견 기타사항을 알아보기 위한 대담·토론회를 개최하고 이를 보도할 수 있다. 다만, 제59조(선거운동기간)의 규정에 불구하고 대통령선거에 있어서는 선거일전 120일부터, 국회의원선거 또는 시·도지사선거에 있어서는 선거일전 60일부터 선거기간개시일전일까지 후보자가 되고자 하는 자를 초청하여 대담·토론회를 개최하고 이를 보도할 수 있다. 이 경우 방송시설이 대담·토론회를 개최하고 이를 방송하고자 하는 때에는 내용을 편집하지 않은 상태에서 방송하여야 하며, 대담·토론회의 방송일시와 진행방법등을 중앙선거관리위원회규칙이 정하는 바에 따라 관할선거구선거관리위원회에 통보하여야 한다. <개정 1997.11.14, 1998.4.30, 2000.2.16>

②제1항의 대담·토론회는 언론기관이 방송시간·신문의 지면등을 고려하여 자율적으로 개최한다.

③제1항의 대담·토론의 진행은 공정하여야 하며, 이에 관하여 필요한 사항은 중앙선거관리위원회규칙으로 정한다.

④제71조(후보자등의 방송연설) 제12항, 제72조(방송시설주관 후보자 연설의 방송) 제2항 및 제81조(단체의 후보자등 초청 대담·토론회) 제2항·제6항·제7항의 규정은 언론기관의 후보자등 초청 대담·토론회에 이를 준용한다. <개정 2000.2.16>

제82조의2 (공영방송주관 텔레비전 대담·토론회<개정 2000.2.16>) ①공영방송사〔한국방송공사와 방송문화진흥회법에 의한 방송문화진흥회가 출자한 방송법인(시·도지사 선거에 있어서는 그 지역방송시설)을 말한다. 이하 이 조에서 같다〕는 공동하여 선거운동기간중 다음 각호의 1에 의하여 후보자중에서 1인 또는 수인을 초청하여 소속정당의 정강·정책이나 후보자의 정견 기타 사항을 선거인에게 알리기 위하여 텔레비전방송을 이용한 대담·토론회를 개최·보도하여야 한다. <개정 2000.2.16>

1. 대통령선거

3회이상
2. 시·도지사선거
1회이상

②공영방송사는 공동하여제1항의 규정에 의한 대담·토론회를 주관하게 하기 위하여 선거일전 60일까지 선거구별로 선거방송토론위원회(이하 이 조에서 "토론위원회"라 한다)를 설치하여야 한다. <개정 1997.11.14, 2000.2.16>

③토론위원회는 방송법인·방송학계·대한변호사협회·언론인단체 및 시민단체 등이 추천하는 자와 국회에 의석을 가진 정당이 추천하는 각 1인을 포함하여 대통령선거를 위한 토론위원회는 11인이내, 시·도지사선거를 위한 토론위원회는 9인이내의 위원으로 구성한다. 이 경우 토론위원회의 위원을 추천하는 방송법인·언론학계·언론인단체 및 시민단체등의 범위와 추천절차등은 공영방송사가 협의하여 결정한다. <개정 1997.11.14, 2000.2.16>

④토론위원회의 위원은 정당에 가입할 수 없다. <신설 1997.11.14>

⑤토론위원회는 초청 후보자와 사회자·질문자의 선정, 대담·토론의 형식, 주제와 시간의 설정 기타제1항의 규정에 의한 대담·토론회의 진행에 관하여 필요한 사항을 결정하여 이를 공표하여야 한다. <신설 1997.11.14>

⑥공영방송사는 공동하여제1항의 규정에 의한 대담·토론회의 개최일전일까지 관할선거구선거관리위원회에 대담·토론회의 개최신고를 하여야 하고, 대담·토론회를 개최·보도하는 때에는 청각장애선거인을 수화로 통역을 하여야 한다. <신설 1997.11.14, 2000.2.16, 2002.3.7>

⑦공영방송사가 아닌 방송사[제70조(방송광고) 제1항의 방송시설을 말한다]는 제1항의 대담·토론회를 중계방송할 수 있다. <신설 1997.11.14>

⑧제71조(후보자등의 방송연설) 제12항, 제72조(방송시설주관 후보자연설의 방송) 제2항 및 제81조(단체의 후보자등 초청 대담·토론회) 제2항·제6항 내지 제9항의 규정은 공영방송주관 텔레비전 대담·토론회에 이를 준용한다. <개정 2000.2.16> [본조신설 1997.1.13]

제82조의3 (컴퓨터통신을 이용한 선거운동) ①선거운동을 할 수 있는 자는 선거운동기간중에 개인용컴퓨터를 이용하여 컴퓨터통신의 게시판·자료실등 정보저장장치에 선거운동을 위한 내용의 정보를 게시하여 선거구민이 열람하게 하거나 대화방·토론실등에 참여하여 선거운동을 할 수 있다.

②누구든지 컴퓨터통신을 이용하여 후보자(후보자가 되고자 하는 자를 포함한다), 그의 배우자 또는 직계존·비속이나 형제자매에 관하여 허위의 사실을 유포하여서는 아니되며, 공연히 사실을 적시하여 이들을 비방하여서는 아니된다. 다만, 진실한 사실로서 공공의 이익에 관한 때에는 그러하지 아니하다.

③누구든지 컴퓨터통신의 정보저장장치에 제2항의 규정에 위반되는 내용이 게시되었다고 인정되는 때에는 각급선거관리위원회(투표구선거관리위원회를 제외한다. 이하 이 조에서 같다)에 이를 신고할 수 있다.

④각급선거관리위원회는 제3항의 규정에 의하여 신고된 내용이제2항의 규정에 위반된다고 인정되는 때에는 전기통신사업자에게 컴퓨터통신을 통한 해당 내용의 취급을 거부·정지 또는 제한하도록 요청할 수 있다.

⑤전기통신사업자는 제4항의 규정에 의하여 각급선거관리위원회로부터 컴퓨터통신을 통한 해당 내용의 취급을 거부·정지 또는 제한하도록 요청을 받은 경우에는 즉시 이를 이행하여야 한다.

⑥제5항의 요청을 받은 전기통신사업자와 해당 개인용 컴퓨터 이용자는 그 요청을 받은 날부터 3일이내에 중앙선거관리위원회에 이의신청을 할 수 있다. 〔본조신설 1997.11.14〕

제83조 (교통편의의 제공) ①대통령선거에 있어서 철도청장은 중앙선거관리위원회규칙이 정하는 바에 따라 선거운동기간중에 선거운동용으로 계속하여 사용할 수 있는 전국용 무료승차권 50매를 각 후보자에게 발급하여야 한다.

②제1항의 규정에 의하여 전국용 무료승차권을 발급받은 후보자가 사퇴·사망하거나 등록이 무효로 된 때에는 그 후 이를 사용할 수 없으며, 철도청장에게 지체없이 반환하여야 한다.

제84조 (무소속후보자등의 정당표방금지) 자치구·시·군의원선거의 후보자와 무소속후보자는 특정 정당으로부터의 지지 또는 추천받음을 표방할 수 없다. 다만, 정당의 당원경력의 표시는 그러하지 아니하다. <개정 1995.4.1, 2000.2.16>

제85조 (지위를 이용한 선거운동금지) ①공무원은 그 지위를 이용하여 선거운동을 할 수 없다. 이 경우 공무원이 그 소속직원이나제53조(공무원등의 입후보) 제1항 제4호 내지 제6호에 규정된 기관등의 임·직원 또는 공직자윤리법제17조(퇴직공직자의 유관사기업체 등에의 취업제한)의 규정에 의한 유관사기업체 및 협회의 임·직원을 대상으로 한 선거운동은 그 지위를 이용하여 하는 선거운동으로 본다. <개정 2001.1.26>

②누구든지 교육적·종교적 또는 직업적인 기관·단체등의 조직내에서의 직무상 행위를 이용하여 그 구성원에 대하여 선거운동을 하거나 하게 하거나, 계열화나 하도급등 거래상 특수한 지위를 이용하여 기업조직·기업체 또는 그 구성원에 대하여 선거운동을 하거나 하게 할 수 없다.

③누구든지 교육적인 특수관계에 있는 선거권이 없는 자에 대하여 교육상의 행위를 이용하여 선거운동을 할 수 없다.

제86조 (공무원등의 선거에 영향을 미치는 행위금지) ①공무원(국회의원과 그 보좌관·비서관·비서 및 지방의회의원을 제외한다), 제53조(공무원등의 입후보) 제1항 제4호 및 제6호에 규정된 기관등의 상근 임·직원, 통·리·반의 장, 주민자치위원회위원과 향토예비군소대장급이상의 간부, 특별법에 의하여 설립된 국민운동단체로서 국가나 지방자치단체의 출연 또는 보조를 받는 단체(바르게살기운동협의회·새마을운동협의회·한국자유총연맹을 말한다)와 제2의건국범국민추진위원회의 상근 임·직원 및 이들 단체등(시·도조직 및 구·시·군조직을 포함한다)의 대표자 또는 국민건강보험법에 의하여 설립된 국민건강보험공단의 상근 임·직원은 다음 각호의 1에 해당하는 행위를 하여서는 아니된다. <개정 1997.11.14, 2000.2.16, 2002.3.7>

1. 소속직원 또는 선거구민에게 교육 기타 명목여하를 불문하고 특정 정당이나 후보자(후보자가 되고자 하는 자를 포함한다. 이하 이 항에서 같다)의 업적을 홍보하는 행위
2. 선거운동의 기획에 참여하거나 그 기획의 실시에 관여하는 행위
3. 정당 또는 후보자에 대한 선거권자의 지지도를 조사하거나 이를 발표하는 행위
4 선거기간중 소속직원 또는 선거구민에게 명목여하를 불문하고 법령이 정하는 외의

금품 기타 이익을 주거나 이를 약속하는행위. 다만, 관혼상제 기타 의례적이거나 직무상의 행위로서 중앙선거관리위원회규칙이 정하는 행위를 제외한다.

5. 선거기간중 국가 또는 지방자치단체의 예산으로 시행하는 사업중 즉시 공사를 진행하지 아니할 사업의 기공식을 거행하는 행위

6. 선거기간중 정상적 업무외의 출장을 하는 행위

7. 선거기간중 휴가기간에 그 업무와 관련된 기관이나 시설을 방문하는 행위

②지방자치단체의 장은 선거기간개시일전 30일(보궐선거등에 있어서는 그 선거 의 실시사유가 확정된 때)부터 선거일까지 제1항 각호의 1에 해당하는 행위외에 다음 각호의 1에 해당하는 행위를 하여서는 아니된다. <신설 1995.12.30, 1997.11.14, 1998.4.30, 2000.2.16, 2002.3.7>

1. 지방자치단체의 장의 직명 또는 성명을 밝히거나 그가 하는 것으로 추정할 수 있는 방법으로 소속직원 또는 선거구민에게 명목여하를 불문하고 법령이 정하는 외의 금품 기타 이익을 주거나 이를 약속하는 행위

2. 정당의 정강· 정책과 주의· 주장을 선거구민을 대상으로 홍보· 선전하는 행위. 다만, 당해 지방자치단체의 장의 선거에 후보자가 되는 경우 선거운동기간중에는 그러하지 아니하다.

3. 창당대회· 합당대회· 개편대회 및 후보자선출대회를 제외하고는 정당이 개최하는 시국강연회, 정견· 정책발표회, 당원연수· 단합대회등 일체의 정치행사에 참석하거나 선거대책기구, 선거사무소, 선거연락소를 방문하는 행위. 다만, 당해 지방자치단체의 장선거에 후보자가 되는 경우와 당원으로서 소속정당이 당원만을 대상으로 개최하는 정당의 지구당 단위이상의 공개행사에 의례적으로 방문하는 경우에는 그러하지 아니하다.

4. 다음 각목의 1을 제외하고는 교양강좌, 사업설명회, 공청회, 직능단체모임, 체육대회, 경로행사, 민원상담 기타 각종 행사를 개최하거나 후원하는 행위

가. 법령에 의하여 개최하거나 후원하도록 규정된 행사를 개최· 후원하는 행위

나. 특정일· 특정시기에 개최하지 아니하면 그 목적을 달성할 수 없는 행사

다. 천재· 지변 기타 재해의 구호· 복구를 위한 행위

라. 직업보도교육 또는 유상으로 실시하는 교양강좌를 개최· 후원하는 행위 또는 주민자치센터가 개최하는 교양강좌를 후원하는 행위. 다만, 종전의 범위를 넘는 새로운 강좌를 개설하거나 수강생을 증원하거나 장소를 이전하여 실시하는 주민자치센터의 교양강좌를 후원하는 행위를 제외한다.

마. 집단민원 또는 긴급한 민원이 발생하였을 때 이를 해결하기 위한 행위

바. 가목 내지 마목에 준하는 행위로서 중앙선거관리위원회규칙으로 정하는 행위

5. 통· 리· 반장의 회의에 참석하는 행위. 다만, 천재· 지변 기타 재해가 있거나 집단민원 또는 긴급한 민원이 발생하였을 때에는 그러하지 아니하다.

③지방자치단체의 장은 다음 각호의 1에 해당하는 경우를 제외하고는 지방자치단체의 사업계획· 추진실적 기타 지방자치단체의 활동상황을 알리기 위한 홍보물(홍보지· 소식지· 간행물· 시설물· 녹음물· 녹화물 기타의 홍보물 및 신문· 방송을 이용하여 행하는 경우를 포함한다)을 분기별로 1종 1회를 초과하여 발행· 배부 또는 방송하여서는 아니되며 당해 지방자치단체의 장의 선거의 선거일전 180일(보궐선거 등에 있어서는 그 선거의 실시사유가 확정된 때, 이하 제4항에서 같다)부터 선거일까지는 홍보물을 발행· 배부 또

는 방송할 수 없다. <신설 1998.4.30, 2000.2.16>

1. 법령에 의하여 발행·배부 또는 방송하도록 규정된 홍보물을 발행·배부 또는 방송하는 행위

2. 특정사업을 추진하기 위하여 그 사업과 이해관계가 있는 자나 관계주민의 동의를 얻기 위한 행위

3. 집단민원 또는 긴급한 민원이 발생하였을 때 이를 해결하기 위한 행위

4. 기타 위 각호의 1에 준하는 행위로서 중앙선거관리위원회규칙이 정하는 행위

④지방자치단체의 장은 당해 지방자치단체의 장의 선거의 선거일전 180일부터 선거일까지 주민자치센터가 개최하는 교양강좌에 참석할 수 없으며, 근무시간중에 공공기관이 주최하는 행사외의 행사에는 참석할 수 없다. <신설 1998.4.30, 2002.3.7>

제87조 (단체의 선거운동금지) 단체는 사단·재단 기타 명칭의 여하를 불문하고 선거기간중에 그 명의 또는 그 대표의 명의로 특정 정당이나 후보자를 지지·반대하거나 지지·반대할 것을 권유하는 행위를 할 수 없다. 다만, 노동조합및노동관계조정법제2조(정의)의 규정에 의한 노동조합과 제81조(단체의 후보자등 초청 대담·토론회) 제1항 제1호 내지 제3호에 규정된 단체가 아닌 단체는 그러하지 아니하다. <개정 1997.11.14, 1998.4.30, 2000.2.16, 2002.3.7>

제88조 (타후보자를 위한 선거운동금지) 후보자, 선거사무장, 선거연락소장, 선거사무원, 회계책임자, 연설원, 대담·토론자는 다른 정당이나 후보자를 위한 선거운동을 할 수 없다. 다만, 정당이나 후보자를 위한 선거운동을 함에 있어서 그 일부가 다른 정당이나 후보자의 선거운동에 이른 경우와 같은 정당이나 같은 정당의 추천후보자를 지원하는 경우 및 이 법의 규정에 의하여 공동선임된 선거사무장등이 선거운동을 하는 경우에는 그러하지 아니하다.

제89조 (유사기관의 설치금지) ①누구든지 제61조(선거운동기구의 설치) 제1항·제2항의 규정에 의한 선거사무소 또는 선거연락소외에는 후보자(후보자가 되고자 하는 자를 포함한다. 이하 이 조에서 같다)를 위하여 선거추진위원회·후원회·연구소·상담소 또는 휴게소 기타 명칭의 여하를 불문하고 이와 유사한 기존의 기관·단체·조직 또는 시설을 이용하거나 새로이 설립 또는 설치할 수 없다. 다만, 정당의 중앙당·당지부·지구당 또는 구·시·군당연락소의 사무소에 설치되는 각 1개의 선거대책기구와 정치자금에 관한 법률에 의한 후원회는 그러하지 아니하다. <개정 1997.11.14, 2000.2.16>

②정당이나 후보자가 설립·운영하는 기관·단체·조직 또는 시설은 선거일전 180일(보궐선거등에 있어서는 그 선거의 실시사유가 확정된 때)부터 선거일까지 당해 선거구민을 대상으로 선거에 영향을 미치는 행위를 하거나, 그 기관·단체 또는 시설의 설립이나 활동내용을 선거구민에게 알리기 위하여 정당 또는 후보자의 명의나 그 명의를 유추할 수 있는 방법으로 벽보·현수막·방송·신문·통신·잡지 또는 인쇄물을 이용하거나 기타의 방법으로 선전할 수 없다. 다만, 정치자금에 관한 법률제6조의5(집회 또는 우편·통신에 의한 모금) 또는 같은 법제6조의6(광고에 의한 모금)의 규정에 의한 집회와 광고에 의한 모금을 위한 고지와 광고는 그러하지 아니하다. <개정 1997.11.14>

제89조의2 (사조직등을 이용한 선거운동의 금지) ①누구든지 선거에 있어서 후보자(후보자가 되고자 하는 자를 포함한다)를 위하여 연구소·동우회·향우회·산악회·조기축구회, 정당의 외곽단체등 그 명칭이나 표방하는 목적여하를 불문하고 사조직 기타 단체

를 설립하거나 설치할 수 없다.

②누구든지 선거운동이외의 목적으로 설립되거나 설치된 단체 기타의 조직이나 그 구성원에게 선거에 영향을 미치게 하기 위하여 금품·향응 기타의 이익을 제공하거나 이를 요구하거나 받을 수 없으며 당해 단체나 조직 또는 그 대표의 명의로 선거운동을 하거나 하게 할 수 없다. 〔본조신설 1997.11.14〕

제90조 (시설물설치등의 금지) 누구든지 선거일전 180일(보궐선거 등에 있어서는 그 선거의 실시사유가 확정된 때)부터 선거일까지 선거에 영향을 미치게 하기 위하여 이 법의 규정에 의한 것을 제외하고는 화환·풍선·간판·현수막·애드벌룬·기구류 또는 선전탑 기타의 광고물이나 광고시설을 설치·진열·게시·배부하거나 하게 할 수 없으며, 표찰 기타 표시물을 착용 또는 배부하거나 하게 할 수 없고, 후보자(후보자가 되고자 하는 자를 포함한다. 이하 이 조에서 같다)를 상징하는 인형·마스코트등 상징물을 제작·판매할 수 없다. 이 경우 의례적이거나 직무상·업무상의 행위 또는 통상적인 정당활동으로서 중앙선거관리위원회규칙으로 정하는 행위를 제외하고는 정당(창당준비위원회를 포함한다)의 명칭이나 후보자의 성명·사진 또는 그 명칭·성명을 유추할 수 있는 내용을 명시한 것은 선거에 영향을 미치게 하기 위한 것으로 본다. <개정 1995.12.30>

제91조 (확성장치와 자동차등의 사용제한) ①누구든지 이 법의 규정에 의한 연설회장, 공개장소에서의 연설·대담장소, 대담·토론회장 또는 정당의 집회장소에서 연설·대담·토론용으로 사용하는 경우를 제외하고는 선거기간중 선거운동을 위하여 확성장치를 사용할 수 없다.

②제75조(합동연설회)의 규정에 의한 합동연설회 또는 제77조(정당·후보자등에 의한 연설회)의 규정에 의한 연설회를 개최할 때에는 그 연설회장소로부터 구·시에 있어서는 300미터, 군에 있어서는 500미터안의 구역에서는 누구든지 확성장치를 사용할 수 없다. 다만, 연설회의 진행에 지장을 주지 아니하는 범위안에서제79조(공개장소에서의 연설·대담)의 규정에 의한 연설·대담을 하기 위하여 사용하는 경우에는 그러하지 아니하다.

③누구든지 자동차를 사용하여 선거운동을 할 수 없다. 다만, 제77조의 규정에 의한 연설회장과제79조의 규정에 의한 연설·대담장소에서 정지된 자동차에 승차하여 선거운동을 하는 경우와 제79조의 규정에 의한 연설·대담을 위하여 같은 조 제6항의 규정에 의한 선전벽보등을 자동차에 부착하여 사용하는 경우에는 그러하지 아니하다.

④정당·후보자·선거사무장 또는 선거연락소장은 제3항 단서의 규정에 의한 경우외에 다음 각호에 의한 수이내에서 관할선거관리위원회가 교부한 표지를 부착한 자동차와 선박에 제64조(선박벽보)의 선전벽보·제65조(선거공보)의 선거공보 및 제66조(소형인쇄물)의 소형인쇄물을 부착하여 운행하거나 하게 할 수 있다. <개정 1995.4.1, 1997.11.14, 2000.2.16>

1. 대통령선거와 시·도지사선거
   선거사무소와 선거연락소마다 각 5대·5척이내
2. 지역구국회의원선거와 자치구·시·군의 장선거
   후보자마다 각 5대·5척이내
3. 지역구시·도의원선거
   후보자마다 각 2대·2척이내
4. 자치구·시·군의원선거

후보자마다 각 1대·1척

제92조 (영화등을 이용한 선거운동금지) 누구든지 선거기간중에는 선거운동을 위하여 저술·연예·연극·영화 또는 사진을 이 법에 규정되지 아니한 방법으로 배부·공연·상연·상영 또는 게시할 수 없다.

제93조 (탈법방법에 의한 문서·도화의 배부·게시등 금지) ①누구든지 선거일전 180일(보궐선거등에 있어서는 그 선거의 실시사유가 확정된 때)부터 선거일까지 선거에 영향을 미치게 하기 위하여 이 법의 규정에 의하지 아니하고는 정당(창당준비위원회와 정당의 정강·정책을 포함한다. 이하 이 조에서 같다) 또는 후보자(후보자가 되고자 하는 자를 포함한다. 이하 이 조에서 같다)를 지지 추천하거나 반대하는 내용이 포함되어 있거나 정당의 명칭 또는 후보자의 성명을 나타내는 광고, 인사장, 벽보, 사진, 문서, 도서 인쇄물이나 녹음 녹화테이프 기타 이와 유사한 것을 배부 첩부 살포·상영 또는 게시할 수 없다. 다만, 선거기간중 후보자의 성명·사진·주소·전화번호·학력·경력·현직을 게재한 길이 9센티미터 너비 5센티미터 이내의 명함을 후보자가 직접 주는 경우에는 그러하지 아니하다. <개정 1997.11.14, 1998.4.30, 2002.3.7>

②누구든지 선거일전 90일부터 선거일까지는 정당 또는 후보자의 명의를 나타내는 저술·연설·연극·영화·사진 기타 물품을 이 법에 규정되지 아니한 방법으로 광고할 수 없으며, 후보자는 방송·신문·잡지 기타의 광고에 출연할 수 없다. 다만 선거기간이 아닌 때에 정기간행물의등록등에관한법률제2조(용어의 정의)의 규정에 의한 정기간행물의 판매를 위하여 통상적인 방법으로 광고하는 경우에는 그러하지 아니하다. <개정 1998.4.30>

③누구든지 선거운동을 하도록 권유·약속하기 위하여 선거구민에 대하여 신분증명서·문서 기타 인쇄물을 발급·배부 또는 징구하거나 하게 할 수 없다. <신설 1995.12.30>

제94조 (방송·신문등에 의한 광고의 금지) 누구든지 선거기간중 선거운동을 위하여 이 법에 규정되지 아니한 방법으로 방송·신문·통신 또는 잡지 기타의 간행물등 언론매체를 통하여 광고할 수 없다. <개정 2000.2.16>

제95조 (신문·잡지등의 통상방법외의 배부금지) ①누구든지 이 법의 규정에 의한 경우를 제외하고는 선거에 관한 기사를 게재한 신문·통신·잡지 또는 기관·단체·시설의 기관지 기타 간행물을 통상방법외의 방법으로 배부하거나 그 기사를 복사하여 배부할 수 없다.

②제1항에서 "선거에 관한 기사"라 함은 후보자〔후보자가 되고자 하는 자를 포함한다. 이하제96조(허위논평·보도의 금지) 및 제97조(방송·신문의 불법이용을 위한 행위등의 제한)에서 같다〕의 당락이나 특정 정당(창당준비위원회를 포함한다)에 유리 또는 불리한 기사를 말하며, "통상방법에 의한 배부"라 함은 종전의 방법과 범위안에서 발행·배부하는 것을 말한다.

제96조 (허위논평 ·보도의 금지) 방송·신문·통신·잡지 기타의 간행물을 경영·관리하는 자 또는 편집·취재·집필·보도하는 자는 특정 후보자를 당선되게 하거나 되지 못하게 할 목적으로 선거에 관하여 허위사실을 보도하거나 사실을 왜곡하여 보도 또는 논평을 할 수 없다.

제97조 (방송·신문의 불법이용을 위한 행위등의 제한) ①누구든지 선거운동을 위하여 방송·신문·통신·잡지 기타의 간행물을 경영·관리하는 자 또는 편집·취재·집필·보

도하는 자에게 금품·향응 기타의 이익을 제공하거나 제공할 의사의 표시 또는 그 제공을 약속할 수 없다.

②정당, 후보자, 선거사무장, 선거연락소장, 선거사무원, 회계책임자, 확설원, 대담·토론자 또는 제114조(정당 및 후보자의 가족등의 기부행위제한) 제2항의 후보자 또는 그 가족과 관계있는 회사등은 선거에 관한 보도·논평이나 대담·토론과 관련하여 당해 방송·신문·통신·잡지 기타 간행물을 경영·관리하거나 편집·취재·집필·보도하는 자 또는 그 보조자에게 금품·향응 기타 이익을 제공하거나 제공할 의사의 표시 또는 그 제공을 약속할 수 없다.

③방송·신문·통신·잡지 기타 간행물을 경영·관리하거나 편집·취재·집필·보도하는 자는 제1항 및 제2항의 규정에 의한 금품·향응 기타의 이익을 받거나 권유·요구 또는 약속할 수 없다.

제98조 (선거운동을 위한 방송이용의 제한) 누구든지 이 법의 규정에 의하지 아니하고는 그 방법의 여하를 불문하고 방송시설을 이용하여 선거운동을 위한 방송을 하거나 하게 할 수 없다. <개정 1997.11.14, 2000.2.16>

제99조 (구내방송등에 의한 선거운동금지) 누구든지 이 법의 규정에 의하지 아니하고는 선거기간중 교통수단·건물 또는 시설안의 방송시설을 이용하여 선거연동을 할 수 없다.

제100조 (녹음기등의 사용금지) 누구든지 선거기간중 제77조(정당·후보자등에 의한 연설회)의 연설회 또는 제79조(공개장소에서의 연설·대담)의 공개장소에서의 연설·대담의 경우를 제외하고는 녹음기나 녹화기(비디오 및 오디오기기를 포함한다)를 사용하여 선거운동을 할 수 없다.

제101조 (타연설회등의 금지) 누구든지 선거기간중 선거에 영향을 미치게 하기 위하여 이 법의 규정에 의한 연설회 또는 대담·토론회를 제외하고는 다수인을 모이게 하여 개인정견발표회·시국강연회·좌담회 또는 토론회 기타의 연설회나 대담·토론회를 개최할 수 없다.

제102조 (야간연설등의 제한) 이 법의 규정에 의한 연설회와 대담·토론회(방송시설을 이용하는 경우를 제외한다)는 오후 11시부터 다음날 오선 6시까지는 개최할 수 없으며, 공개장소에서의 연설·대담은 오후 10시부터 다음날 오전 7시까지는 이를 할 수 없다. 다만, 공개장소에서의 연설·대담에 있어서 휴대용 확성장치만을 사용하는 경우에는 오전 6시부터 오후 11시까지 할 수 있다. <개정 1995.12.30, 1997.1.13>

제103조 (각종집회등의 제한) ①누구든지 선거기간중 선거구민을 대상으로 하거나 선거가 실시되는 지역 안에서 향민회·종친회 또는 동창회 모임을 개최할 수 없으며, 특별법에 의하여 설립된 국민운동단체로서 국가나 지방자치단체의 출연 또는 보조를 받는 단체(바르게살기운동협의회·새마을운동협의회·한국자유총연맹을 말한다), 제2의건국범국민추진위원회 및 주민자치위원회는 선거기간중 회의 기타 어떠한 명칭의 모임도 개최할 수 없다. <신설 2000.2.16, 2002.3.7>

②누구든지 선거기간중 선거에 영향을 미치게 하기 위하여 단합대회 또는 야유회 기타의 집회를 개최할 수 없다. <개정 2000.2.16>

③선거기간중에는 특별한 사유가 없는 한 반상회를 개최할 수 없다.

제104조 (연설회장에서의 소란행위등의 금지) 누구든지 이 법의 규정에 의한 연설회

장, 공개장소에서의 연설·대담장소, 대담·토론회장 또는 정당의 집회장소에서 폭행·협박 기타 어떠한 방법으로도 연설회장등의 질서를 문란하게 하거나 그 진행을 방해할 수 없으며, 연설회등의 주관자가 연단과 그 주변의 조명을 위하여 사용하는 경우를 제외하고는 횃불을 사용할 수 없다.

제105조 (행렬등의 금지) ①누구든지 선거운동을 위하여 무리를 지어 거리를 행진하거나 연달아 소리지르는 행위를 할 수 없으며, 정당 또는 후보자의 선거운동을 방해하기 위하여 연달아 소리지르는 행위를 할 수 없다. 다만, 제77조(정당·후보자등에 의한 연설회)의 규정에 의한 연설회장 및 제79조(공개장소에서 연설·대담)의 규정에 의한 공개장소에서의 연설·대담장소에서 당해 정당 또는 후보자에 대한 지지를 나타내기 위하여 연달아 소리지르는 행위는 그러하지 아니하다.

②누구든지 제68조 제2항의 경우를 제외하고는 모양과 색상이 동일한 모자나 옷을 착용하거나 기타 표지물을 휴대하여 선거운동을 할 수 없다. <신설 1997.11.14, 2002.3.7>

제106조 (호별방문의 제한) ①누구든지 선거운동을 위하여 또는 선거기간중 입당의 권유를 위하여 호별로 방문할 수 없다.

②선거운동을 할 수 있는 자는 제1항의 규정에 불구하고 관혼상제의 의식이 거행되는 장소와 도로·시장·점포·다방·대합실 기타 다수인이 왕래하는 공개된 장소에서 정당 또는 후보자에 대한 지지를 호소할 수 있다.

③누구든지 선거기간중 연설회 또는 공개장소에서의 연설·대담의 통지를 위하여 호별로 방문할 수 없다.

제107조 (서명·날인운동의 금지) 누구든지 선거운동을 위하여 선거구민에 대하여 서명이나 날인을 받을 수 없다.

제108조 (여론조사의 결과공표금지등) ①누구든지 선거기간개시일부터 선거일의 투표마감시각까지 선거에 관하여 정당에 대한 지지도나 당선인을 예상하게 하는 여론조사(모의투표나 인기투표에 의한 경우를 포함한다. 이하 이 조에서 같다)의 경위와 그 결과를 공표하거나 인용하여 보도할 수 없다. <개정 1997.11.14>

②누구든지 선거일전 60일(보궐선거등에 있어서는 그 선거실시사유가 확정된 때)부터 선거일까지 선거에 관한 여론조사를 투표용지와 유사한 모형에 의한 방법을 사용하거나 후보자(후보자가 되고자 하는 자를 포함한다) 또는 정당(창당준비위원회를 포함한다. 이하 이 조에서 같다)의 명의로 선거에 관한 여론조사를 할 수 없다. <개정 1997.11.14>

③누구든지 공표 또는 보도를 목적으로 선거에 관한 여론조사를 하는 경우에는 피조사자에게 여론조사기관·단체의 명칭, 주소 또는 전화번호와 조사자의 신분을 밝혀야 하고, 당해 조사대상의 전계층을 대표할 수 있도록 피조사자를 선정하여야 하며, 다음 각호의 1에 해당하는 행위를 하여서는 아니된다. <신설 1997.11.14>

1. 특정 정당 또는 후보자에게 편향되도록 하는 어휘나 문장을 사용하여 질문하는 행위

2. 피조사자에게 응답을 강요하거나 조사자의 의도에 따라 응답을 유도하는 방법으로 질문하거나, 피조사자의 의사를 왜곡하는 행위

3. 오락 기타 사행성을 조장할 수 있는 방법으로 조사하는 행위

4. 피조사자의 성명이나 성명을 유추할 수 있는 내용을 공개하는 행위

④누구든지 선거에 관한 여론조사의 결과를 공표 또는 보도하는 때에는 조사의뢰자와

조사기관·단체명, 피조사자의 선정방법, 표본의 크기, 조사지역·일시·방법, 표본오차율, 응답률, 질문내용등을 함께 공표 또는 보도하여야 하며, 선거에 관한 여론조사를 실시한 기관·단체는 조사설계서·피조사자선정·표본추출·질문지작성·결과분석등 조사의 신뢰성과 객관성의 입증에 필요한 자료와 수집된 설문지 및 결과분석자료등 당해 여론조사와 관련있는 자료일체를 당해 선거의 선거일후 6월까지 보관하여야 한다. <신설 1997.11.14>

제109조 (서신·전보등에 의한 선거운동의 금지) ①누구든지 선거기간중 선거권자에게 서신·전보·모사전송 기타 전기통신의 방법을 이용하여 선거운동을 할 수 없다. 다만, 개인용컴퓨터·전화(컴퓨터를 이용한 자동송신장치를 설치한 전화의 경우를 제외한다)에 의하는 경우에는 그러하지 아니하다. <개정 1997.1.13, 1997.11.14>

②제1항 단서의 규정에 의한 전화를 이용한 선거운동은 야간(오후 11시부터 다음 날 오전 6시까지를 말한다)에는 이를 할 수 없다.

③누구든지 선거운동을 위하여 후보자, 선거사무장, 선거연락소장, 선거사무원, 회계책임자, 연설원, 대담·토론자 또는 선거권자등을 전화 기타의 방법으로 협박할 수 없다.

제110조 (후보자등의 비방금지) 누구든지 선거운동을 위하여 후보자(후보자가 되고자 하는 자를 포함한다. 이하 이 조에서 같다), 후보자의 배우자와 직계존·비속이나 형제자매의 출생지·신분·직업·학력등·재산·인격·행위·소속단체등에 관하여 허위의 사실을 공표할 수 없으며, 공연히 사실을 적시하여 사생활을 비방할 수 없다. 다만, 진실한 사실로서 공공의 이익에 관한 때에는 그러하지 아니하다. 〔전문개정 2000.2.16〕

제111조 (의정활동 보고) ①국회의원 또는 지방의회의원은 보고회등 집회·보고서(인쇄물·녹음·녹화물 및 전산자료 복사본을 포함한다)·개인용 컴퓨터 또는 전화(컴퓨터를 이용한 자동송신장치를 설치한 전화의 경우를 제외한다)를 통하여 의정활동(선거구활동 기타 업적의 홍보에 필요한 사항을 포함한다)을 선거구민(행정구역 또는 선거구역의 변경으로 새로 편입된 구역의 선거구민을 포함한다)에게 보고할 수 있다. 다만, 대통령선거·국회의원선거·지방의회의원선거 및 지방자치단체의 장선거의 선거기간개시일부터 선거일까지 직무상의 행위 기타 명목여하를 불문하고 의정활동을 보고할 수 없다.

②국회의원 또는 지방의회의원이 의정보고회를 개최하는 때에는 고지벽보와 의정보고회 장소표지를 첩부·게시할 수 있으며, 고지벽보와 표지에는 보고회명과 개최일시·장소 및 보고사항(후보자가 되고자 하는 자를 선전하는 내용을 제외한다)을 게재할 수 있다. 이 경우 의정보고회를 개최한 국회의원 또는 지방의회의원은 고지벽보와 표지를 의정보고회가 끝난 후 지체없이 철거하여야 한다.

③의정보고회의 고지벽보와 표지의 규격·수량 기타 의정활동보고에 관하여 필요한 사항은 중앙선거관리위원회규칙으로 정한다. 〔전문개정 2000.2.16〕

제112조 (기부행위의 정의 및 제한기간등) ①이 법에서 "기부행위"라 함은 당해 선거구안에 있는 자나 기관·단체·시설 및 선거구민의 모임이나 행사 또는 당해 선거구의 밖에 있더라도 그 선거구민과 연고가 있는 자에 대하여 다음 각호의 1에 해당하는 행위를 하는 것을 말한다.

1. 금전·화환·달력·서적 또는 음식물 기타 이익이 되는 물품의 제공행위
2. 물품이나 시설의 무상대여나 무상양도 또는 채무의 면제·경감행위
3. 입당이나 입당원서를 받아 주는 대가의 제공행위

4. 관광의 편의를 제공하기 위한 경비의 전부 또는 일부의 부담행위

5. 교통시설편의의 제공행위

6. 연설회, 공개장소에서의 연설·대담, 대담·토론회 또는 정당이 개최하는 집회에 참석하는 자나 이들 집회에 청중을 동원해주는 자에 대한 대가의 제공 행위

7. 재산상의 가치가 있는 정보의 제공행위

8. 물품이나 용역을 싼 값 또는 무료로 제공하거나 비싼 값으로 구입하는 행위

9. 종교·사회단체등에 금품의 제공 기타의 재산상의 이익을 제공하는 일체의 행위

10. 기타제1호 내지 제9호에 규정된 외에 그 명칭의 여하를 불문하고 이익을 제공하는 행위

11. 제1호 내지 제10호의 규정에 의한 이익제공의 의사표시를 하거나 그 제공을 약속하는 행위

②제1항의 규정에 불구하고 의례적이거나 직무상의 행위 또는 통상적인 정당활동으로서 다음 각호의 1에 해당하는 행위는 기부행위로 보지 아니한다. <개정 1997.11.14, 1998.4.30, 2002.3.7>

1. 민법제777조(친족의 범위)의 규정에 의한 친족의 관혼상제의식 기타 경조사에 축의·부의금품을 제공하거나 친족외의 자의 관혼상제의식 기타 경조사에 제117조의2 제1항 제2호 단서의 규정에 의한 경조품을 제공하는 행위

2. 장학재단 또는 장학기금이 선거일 2년이전부터 정기적으로 지급하여 온 장학금을 지급하는 행위. 다만, 기부행위제한기간중에 장학금의 금액과 대상·지급방법등을 확대변경하는 행위 또는 후보자(후보자가 되고자 하는 자를 포함한다. 이하 이 호에서 같다)나 그 소속정당의 명의를 밝히거나 후보자나 그 소속정당의 명의를 추정할 수 있는 방법으로 하는 행위를 제외한다.

3. 제140조(창당대회등의 개최와 고지의 제한) 제1항의 규정에 의한 창당대회등과 제141조(당원단합대회의 제한) 제2항의 규정에 의한 당원집회 및 당원교육 기타 소속당원만을 대상으로 하는 당원집회에서 참석당원등에게 정당의 경비로 제공하는 다음 각목의 1에 해당하는 행위(선물이나 기념품을 제외한다)

가. 교재 기타 정당의 홍보인쇄물을 제공하는 행위

나. 싼 값의 정당의 배지나 상징마스코트를 제공하는 행위

다. 제140조 제1항의 규정에 의한 창당대회등에 있어 그 개최장소가 대중교통수단이 없거나 교통이 불편한 장소로서 이동을 위하여 참석당원에게 교통편의를 제공하는 행위

4. 통상적인 범위안에서 다음 각목의 1에 해당하는 자에게 다과·떡·김밥·음료(주류를 제외한다)등 다과류의 음식물(온천장·관광지 또는 유흥시설을 갖춘 장소등에서의 접대를 제외한다)을 제공하는 행위

가. 선거사무소·선거연락소 또는 정당의 구·시·군당연락소이상의 당부의 사무소를 방문하는 자

나. 국회의원 및 지방의회의원의 직무상의 행위로서 개최하는 의정보고회에 참석한 자

다. 제141조 제2항의 규정에 의한 당원집회에 참석한 소속당원

라. 제142조(당직자회의의 제한) 제1항의 규정에 의한 확대당직자회의와 지구당의 대표자가 개최하는 당직자회의(구·시·군당연락소의 부장급이상의 간부와 읍·면·동의 남·여책임자급이상의 간부가 참석하는 회의를 말한다)에 참석한 당직자

5. 통상적인 범위안에서 다음 각목의 1에 해당하는 자에게 식사류의 음식물(온천장·관광지 또는 유흥시설을 갖춘 장소등에서의 접대를 제외한다)을 제공하는 행위

가. 선거운동을 위하여 후보자와 함께 다니는 자. 이 경우 함께 다니는 자의 범위에 관하여는 중앙선거관리위원회규칙으로 정한다.

나. 정당의 지구당대표자(후보자를 제외한다)가 관할구역안의 지역을 방문하는 때에 함께 다니는 자. 이 경우 함께 다니는 자의 범위에 관하여는 중앙선거관리위원회규칙으로 정한다.

다. 제140조 제1항의 규정에 의한 정당의 창당대회등에 참석한 당원과 내빈. 이 경우 주류는 제외한다.

라. 정치자금에관한법률제6조의5(집회 또는 우편·통신에 의한 모금)의 규정에 의하여 후원회가 금품모집을 위한 집회를 개최한 때에 그 집회에 참석하여 금품을 기부한 자. 다만, 선거기간중에는 다과류의 음식물에 한한다.

6. 정당의 중앙당이 제142조 제1항의 규정에 의한 확대당직자회의참석대상자와 유급사무직원을 대상으로 행하는 당원교육에서 정당의 경비로 참석당원에게 통상적인 범위안에서 숙식 또는 실비의 여비나 교통편의를 제공하는 행위

7. 기타 의례적이거나 직무상의 행위 또는 구호적·자선적 행위나 통상적인 정당활동으로서 중앙선거관리위원회규칙으로 정하는 행위

③제2항에서 "통상적인 범위안에서 제공하는 음식물"이라 함은 중앙선거관리위원회규칙으로 정하는 금액범위안에서 일상적인 예를 갖추는데 필요한 정도로 현장에서 소비될 것으로 제공하는 것을 말하며, 기념품 또는 선물로 제공하는 것은 제외한다. <신설 1997.11.14>

④기부행위를 할 수 없는 기간(이하 "기부행위제한기간"이라 한다)은 다음 각호와 같다.

1. 임기만료에 의한 선거에 있어서는 선거일전 180일부터 선거일까지

2. 보궐선거등에 있어서는 그 선거의 실시사유가 확정된 때부터 선거일까지

⑤각급선거관리위원회(투표구선거관리위원회를 제외한다)는 제4항의 기부행위제한기간이 시작되는 때에는 중앙선거관리위원회규칙이 정하는 바에 따라 기부행위제한의 주체·내용 및 기간 기타 필요한 사항을 광고등의 방법으로 홍보하여야 한다. <개정 1997.11.14>

제113조 (후보자등의 기부행위제한) 후보자(후보자가 되고자 하는 자를 포함한다)와 그 배우자는 기부행위제한기간중 당해 선거에 관한 여부를 불문하고 일체의 기부행위를 할 수 없다.

제114조 (정당 및 후보자의 가족등의 기부행위제한) ①정당(창당준비위원회를 포함한다. 이하 이 조에서 같다), 후보자(후보자가 되고자 하는 자를 포함한다. 이하 이 조에서 같다)나 그 배우자의 직계존·비속과 형제자매, 후보자의 직계비속 및 형제자매의 배우자, 선거사무장, 선거연락소장, 선거사무원, 회계실임자, 연설원, 대담·토론자나 후보자 또는 그 가족(가족의 범위는 제10조 제1항 제3호에 규정된 "후보자의 가족"을 준용한다)과 관계있는 회사 기타 법인·단체(이하 "회사등"이라 한다) 또는 그 임·직원은 기부행위제한기간중 선거기간전에는 당해 선거에 관하여, 선거기간에는 당해 선거에 관한 여부를 불문하고 후보자 또는 그 소속정당을 위하여 일체의 기부행위를 할 수 없다. 이 경우

후보자 또는 그 소속정당의 명의를 밝혀 기부행위를 하거나 후보자 또는 그 소속정당의 명의를 추정할 수 있는 방법으로 기부행위를 하는 것은 당해 선거에 관하여 후보자 또는 정당을 위한 기부행위로 본다.

②제1항에서 "후보자 또는 그 가족과 관계있는 회사등"이라 함은 다음 각호의 1에 해당하는 회사등을 말한다.

1. 후보자가 임·직원 또는 구성원으로 있거나 기금을 출연하여 설립하고 운영에 참여하고 있거나 관계법규나 규약에 의하여 의사결정에 실질적으로 영향력을 행사할 수 있는 회사 기타 법인·단체

2. 후보자의 가족이 임원 또는 구성원으로 있거나 기금을 출연하여 설립하고 운영에 참여하고 있거나 관계법규 또는 규약에 의하여 의사결정에 실질적으로 영향력을 행사할 수 있는 회사 기타 법인·단체

3. 후보자가 소속한 정당이나 후보자를 위하여 설립한 정치자금에관한법률에 의한 후원회

제115조 (제삼자의 기부행위제한) 제113조(후보자등의 기부행위제한) 또는 제114조(정당 및 후보자의 가족등의 기부행위제한)에 규정되지 아니한 자라도 누구든지 기부행위제한기간중에 당해 선거에 관하여 후보자(후보자가 되고자 하는 자를 포함한다. 이하 이 조에서 같다) 또는 그 소속정당(창당준비위원회를 포함한다. 이하 이 조에서 같다)을 위하여 기부행위를 하거나 하게 할 수 없다. 이 경우 후보자 또는 그 소속정당의 명의를 밝혀 기부행위를 하거나 후보자 또는 그 소속정당의 명의를 추정할 수 있는 방법으로 기부행위를 하는 것은 당해 선거에 관하여 후보자 또는 정당을 위한 기부행위로 본다.

(이하 생략)

제8장 선거비용(생략)

제9장 선거와관련있는정당활동의규제

제137조 (정강·정책의 신문광고등의 제한) ①선거가 임박한 시기에 있어서 정당이 행하는 정기간행물의등록등에관한법률에 의한 정기간행물(통신을 제외한다. 이하 이 조에서 "일간신문등"이라 한다)에 의한 정강·정책의 홍보, 당원·후보지망자의 모집, 당비모금, 정치자금모금(대통령선거에 한한다) 또는 선거에 있어 당해 정당이나 추천후보자가 사용할 구호·도안·정책 기타 선거에 관한 의견수집을 위한 광고는 다음 각호의 범위안에서 하여야 하며, 그 선거기간중에는 이를 할 수 없다. <개정 1995.12.30, 1997.11.14>

1. 임기만료에 의한 선거

정당의 중앙당이 행하되, 선거일전 120일부터 선거기간개시일전일까지 일간신문등에 총 50회이내

2. 대통령의 궐위로 인한 선거·재선거 〔제197조(선거의 일부무효로 인한 재선거)의 규정에 의한 재선거를 제외한다. 이하 이 항에서 같다〕 및 연기된 선거

정당의 중앙당이 행하되, 그 선거의 실시사유가 확정된 때부터 선거기간개시일전일까지 일간신문등에 총 20회이내

3. 제2호외의 보궐선거·재선거 및 연기된 선거

정당의 중앙당이 행하되, 그 선거의 실시사유가 확정된 때부터 선거기간개시일전일까지 일간신문등에 총 10회이내

②제1항의 규정에 의한 일간신문등의 광고 1회의 규격은 가로 37센티미터 세로 17센티미터이내로 하여야 하며, 후보자가 되고자 하는 자의 사진·성명(성명을 유추할 수 있는 내용을 포함한다) 기타 선거운동에 이르는 내용을 게재할 수 없다.

③제69조(신문광고) 제1항 후단(광고회수를 말한다)·제2항(광고의 색도와 규격을 제외한다)·제4항 내지 제6항·제8항 및 제9항의 규정은 제1항의 규정에 의한 일간신문등의 광고에 이를 준용한다. 이 경우 "후보자"는 "정당"으로 본다. <개정 1997.1.13, 1998.4.30>

제137조의2 (정강·정책의 방송연설의 제한) ①정당이 방송연설[제70조(방송광고) 제1항의 규정에 의한 방송연설을 말한다. 이하 이 조에서 같다]을 이용하여 정강·정책을 알리기 위한 방송연설을 하는 때에는 다음 각호의 범위 안에서 하여야 한다.

1. 임기만료에 의한 선거

정당의 중앙당 대표자 또는 그가 지명한 자가 행하되, 선거일전 60일부터 선거기간개시일전일까지 1회 10분이내에서 텔레비전 및 라디오 방송별 각 6회이내

2. 대통령의 궐위로 인한 선거, 재선거[제197조(선거의 일부무효로 인한 재선거)의 규정에 의한 재선거를 제외한다] 및 연기된 선거 정당의 중앙당 대표자 또는 그가 지명한 자가 행하되, 그 선거의 실시사유가 확정된 때부터 선거기간개시일전일까지 1회 10분이내에서 텔레비전 및 라디오 방송별 각 5회이내

②제1항의 규정에 의하여 텔레비전 방송시설을 이용한 방송연설을 하는 때에는 연설하는 모습외의 다른 내용이 방영되게 하여서는 아니되며, 방송연설을 녹화하여 방송하고자 하는 때에는 당해방송시설을 이용하여야 한다.

③제1항의 규정에 의한 방송연설을 함에 있어서는 선거운동에 이르는 내용의 연설을 하여서는 아니된다.

④제1항의 규정에 의한 방송연설의 비용은 당해정당이 부담하되, 국회에 교섭단체를 구성한 정당이 제82조의2(공영방송주관 텔레비전 대담·토론회) 제1항의 공영방송사를 이용하여 방송연설을 하는 때에는 각 공영방송사마다 텔레비전 및 라디오 방송별로 각 2회의 방송연설의 비용(제작비용을 제외한다)은 당해공영방송사가 이를 부담하여야 한다.

⑤제4항의 규정에 의하여 공영방송사가 비용을 부담하는 방송연설을 하고자 하는 경우 그 방송연설의 일시·시간대 기타 필요한 사항은 당해 공영방송사와 당해정당이 협의하여 정한다.

⑥제70조(방송광고) 제1항 후단·제6항 및 제8항과 제71조 제10항 및 제12항의 규정은 제1항의 규정에 의한 방송연설에 이를 준용한다.

⑦제6항의 규정에 의한 방송연설신고서의 서식 기타 필요한 사항은 중앙선거관리위원회규칙으로 정한다. [본조신설 2000.2.16]

제138조 (정강·정책홍보물의 배부제한등) ①정당이 선거기간중에 후보자를 추천한 선거구의 소속당원에게 배부할 수 있는 정강·정책홍보물은 정당의 중앙당이 제작한 책자형 정강·정책홍보물 1종으로 한다. <개정 1997.11.14>

②제1항의 규정에 의한 정강·정책홍보물을 배부할 수 있는 수량은 후보자를 추천한 선거구의 소속당원에 상당하는 수를 넘지 못한다. <개정 1997.11.14>

③제1항의 규정에 의한 정강·정책홍보물을 제작·배부하는 때에는 그 표지에 "당원용"이라 표시하여야 한다.

④정당이제1항의 정강·정책홍보물을 배부하고자 하는 때에는 배부전까지 중앙선거관리위원회와 배부할 지역을 관할하는 구·시·군선거관리위원회에 각 2부를 제출하여야 한다.

⑤제1항의 규정에 의한 정강·정책홍보물에는 후보자의 기호·성명·사진·학력·학력등 후보자와 관련된 사항을 게재할 수 없다. <신설 2000.2.16>

⑥제66조(소형인쇄물) 제2항의 규정은 정강·정책홍보물의 작성에 이를 준용한다. 이 경우 "소형인쇄물"은 "정강·정책홍보물"로, "지방자치단체의 장선거에 있어서는 8면이내"는 "지역구시·도의원선거 및 지방자치단체의 장선거에 있어서는 8면이내"로 본다. <개정 1995.4.1>

제139조 (정당기관지의 발행·배부제한) ①정당의 중앙당은 선거기간중 기관지를 통상적인 방법외의 방법으로 발행·배부할 수 없다. 다만, 선거기간중 통상적인 주기에 의한 발행회수가 2회미만인 때에는 2회(증보·호외·임시판을 포함하며, 배부되는 지역에 따라 게재내용중 일부를 달리하더라도 동일한 것으로 본다)이내로 한다. 이 경우 정당의 중앙당외의 당부가 발행하거나 연설회장과 공개장소에서의 연설·대담장소 또는 대담·토론회장에서의 배부, 거리에서의 판매·배부, 첩부, 게시, 살포는 통상적인 방법에 의한 배부로 보지 아니한다.

②제1항의 기관지에는 당해정당이 추천한 후보자의 기호·성명·사진·학력·학력등외에 후보자의 홍보에 관한 사항을 게재할 수 없다. <신설 2000.2.16>

③제1항의 기관지를 발행·배부하고자 하는 때에는 발행 즉시 2부를 중앙선거관리위원회에 제출하여야 하며, 정당의 기관지를 배부할 당부는 배부전에 관할구·시·군선거관리위원회에 2부를 제출하여야 한다.

제140조 (창당대회등의 개최와 고지의 제한) ①정당이 선거일전 120일(보궐선거등에 있어서는 그 선거의 실시사유가 확정된 때)부터 선거일까지 창당대회·합당대회·개편대회 및 후보자선출대회(이하 이 조에서 "창당대회등"이라 한다)를 개최하는 때에는 다수인이 왕래하는 공개된 장소가 아닌 장소에서 소속당원만을 대상으로 개최하여야 하되, 사회통념상 인정되는 범위 안에서 당원이 아닌 자를 초청할 수 있다.

②제1항의 창당대회등을 주관하는 당부는 정당법제10조의2(창당집회의 공개) 제2항의 신문공고를 하는 외에 당해 지구당의 창당대회등에 한하여 중앙선거관리위원회규칙이 정하는 바에 따라 100매 이내의 창당대회 등의 고지를 위한 고지벽보를 첩부하고, 창당대회 등의 장소에 2매 이내의 표지를 게시할 수 있다. 이 경우 신문공고·고지벽보·표지에는 후보자(후보자가 되고자 하는 자를 포함한다. 이하 이 항에서 같다)의 사진·성명(성명을 유추할 수 있는 내용을 포함한다) 또는 선전구호 등 후보자를 선전하는 내용을 게재할 수 없다.

③제1항에서 "개편대회"라 함은 정당의 대표자의 변경등 당헌·당규상의 조직개편에 관한 안건을 처리하기 위하여 개최하는 당원총회 또는 그 대의기관의 회의등 집회를 말하고, "후보자선출대회"라 함은 정당의 각급 당부가 이 법에 의한 선거의 당해정당추

천후보자를 선출하기 위하여 정당법제31조(공직선거후보자의 추천)의 규정에 의하여 개최하는 집회를 말한다. <신설 2000.2.16>

④제2항의 규정에 의한 고지벽보와 표지는 당해 집회종료후 지체없이 주최자가 철거하여야 한다.

제141조 (당원집회의 제한<개정 2000.2.16>) ①정당은 선거일전 30일부터 선거일까지 소속당원의 단합·수련 기타 명목여하를 불문하고 선거가 실시중인 선거구안이나 선거구민인 당원을 대상으로 당원연수회등(이하 이 조에서 "당원집회"라 한다)을 개최할 수 없다. 다만, 당무에 관한 연락·지시등을 위하여 일시적으로 이루어지는 당원간의 면접은 당원집회로 보지 아니하나 그 면접시에 식사·다과 또는 음료의 제공이 부가되는 때에는 금지된 당원집회로 본다. <개정 1995.12.30, 2000.2.16>

②정당이 기부행위제한기간개시일부터 선거일전 31일까지 당원집회를 개최하는 때에는 다수인이 왕래하는 장소가 아닌 공개된 장소에서 개최하여야 한다. <개정 1995.12.30, 2000.2.16>

③제2항의 당원집회를 개최하는 때에는 중앙선거관리위원회규칙이 정하는 바에 따라 당원집회 1회에 10매이내의 고지벽보를 작성·첩부할 수 있으며, 그 집회장소에는 이 법에 의한 당원집회임을 표시하는 표지를 첩부 또는 게시하여야 한다. 이 경우 고지벽보와 표지에는 후보자가 되고자 하는 자의 사진·성명(성명을 유추할 수 있는 내용을 포함한다) 또는 선전구호등 후보자가 되고자 하는 자를 선전하는 내용을 게재할 수 없다.

④제3항의 규정에 의한 고지벽보와 표지는 당해집회종료후 지체없이 주최자가 철거하여야 한다. <신설 2000.2.16>

제142조 (당직자회의의 제한) ①정당은 선거기간개시일부터 선거일까지 확대당직자회의(통·리와 자연부락의 남 여책임자급 또는 청년책임자급이상의 간부가 참석하는 회의를 말한다. 이하 이 조에서 같다)를 읍·면·동별로 1회에 한하여 개최할 수 있다. <개정 1995.12.30>

②정당이 제1항의 확대당직자회의를 개최하고자 하는 때에는 개최일전일까지 관할구·시 ·군선거관리위원회에 서면으로 신고하여야 한다.

③삭제 <1997.11.14>

④삭제 <1997.11.14>

⑤제2항의 확대당직자회의의 신고서식과 기타 필요한 사항은 중앙선거관리위원회규칙으로 정한다. <개정 1997.11.14>

제143조 (당원교육의 제한) ①정당은 선거일전 30일부터 선거일까지 소속당원의 훈련·연수 기타 명목여하를 불문하고 선거가 실시중인 선거구안이나 선거구민인 당원을 대상으로 당원교육을 실시할 수 없다. <개정 1995.12.30, 2000.2.16>

②삭제 <1997.11.14>

③정당의 지구당이 기부행위제한기간개시일부터 선거일전 31일까지 당원교육을 하고자 하는 경우에는 지구당(구·시·군당연락소를 포함한다)사무소·학교·공회당 기타 공공기관·단체등 공공시설에서 실시하여야 한다. <신설 1995.12.30, 1997.11.14, 2000.2.16>

제144조 (정당의 당원모집등의 제한) ①정당은 선거기간중 당원을 모집하거나 입당원서를 배부할 수 없다. 다만, 지구당의 창당 또는 개편을 위하여 창당대회·개편대회를 개최하는 경우에는 그 집회일까지는 그러하지 아니하다.

②정당의 지구당은 선거기간중에 5인이내의 유급사무직원을 둘 수 있되, 하나의 국회의원지역구가 2이상의 구·시·군으로 된 경우에는 그 추가되는 구·시·군마다 3인이내의 유급사무직원을 더 둘 수 있다. 이 경우 그 교체는 유급사무직원 정수의 2분의 1을 넘을 수 없다. <개정 1998.4.30>

제145조 (당사게시 선전물등의 제한) ①정당은 선거기간중이라도 구호 기타 정당의 홍보에 필요한 사항과 당해 당부명 및 그 대표자성명을 게재한 간판·현판 또는 현수막을 중앙선거관리위원회규칙이 정하는 바에 따라 당해 당사의 외벽면 또는 옥상에 설치·게시할 수 있다. 이 경우 그 수는 합하여 모두 4개 이내로 한다.

②정당의 중앙당·당지부·지구당 또는 구·시·군당연락소에 설치되는 각 1개의 선거대책기구와 정치자금에관한법률에 의한 후원회의 사무소에는 중앙선거관리위원회규칙이 정하는 바에 따라 각 1개의 간판을 달 수 있다.

제10장 투표(생략)

제11장 개표(생략)

제12장 당선인(생략)

제13장 재선거와 보궐선거(생략)

제14장 동시선거에 관한 특례(생략)

제15장 선거에 관한 쟁송(생략)

제16장 벌칙

제230조 (매수 및 이해유도죄) ①다음 각호의 1에 해당하는 자는 5년이하의 징역 또는 1천만원이하의 벌금에 처한다. <개정 1997.1.13, 1997.11.14, 2000.2.16>

1. 투표를 하게 하거나 하지 아니하게 하거나 당선되거나 되게 하거나 되지 못하게 할 목적으로 선거인(선거인명부작성전에는 그 선거인명부에 오를 자격이 있는 자를 포함한다. 이하 이 장에서 같다) 또는 다른 정당이나 후보자의 선거사무장·선거연락소장·선거사무원 ·회계책임자·연설원〔제79조(공개장소에서의 연설·대담) 제1항의 규정에 의하여 연설·대담을 하는 자와 제81조(단체의 후보자등 초청 대담·토론회) 제1항의 규정에 의하여 대담·토론을 하는 자를 포함한다. 이하 이 장에서 같다〕 또는 참관인(투표참관인·부재자투표참관인과 개표참관인을 말한다. 이하 이 장에서 같다)에게 금전·물품·차마·향응 기타 재산상의 이익이나 공사의 직을 제공하거나 그 제공의 의사를 표시하거나 그 제공을 약속한 자

2. 선거운동에 이용할 목적으로 학교 기타 공공기관·사회단체·종교단체·노동단체 또는 청년단체·부녀단체·노인단체·재향군인단체·씨족단체 기타의 기관·단체·시설에

금전·물품등 재산상의 이익을 제공하거나 그 제공의 의사를 표시하거나 그 제공을 약속한 자

3. 선거운동에 이용할 목적으로 야유회·동창회·친목회·향우회·계모임 기타의 선거구민의 모임이나 행사에 금전·물품·음식물 기타 재산상의 이익을 제공하거나 그 제공의 의사를 표시하거나 그 제공을 약속한 자

4. 제135조(선거사무관계자에 대한 수당과 실비보상) 제3항의 규정에 위반하여 수당·실비 기타 자원봉사에 대한 보상등 명목여하를 불문하고 선거운동과 관련하여 금품 기타 이익의 제공 또는 그 제공의 의사를 표시하거나 그 제공을 약속한 자

5. 제1호 내지 제4호에 규정된 이익이나 직의 제공을 받거나 그 제공의 의사 표시를 승낙한 자

②정당·후보자(후보자가 되고자 하는 자를 포함한다) 및 그 가족·선거사무장·선거연락소장·선거사무원·회계책임자·연설원 또는 제114조(정당 및 후보자의 가족등의 기부행위제한) 제2항의 규정에 의한 후보자 또는 그 가족과 관계 있는 회사등이 제1항 각호의 1에 규정된 행위를 한 때에는 7년이하의 징역 또는 1천500만원이하의 벌금에 처한다.

③제1항 각호의 1 또는 제2항에 규정된 행위에 관하여 지시·권유·요구하거나 알선한 자는 7년이하의 징역 또는 1천500만원이하의 벌금에 처한다.

④당선되거나 되게하거나 되지 못하게 할 목적으로 선거기간중 포장된 선물 또는 돈봉투등 다수의 선거인에게 배부하도록 구분된 형태로 되어 있는 금품을 운반하는 자는 5년이하의 징역 또는 1천만원이하의 벌금에 처한다.

⑤선거관리위원회의 위원·직원 또는 선거사무에 관계있는 공무원이나 경찰공무원(사법경찰관리 및 군사법경찰관리를 포함한다)이 제1항 각호의 1 또는 제2항에 규정된 행위를 하거나 하게 한 때에는 7년이하의 징역에 처한다.

제231조 (재산상의 이익목적의 매수 및 이해유도죄) ①재산상의 이익을 얻거나 얻을 목적으로 정당 또는 후보자(후보자가 되고자 하는 자를 포함한다)를 위하여 선거인·선거사무장 ·선거연락소장·선거사무원·회계책임자·연설원 또는 참관인에 대하여 제230조(매수 및 이해유도죄) 제1항 각호의 1에 규정된 행위를 한 자는 7년이하의 징역 또는 300만원이상 2천만원이하의 벌금에 처한다.

②제1항에 규정된 행위에 관하여 지시·권유·요구하거나 알선한 자는 10년이하의 징역 또는 500만원이상 3천만원이하의 벌금에 처한다.

제232조 (후보자에 대한 매수 및 이해유도죄) ①다음 각호의 1에 해당하는 자는 7년이하의 징역 또는 500만원이상 3천만원이하의 벌금에 처한다.

1. 후보자가 되지 아니하게 하거나 후보자가 된 것을 사퇴하게 할 목적으로 후보자가 되고자 하는 자나 후보자에게제230조(매수 및 이해유도죄) 제1항 제1호에 규정된 행위를 한 자 또는 그 이익이나 직의 제공을 받거나 제공의 의사표시를 승낙한 자

2. 후보자가 되고자 하는 것을 중지하거나 후보자를 사퇴한데 대한 대가를 목적으로 후보자가 되고자 하였던 자나 후보자이었던 자에게 제230조 제1항 제1호에 규정된 행위를 한 자 또는 그 이익이나 직의 제공을 받거나 제공의 의사표시를 승낙한 자

②제1항 각호의 1에 규정된 행위에 관하여 지시·권유·요구하거나 알선한 자는 10년이하의 징역 또는 500만원이상 3천만원이하의 벌금에 처한다.

③선거관리위원회의 위원·직원 또는 선거사무에 관계있는 공무원이나 경찰공무원(사

법경찰관리 및 군사법경찰관리를 포함한다)이 당해 선거에 관하여제 1항 각호의 1 또는 제2항에 규정된 행위를 한 때에는 10년이하의 징역에 처한다.

제233조 (당선인에 대한 매수 및 이해유도죄) ①다음 각호의 1에 해당하는 자는 1년이상 10년이하의 징역에 처한다. <개정 2000.2.16>

1. 당선을 사퇴하게 할 목적으로 당선인에 대하여 금전·물품·차마·향응 기타 재산상의 이익 또는 공사의 직을 제공하거나 그 제공의 의사를 표시하거나 그 제공을 약속한 자
2. 제1호에 규정된 이익 또는 직의 제공을 받거나 그 제공의 의사표시를 승낙한 자

②제1항 각호의 1에 규정된 행위에 관하여 지시·권유·요구하거나 알선한 자는 1년이상 10년이하의 징역에 처한다.

제234조 (당선무효유도죄) 제263조(선거비용의 초과지출로 인한 당선무효) 또는 제265조(선거사무장등의 선거범죄로 인한 당선무효)에 해당되어 후보자의 당선을 무효로 되게 할 목적으로제263조 또는 제265조에 규정된 자를 유도 또는 도발하여 그 자로 하여금 제230조(매수 및 이해유도죄) 내지 제233조(당선인에 대한 매수 및 이해유도죄)·제257조(기부행위의 금지제한등 위반죄) 제1항 또는 제258조(선거비용부정지출등 죄) 제1항에 규정된 행위를 하게 한 자는 1년이상 10년이하의 징역에 처한다.

제235조 (방송·신문등의 불법이용을 위한 매수죄) ①제97조(방송·신문의 불법이용을 위한 행위등의 제한) 제1항·제3항의 규정에 위반한 자는 5년이하의 징역 또는 1천만원이하의 벌금에 처한다.

②제97조 제2항의 규정에 위반한 자는 7년이하의 징역 또는 2천만원이하의 벌금에 처한다.

제236조 (매수와 이해유도죄로 인한 이익의 몰목) 제230조(매수 및 이해유도죄) 내지 제235조(방송·신문등의 불법이용을 위한 매수죄)의 죄를 범한 자가 받은 이익은 이를 몰수한다. 다만, 그 전부 또는 일부를 몰수할 수 없는 때에는 그 액을 추징한다.

제237조 (선거의 자유방해죄) ①선거에 관하여 다음 각호의 1에 해당하는 자는 10년이하의 징역 또는 500만원이상 3천만원이하의 벌금에 처한다.

1. 선거인·후보자·후보자가 되고자 하는 자·선거사무장·선거연락소장·선거사무원·회계책임자·연설원 또는 당선인을 폭행·협박 또는 유인하거나 불법으로 체포·감금하거나 이 법에 의한 선거운동용 물품을 탈취한 자
2. 집회·연설 또는 교통을 방해하거나 위계·사술 기타 부정한 방법으로 선거의 자유를 방해한 자
3. 업무·고용 기타의 관계로 인하여 자기의 보호·지휘·감독하에 있는 자에게 특정 정당이나 후보자를 지지·추천하거나 반대하도록 강요한 자

②검사 또는 경찰공무원(사법경찰관리를 포함한다)이제1항 각호의 1에 규정된 행위를 하거나 하게 한 때에는 1년이상 10년이하의 징역과 5년이하의 자격정지에 처한다.

③이 법에 규정된 연설회장, 연설·대담장소 또는 대담·토론회장에서 위험한 물건을 던지거나 후보자 또는 연설원을 포행한 자는 다음 각호의 구분에 따라 처벌한다.

1. 주모자는 5년이상의 유기징역
2. 다른 사람을 지휘하거나 다른 사람에 앞장서서 행동한 자는 3년이상의 유기징역
3. 부화하여 행동한 자는 7년이하의 징역

④제1항 내지 제3항의 죄를 범한 경우에 그 범행에 사용하기 위하여 지닌 물건은 이를

몰수한다.

제238조 (군인에 의한 선거자유방해죄) 군인(군수사기관소속 군무원을 포함한다) 이 제237조(선거의 자유방해죄) 제1항 각호의 1에 규정된 행위를 하거나, 특정한 후보자를 당선되게 하거나 되지 못하게 하기 위하여 그 영향하에 있는 군인 또는 군무원의 선거권 행사를 폭행·협박 또는 그밖의 방법으로 방해하거나 하게 한 때에는 1년이상 10년이하의 징역과 5년이하의 자격정지에 처한다.

제239조 (직권남용에 의한 선거의 자유방해죄) 선거에 관하여 선거관리위원회의 위원·직원, 선거사무에 종사하는 공무원 또는 선거인명부작성에 관계있는 자나 경찰공무원(사법경찰관리 및 군사법경찰관리를 포함한다)이 직권을 남용하여 다음 각호의 1에 해당하는 행위를 하거나 하게 한 때에는 7년이하의 징역에 처한다.

1. 선거인명부의 열람·공람을 방해하거나 선거인명부의 열람·공람에 관한 직무를 유기한 때

2. 정당한 사유없이 후보자를 미행하거나 그 주택·선거사무소 또는 선거연락소에 승낙없이 들어가거나 퇴거요구에 불응한 때

제240조 (벽보 기타 선전시설등에 대한 방해죄) ①정당한 사유없이 이 법에 의한 벽보·현수막 기타 선전시설의 작성·게시·첩부 또는 설치를 방해하거나 이를 훼손·철거한 자는 2년이하의 징역 또는 400만원이하의 벌금에 처한다.

②선거관리위원회의 위원·직원 또는 선거사무에 관계있는 공무원이나 경찰공무원(사법경찰관리 및 군사법경찰관리를 포함한다)이 제1항에 규정된 행위를 하거나 하게 한 때에는 3년이하의 징역 또는 600만원이하의 벌금에 처한다.

③선거관리위원회의 위원·직원 또는 선거사무에 종사하는 자가 제64조(선전벽보)의 선전벽보·제65조(선거공보)의 선거공보·제66조(소형인쇄물)의 전단형 소형인쇄물이나 책자형 소형인쇄물·제75조(합동연설회)의 고지방송이나 고지벽보 또는 제153조(투표안내문의 발송)의 투표안내문을 부정하게 작성·첩부·발송·방송하거나 정당한 사유없이 이에 관한 직무를 행하지 아니한 때에는 3년이하의 징역 또는 600만원이하의 벌금에 처한다. <개정 1997.11.14>

제241조 (투표의 비밀침해죄) ①제167조(투표의 비밀보장)의 규정에 위반하여 투표의 비밀을 침해하거나 선거일의 투표마감시각 종료 이전에 선거인에 대하여 그 투표하고자 하는 정당이나 후보자 또는 투표한 정당이나 후보자의 표시를 요구한 자와 투표결과를 예상하기 위하여 투표소로부터 300미터이내에서 질문하거나 투표마감시각전에 그 경위와 결과를 공표한 자는 3년이하의 징역 또는 600만원이하의 벌금에 처한다. <개정 1995.12.30, 2000.2.16>

②선거관리위원회의 위원·직원, 선거사무에 관계있는 공무원, 검사, 경찰공무원(사법경찰관리를 포함한다) 또는 군인(군수사기관소속 군무원을 포함한다)이 제1항에 규정된 행위를 하거나 하게 한 때에는 5년이하의 징역에 처한다.

제242조 (투표·개표의 간섭 및 방해죄) ①투표를 방해하기 위하여 이 법에서 규정한 투표에 필요한 신분증명서를 맡기게 하거나 이를 인수한 자 또는 투표소(부재자투표소를 포함한다. 이하 이 장에서 같다)나 개표소에서 정당한 사유 없이 투표나 개표에 간섭한 자 또는 투표소에서 특정 정당이나 후보자에게 투표를 권유하거나 투표를 공개하거나 하게 하는등 투표 또는 개표에 영향을 미치는 행위를 한 자는 3년이하의 징역에 처한

다. <개정 2000.2.16>

②개표소에서 제181조(개표참관)의 규정에 의하여 개표참관인이 설치한 통신설비를 파괴 또는 훼손한 자는 5년이하의 징역에 처한다.

③검사·경찰공무원(사법경찰관리를 포함한다) 또는 군인(군수사기관소속 군무원을 포함한다)이 제1항에 규정된 행위를 하거나 하게 한 때에는 1년이상 10년이하의 징역에 처한다.

제243조 (투표함등에 관한 죄) ①법령에 의하지 아니하고 투표함을 열거나 투표함(빈 투표함을 포함한다)이나 투표함안의 투표지를 취거·파괴·훼손·은닉 또는 탈취한 자는 1년이상 10년이하의 징역에 처한다.

②검사·경찰공무원(사법경찰관리를 포함한다) 또는 군인(군수사기관소속 군무원을 포함한다)이 제1항에 규정된 행위를 하거나 하게 한 때에는 2년이상 10년이하의 징역에 처한다.

제244조 (선거사무관리관계자나 시설등에 대한 폭행·교란죄) 선거관리위원회의 위원·직원 또는 선거사무에 종사하는 자(투표사무원·부재자투표사무원 및 개표사무원을 포함한다)나 참관인을 폭행·협박·유인 또는 불법으로 체포·감금하거나, 폭행이나 협박을 가하여 투표소·개표소 또는 선거관리위원회 사무소를 소요·교란하거나, 투표용지·투표지·투표보조용구·전산조직등 투표와 개표에 관한 설비 또는 선거인명부 기타 선거에 관한 서류나 선거에 관한 인장을 억류·훼손 또는 탈취한 자는 1년이상 10년이하의 징역 또는 500만원이상 3천만원이하의 벌금에 처한다.

제245조 (투표소등에서의 무기휴대죄) ①무기·흉기·폭발물 기타 사람을 살상할 수 있는 물건을 지니고 투표소·개표소 또는 선거관리위원회 사무소에 함부로 들어간 자는 7년이하의 징역에 처한다.

②정당한 사유없이 제1항에 규정된 물건을 지니고 이 법에 규정된 연설회장, 연설·대담장소 또는 대담·토론회장에 들어간 자는 3년이하의 징역 또는 600만원이하의 벌금에 처한다.

③제1항 또는 제2항의 죄를 범한 경우에는 그 지닌 무기등 사람을 살상할 수 있는 물건은 이를 몰수한다.

제246조 (다수인의 선거방해죄) ①다수인이 집합하여 제243조(투표함등에 관한 죄) 내지 제245조(투표소등에서의 무기휴대죄)에 규정된 행위를 한 때에는 다음 각호의 구분에 따라 처벌한다.

1. 주모자는 3년이상의 유기징역
2. 다른 사람을 지휘하거나 다른 사람에 앞장서서 행동한 자는 2년이상 10년이하의 징역
3. 부화하여 행동한 자는 5년이하의 징역

②제243조 내지 제245조에 규정된 행위를 할 목적으로 집합한 다수인이 관계공무원으로부터 3회이상의 해산명령을 받았음에도 불구하고 해산하지 아니한 때에는 그 주도적 행위자는 5년이하의 징역에 처하고, 기타의 자는 1년이하의 징역 또는 200만원이하의 벌금에 처한다.

제247조 (사위등재·허위날인죄) ①사위의 방법으로 선거인명부(부재자신고인명부를 포함한다. 이하 이 조에서 같다)에 오르게 한 자, 허위로 부재자신고를 한 자, 특정한

선거구에서 투표할 목적으로 선거인명부작성기준일전 30일부터 선거인명부작성만료일까지 주민등록에 관한 허위의 신고를 한 자 또는 제157조(투표용지수영 및 기율절차) 제1항의 경우에 있어서 허위의 서명 또는 무인을 한 자는 3년이하의 징역 또는 500만원이하의 벌금에 처한다. <개정 1998.4.30>

②선거관리위원회의 위원·직원, 선거사무에 종사하는 공무원 또는 선거인명부작성에 관계있는 자가 선거인명부에 고의로 선거권자를 기재하지 아니하거나 허위의 사실을 기재하거나 하게 한 때에는 5년이하의 징역 또는 1천만원이하의 벌금에 처한다.

제248조 (사위투표죄) ①성명을 사칭하거나 신분증명서를 위조·변조하여 사용하거나 기타 사위의 방법으로 투표하거나 하게 하거나 또는 투표를 하려고 한 자는 5년이하의 징역 또는 1천만원이하의 벌금에 처한다.

②선거관리위원회의 위원·직원 또는 선거사무에 관계있는 공무원(투표사무원·부재자투표사무원 및 개표사무원을 포함한다)이 제1항에 규정된 행위를 하거나 하게 한 때에는 7년이하의 징역에 처한다.

제249조 (투표위조 또는 증감죄) ①투표를 위조하거나 그 수를 증감한 자는 1년이상 7년이하의 징역에 처한다.

②선거관리위원회의 위원·직원 또는 선거사무에 관계있는 공무원(투표사무원·부재자투표사무원 및 개표사무원을 포함한다)이나 종사원이 제1항에 규정된 행위를 한 때에는 3년이상 10년이하의 징역에 처한다.

제250조 (허위사실공표죄) ①당선되거나 되게 할 목적으로 연설·방송·신문·통신·잡지·벽보·선전문서 기타의 방법으로 후보자(후보자가 되고자 하는 자를 포함한다. 이하 이 조에서 같다)에게 유리하도록 후보자, 그와 배우자 또는 직계존·비속이나 형제자매의 출생지·신분·직업·학력등·재산·인격·행위·소속단체등에 관하여 허위의 사실(초·중등교육법 및 고등교육법에서 인정하는 정규학력외의 학력을 게재하는 경우와 정규학력을 게재하는 때에 졸업 또는 수료 당시의 학교명·수학기간을 기재하지 아니한 경우 및 정규학력에 준하는 외국의 교육과정을 이수한 학력을 게재하는 때에 그 교육과정명, 수학기간, 학위를 취득한 때의 취득학위명을 기재하지 아니한 경우를 포함한다)을 공표하거나 공표하게 한 자와 허위의 사실을 게재한 선전문서를 배포할 목적으로 소지한 자는 5년이하의 징역 또는 3천만원이하의 벌금에 처한다. <개정 1995.12.30, 1997.1.13, 1997.11.14, 1998.4.30, 2000.2.16>

②당선되지 못하게 할 목적으로 연설·방송·신문·통신·잡지·벽보·선전문서 기타의 방법으로 후보자에게 불리하도록 후보자, 그의 배우자 또는 직계존·비속이나 형제자매에 관하여 허위의 사실을 공표하거나 공표하게 한 자와 허위의 사실을 게재한 선전문서를 배포할 목적으로 소지한 자는 7년이하의 징역 또는 500만원이상 3천만원이하의 벌금에 처한다. <개정 1997.1.13>

제251조 (후보자비방죄) 당선되거나 되게 하거나 되지 못하게 할 목적으로 연설·방송·신문·통신·잡지·벽보·선전문서 기타의 방법으로 공연히 사실을 적시하여 후보자(후보자가 되고자 하는 자를 포함한다), 그의 배우자 또는 직계존·비속이나 형제자매를 비방한 자는 3년이하의 징역 또는 500만원이하의 벌금에 처한다. 다만, 진실한 사실로서 공공의 이익에 관한 때에는 처벌하지 아니한다.

제252조 (방송·신문등 부정이용죄) ①제94조(방송·신문등에 의한 광고의 금지)·제95

조(신문·잡지등의 통상방법외의 배부금지) 제1항·제96조(허위논평·보도의 금지)·제98조(선거운동을 위한 방송이용의 제한) 또는 제99조(구내방송등에 의한 선거운동금지)의 규정에 위반한 자는 3년이하의 징역 또는 600만원이하의 벌금에 처한다.

②제71조(후보자등의 방송연설) 제12항〔제72조(방송시설주관 후보자연설의 방송) 제4항, 제73조(학력방송) 제4항, 제74조(방송시설주관학력방송) 제2항, 제81조(단체의 후보자등 초청 대담·토론회) 제8항, 제82조(언론기관의 후보자등 초청 대담·토론회) 제4항 및 제82조의2(공영방송주관 텔레비전 대담·토론회) 제8항, 제137조의2(정강·정책의 방송연설의 제한) 제6항에서 준용하는 경우를 포함한다〕의 규정에 위반한 자는 2년이하의 징역 또는 400만원이하의 벌금에 처한다. <개정 1998.4.30, 2000.2.16>

제253조 (성명등의 허위표시죄) 당선되거나 되게 하거나 되지 못하게 할 목적으로 진실에 반하는 성명·명칭 또는 신분의 표시를 하여 우편이나 전보 또는 전화 기타 전기통신의 방법에 의한 통신을 한 자는 3년이하의 징역 또는 600만원이하의 벌금에 처한다.

제254조 (선거운동기간위반죄) ①선거일에 투표마감시각전까지 선거운동을 한 자는 3년이하의 징역 또는 600만원이하의 벌금에 처한다.

②선거운동기간전에 다음 각호의 1에 해당하는 행위를 한 자는 이 법에 다른 규정이 있는 경우를 제외하고는 2년이하의 징역 또는 400만원이하의 벌금에 처한다.

1. 벽보·현수막·애드벌룬·표지판·선전탑·광고판 기타 명칭의 여하를 불문하고 선전시설물이나 용구 또는 각종 인쇄물을 사용하여 선거운동을 하거나 하게 한 자
2. 방송·신문·통신 또는 잡지 기타 간행물을 이용하여 선거운동을 하거나 하게 한 자
3. 정견발표회·좌담회·토론회·향우회·동창회 또는 반상회 기타의 집회를 개최하여 선거운동을 하거나 하게 한 자
4. 선거운동을 위한 기구를 설치하거나 사조직을 만들어 선거운동을 하거나 하게 한 자
5. 호별방문하여 선거운동을 하거나 하게 한 자

③제2항에 규정된 방법외의 방법으로 선거운동기간전에 선거운동을 하거나 하게 한 자는 1년이하의 징역 또는 200만원이하의 벌금에 처한다.

제255조 (부정선거운동죄) ①다음 각호의 1에 해당하는 자는 3년이하의 징역 또는 600만원이하의 벌금에 처한다. <개정 1995.12.30, 1997.11.14, 1998.4.30, 2000.2.16, 2002.3.7>

1. 제60조(선거운동을 할 수 없는 자) 제1항의 규정에 위반하여 선거운동을 하거나 하게 한 자 또는 같은조 제2항이나제205조(선거운동기구의 설치 및 선거사무관계자의 선임에 관한 특례) 제4항의 규정에 위반하여 선거사무장등으로 되거나 되게 한 자
2. 제61조(선거운동기구의 설치) 제1항의 규정에 위반하여 선거운동기구를 설치하거나 이를 설치하여 선거운동을 한 자
3. 제62조(선거사무관계자의 선임) 제1항 또는 제2항의 규정에 위반하여 선거사무장·선거연락소장이나 선거사무원을 선임한 자
4. 제75조(합동연설회) 제8항의 규정에 위반하여 정당·후보자등에 의한 연설회를 개최한 자
5. 제77조(정당·후보자등에 의한 연설회) 제1항·제2항·제4항(개최시간에 한한다)·제6항 또는 제8항의 규정에 위반하여 정당·후보자등에 의한 연설회를 개최한 자

6. 제80조(연설금지장소)의 규정에 위반하여 선거운동을 위한 연설회를 개최하거나 연설 · 대담을 한 자

7. 제81조(단체의 후보자등 초청 대담·토론회) 제1항의 규정에 위반하여 후보자등 초청 대담·토론회를 개최한 자

8. 제81조 제7항[제82조(언론기관의 후보자등 초청 대담·토론회) 제4항 및 제82조의2(공영방송주관 텔레비전 대담·토론회) 제8항에서 준용하는 경우를 포함한다]의 규정에 위반하여 대담·토론회를 개최한 자

9. 제85조(지위를 이용한 선거운동금지) 제2항 또는 제3항의 규정에 위반한 행위를 하거나 하게 한 자

10. 제86조(공무원등의 선거에 영향을 미치는 행위금지) 제1항 제1호 내지 제4호·제2항 및 제3항의 규정에 위반한 행위를 하거나 하게 한 자 또는 같은 조 제4항의 규정에 위반한 행위를 한 자

11. 제87조(단체의 선거운동금지)의 규정에 위반하여 특정 정당이나 후보자를 지지·반대하거나 지지·반대할 것을 권유하는 행위를 하거나 하게 한 자

12. 제88조(타후보자를 위한 선거운동금지)본문의 규정에 위반하여 다른 정당이나 후보자를 위한 선거운동을 한 자

13. 제89조(유사기관의 설치금지) 제1항 본문의 규정에 위반하여 유사기관을 설립·설치하거나 기존의 기관·단체·조직 또는 시설을 이용한 자

14. 제89조의2(사조직등을 이용한 선거운동의 금지) 제1항의 규정에 위반하여 사조직 기타 단체를 설립·설치한 자, 같은조 제2항의 규정에 위반하여 금품·향응 기타의 이익을 제공하거나 이를 요구하거나 받은 자 또는 당해 단체나 조직 또는 그 대표의 명의로 선거운동을 하거나 하게 한 자

15. 제92조(영화등을 이용한 선거운동금지)의 규정에 위반하여 저술·연예·연극·영화나 사진을 배부·공연·상연·상영 또는 게시하거나 하게 한 자

16. 제105조(행렬등의 금지) 제1항의 규정에 위반하여 무리를 지어 거리를 행진하거나 연달아 소리지르는 행위를 하거나 하게 한 자, 같은조 제2항의 규정에 위반하여 모양과 색상이 동일한 모자나 옷을 착용하거나 기타 표지물을 휴대하여 선거운동을 하거나 하게 한 자

17. 제106조(호별방문의 제한) 제1항 또는 제3항의 규정에 위반하여 호별로 방문하거나 하게 한 자

18. 제107조(서명·날인운동의 금지)의 규정에 위반하여 서명이나 날인을 받거나 받게 한 자

19. 제109조(서신·전보등에 의한 선거운동의 금지) 제1항 본문 또는 제2항의 규정에 위반하여 서신·전보·모사전송·전화 기타 전기통신의 방법을 이용하여 선거운동을 하거나 하게 한 자나 같은조 제3항의 규정에 위반하여 협박하거나 하게 한 자

②다음 각호의 1에 해당하는 자는 2년이하의 징역 또는 400만원이하의 벌금에 처한다. <개정 1995.12.30, 1998.4.30, 2002.3.7>

1. 제64조(선전벽보) 제1항·제8항, 제65조(선거공보) 제1항, 제66조(소형인쇄물) 제1항 내지 제3항 · 제5항 또는 제7항의 규정에 위반하여 선전벽보·선거공보나 소형인쇄물을 선거운동을 위하여 작성·사용하거나 하게 한 자

2. 삭제 <2000.2.16>

3. 제77조 제12항의 규정에 위반하여 검인을 받음이 없이 고지벽보를 작성·사용하거나 하게 한 자

4. 제91조(확성장치와 자동차등의 사용제한) 제1항·제3항 또는 제216조(4개 이상 선거의 동시실시에 관한 특례) 제1항의 규정에 위반하여 확성장치나 자동차를 사용하여 선거운동을 하거나 하게 한 자 또는 제91조 제2항 본문의 규정에 위반하여 확성장치를 사용하거나 하게 한 자

5. 제93조(탈법방법에 의한 문서·도화의 배부·게시등 금지) 제1항의 규정에 위반하여 문서·도화등을 배부·첩부·살포·게시·상영하거나 하게 한 자, 같은 조 제2항의 규정에 위반하여 광고 또는 출연을 하거나 하게 한 자 또는 제3항의 규정에 위반하여 신분증명서·문서 기타 인쇄물을 발급·배부 또는 징구하거나 하게 한 자

6. 제100조(녹음기의 사용금지)의 규정에 위반하여 녹음기 또는 녹화기를 사용하여 선거운동을 하거나 하게 한 자

7. 삭제 <1995.12.30>

8. 제271조의2(선거에 관한 광고의 제한) 제1항의 규정에 의한 광고중지요청에 불응하여 광고를 하거나 광고게재를 의뢰한 자

③제85조 제1항의 규정에 위반하여 선거운동을 하거나 하게 한 자는 5년이하의 징역에 처한다.

제256조 (각종제한규정위반죄) ①제103조(각종집회등의 제한) 제1항의 규정에 위반하여 모임을 개최하거나 하게 한 자는 3년이하의 징역 또는 600만원이하의 벌금에 처한다. <신설 2000.2.16, 2002.3.7>

②다음 각호의 1에 해당하는 자는 2년이하의 징역 또는 400만원이하의 벌금에 처한다. <개정 1995.4.1, 1995.12.30, 1997.11.14, 1998.4.30, 2002.3.7>

1. 선거운동과 관련하여 다음 각목의 1에 해당하는 자

가. 제67조의 규정에 위반하여 현수막을 게시한 자

나. 제77조(정당·후보자등에 의한 연설회) 제10항 후단의 규정에 위반하여 연예등의 행위를 하거나 하게 한 자 또는 같은조 제11항의 규정에 위반하여 표지 또는 선전물을 설치·게시하거나 개최장소밖에 확성기, 녹음·녹화기를 설치하거나 애드벌룬 수를 넘어 사용하거나 하게 한 자

다. 제79조(공개장소에서의 연설·대담) 제10항의 규정에 의한 정당 또는 후보자를 홍보하는 내용이외의 음악을 방송하거나 소속정당의 정강·정책, 후보자의 경력·정견·활동상황이외의 내용을 방송 또는 방영한 자

라. 제84조(무소속후보자등의 정당표방금지)의 규정에 위반하여 특정 정당으로부터의 지지 또는 추천받음을 표방한 자

마. 제82조의3(컴퓨터통신을 이용한 선거운동) 제5항의 규정에 위반하여 각급선거관리위원회의 요청을 이행하지 아니한 자

바. 제86조(공무원등의 선거에 영향을 미치는 행위금지) 제1항 제5호 내지 제7호의 규정에 위반한 행위를 하거나 하게 한 자

사. 제89조(유사기관의 설치금지) 제2항의 규정에 위반하여 선거에 영향을 미치는 행위 또는 선전행위를 하거나 하게 한 자

아. 제90조(시설물설치등의 금지)의 규정에 위반하여 선전물을 설치·진열·게시·배부하거나 하게 한 자 또는 상징물을 제작·판매하거나 하게 한 자

자. 제101조(타연설회등의 금지)의 규정에 위반하여 타연설회등을 개최하거나 하게 한 자

차. 제102조(야간연설등의 제한)의 규정에 위반하여 야간에 연설회, 연설·대담 또는 대담 ·토론회를 개최한 자

카. 제103조(각종집회등의 제한) 제2항 또는 제3항의 규정에 위반하여 각종집회등을 개최하거나 하게 한 자

타. 제104조(연설회장에서의 소란행위등의 금지)의 규정에 위반하여 연설회장등에서 질서를 문란하게 하거나 횃불을 사용하거나 하게 한 자

파. 제108조(여론조사의 결과공표금지등) 제1항의 규정에 위반하여 여론조사의 경위와 그 결과를 공표 또는 인용하여 보도하거나 하게 한 자 또는 같은조 제2항의 규정에 위반하여 여론조사를 하거나 하게 한 자, 같은조 제3항의 규정에 위반하여 여론조사를 하거나 하게 한 자, 같은조 제4항의 규정에 위반하여 여론조사의 결과를 공표 또는 보도하거나 하게 한 자와 여론조사와 관련있는 자료일체를 당해 선거의 선거일후 6월까지 보관하지 아니한 자

하. 제111조(의정활동 보고) 제1항 단서의 규정에 위반하여 선거기간개시일부터 선거일까지 의정활동을 보고한 자

2. 선거질서와 관련하여 다음 각목의 1에 해당하는 자

가. 제39조(명부작성의 감독등) 제8항의 규정에 위반하여 선거인명부작성사무를 방해하거나 영향을 주는 행위를 한 자

나. 제46조(명부 사본의 교부) 제4항의 규정에 위반하여 교부받은 선거인명부 또는 부재자신고인명부의 사본이나 전산자료복사본을 다른 사람에게 양도·대여 또는 재산상의 이익 기타 영리를 목적으로 사용하거나 하게한 자

다. 제76조(합동연설회장의 질서유지) 제2항의 질서문란행위에 대한 제지명령에 불응한 자

라. 제161조(투표참관) 제7항[제162조(부재자투표참관) 제4항 및 제181조(개표참관) 제11항에서 준용하는 경우를 포함한다]의 규정에 위반하여 참관인이 되거나 되게 한 자

마. 제163조(투표소등의 출입제한) 제1항·제4항의 규정에 위반하여 투표소에 들어간 자 또는 같은조 제2항 내지 제4항의 규정에 위반하여 표지를 하지 아니하거나 표지외의 표시물을 달거나 붙이거나 표지를 양도·양여하거나 하게 한 자

바. 제166조(투표소내외에서의 소란언동금지등) 제1항 본문·제5항의 명령에 불응한 자 또는 같은조 제3항·제5항의 규정에 위반한 표지를 하거나 하게 한 자

사. 제183조(개표소의 출입제한과 질서유지) 제1항의 규정에 위반하여 개표소에 들어간 자 또는 같은조 제2항의 규정에 위반하여 표지를 하지 아니하거나 표지외의 표시물을 달거나 붙이거나 표지를 양도·양여하거나 하게 한 자

3. 다음 각목의 1에 해당하는 통보를 받고 지체없이 이를 이행하지 아니한 자

가. 제8조의2(선거방송심의위원회) 제5항 및 제6항 [제8조의3(선거기사심의위원회) 제6항에서 준용하는 경우를 포함한다]의 규정에 의한 제재조치등

나. 제8조의3제3항의 규정에 의한 사과문 또는 정정보도문의 게재

다. 제8조의4(선거보도에 대한 반론보도청구) 제3항의 규정에 의한 반론보도의 결정

③정당이 다음 각호의 1에 해당하는 행위를 한 때에는 당해당부에 대하여는 1천만원이하의 벌금에 처하고, 당해당부의 간부 또는 당원으로서 위반행위를 하거나 하게 한 자는 2년이하의 징역 또는 400만원이하의 벌금에 처한다. <개정 2000.2.16>

1. 제137조(정강·정책의 신문광고등의 제한)의 규정에 위반하여 일간신문등에 광고를 한 자

2. 제137조의2(정강·정책의 방송연설의 제한) 제1항 내지 제3항의 규정에 위반하여 정강·정책의 방송연설을 한 자

3. 제138조(정강·정책홍보물의 배부제한등)의 규정(제4항을 제외한다)에 위반하여 정강·정책홍보물을 제작·배부한 자

4. 제139조(정당기관지의 발행·배부제한)의 규정(제3항을 제외한다)에 위반하여 정당기관지를 발행·배부한 자

5. 제140조(창당대회등의 개최와 고지의 제한) 제1항 및 제2항의 규정에 위반하여 창당대회등을 개최한 자

6. 제141조(당원집회의 제한)의 규정(제2항 및 제4항을 제외한다)에 위반하여 당원집회를 개최한 자

7. 제142조(당직자회의의 제한) 제1항의 규정에 위반하여 당직자회의를 개최한 자

8. 제143조(당원교육의 제한) 제1항의 규정에 위반하여 당원교육을 실시한 자

9. 제144조(정당의 당원모집등의 제한) 제1항의 규정에 위반하여 당원을 모집하거나 입당원서의 배부를 하거나 동조 제2항의 규정에 위반하여 유급사무직원을 둔 자

④다음 각호의 1에 해당하는 자는 1년이하의 징역 또는 200만원이하의 벌금에 처한다. <개정 1995.12.30, 1997.1.13, 1997.11.14, 1998.4.30, 2000.2.16>

1. 제48조(선거권자의 후보자추천) 제3항의 규정에 위반하여 검인받지 아니한 추천장에 의하여 선거권자의 추천을 받거나 받게 한 자 또는 선거운동을 위하여 추천선거권자수의 상한수를 넘어 선거권자의 추천을 받거나 받게 한 자

2. 제61조(선거운동기구의 설치) 제5항의 규정에 위반하여 선거사무소나 선거연락소를 설치한 자

3. 제62조(선거사무관계자의 선임) 제5항 본문의 규정에 위반하여 선거사무장·선거연락소장 또는 선거사무원을 선임한 자 또는 동조 제6항의 규정에 위반하여 선거운동을 하는 자를 모집한 자

4. 제63조(선거운동기구 및 선거사무관계자의 신고) 제1항 후단의 규정에 위반하여 선거사무원수의 2배수를 넘어 두거나 두게 한 자

5. 제64조(선전벽보) 제7항, 제65조(선거공보) 제5항(제64조 제7항을 준용하는 경우를 말한다) 또는 제66조(소형인쇄물) 제9항(제64조 제7항을 준용하는 경우를 말한다)의 규정에 위반하여 선전벽보·선거공보나 소형인쇄물의 수량을 넘게 인쇄하여 제공한 자

6. 제69조(신문광고) 제1항과 제2항의 규격과 회수에 관한 규정을 위반하지 아니하였으나 같은조 제4항 내지 제6항의 규정에 위반하여 광고를 하거나 하게 한 자

7. 제78조(공공시설등의 무료이용) 제2항의 규정에 위반하여 장소의 사용을 허가하지

아니 한 자

8. 제79조(공개장소에서의 연설·대담) 제1항·제3항 내지 제5항, 제6항(표지를 부착하지 아니한 경우를 제외한다), 제7항 내지 제9항(신분증명서를 달지 아니한 경우를 제외한다) 또는 제11항의 규정에 위반하여 공개장소에서의 연설·대담을 한 자

9. 제81조(단체의 후보자등 초청 대담·토론회) 제3항 또는 제4항의 규정에 위반하여 대담·토론회의 개최신고를 하지 아니하거나 표지를 게시 또는 첩부하지 아니한 자

10. 제117조의2(축의·부의금품등의 상시제한) 제1항 제1호·제2호 본문 또는 제2항의 규정에 위반하여 금품 기타 이익 또는 축의·부의금품을 제공하거나 그 제공을 약속·지시·권유·알선 또는 요구한 자

11. 제118조(선거일후 답례금지)의 규정에 위반한 자

12. 제272조의2(선거범죄의 조사등) 제3항의 규정에 위반하여 출입을 방해하거나 자료제출요구에 응하지 아니한 자 또는 허위의 자료를 제출한 자

⑤제117조의2(축의·부의금품등의 상시제한) 제1항 제2호 단서·제2항의 규정에 위반하여 경조품을 제공하거나 그 제공을 약속·지시·권유·알선·요구한 자 또는 같은 조 제1항 제3호의 규정에 위반하여 결혼식의 주례행위를 한 자는 50만원이하의 벌금에 처한다. <신설 1998.4.30>

제257조 (기부행위의 금지제한등 위반죄) ①다음 각호의 1에 해당하는 자는 5년이하의 징역 또는 1천만원이하의 벌금에 처한다. <개정 1996.2.6, 1997.1.13, 1997.11.14, 2000.2.16>

1. 제113조(후보자등의 기부행위제한)·제114조(정당 및 후보자의 가족등의 기부행위제한) 제1항 또는 제115조(제삼자의 기부행위제한)의 규정에 위반한 자

2. 제81조(단체의 후보자등 초청 대담·토론회) 제6항[제82조(언론기관의 후보자등 초청 대담·토론회) 제4항 및 제82조의2(공영방송주관 텔레비전 대담·토론회) 제8항에서 준용하는 경우를 포함한다]의 규정을 위반한 자

②제81조 제6항·제82조 제4항·제113조·제114조 제1항 또는 제115조에서 규정하고 있는 정당(창당준비위원회를 포함한다), 후보자(후보자가 되고자 하는 자를 포함한다. 이하 이 조에서 같다), 후보자의 배우자, 후보자나 그 배우자의 직계존·비속 또는 형제자매와 그 배우자, 선거사무장, 선거연락소장, 선거사무원, 회계책임자, 연설원,대담·토론자, 후보자 또는 그 가족과 관계있는 회사등이나 그 임·직원과 제삼자[(제116조(기부의 권유·요구등의 금지)에 규정된 행위의 상대방을 말한다)]에게 기부를 지시·권유·알선·요구하거나 그로부터 기부를 받은 자는 3년이하의 징역 또는 500만원이하의 벌금에 처한다. <개정 1997.1.13, 2000.2.16>

③제117조(기부받는 행위등의 금지)의 규정에 위반한 자는 3년이하의 징역 또는 500만원이하의 벌금에 처한다. <신설 1995.5.10>

④제1항 내지 제3항의 죄를 범한 자가 받은 이익은 이를 몰수한다. 다만, 그 전부 또는 일부를 몰수할 수 없을 때에는 그 가액을 추징한다. <신설 1995.5.10>

제258조 (선거비용부정지출등 죄) ①다음 각호의 1에 해당하는 때에는 5년이하의 징역 또는 2천만원이하의 벌금에 처한다.

1. 정당·후보자·선거사무장·선거연락소장·회계책임자 또는 회계사무보조자가 제122조(선거비용제한액등의 공고)의 규정에 의하여 공고한 선거비용제한액의 200분의 1

이상을 초과하여 선거비용을 지출한 때

2. 회계책임자가 정당한 사유없이제132조(수인과 지출보고서) 제1항의 수입과 지출보고서를 당해 선거관리위원회에 제출하지 아니하거나 허위로 제출한 때

②다음 각호의 1에 해당하는 자는 2년이하의 징역 또는 400만원이하의 벌금에 처한다. <개정 1997.11.14, 2000.2.16>

1. 제124조(회계책임자의 직무개시)·제127조(선거비용의 수입·지출) 내지 제129조(회계장부의 비치·기재) 제1항 내지 제3항, 제130조(영수증 기타 증빙서류), 제135조(선거사무관계자에 대한 수당과 실비보상) 제4항 또는 제136조(회계장부 기타 서류의 보존) 제1항의 규정에 위반한 자

2. 제130조(영수증 기타 증빙서류)의 규정에 의한 영수증 기타 증빙서류를 허위기재·위조·변조하거나 하게 한 자

3. 정당·후보자·회계책임자 또는 선거비용에서 지출하는 비용을 지급받거나 받을 권리가 있는 자 기타 관계인이제134조(자료제출요구등) 제2항의 규정에 위반한 자

제259조 (선거범죄선동죄) 연설·벽보·신문 기타 어떠한 방법으로든지 제230조(매수 및 이해유도죄) 내지 제235조(방송·신문등의 불법이용을 위한 매수죄)·제237조(선거의 자유방해죄)의 죄를 범할 것을 선동한 자는 3년이하의 징역 또는 600만원이하의 벌금에 처한다.

제260조 (양벌규정) 회사[제114조(정당 및 후보자의 가족등의 기부행위제한)의 회사등을 말한다. 이하 이 조에서 같다]의 임원이나 구성원이 그 업무에 관하여 이 장에서 규정된 죄를 범한 때에는 당해 회사등이 한 것으로 보아, 그 행위자를 해당 각 조의 형에 처하는 외에 당해 회사등에 대하여도 해당 각 조의 벌금형에 처한다.

제261조 (과태료의 부과·징수등) ①제70조(방송광고) 제3항·제71조(후보자등의 방송연설) 제10항·제72조(방송시설주관 후보자연설의 방송) 제3항[제74조(방송시설주관 경력방송) 제2항에서 준용하는 경우를 포함한다]·제73조(경력방송) 제1항(관할선거구선거관리위원회가 제공하는 내용에 한한다)·제2항 또는 제275조(선거운동의 제한·중지)의 규정에 위반한 자는 300만원이하의 과태료에 처한다. <개정 1998.4.30, 2000.2.16>

②다음 각호의 1에 해당하는 행위를 한 자는 이 법에 다른 규정이 있는 경우를 제외하고는 200만원이하의 과태료에 처한다. <개정 1995.4.1, 1998.4.30, 2000.2.16>

1. 선거에 관하여 이 법이 규정하는 신고·제출의 의무를 해태한 자

2. 다음 각목의 1에 해당하는 자

가. 제205조(선거운동기구의 설치 및 선거사무관계자의 선임에 관한 특례) 제3항의 규정에 위반하여 그 분담내역을 선거사무소·선거연락소의 설치신고서에 명시하지 아니한 자

나. 제205조 제3항의 규정에 위반하여 그 분담내역을 선거사무장·선거연락소장·선거사무원의 선임신고서에 명시하지 아니한 자

다. 제207조(책자형 소형인쇄물에 관한 특례) 제3항 후단의 규정을 위반하여 그 분담내역을 소형인쇄물을 제출하는 때에 서면으로 신고하지 아니한 자

라. 제69조(신문광고) 제3항 후단의 규정에 위반하여 그 분담내역을 광고계약서에 명시하지 아니한 자

마. 제77조(정당·후보자등에 의한 연설회) 제4항의 규정에 위반하여 그 분담내역을

정당 ·후보자등에 의한 연증회의 개최신고서에 명시하지 아니한 자 또는 같은조 제13항의 규정을 위반하여 고지벽보를 철거하지 아니한 자

바. 제79조(공개장소에서의 연설·대담) 제9항의 규정에 위반하여 신분증명서를 달지 않은 자

3. 제123조(회계책임자의 선임등) 제1항·제2항·제4항 내지 제6항 또는 제125조(회계책임자의 선임·신고전의 회계사무담당) 제2항 및 제132조(수입과 지출보고서) 제2항의 규정에 위반한 자

4. 제152조(투표용지모형등의 공고) 제1항의 규정에 의하여 첩부한 투표용지모형을 훼손·오손한 자

5. 제271조(불법시설물등에 대한 조치 및 대집행) 제1항의 규정에 의한 대집행을 한 것으로서 사안이 경미한 행위를 한 자. 이 경우 과태료를 부과하지 아니한 때에는 관할 수사기관에 고발 또는 수사의뢰등을 하여야 한다.

6. 제276조(선거일후 선전물등의 철거)의 규정에 위반하여 선전물등을 철거하지 아니한 자

③다음 각호의 1에 해당하는 행위를 한 자는 100만원이하의 과태료에 처한다. <개정 2000.2.16, 2002.3.7>

1. 제161조(투표참관) 제3항 단서·제162조(부재자투표참관) 제3항 또는 제181조(개표참관) 제3항의 규정에 의하여 선거관리위원회가 선정한 참관인이 정당한 사유없이 참관을 거부하거나 해태한 자

2. 다음 각목의 1에 해당하는 자

가. 제61조(선거운동기구의 설치) 제6항의 규정에 위반하여 선거사무소나 선거연락소에 간판·현판·현수막을 설치·게시하거나 하게 한 자

나. 제63조(선거운동기구 및 선거사무관계자의 신고) 제2항의 규정에 위반하여 신분증명서를 패용하지 아니하고 선거운동을 하거나 하게 한 자

다. 제68조 제2항의 규정에 위반하여 어깨띠를 선거운동을 위하여 사용하거나 하게 한 자

라. 제79조(공개장소에서의 연설·대담) 제6항의 규정에 위반하여 자동차와 확성장치에 표지를 부착하지 아니하고 연설·대담을 한 자

마. 제91조(확성장치와 자동차등의 사용제한) 제4항의 규정에 위반하여 표지를 부착하지 아니하고 자동차 또는 선박을 운행한 자

3. 제111조(의정활동 보고) 제2항의 규정에 위반하여 고지벽보와 표지를 게시하거나, 의정보고회가 끝난 후 지체없이 고지벽보와 표지를 철거하지 아니한 자

4. 다음 각목의 1에 해당하는 자

가. 제138조(정강·정책홍보물의 배부·제한등) 제4항의 규정에 위반하여 정강·정책홍보물을 제출하지 아니한 자

나. 제139조(정당기관지의 발행·배부제한) 제3항의 규정에 위반하여 기관지를 제출하지 아니한 자

다. 제140조(창당대회등의 개최와 고지의 제한) 제4항의 규정에 위반하여 창당대회등의 고지벽보와 표지를 지체없이 철거하지 아니한 자

라. 제141조(당원집회의 제한) 제2항의 규정에 위반하여 다수인이 왕래하는 장소

또는 공개된 장소가 아닌 장소에서 개최하거나 동조 제4항의 규정에 위반하여 당원 집회의 고지벽보와 표지를 지체없이 철거하지 아니한 자

마. 제142조(당직자회의의 제한) 제2항의 규정에 위반하여 확대당직자회의의 개최 신고를 지체하거나 신고하지 아니하고 개최한 자

바. 제143조(당원교육의 제한) 제3항에 규정된 장소가 아닌 장소에서 당원교육을 실시한 자

사. 제145조(당사게시 선전물등의 제한)의 규정에 위반하여 당사에 선전물등을 설치·게시한 자

5. 제8조의3제4항의 규정에 위반하여 정당한 사유없이 정기간행물을 제출하지 아니한 자

6. 제272조의2제4항의 규정에 의한 출석요구에 정당한 사유없이 응하지 아니한 자

④제1항 내지 제3항의 규정에 의한 과태료는 중앙선거관리위원회규칙이 정하는 바에 의하여 당해 선거관리위원회(이하 이 조에서 "부과권자"라 한다)가 과태료처분대상자가 정당·후보자 및 그 가족·선거사무장·선거연락소장·선거사무원·회계책임자 또는 연설원인 때에는 당해 후보자의 기탁금중에서 공제하여 국가 또는 지방자치단체에 납입하고, 기타의 자인 경우에는 그 위반자에게 부과하며, 납부기한까지 납부하지 아니한 때에는 관할세무서장에게 위탁하고 관할세무서장이 국세체납처분의 예에 따라 이를 징수하여 국가 또는 지방자치단체에 납입하여야 한다.

⑤제4항의 규정에 의한 과태료처분에 불복이 있는 자는 그 처분의 고지를 받은 날부터 20일이내에 부과권자에게 이의를 제기할 수 있다.

⑥제4항의 규정에 의하여 과태료처분을 받은 자가 제5항의 규정에 의한 이의를 제기한 때에는 부과권자는 지체없이 관할법원에 그 사실을 통보하여야 하며, 그 통보를 받은 관할법원은 업송사건절차법에 의한 과태료의 재판을 한다.

⑦제5항 또는 제6항의 규정에 의한 이의제기 또는 재판의 진행은 과태료처분의 효력이나 그 집행 또는 절차의 속행에 영향을 주지 아니한다.

제262조 (자수자에 대한 특례) ①제230조(매수 및 이해유도죄) 제1항·제231조(재산상의 이익목적의 매수 및 이해유도죄) 제1항 및 제257조(기부행위의 금지제한등 위반죄) 제2항의 규정에 위반한 자중 금전·물품 기타 이익등을 받거나 받기로 승낙한 자(후보자와 그 가족·선거사무장·선거연락소장·선거사무원·회계책임자·연설원·참관인·정당의 간부 또는 사위의 방법으로 이익등을 받거나 받기로 승낙한 자를 제외한다)가 자수한 때에는 그 형을 감경 또는 면제한다. <개정 1995.4.1, 2000.2.16>

②제1항에 규정된 자가 각급선거관리위원회(투표구선거관리위원회를 제외한다)에 자신의 선거범죄사실을 신고하여 선거관리위원회가 관계수사기관에 이를 통보한 때에는 선거관리위원회에 신고한 때를 자수한 때로 본다. <신설 2000.2.16>

제17장 보칙

제263조 (선거비용의 초과지출로 인한 당선무효) 제122조(선거비용제한액등의 공고)의 규정에 의하여 공고된 선거비용제한액의 200분의 1이상을 초과지출한 이유로 선거사무장 또는 선거사무소의 회계책임자가 징역형의 선고를 받은 때에는 그 후보자의 당선

은 무효로 한다. 다만, 다른 사람의 유도 또는 도발에 의하여 당해 후보자의 당선을 무효로 되게 하기 위하여 지출한 때에는 그러하지 아니하다.

제264조 (당선인의 선거범죄로 인한 당선무효) 당선인이 당해 선거에 있어 이 법에 규정된 죄를 범함으로 인하여 징역 또는 100만원이상의 벌금형의 선고를 받은 때에는 그 당선은 무효로 한다.

제265조 (선거사무장등의 선거범죄로 인한 당선무효) 선거사무장·선거사무소의 회계책임자 또는 후보자의 직계존·비속 및 배우자가 당해 선거에 있어서제230조(매수 및 이해유도죄) 내지 제234조(당선무효유도죄) 또는 제257조(기부행위의 금지제한등 위반죄) 제1항중 기부행위를 한 죄를 범함으로 인하여 징역형의 선고를 받은 때에는 그 후보자(대통령후보자, 비례대표국회의원후보자 및 비례대표시·도의원후보자를 제외한다)의 당선은 무효로 한다. 다만, 다른 사람의 유도 또는 도발에 의하여 당해 후보자의 당선을 무효로 되게 하기 위하여 죄를 범한 때에는 그러하지 아니하다. <개정 1995.5.10, 2000.2.16>

제266조 (선거범죄로 인한 공무담임등의 제한) ①다른 법률의 규정에 불구하고제230조(매수 및 이해유도죄) 내지 제234조(당선무효유도죄)·제237조(선거의 자유방해죄) 내지 제255조(부정선거운동죄)·제256조(각종제한규정위반죄) 제1항 및 제2항·제257조(기부행위의 금지제한등 위반죄) 내지 제259조(선거범죄선동죄)의 죄를 범함으로 인하여 징역형의 선고를 받은 자는 그 집행을 받지 아니하기로 확정된 후 또는 그 형의 집행이 종료되거나 면제된 후 10년간, 형의 집행유예의 선고를 받은 자는 그 형이 확정된 후 10년간, 100만원이상의 벌금형의 선고를 받은 자는 그 형이 확정된 후 5년간 각 다음 각호의 1에 해당하는 직에 취임하거나 임용될 수 없다. <개정 1997.11.14, 2000.2.16>

1. 제53조(공무원등의 입후보) 제1항 각호의 1에 해당하는 직(같은조 같은항 제5호의 경우 각 조합의 조합장 및 상근직원을 포함한다)
2. 제60조(선거운동을 할 수 없는 자) 제1항 제6호 내지 제9호에 해당하는 직
3. 공직자윤리법제3조(등록의무자) 제1항 제10호 또는 제11호에 해당하는 기관·단체의 임 ·직원
4. 사립학교법제53조(학교의 장의 임면) 또는 같은 법제53조의2(학교의 장이 아닌 교원의 임면)의 규정에 의한 교원
5. 방송법제21조(위원회의 구성)의 규정에 의한 방송위원회의 위원

②제263조(선거비용의 초과지출로 인한 당선무효) 또는 제265조(선거사무장등의 선거범죄로 인한 당선무효)의 규정에 의하여 당선이 무효로 된 자는 당해보궐선거등의 후보자가 될 수 없다. <신설 2000.2.16>

제267조 (기소·판결에 관한 통지) ①선거에 관한 범죄로 당선인, 후보자, 후보자의 직계존·비속 및 배우자, 선거사무장, 선거사무소의 회계책임자를 기소한 때에는 당해 선거구선거관리위원회에 이를 통지하여야 한다.

②제230조(매수 및 이해유도죄) 내지 제235조(방송·신문등의 불법이용을 위한 매수죄)·제237조(선거의 자유방해죄) 내지 제259조(선거범죄선동죄)의 범죄에 대한 확정판결을 행한 재판장은 그 판결서등본을 당해 선거구선거관리위원회에 송부하여야 한다.

(이하 생략)

<부록 2>

중앙선거관리위원회의 정치관계법 개정의견

중앙선거관리위원회는 청중동원·조직가동 등 돈 많이 드는 선거운동방법을 폐지하면서 새로운 미디어 중심의 선거운동방법을 도입하되, 그 비용의 대부분을 국가에서 부담해주는 선거공영제방안을 포함한 선거·정당·정치자금개혁방안을 확정하여 9월 7일 국회에 "정치관계법 개정의견"으로 제출하였으나 국회에서 처리되지는 못했다. 다음은 이 개정의견 가운데 선거법과 관련된 부분이다.

선거방송연설·토론위원회 설치

대통령선거에 있어서 선거방송의 공정성·객관성을 확보하기 위하여 방송위원회 산하에 방송사(KBS, MBC, SBS, YTN)·학계·대한변호사협회·언론인단체·시민단체 등이 추천하는 11인 이내의 위원과 국회에 교섭단체를 구성한 정당이 추천하는 각 1인의 위원으로 구성되는 선거방송연설·토론위원회를 설치하여 합동방송연설회, 텔레비전방송 대담·토론회 및 텔레비전방송 정책토론회를 주관하도록 함.

선거방송연설·토론위원회주관 텔레비전 방송 대담·토론회 실시

대통령선거에 있어서 후보자의 정견·정책 등을 선거인에게 알리기 위하여 종전에 공영방송사의 공동주관으로 3회 이상 실시하던 후보자 텔레비전 대담·토론회를 선거방송연설·토론위원회에서 주관하여 실시하도록 하고 이를 공영방송사를 비롯한 모든 방송사로 하여금 중계방송할 수 있도록 함.

합동방송연설회

대통령선거에 있어서 선거방송연설·토론위원회는 텔레비전 방송을 이용한 합동방송연설회를 3회 개최하도록 하고 공영방송사가 그의 부담으로 생중계로 방송하도록 하되, 다른 방송사도 그의 부담으로 중계방송을 할 수 있도록 함.

방송연설에 대한 국가 지원 및 보전 확대

대통령선거에 있어서 후보자와 연설원이 할 수 있는 텔레비전 및 라디오 방송별 각 11회의 방송연설중 후보자가 행한 방송연설 비용은 국가가 부담하도록 하고, 연설원이 행한 방송연설 비용은 선거일후 보전해주도록 함.

정강·정책 홍보를 위한 방송연설 확대

대통령선거에 있어서 국회교섭단체구성정당은 선거일전 120일부터 선거기간개시일전일까지 공영방송사의 텔레비전 및 라디오 방송시설을 이용하여 1회 20분 이내에서 텔레비전 및 라디오 방송별로 월 2회의 방송연설을 무료로 할 수 있도록 함.

텔레비전방송 정책토론회 개최 의무화

대통령선거에 있어서 선거방송연설·토론위원회는 선거일전 120일부터 선거기간개시일전일까지 국회교섭단체구성정당의 대표자 또는 그가 소속당원중에서 지정하는 자를 초청하여 정당의 주요 정책에 대한 텔레비전방송 정책토론회를 월 1회이상 의무적으로 개최하고 공영방송사로 하여금 이를 생중계하도록 하되, 다른 방송사도 그의 부담으로 중계방송을 할 수 있도록 함.

합동신문광고

대통령선거에 있어 중앙선거관리위원회는 후보자의 정견·공약이나 정당의 정강·정책 등을 유권자가 상호 비교·평가할 수 있도록 하기 위하여 선거운동기간중 중앙선거관리위원회규칙이 정하는 바에 따라 국정전반을 5개 분야로 나누어 분야별로 각 6회씩 중앙일간지에 합동신문광고를 실시하도록 함.

영화상영관광고

대통령선거에 있어서 중앙선거관리위원회는 후보자로부터 정견·정책홍보를 위한 30초 이내의 영화상영관광고의 원판필름(1종)을 제출 받아 하나의 광고필름으로 편집하여 선거운동기간 중 전국의 영화상영관을 통하여 이를 상영하도록 함.

신문광고 횟수 증대 및 국가 지원

대통령선거에 있어서 후보자가 선거운동을 위하여 할 수 있는 신문광고의 횟수를 70회에서 80회로 늘리고, 그 중 40회의 신문광고비용은 국가가 부담하도록 하고 나머지 40회의 광고비용은 선거일후 보전해주도록 함.

방송광고 횟수 증대 및 국가 지원

대통령선거에 있어서 방송광고는 1회 30초이내로 하여 텔레비전 및 라디오 방송별로 각 3종이내에서 100회씩 할 수 있도록 확대하고, 텔레비전 및 라디오 방송별 각 50회의 방송광고비용은 국가가 부담하며 나머지 각 50회의 광고비용은 선거일후 보전해주도록 함.

정강·정책 신문광고비용의 국가부담

대통령선거에 있어서 선거일전 120일부터 선거기간개시일전일까지 일간신문 등에 게재할 수 있는 50회의 광고중 국회교섭단체구성 정당이 행하는 25회의 광고비용은 국가가 부담하도록 함.

인력동원에 의한 선거운동방법(정당·후보자 연설회)의 폐지

대통령선거에 있어서 세과시를 위한 대규모 청중동원으로 선거의 과열·혼탁을 조장하고 대가성 금품제공 등 불법 비용지출의 폐해가 많은 정당·후보자등에 의한 연설회를 폐지하도록 함.

정치인의 경조사 축·부의금품 제공 금지

국회의원·지방의회의원·지방자치단체의 장·정당의 지구당대표자·후보자(후보자가 되고자 하는 자 포함) 및 그 배우자는 친족외의 자의 관혼상제의식 기타 경조사에 경조우편이나 전보를 발송하는 외에는 축·부의금품을 제공할 수 없도록 함.

입후보예정자의 출판기념회 개최 금지

누구든지 선거일전 90일부터 선거일까지 입후보예정자의 저서와 관련 있는 출판기념회를 개최할 수 없도록 함.

정당의 합당·개편 및 후보자선출대회 참석범위 제한

정당의 합당·개편 및 후보자선출대회에는 투표권이 없는 일반당원과 의례적인 범위안의 내빈까지 참석하게 함으로써 많은 개최비용이 드는 폐단을 바로잡기 위하여 당해 정당의 당헌·당규에 의하여 선거권이 있는 당원만 참석할 수 있도록 함.

정당집회·당원교육의 개최 가능 시기의 조정

선거일전 30일부터 제한하던 당원집회 및 당원교육을 선거일전 60일부터 선거일까지 개최할 수 없도록 하고, 선거기간중에도 읍·면·동별로 1회씩 개최할 수 있도록 되어 있는 확대당직자회의를 선거일전 60일부터 선거기간개시일 전일까지 읍·면·동별로 1회에 한하여 개최할 수 있도록 하되, 선거기간중에는 이를 개최할 수 없도록 함.

선거비용 수입·지출시 단일계좌 및 카드 사용 의무화

선거비용의 수입·지출은 선거관리위원회에 신고한 1개의 예금계좌를 통하여만 할 수 있도록 하고, 중앙선거관리위원회규칙으로 정하는 경우를 제외하고는 선거비용의 지출을 신용카드 사용 또는 예금계좌입금의 방법으로 하도록 의무화함.

당선인의 선거범죄로 인한 당선무효사유 조정

당선인이 제230조(매수 및 이해유도죄) 내지 제234조(당선무효유도죄), 제250조(허위사실공표죄), 제251조(후보자비방죄), 제257조(기부행위의 금지제한등 위반죄) 제1항중 기부행위를 한 죄를 범함으로 인하여 유죄(선고유예를 제외함)의 확정판결을 받은 때에는 그 당선은 무효로 하도록 함.

대통령선거의 유급 선거사무원수 축소

지구당에 유급사무원이 있고 자원봉사활동이 제한없이 허용됨을 감안하여 대통령선거에 있어서 둘 수 있는 유급선거사무원의 수를 대폭 축소하여 선거사무소에 20인 이내, 시·도선거연락소에 5인이내, 구·시·군선거연락소에 2인 이내로 하도록 함. (4,501인 ⇒ 660인)

대통령후보자의 거리연설 폐지

대통령선거 후보자는 공개장소 연설·대담용 자동차와 확성장치를 이용한 거리연설을 할 수 없도록 하되, 시민단체 초청 대담·토론회, 확성장치를 사용하지 않는 거리연설 기타 국민과의 접촉 기회는 무제한 허용함으로써 후보자와 국민의 대면접촉 욕구를 해소하도록 함.

의정활동보고 금지기간의 확대

국회의원 또는 지방의회의원의 의정활동보고 금지기간을 선거일전 60일부터 선거일까지로 확대하도록 함.

선거공영제 확대에 따른 후보자 난립 억제

○ 선거권자 추천대상 후보자의 확대

대통령선거에 있어서 후보자의 난립을 방지하기 위하여 무소속 후보자뿐만 아니라 국고보조금배분대상정당이 아닌 정당이 후보자를 추천하는 경우에도 선거권자의 추천을 받도록 함.

○ 선거권자 추천요건 변경 및 강화

대통령선거에 있어 선거권자 추천인수를 시·도별 분산없이 30만인 이상 35만인 이하 또는 10 이상의 시·도에 나누어 하나의 시·도에 1만인 이상으로 한 총 10만인 이상 20만인 이하로 함.

○ 후보자 기탁금 상향조정

대통령선거후보자가 후보자등록 신청시에 선거관리위원회에 기탁하여야 하는 기탁금을 현행의 5억원에서 20억원으로 상향조정하도록 함.

○ 기탁금 반환 차등화

대통령선거에 있어서 기탁금 반환을 차등화하여 후보자가 유효투표총수의 100분의 10 이상을 획득한 때에는 기탁금의 전액을, 100분의 5이상 100분의 10 미만을 획득한 때에는 기탁금의 100분의 75에 해당하는 금액을, 100분의 2 이상 100분의 5 미만을 획득한 때에는 기탁금의 100분의 50에 해당하는 금액을 당해 후보자에게 반환하여 주도록 하되, 100분의 2 미만을 득표한 후보자의 기탁금은 국고에 귀속하도록 함.

○ 선거비용보전 차등화

대통령선거에 있어서 후보자가 유효투표총수의 100분의 10이상을 득표한 때에는 선거비용보전액 전액을, 100분의 5이상 100분의 10미만을 득표한 때에는 선거비용보전액의 100분의 75 해당 금액을, 100분의 2이상 100분의 5미만을 득표한 때에는 선거비용보전액의 100분의 50 해당 금액을 보전해주도록 하되, 100분의 2미만을 득표한 후보자는 선거비용을 보전해주지 않도록 함.

<부록 3>

제16대 대통령 선거방송 토론위원회 운영규칙 및 운영세칙

제16대 대통령 선거방송 토론위원회 운영규정

제1조(목적) 이 규정은 공직선거 및 선거부정방지법(이하 선거법) 제82조의 2에 의하여 구성되는 대통령선거방송토론위원회(이하 토론위원회)에 위임된 사항과 운영에 필요한 사항을 정함을 목적으로 한다.

제2조(토론위원회 위원장) ① 토론위원회는 1인의 위원장을 둔다.

② 위원장은 정당 및 방송사 추천위원 이외의 위원 가운데 호선으로 선출한다.

③ 위원장은 위원회의 회의를 주재하고 업무를 총괄한다.

④ 위원장 부재시에는 정당 및 방송사 추천위원 이외의 위원 가운데 연장자가 그 직무를 수행한다.

제3조(토론위원회 회의소집) 토론위원회의 회의소집은 위원장과 위원 3인 이상 또는 공영방송사 추천 위원의 요청에 의한다.

제4조(의사결정) 토론위원회의 안건은 재적위원 과반수의 출석과 출석위원 과반수의 찬성으로 의결하며 가부 동수인 경우에는 부결된 것으로 한다.

제5조(소위원회 구성) ① 토론위원회는 필요하다고 인정하는 안건의 조사 및 검토를 위하여 소위원회를 둘 수 있다.

② 소위원회는 5인 이내의 위원으로 구성하며 위원장이 선정한다.

③ 소위원회의 운영은 이 규정에서 정한 절차를 준용한다.

④ 소위원회는 원활한 운영을 위해 토론참여방송사의 실무책임자를 참여시킬 수 있다.

제6조(초청후보자 선정기준) 초청후보자 선정기준은 다음의 조건중 하나 이상을 충족하는 후보로 정하며 기준에 없는 사항은 토론위원회에서 정한다.

① 원내 교섭단체 보유 정당의 대통령 후보자

② 토론위원회가 선정한 5개 이상의 중앙 종합일간지와 3개 지상파방송사가 조사하여 보도한 후보 등록 이전 15일간(2002년의 경우 11월 12일~11월 26일)의 여론조사 결과, 평균지지율이 5% 이상의 지지를 받은 후보자

③ 제15대 대통령선거로부터 전국 선거에서 5% 이상의 지지를 받은 정당의 대통령 후보자

④ 이 기준에 해당되지 않는 후보자에 대해서는 별도의 대담 또는 토론의 기회를 부여할수 있다.

제7조(토론의 형식) ① 토론은 3회 이상 실시한다.

② 합동토론을 원칙으로 한다.

③ 토론횟수와 순서는 토론위원회에서 정한다.

④ 후보자가 토론에 나오지 않는 경우 토론위원회는 그 불참사유를 고지하고 토론에 응한 후보자만을 대상으로 토론회를 개최하도록 한다.

⑤ 후보사퇴 등 중대한 사안이 발생했을 경우 토론위원회가 토론회의 개최여부와 형식을 결정한다.

제8조(토론 및 대담의 진행방식) 토론은 1인의 사회자가 진행하고 대담은 사회자 주관 아래 약간명의 질문자가 후보자와 문답하는 방식으로 한다.

제9조(사회자·질문자 선정기준) ① 사회자와 질문자는 정치적으로 중립적인 인사 가운데 토론위원이 각각 3인씩 추천하여 선정한다.

② 추천 인사 중 후보자측에서 기피하는 인사는 제외하는 것을 원칙으로 하되 만약 토론회 5일 전까지 결정되지 않을 경우 토론위원회에서 정한 사회자와 질문자로 한다.

③ 사회자 또는 질문자가 공정성·형평성에 심대한 문제를 야기했을 경우 토론위원회는 이를 교체할 수 있다.

제10조(토론 및 대담의 주제와 질문) ① 토론 및 대담의 주제는 소위원회에서 안을 만들어 전체회의에서 결정한다.

② 질문의 내용과 방법은 소위원회에서 정한다.

제11조(토론 및 대담 시간과 방송일시) ① 토론시간은 120분간으로 하고 대담시간은 60분 이내로 한다.

② 토론·대담은 후보등록 마감 2일 뒤부터 투표일 3일 전 사이에 개최한다.

제12조 (토론진행규칙) ① 후보자 위치와 발언순서는 매 토론 때마다 추첨으로 결정한다.

② 토론은 사회자가 질문한 뒤 후보자가 답변하는 형식과 사회자를 통해 후보자간 상호질문하고 답변하는 형식으로 진행한다.

③ 초청후보자는 토론 처음에 1분씩과 마지막에 2분씩 발언한다. 발언순서는 ①항의 추첨순에 따른다.

④ 후보자간 질문은 1분 이내로 하며, 답변은 각각 1분 30초, 질문후보자의 반론은 1분, 질문받은 후보자의 재반론은 각각 1분 이내로 한다.

⑤ 후보자에 대한 사회자의 질문은 30초로 하며, 후보자의 답변은 1분 30초, 다른 후보자의 반론은 각각 1분, 질문받은 후보자의 재반론은 1분 이내로 한다.

⑥운영세칙은 별도로 정한다.

제13조(토론회·대담 절차 공표) ①토론위원회는 토론회가 개최되기 전에 후보자와 질문자 선정, 토론회의 형식, 주제와 시간의 설정, 기타 진행에 필요한 사항을 결정한다.

②결정내용은 사회자가 토론방송 서두에서 공표한다.

제14조(토론위원회 운영) ① 토론위원회는 필요한 경우 자문위원 또는 전문위원을 둘 수 있다.
② 토론위원회는 대변인을 둘 수 있다.
③ 토론위원회는 대통령선거가 종료된 이후에 평가토론회를 개최하고 백서를 발간한다.
④ 토론위원회는 실무작업을 위해 사무국을 설치한다.
⑤ 토론위원회 운영과 토론회 개최에 필요한 비용은 공영방송사가 한국방송협회와 협의해 부담한다.

부칙
① 본 위원회의 규정은 재적위원 1/3이상의 발의와 재적위원 2/3이상의 찬성으로 개정한다.
② 본 위원회의 활동은 2002년 10월 18일 설치하여 평가토론회 및 백서발간일시까지 한다.
③ 이 규정은 2002년 10월 18일부터 발효한다.

제16대 대통령 선거방송 토론위원회 운영세칙

제1조(토론일정과 시간) (1) 토론일정은 12월 3일(KBS), 10일(MBC), 16일(SBS) 3회로 한다.
(2) 방송시간은 오후 8시부터 120분간 생방송으로 진행한다.
(3) 기타 후보에 대해서는 후보 등록 종료후 검토한다.
제2조(공영방송 토론회 주최 및 중계방송) (1) 위원회는 공영방송사와 본 위원회가 주관하는 토론회에 동참하는 방송사에 대해 대선토론방송의 과열경쟁 방지와 공정성 확보를 위하여 독자적으로 별도의 토론회를 개최 또는 중계하지 않도록 권고한다.
(2) 위원회는 토론회를 중계하는 방송사에게 토론 시작부터 종료까지 화면을 훼손하는 행위를 해서는 안 된다는 내용을 권고한다.
제3조(토론회 진행 규칙) (1) (시간 준수) 토론의 엄격한 시간 규제를 위해 빨강(Red), 노랑(Yellow) 두가지 색깔을 나타내는 라이트를 설치·운영하고, 시청자들이 알 수 있도록 이를 화면에 표시한다. 시간은 후보자의 답변 또는 질문 시작부터 계산한다.
- Yellow : 10초 전 표시
- Red : 발언 종료 표시(빨간 불이 켜진 뒤 10초 경과 후 마이크를 끊음)

(2) (마이크 설치 및 운용) 질문 또는 답변하는 후보자 외의 후보자 마이크는 작동하지 않도록 한다.

(3) 사회자는 1명으로 한다.

(4) 사회자나 질문자는 검증되지 않은 자료나 유언비어를 인용해 후보자에게 질문할 수 없다.

(5) 분장은 주관방송사가 준비하는 것을 원칙으로 하나 후보측에서 분장을 해도 무방하다.

(6) 토론회에 출연한 후보자는 보조자료(예:노트북, 도표, 차트, 메모지 등)를 지참할 수 없다.(필기구, 메모지는 주관사가 준비함)

(7) 토론회를 중계하는 방송카메라의 대수, 앵글, 음향, 조명은 다음과 같이 결정한다.

가. 카메라의 대수는 후보자별 각 1대씩, 사회자 2대, 전체 장면 용 1대 이상으로 한다.

나. 후보자는 상반신 장면을 원칙으로 한다.

다. 후보자를 비추는 카메라앵글은 균등하게 한다.

라. 음향과 조명은 모든 후보자에게 균등하게 처리한다.

(8) 사회자의 발언 때 사회자나 후보자를 비출 수 있다.

(9) 사회자와 후보자 이외에는 누구도 화면에 비출 수 없다.

(10) 토론장 내의 후보자에 대한 경호는 관계당국에 협조를 요청 할 수 있다.

(11) 후보자는 방송 시작 30분 전까지 토론장에 입장한다.

(12) 사진촬영은 20분 전까지로 한다.

(13) 주관방송사는 취재 편의를 위한 프레스룸을 설치, 운용한다.

(14) 주관방송사는 후보별 3인 이내로 토론장 출입자를 제한하고 비표를 발급한다.

(15) 주관방송사는 백서발간을 위한 토론회 진행사항(투입인력, 예산, 스튜디오 준비, 미술 부문, 예고방송 등)을 토론회 종료이후 위원회에 보고한다.

제4조(사무국 운영 및 재정) (1)사무국은 한국방송협회 내에 설치하며 사무국 요원은 방송협회 사무처에서 간사 1명과 직원 2명을 지원받는다.

(2)사무국 요원의 필요경비는 토론위원회 예산에서 지출하며 지급기준은 방송협회 사무처의 운영규정과 회계규정을 준용한다.

(3)사무국은 연락업무와 토론위원회의 회의록을 작성하고 TV토론 내용을 보관한다.

(4)사무국은 토론위원회 재정운영계획을 마련하여 위원회에 보고한다.

(5)문서수발은 '대통령선거방송토론위원회' 명의로 하며 위원장의 결재를 얻어 실시한다.

<참고문헌>

고명섭. (2002.4.24). 「중앙·조선 후보 검증 속셈은 사상검증?」. ohmynews.com.

고명섭. (2002.4.9). 「'조중동' 특정후보 죽이기 편파보도 남발」. hani.co.kr.

고태진. (2002.4.18). 「후보자도 '검증'말고 '감상'을 해야— 우려스러운 ≪조선일보≫의 '후보검증위원회」」. ≪한겨레신문≫, p.9.

공희정. (2002.2.7). 「언론들, "시대착오적인 선관위" 한 목소리」. ohmynews.com.

권혁남. (2002). 『미디어 선거의 이론과 실제』. 서울: 커뮤니케이션북스.

≪기자협회보≫. (2002.4.24). 「우리의 주장: 검증도 투명해야 한다」. p.2.

≪기자협회보≫. (2002.2.6). 「'된다-안된다' 특정후보 지지 '뜨거운 감자'」.

≪기자협회보≫. (2002.1.1). 「신년특집: 전국기자 503명 언론·정치현안 여론조사」.

≪기자협회보≫. (1998.1.1). 「기자협회·한길리서치 긴급 기자여론조사」.

김상철. (2002.4.10). 「진실은 없고 인용부호만……」. ≪기자협회보≫.

김상철·박미영. (2002.4.27). 「동아·조선 후보 검증 관심」. ≪기자협회보≫, p.4.

김재한. (2002.4.9). 「대선후보 검증 더 철저해야 한다」. ≪조선일보≫, 태평로 칼럼.

김동규. (2002 봄). 「선거보도의 공정성과 언론사의 정치적 입장 표명」. ≪언론중재≫, 22(1): 15-26.

김동원. (2002.7.10). 「특정후보 지지 뜨거운 공방」. ≪기자협회보≫.

김동원. (2002.1.1). 「본보 전국기자 503명 언론·정치현안 여론조사」. ≪기자협회보≫.

김우룡. (1998.4). 「제15대 대통령 선거 방송 합동토론회 운영의 제문제」. 대통령선거방송토론위원회 편, 『제15대 대통령선거 대통령선거방송토론위원회 보고서』(345-357).

김종배. (1997.12.24). 「조선-중앙 편들기 막판 기승 이슈 공장」. ≪미디어오늘≫.

김종배. (1997.11.12). 「언론 "색깔론" 재연에 앞장」. ≪미디어오늘≫.

김호열. (2002 봄). 「선거보도의 법률적 한계」. ≪관훈저널≫, 통권 62호: 153-162.

남시욱. (2002 봄). 「선거사설 "중립만이 금은 아니다"」. ≪관훈저널≫, 통권

74호: 203-218.
대통령선거방송토론위원회 편. (1998.4). 「제15대 대통령선거 대통령선거방송 토론위원회 보고서」.
≪미디어오늘≫. (2002.3.28-4.3). 「이인제 음모론 실체 없다」. p.1.
≪미디어오늘≫. (2002.3.28-4.3). 「조선 김대중 편집인 마포포럼 강연 전문」. pp.1-2.
≪미디어오늘≫. (2002.4.11-4.17). 「신문 국유화 발언 없었다」. p.1.
≪미디어오늘≫. (2002.4.11-4.17). 「'노·언 갈등' 진실은 무엇인가」. p.7.
≪미디어오늘≫. (1997.11.26). 「선감연 모니터 보고서-이회창-김대중 양자대결 부추기기」.
박금자. (2002.4.24). 「인용의 남용과 악용」. ≪기자협회보≫, p.4.
박동진. (2002.2.21). 「인터넷과 선거: 한국선거에서 인터넷의 도입과 그 충돌. 함께하는 시민행동 주최 <인터넷 매체의 선거보도, 어떻게 볼 것인가?> 토론회에서 발표된 논문.
박미영. (2002.2.5). 「특정후보 지지 외국 사례」. ≪기자협회보≫.
박미영. (1997.12.3). 「조선·중앙 '편들기 보도' 논란」. ≪미디어오늘≫.
박해현. (2002.5.6). 「우파 시라크 지지한 '르몽드'」. ≪조선일보≫.
백선기. (2002.8). 「한국 대통령 선거 TV 토론회의 문제점 및 과제: '정책토론회' 지향에 대한 구체적 방안 제시를 중심으로」. KBS·한국스피치커뮤니케이션학회 연구보고서(72-96).
백승권. (1997.12.3). 「지지율 오르자 방송사 이회창 편들기나서」. ≪미디어오늘≫.
백승권. (1997.10.22a). 「말썽 빚은 한국논단 '사상검증토론회'」. ≪미디어오늘≫.
백승권. (1997.10.22b). 「한국논단토론회 비난 빗발」. ≪미디어오늘≫.
백승권. (1997.8.20). 「선관위 후보초청토론회 유권해석－"시민단체참여 위법"에 발끈」. ≪미디어 오늘≫.
서정은. (2002..6). 「인터넷 매체 "언론 아니다"」. ≪기자협회보≫, 1128호, p.1.
선거보도감시연대회의. (2002.5.27). 「신문 모니터 4차 보고서(5월17일-23일): '조중동'의 이중잣대는 안부러지나」. ccdm.or.kr/election/index.html.
성낙인. (2002.2.19). 「인터넷 매체선거보도의 법적 문제」. 한국기자협회 주최의 제18회 기자포럼 <인터넷 매체선거보도의 법적 문제>에서 발표된 논문.

손병관. (2002.2.9).「문화광광부 "오마이뉴스는 언론"」. ohmynews.com.

송종길. (2002.7.12).「정치후보자 TV토론 개최의 법적·제도적 문제점」. 한국방송영상산업진흥원 주최 <대통령 선거, 방송, 민주주의: 텔레비전 토론과 뉴스보도> 토론회에서 발표된 논문.

신정록. (2002.4.18).「〔민주당〕'후보 검증'보다는 '바람'을 택했다」. ≪주간조선≫, 1699호.

신필경. (2002.2.22).「"선관위 무력 제지는 공권력 남용"－함께하는 시민행동, '인터넷 매체의 선거보도, 어떻게 볼 것인가?' 토론」. ohmynews.com.

안경숙. (2002.5.16).「본지-한길리서치 전국 기자 400명 설문조사」. ≪미디어오늘≫, p.1.

안기석. (2002.7.5).「언론사 후보 지지 표명과 관련된 언론 현장의 문제」. 한국언론정보학회 2002년 7월 토론회에서 발표된 논문.

안영섭. (2002 봄).「사설의 특정 정치 후보 지지」. ≪관훈저널≫, 통권 82호: p.219-227.

안종범. (2002.4.10).「과연 좌파에 대한 모독인가」. ≪중앙일보≫, 시론.

안철홍. (2002. 4. 18).「노무현-조선·동아 벼랑끝 '춘투'」. ≪시사저널≫.

언론연구원 편. (1987).『언론인의 직업윤리』. 언론연구원총서 1. 서울: 한국언론연구원.

오연호. (2002.2.28).「연거푸 깨진 페이지뷰 신기록」. ohmynews.com.

오연호·정운현. (2002.2.4).「선관위 방침은 언론자유에 대한 침해」. ohmynews.com.

이병한. (20002.2.19).「선관위, 정간법·방송법 개정 촉구키로, 법 개정 전 대선후보자 토론회는 불가」. ohmynews.com.

이준희. (2002.2.5).「인터넷 언론·네티즌 입막는 선거법」. ohmynews.com.

이한기. (2002.2.18).「대선 주자 초청 인터뷰 살아나다. 오늘밤 9시 노무현 고문 첫 주자」. ohmynews.com.

이영태. (2002.5.29).「언론의 특정후보 편들기 지나치다」. pressian.com.

이영환. (2002.8.15).「조·중·동 '병풍' 축소 논란」. ≪미디어오늘≫.

이효성. (2002).『언론과 민주정치』. 서울: 커뮤니케이션북스.

이효성. (2002.4.18).「언론의 후보 검증 어떻게 할 것인가?」 한국 프레스센터 12층 한국언론재단 연수실에서 개최된 '2002 선감연 토론회'에서 발표된 논문.

이효성. (2002.2). 「언론의 후보 공개 지지의 득과 실」. ≪신문과 방송≫, 374호: 56-62.
이효성. (1997). 『대통령 선거와 텔레비전 토론』. 서울: 나남.
이효성. (1994.9.5). 「뉴 미디어 시대에 대비한 신문의 중장기 발전방안」. 한국언론회관 지원 연구사업 보고서.
장여경. (2001). 「인터넷 언론과 시민사회」. 『21세기 시민언론운동』. 서울: 언론개혁시민연대.
장현철. (1997.12.10). 「중앙 '보고서 파문' 갈수록 확산」. ≪미디어오늘≫.
정구철. (2002.8.12). 「창립 38주년 대선보도·언론현안 기자 조사」. ≪기자협회보≫.
정연주. (2002.2.6). 「편집국 독립·토론문화 부재 '시기상조'」. ≪한겨레신문≫.
정지환. (2002.5.2). 「〔현대사발굴〕 대선후보 검증 '≪조선일보≫의 과거'를 검증한다」. ohmynews.com.
조현호. (2002.4.25). 「중앙 홍회장 "양당서 욕먹는 신문 만들자"」. ≪미디어오늘≫.
조희연. (2002.4.18). 「진보-보수, 조-우 그래고 개혁-반개혁」. ≪미디어오늘≫, p.6.
최경준·이종호. (2001.10.26). 「특히 기자들에게 감사, 우린 한식구」. ohmynews.com.
최민희. (2002.4.8). 「후보 검증할 만큼 '검증된' 언론 있나 — 언론은 먼저 자신의 과거와 자질부터 검증해야」. ohmynews.com.
≪한겨레21≫. (1998.1.1). 「신문사 사주가 대통령 뽑아라」. 189호: 35.
한국신문협회·한국신문방송편집인협회·한국기자협회. (1996). 「신문윤리강령 및 실천요강」.
한상희. (2002.2.21). 「정치개혁과 선거규제법: 소위 사이버민주주의론을 중심으로」. 함께하는 시민행동 주최 <인터넷 매체의 선거보도, 어떻게 볼 것인가?> 토론회에서 발표된 논문.

Alger, Dean. (1989). *The media and politics*. Englewood Cliffs, NJ: Prentice Hall.
Bonchek, M. S. (April 1997). "From broadcast to netcast: The internet and the flow of political information." 하바드 대학 박사학위 논문.
Benoit, William. (2002.7.12). "Are debates useful for voters?" 한국방송영상산업진흥

원 주최 <대통령 선거, 방송, 민주주의: 텔레비전 토론과 뉴스보도> 토론회에서 발표된 논문.

Davis, R. (1999). *The web of politics: The Internet's impact on the American political system.* New York: Oxford University Press.

Downie Jr., Leonard. (Oct. 25, 2000). "The editorial they." The Washington Post.

Editor & Publisher. (Jan. 3, 2000). "Newspaper elect to endorse."

Editor & Publisher. (Nov. 7, 1998). "Novak: Votes no on editorial endorsement."

Emerson, Thomas. (1971). *The system of freedom of expression.* New York: Vintage Books.

Giobbe, Dorothy. (Oct. 26, 1996). "Dole wins …… in endorsements." Editor & Publisher.

Hall, J. (2001). *Online journalism: A critical primer.* London: Pluto Press.

Jones, Stacy. (Dec. 26, 1996). *Declining endorsement.* Editor & Publisher.

Joslyn, Richard. (1990). "Election campaigns as occasions for civic education." In David Swanson & Dan Nimmo(Eds.), *New directions in political communication: A resource book* (pp.86-119). Newbury Park: Sage.

Kovach, Bill & Rosenstiel, Tom. (2001). *The elements of journalism.* New York: Crown.

Lee, Hyo-Seong. (May 26, 2001). "Online Journalism in Korea: Its Possibilities and Limitations: With Special Reference to OhmyNews." Washington, DC에서 개최된 The 2001 ICA Conference에서 발표된 논문.

Los Angeles Times. (Oct. 29, 2000). "Presidential race: Voters' still-difficult choice."

McKinney, Michell. (2002.7.12). "The evolution of presidential debates in the United States: Responding to citizen needs." 한국방송영상산업진흥원 수최 <대통령 선거, 방송, 민주주의: 텔레비전 토론과 뉴스보도> 토론회에서 발표된 논문.

McNair, Brian. (1995). *An introduction to political communication.* London: Routledge.

McQuail, D. (1992). *Media performance: Mass communication and the public interest.* London: Sage.

McQuail, D. (1986). "Is media adequate to the challenge of new communications technologies?" In M. Ferguson (Ed.), *New communicaion technologies and the public interest: Comparative perspectives on policy and research* (pp.1-17). London: Sage.

Nerone, J. and Barnhurst, K. G. (December 2001). "Beyond modernism: Digital design, Americanization and the future of newspaper form. New Media & Society," 3(4): 467-482.

Neuwirth, Robert. (Jan. 17, 1998). "Political quandary: Have publishers lost influence over editorial endorsements?" Editor & Publisher.

Owen, Diana. ((1991). *Media messages in American presidential elections*. New York: Greenwood Press.

Pavlik, J. V. (2001). *Journalism and new media*. New York: Columbia University Press.

Rose, L. (1995). *NetLaw: Your rights in the online world*. Berkeley: Osborne McGraw-Hill.

Patterson, Thomas. (1994). *Out of order*. New York: Vintage Books.

The New York Times. (Oct. 29, 2000). Al Gore for President.

The Washington Post. (Oct. 22, 2000). Al Gore for President.

Welch, Susan, et al. (1999). *American government*. 7th ed. Belmont, CA: Wadsworth.

Wheeler, Mark. (1997). *Politics and the mass media.* Oxford: Blackwell.

지은이 이효성(李孝成)

약력

서울대학교 문리과대학·신문대학원 졸업
서울대학교 대학원 신문학과 박사과정 수료
미국 Northwestern University 대학원 언론학과 박사과정 졸업 (언론학 박사)
동경대학 사회정보연구소 객원교수
콜럼비아 대학교 동아시아 연구소 방문교수
한국기자협회 <이 달의 기자 상> 심사위원장
언론개혁시민연대 공동대표
민주언론운동시민연합 이사 및 정책위원장
기독교방송 객원해설위원
사단법인 열린미디어센터 소장
종합유선방송위원회 위원
방송개혁위원회 실행위원
선거방송심의위원회 위원
방송위원회 보도교양 제2심의위원회 위원장
15대 대통령 선거방송 토론위원회 위원
한국언론정보학회 회장
한국방송학회 회장
성균관대학교 사회과학연구소장
성균관대학교 사회과학부 신문방송학과 교수(휴직)
현재 방송위원회 부위원장

서서

언론학전문서

『정치언론』, 이론과실천, 1989.
『언론비판』, 이론과실천, 1990.
『한국 사회와 언론』, 아침, 1992.
『커뮤니케이션과 정치』, 성대 출판부, 1995.
『한국 언론의 좌표』, 커뮤니케이션북스, 1996.
『대통령 선거와 텔레비전 토론』, 나남, 1997.
『언론정치의 현실과 과제』, 성대출판부, 1999.
『언론과 민주정치』, 커뮤니케이션북스, 2002.

수상집

『진실과 정의의 즐거움』, 박영률 출판사, 1996.
『별은 어둠을 피해 달아나지 않는다』, 커뮤니케이션북스, 2000.

한울아카데미 554

매체선거 — 그 빛과 그림자

지은이 | 이효성
펴낸이 | 김종수
펴낸곳 | 도서출판 한울

편집 | 곽종구

초판 1쇄 인쇄 | 2003년 5월 15일
초판 1쇄 발행 | 2003년 5월 25일

주소 | 121-801 서울시 마포구 공덕동 105-90 서울빌딩 3층
전화 | 영업 326-0095(대표), 편집 336-6183(대표)
팩스 | 333-7543
전자우편 | newhanul@nuri.net
등록 | 1980년 3월 13일, 제14-19호

Printed in Korea.
ISBN 89-460-3121-2 93070

* 가격은 겉표지에 있습니다.